박계옥 극본

바보 엄마 2

TV극본

박계옥 극본

바보 엄마 2

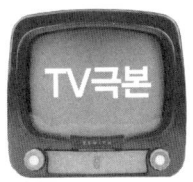

TV극본

다차원북스

〔 편집자 일러두기 〕

대사 문장에는 맞춤법과 띄어쓰기 원칙을 적용하지 않았습니다.

1) 대사 중에서 띄어쓰기와 맞춤법을 적용하지 않은 경우는 작가의 고유 문투나
   호흡 등을 살리기 위해 원문 그대로 표기하였음을 밝힙니다.
2) 마침표(.)를 넣지 않은 문장의 경우 마침표의 유무에 따라 호흡과 말투, 대사
   와 대사의 연결, 뉘앙스에서 차이가 있음을 지시하는 것으로 원본 그대로 실
   었습니다.

작품에 쓰인 주요 기호는 다음과 같습니다.

S#   (신 넘버)
      S = Scene의 약자.
      # = Number를 의미하는 기호.

cut to   장면 전환 용어.
      한 장면에서 다른 장면으로 넘어가는 것을 말함.

E   Effect의 약자.
      효과음, 내레이션, 마음속으로 하는 대사, 인물이 화면에 나오지 않고
      화면 밖에서 들려오는 대사 등을 나타낼 때 두루 쓰임.

F   Filter의 약자.
      전화 목소리, 터널 안의 울리는 소리 등 목소리에 특별한 효과음을
      입힐 필요가 있을 때.

NA   Narration의 약자.
      화면 밖에서 들려오는 줄거리나 장면에 관한 해설, 또는 그 소리.

O.L   Overlap의 약자.
      '겹치다, 포개다' 라는 뜻으로 한 장면과 또 다른 장면, 앞 대사와
      다음 인물의 대사가 겹쳐지도록 연출해야 할 때.

Insert 인서트.
      일련의 화면이나 화면에 글자나 필름을 삽입하는 것을 뜻함.

W.P   Wipe의 약자.
      '지우다' 라는 뜻으로 화면이 겹치는 게 아니라, 새 화면이 다른 화면을
      밀고 들어와서 장면 전환이 되는 것을 뜻함.

/   ① 대사 속의 / : 말투, 억양을 바꿀 때, 텀(term) 또는 호흡을 지시할 때.
      ② 지문 속의 / : 연출할 화면을 나열하거나 순서대로 지시할 때.

5

〔 등 장 인 물 〕

김영주(김현주 분) 유명 패션잡지의 최연소 편집장.

김선영(하희라 분) IQ 72의 지적 장애 3급. 김영주의 언니(엄마).

박닻별(안서현 분) IQ 200의 천재. 김영주의 딸.

최고만(신현준 분) 사채업계의 큰손이자 천재 사업가.

박정도(김태우 분) 김영주의 남편. 바람둥이 교수.

이제하(김정훈 분) 신경외과 의사. 김영주를 사랑하는 대학동창.

오채린(유인영 분) 박정도의 애인.

한수인(공현주 분) 심장외과 전문의. 이제하의 전 약혼녀.

오수현(박형식 분) 오채린의 배다른 동생.

오민석(김하균 분) 오채린의 아버지. 사채업자 출신의 대학 이사장.

김대영(박철민 분) 김선영의 남동생.

장영숙(김　청 분) 박정도의 어머니.

박정은(사　희 분) 박정도의 여동생.

김집사(조덕현 분) 최고만의 집사.

서곱단(이주실 분) 김선영의 친어머니.

강현주(양은용 분) 김영주의 선배 기자.

　　　　　　　　　　외 다수

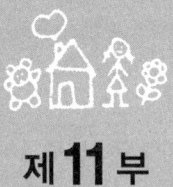

제11부

S#1   **오프닝 – 전회 연결 에스띨로 스튜디오**

채린   (기막힌) 이봐요. 김영주씨 당신 너무 뻔뻔한 거 아니에
            요? 내가 당신 애를 왜 계속 봐줘야 되는 건데!

영주   나도 인정하기 싫은데, 박정도 그 인간 애이기도 하거든?

채린   난 지금 내 뱃속에 있는 우리 애 하나만으로도 충분히
            벅차거든요~

영주   우리 애? 누구랑 누구의 애를 말하는 건데?

채린   (뜨끔) 뭐라구요?

영주   너랑 누구의 앤데? 그 애, 박정도 애 맞니…?

채린   (사시나무 떨듯 떨며) 그, 그게 무슨 소리예요?

S#2   **최고만 집 전경**

S#3   **최고만 집 거실**

  닻별, 선영과 협상 테이블에 마주 앉아 있는 최고만, 기립한

김집사. (선영, 최고만, 김집사는 이미 말을 맞춰놓은 상태)

닻별　계약서를 다시 써야 된다구요?

최고만　(협박하듯) 그럼, 너 진짜 이 덜떨어진 집사놈한테 한 달에 오천만원이나 뜯어가려고 그런 게냐? 엉!

닻별　(주눅이 들어) 그런 건 아니구요. 이모, 아니 할머니가 동생 합의금 빨리 만들어야 된다고 해서…

최고만　그래서, 어린놈이 알량한 수학상식 갖구서 어른 등을 치려고 했어? 이 건방진 어린이 같으니라구!

닻별　… 죄송합니다.

최고만　아무튼, 닻별인지 카시오페이안지 넌, 계약당시 40% 복리가 되면, 한 달에 얼마까지 돈이 붙는지 공지도 안 하고, 오히려 김집사 저놈의 무지함을 이용했기 때문에 이건 엄연히 사기계약이야~!

닻별　(놀란) 사기계약요?

최고만　그래, 이놈아. 너 사기계약을 하면 어떻게 되는 줄 알아? 바로 경찰서 가서 형사조사 받아야 돼! 이렇게 수갑 차고! 너 때문에 니 할머니까지 경찰서 가게 생겼다구, 이놈아!

닻별　(찔끔 놀라서 선영을 보면서) 할머니두요?

선영　(묵묵히 인상만 쓰고 있고)

김집사　회장님. 지금 경찰서에 전화할까요?

최고만　연락하면 뭐 해? 하나는 미성년자에 하나는 바보라서 보호자 소환하라고 할 텐데. 그냥 쟤 엄마한테 직접 전화해!

김집사 김영주 편집장 말씀하시는 거죠? 알겠습니다. (휴대전화 번호 찾으면)

닻별 잠, 잠깐만요…! (눈치 보더니) 그럼 계약서만 다시 쓰면 우리 엄마한테 연락 안 해도 되는 거죠?

최고만 이런 건방진 어린이 같으니라구! 누가 계약서를 쓴다는 게야? 계약서는 어른인 우리들이 알아서 쓸 테니까, 넌 대 집사 사기극을 벌인 죗가를 치를 준비나 하고 있어!

닻별 죗가가… 뭔데요?

최고만 너 학교도 안 다니는 비행청소녀라매?

선영 개장수 아저씨예, 우리 닻별이는 학교를 안 가는 기 아이고예.

최고만 (쓱 노려보면)

선영 미안합니더. (입을 다문다)

최고만 아무튼 넌 오늘부터 매일 여기로 등교해서 나한테 수업 받아.

닻별 개장수 아저씨한테요? (하다가, 최고만이 노려보면, 입을 합)

최고만 이놈의 집구석은 전생에 개장수랑 무슨 웬수를 졌어? 말끝마다 개장수래? 빌어먹을. (닻별을 쓱 노려보며) 너, 카이스트 최연소 입학생이라며? 그거 믿고 지금 까부는 거지? 아이큐 200이라구? 응?

닻별 까부는 건 아니구요. 사실이 그러니까…

최고만 떽! 어른이 얘기하는데 자꾸 토 달래! 엉! 김집사, 얘 안 되겠다, 얼른 전화해!

선영 그라지 마시고 한분만 봐주이소. 아직 얼라 아입니꺼? 닻별아, 언능 사과디려라. 으이?

닻별 (눈치 보며) 죄송합니다.

최고만 (선영과 눈 마주치고 히죽 웃더니, 표정 바꾸며) 좋아. 니가 정 그렇게 못 믿겠다면, 내가 보여주지. 김군아.

김집사 예. 회장님.

김집사, 리모컨 버튼을 누르면, 서재 위칸에서 주르륵 내려오는 화이트보드. 최고만, 쓱 걸어가더니, 난해한 수학문제를 영어로 쭉 적는다. 놀라서 보는 닻별과 선영. 김집사, 괜스레 자랑스럽게 본다.

소수 p에 대하여 1부터 $2p-1$까지 $2p-1$개의 수 중에서 p개의 수를 골랐을 때 그 합이 p의 배수가 되도록 할 수 있음을 증명하여라.

최고만 이건 내가 아홉 살 때 풀었던 문제거든? 카이스트 최연소 입학생한테 이 정도는 껌이지?

닻별 (흥미를 느끼고 유심히 보면)

최고만 왜 너무너무 어려워서 엄두가 안 나지? 못 풀겠지?

닻별 … 제가 풀면요?

최고만 풀, 풀, 풀어? 이런 건방진 어린이 같으니라구. (홧김에)

좋아~! 만약 니가 이 문제를 풀면, 니 사기계약 건도 다 용서해주고, 니 유학비용까지 내가 다 쏴주마! 그럼 되겠냐?

닻별 (놀라서 보면) 진짜요?

선영 (예정에 없어 놀란) 개장수 아저씨예.

김집사 (쓱 막으며) 회장님, 이성을 찾으십시오. 제 꼴을 보고도 그러십니까?

최고만 (김집사 주둥이 쓱 밀치고) 대신에, 나도 조건이 있어. 니가 이 문제 못 풀면, 넌 유학 때려치우고 평생 내 밑에서 일 배워야 돼. 그럴 수 있겠냐?

닻별 사채일이요?

최고만 사, 사, 사, 사채는 빌어먹을~ 누, 누, 누가 사채래? 나, 최고만이 당대 최고 데, 데, 데이트레이더거든! 데이트레이더!

닻별 … 좋아요. 해볼게요.

최고만 그래~ 너 약속한 거다~ 김군아, 넌 저 엄청 잘난 척하는 어린이가 문제 다 풀 때까지 화장실 말곤 아무 데도 보내지 마. 알겠어?

김집사 예. 회장님.

최고만 (선영 보며) 뭐 해, 당신은! 얼른 노동하러 가야지!

선영 전 준비 다 됐는데예? (하면서 옆에 장바구니 들면)

최고만 외출 복장 꼬라지하곤. 알았어, 암튼. 가자구~!

선영 예. 닻별아, 그라모 수고하그래이.

하는데, 닻별은 벌써 문제에 몰입해서 안 들린다.

S# 4   에스띨로 스튜디오

영주　(비웃음 띠며) 무슨 소린지 진짜 몰라서 묻니?

채린　(기가 막히다는) 그럼 내가 지금 다른 사람 애라도 가졌
　　　다는 거예요? (비웃는) 김영주씨, 사람이 궁지에 몰렸다
　　　고 그렇게 아무렇게나 막 던지는 거 아니지~ 당신, 인격
　　　모독에 명예훼손으로 들어갈 수도 있는 거 몰라?

영주　(코웃음) 오채린. 내가 조금 전에 누구랑 통화했는지 아
　　　니? 박정도가 치료받았던 병원 선생님이랑 통화했거든?
　　　근데, 그 선생님이 뭐랬는지 아니?

채린　(뜨끔 보며) 뭐, 뭐랬는데요?

영주　니가 매일 업고 춤추는 잘난 니 남자, 박정도란 인간이,
　　　더 이상 애 못 만든대거든?

채린　(헉) 그, 그게 무슨 말이죠?

영주　박정도 그 속물! 결혼하고도 10년 내내 세상 온갖 잡것
　　　들하고 엉켜 붙고 다녀서! 아빠가 못 된다구~ 이제 무슨
　　　말인지 알아듣겠니?

채린　(놀랍지만, 무섭도록 차분해지며) 그래서요? 지금 오빠
　　　한테 그걸 꼬아바치기라도 하겠다는 거예요?

영주　이제 알아들은 모양이네?

채린　그래? 그럼 어디 한번 해보시죠? 내가 다른 남자 애 가졌

다고 얘기하면, 우리 오빠가 당신 말 믿어줄 것 같아요?

영주 (기막혀) 뭐?

채린 김영주씨, 당신 지금 보니까 완전 허깨비였네? 10년을 살고도 박정도가 어떤 인간인 줄 몰라? 난 독일에서 처음 딱 봤을 때 알겠던데?

영주 뭐라구?

채린 당신 말대로 내 뱃속에 있는 애가 박정도씨 애가 아니라고 쳐. 그런다고 박정도가 나랑 결혼을 포기할 것 같아? 돈, 명예, 권력만 얻을 수 있다면, 영혼까지 팔 인간이 고작 지 애가 아니라고 날 포기한다구? 천만에~! 오히려 그 사실을 알게 한 당신부터 죽이려고들걸?!

영주 (무섭다. 소름이 끼치기도 하지만, 인간 같지 않아서) 그럼, 넌 처음부터 다 알고 시작했었다는 거니?

채린 (비웃음) 당연하지. 내가 아무리 개날라리래도, 내가 품은 애, 아빠가 누군지조차 모를 만큼 바본 거 같아요?

영주 (노려보다가) 그래? 그렇게 자신 있으면 니가 직접 밝히지 그랬니? 그렇게 자신 있는 척하면서 여지껏 숨겼다면, 너도 뭔가 이유가 있었겠지?

채린 (뜨끔하면)

영주 여기 올 때까진 니 애가 누구 앤지 하나도 안 궁금했는데, 아니 지금도 전혀 안 궁금한데, 니가 직접 안 밝히는 이유는! 엄청 궁금해졌거든? 그게 알고 싶어서라도 박정도한테 물어봐야겠다? 그래도 되지?

채린   (열받아 어깃장 놓는) 어디 한번 해보시지?

영주, 채린을 노려보는데. 이때, 탈의실문이 열리면서 나오는 쥘레르 앙. 영주의 뒷모습을 못 알아본 채, 정면으로 보이는 채린을 보며.

쥘레르   자, 그럼 오늘의 마지막 하이라이트~ 법조계의 물 찬 제비. 팔십만 팔로워들의 멘토~ 박정도 교수님을 모시겠습니다~ (짝짝 박수 치며) 교수니임~!

문이 휙 열리면서 탈의실에서 척 나오는 정도. 선글라스에 턱시도를 입고, 손가락으로 V자를 그리며.

정도   채린아, 오빠 어때? 쫌 먹어주지? (하면)

여전히 정도에게 시선을 안 주고, 영주와 기싸움을 벌이고 있는 채린. 정도, 영주의 뒷모습을 보고 있어서 못 알아보는.

영주   (비웃음 띠고) 박정도가 너 부르는데? 왜 볼 자신이 없니? 내가 대신 얘기해줘? (돌아서려고 하면)
채린   (붙들며, 낮게) 그래서, 진짜 얘기하겠다는 거예요? 지금?
영주   왜 겁나니?
채린   (지고 싶지 않아서 이 갈며) 그럼, 어디 해볼 테면 해보든가…!

영주   (뿌리치며) 그렇잖아도 그럴 거거든?

채린   (우들우들 떨면서 노려보면)

영주   (실룩 미소 짓고 쓱 돌아선다)

채린   (극도로 긴장하고)

정도   채린아~ 오빠 좀 보라니까~ (하다가)

돌아선 영주를 보더니, 움찔 놀라서 굳는다. 덩달아 굳는 쥘
레르 앙. 영주, 정도를 향해 또각또각 걸어가면. 채린, 붙잡지
도 못하고 입술을 깨물며 노려본다. 영주의 시야로 정도의 코
앞까지 다가오면. 정도, 긴장한 채로 채린의 눈치를 쓱 본다.
점차 커지는 채린의 심장소리. 영주, 정도 앞에 턱! 서면.

S#5   최고만 집 앞 / 낮

문을 닫고 나오는 선영과 최고만.

선영   (환해져서) 개장수 아저씨예, 진짜로 고맙십니다.

최고만   (센 척) 고맙긴 뭐가 고마운데?

선영   개장수 아저씨가 지도 여 집에 살게 해주고, 닻별이도
데리다 공부시키기로 한 기, 다 개장수 아저씨가 계획을
짜가 그래 된 거 아입니꺼? 그라이까 진짜로 고맙지예.

최고만   고, 고마우면 뭐 해줄 건데?

선영 밥 말고 또 뭐를 해드리면 되는데예?

최고만 (쓱 둘러보더니, 손을 슬그머니 내밀어 잡으면)

선영 (최고만 손을 물끄러미 보면) 손은 와 잡는데예?

최고만 시, 시, 시장 가는 길에 당, 당, 당신 길, 길 잃어버릴까 봐 잡는 거니까, 절, 절, 절대 오, 오, 오해하면 안 돼? 알았지?

선영 예에~ 고맙십니더. (하면서 손을 잡고 흔들면서) 가입시더. 오늘 장 볼 거리 억쑤 많심더. (앞장서서 가면)

최고만 (왠지 따라가는 느낌에 기분이 점점 나빠지며 뚝 멈춰 선다)

선영 (바라보며) 와예?

최고만 젠장맞을. 이, 이 느낌이 아니야! (손을 뿌리친다)

선영 (못 알아듣고) 무신 느낌이예?

최고만E 난, 난생처음 데이트에, 손, 손까지 잡았는데 왜 찌리리 안 하는 거지?

최고만 (선영의 손을 스캔하면서) 잡은 손 위치가 잘못된 건가? 손목을 잡아봐? 그것도 아니면 대체 뭐가 잘못된 거지? 하이 씨이~! (자리에 주저앉아 절망하는데)

선영 (영문을 모르지만) 이 개장수 아저씨가 뭐라꼬 자꾸 씨부리노? 오늘 장 볼 그 엄청 많은데, 거 계속 쭈그리고 앉아 있을 깁니꺼? (다리로 퍽 차며) 퍼뜩 못 일납니꺼! 퍼뜩!

최고만 (차인 다음에야 벌떡 일어나면)

선영 얼른 따라오소! 내 맘이 바빠가 똑 죽겠다 안 합니꺼!
(휙 가면)

최고만E (얼굴이 점차 환해지며) 그래, 이거다. 이 찌리리한 느
낌! 내, 내 취향이 이상한 건가? 이상한 거지? 나, 이상
해. 하이 씨이~!

S#6 **동 에스떨로 스튜디오**

영주 (씹듯이 낮게) 이혼숙려기간 중에 마누라 직장에 와서
이러구 놀면 재밌니?

정도 (역시 낮게) 이건 니가 닻별이 안 데려가서 생긴 문제거
든? (채린을 보며) 너 지금 그거 핑계 대고 채린이한테
난리 부린 거 아니지?

채린 (정도가 보자, 더더욱 긴장하는데)

영주 (함께 채린을 돌아보고 비웃음 띠며 들리게) 왜? 나, 닻
별이 가졌을 땐 그렇게 지우라고 포악을 떨어대더니, 쟤
뱃속에 있는 아이는 얼마나 대단하길래 그러는데?

채린 (죽일 듯 영주를 노려보는데)

정도 (휙 돌려세우며 낮게) 너하고 채린이하고 어떻게 비교
를 해?

영주 (뿌리치며) 그래! 비교도 하지 마. 내 기분이 아주 더러
워지니까. 그리고 고르려면 제대로 고르든가. 이 헛똑똑
이 인간아.

정도   (낮게, 이 갈며) 너 고른 것보다는 낫거든?

영주   (들리게) 그래? 그럼, 내가 비밀 하나 알려줄까? (정도에게 다가오라는 손가락질)

정도   (의심스럽게 영주를 보다가, 채린과 시선을 일견하고 귀 기울이면)

채린   (이마에 땀이 송골송골해서 들으려고 애쓰며 노려본다)

영주   (천천히 정도의 귀에 얼굴을 가져다 댄다)

채린   (눈이 찢어질 듯, 영주를 바라보고)

영주   (뭐라고 속삭인다)

정도   (있는 대로 귀를 열고 듣다가, 고개를 갸웃하면서 영주를 보면)

영주   못 알아들었어? 다시 얘기해줘?

하면서, 영주 다시 정도의 귀에 대고 뭐라고 입을 벙긋거린다. 채린, 영주의 발돋움, 귓속말, 정도의 움찔 놀라는 표정을 보며 부들부들 떨리고 땀이 주룩 흐른다. 영주, 귓속말을 마치고 쓱 돌아서더니, 채린을 보며 실룩 웃는다.

채린, 토할 것 같은 긴장감에 바라보는데. 영주, 채린을 향해 걸어온다. 채린, 공포가 죽을 만큼 몰려오지만, 분노 또한 치솟는 얼굴로 다가오는 영주를 노려본다. 영주가 지나쳐 가려고 하면 붙든다.

영주   (쓱 돌아보면)

채린   (낮게) 지금 우리 오빠한테 무슨 얘기 한 거죠?

영주   (귀에 대고) 궁금하면, 직접 물어봐.

영주, 싸늘하게 비웃음 띠고 스쳐 지나간다. 채린, 부들부들 떨리는 얼굴로 영주를 노려본다.

영주   (문을 열고 나가기 전에 실룩 미소를 짓고, 문 탕 닫는다)

채린   (순간, 다리가 풀리며 털썩 자리에 주저앉는다)

정도   (놀라서 달려와 채린을 부축하며) 채린아, 괜찮아…?

채린   (송골송골 땀이 맺혀서) 오빠… 김영주가 뭐라고 그랬어…?

정도   지금 그게 문제야? 이 땀 좀 봐. 쥘레르~! 이리 와서 우리 채린이 좀 부축해줘요!

쥘레르   오케이, 알았어요!

채린   아니! 이런 거 필요 없으니까! 지금 김영주가 무슨 얘기 했는지나 말해봐! 무슨 얘기 했냐니까!

쥘레르   (달려오다가 움찔 멈추고)

정도   (놀라서) 채린아.

채린   저 거지 같은 여자가 오빠한테 뭐라고 속삭인 건데? 대체 뭐라고 속삭였냐구!

정도   (오히려 놀라서) … 어, 닻별이 제대로 안 데리고 있으면 무슨 폭탄을 던지겠다던데?

채린   … 뭐?

정도	지 몸 건강해질 때까지, 무조건 나한테 맡으래.
채린	그래…? (싸늘해지며) 그럼, 우리가 데리고 있어야겠네~
정도	(뭔 소리야 싶어서) 채린아…

S# 7   에스띨로 복도 + 편집실

"인간 같지 않은 것들~!" 구시렁대며 걸어오는 영주. 안으로 들어오는데, 직원들이 다들 고개를 내밀고 영주를 기다리고 있다가 보더니 후다닥, 회의준비 하는 척하면.

영주	라비! 베누스 프로젝트 어디까지 진행됐니?
로버트	예? 쇼장 임대는 벌써 오사장 쪽에서 렌트 계약 끝냈구요. 주얼리 브랜드들도 행사 전날까지 제품 보내기로 했답니다.
영주	(심각하다) 그래? 모델들 캐스팅은 끝났어?
진태오	짝퉁 앙선생께서 오디션 핑계 대고 맨날 모델들이랑 클럽에서 산다는데요?
영주	뭐?
홍이림	맞아요. 벌써 몇몇 애들은 지들이 메인이라고 떠들고 다닌대요.
영주	(조선희 보며) 아직 모델들 피팅은 안 한 거지?
조선희	예. 최종 컨펌 하기 전이라서, 아직은 안 한 것 같습니다.
영주	쇼까진 며칠 남았지?

조선희　일주일도 안 남았습니다.

영주　그럼 우선 쥘레르가 뽑은 모델들부터 캔슬해!

나팀장　예? 편집장님, 그럼 오채린 사장이…

영주　니들이 언제부터 내 명령에 토 달았니? 오채린이 진행하던 베누스 프로젝트는 다 뒤집고 새로 시작할 테니까! 지금 쓰고 취재하던 기사들 홀드하고, 모두 베누스 프로젝트에만 집중해!

직원들, 일제히 크게 대답하고 일사천리로 움직이기 시작한다. 영주도 굳은 표정으로 편집장실로 들어간다.

S# 8　재래 약재시장

쪽지에 적힌 글씨를 지우면서, 구입 물건을 확인하는 선영. 뒤쪽에서 장바구니를 양쪽에 들고, 지팡이 입에 물고 헐떡거리며 걸어오는 최고만이 보인다.

선영　쑥부지깽이, 말린 땅강아지, 둥굴레, 복수초, 은방울꽃, 옥시시 수염은 다 샀고. 어디 보자, 옴마야. (머리 치며) 내 진짜 바보다. 젤 중요한 당귀를 빼묵웃다. (가게들 기웃거리며) 아저씨예, 여 참당귀 있어예?

여주인　우리 가겐 떨어졌는데, 저쪽 가게로 가보세요.

선영　떨어졌어예? 저쪽이예? (옆집 건너 반대편으로 부리나

최고만 (입에 문 채로) 김선영이… (헥헥) 같이 가아~

선영 (최고만은 안중에도 없고, 참당귀에 꽂혀서 정신없이 간다)

최고만 김선영~ 하이 씨이~! (문득 멈춰 서며 대오각성한! 찬란한 빛과 음악)

최고만E 그래, 김선영이 매력은 날 무시하는 거였어. 처음에 내가 찌리리하지 않았던 이유를 알아냈다. 음하하?

최고만 (하다가 둘러보더니) 어디 갔지? 김선영! 김선영! (간다)

S# 9 **다른 약재상 앞**

당귀를 고르고 있는 선영. 이것저것 다 보다가.

선영 아저씨예, 여 중국당귀랑 일본당귀 말고, 우리 강원도 참당귀 쫌 주시모 안 됩니꺼? (손을 모았다 풀었다 하면)

주인 (쓱 보고 모자라구나 싶어) 아줌마. 그게 참당귀예요.

선영 그래예? 내가 보기에는 이기 아인데? 크기도 작고, (똑 부러뜨리며) 여 색깔도 노리끼리하이 이그 일본산인데?

주인 이 아줌마가 지금 장난하나? 내가 지금 아줌마한테 사기를 친다는 거야, 뭐야! 어! 당신이 한의사야? 약재상이야?

선영 (주눅 들어서) 그, 그기 아이고예…

주인　　그딴 소리 할 거면 썩 꺼지든가, 아니면 당장 사든가! 아, 얼른~!

선영　　(겁이 나서 말도 못하는데)

이때, 최고만이 쓱 들어온다. 주인, 최고만을 보고 흡! 긴장 하는.

최고만　왜 그래? 무슨 일인데 그래?

선영　　저 아저씨가 참당귀또 아인데, 자꾸 참당귀라 캐서예.

최고만　(보더니) 야, 김팔봉이. 너 아직도 약재 갖구 사기 치냐! 어!

주인　　… 죄송합니다. 회장님.

최고만　얼른 참당귀 안 내놔, 자식아~!

주인　　(허둥지둥 찾으면)

최고만　녹용도 내놔. 자식아. 진땡으로!

주인　　예, 회장님. (허둥지둥 앞에 내놓으면)

최고만　맞아?

선영　　(붙들고 휘어보더니) 예. 찐도 마이 나오고, 이래 휘는 거 보이까 참당귀 맞십니더. (해죽 웃으면)

최고만　그래? 야, 팔봉이. 너 이거 있는 대로 다 싸~! 만약, 딴 거 섞어 쌌다가, 우리 김선영 여사한테 걸리면, 너 이 시 장통 떠나야 된다. 알겠냐! 자식아!

주인　　예. 회장님. (정신없이 담는다)

선영　　(그 모습이 멋져 보여서, 손을 오글거리며 해죽 웃는다)

S# 10　**산부인과 전경 / 낮**

S# 11　**산부인과 복도**

군은 표정의 채린이 나오자, 정도가 후루룩 다가와 부축하며.

정도　　채린아. 의사선생님이 뭐래? 우리 애긴 괜찮대?
채린　　응. 별일은 아닌데 앞으로 좀 조심하래.
정도　　진짜? 어우, 다행이다. 난 우리 길동이 잘못되는 줄 알고 간이 다 쫄아붙을 뻔했다니까~
채린　　그랬어? (미소 짓고 보더니) 오빠, 오빠 딸한테 전화 좀 해볼래?
정도　　닻별이한테? 닻별이는 왜?
채린　　어제 그렇게 보낸 게 마음에 걸려서 그래. 오늘 쇼핑이나 좀 하고, 저녁 같이 먹자.
정도　　에이, 됐어~ 지금 니 몸이 이런데 뭐 하러 그런 데까지 신경 써? 아까 김영주 걔가 한 얘기 때문에 그래?
채린　　아니, 내가 하고 싶어서 그래. 오빠 딸이잖아.
정도　　(얘가 왜 이러나 싶지만) 그럼 그럴까? 잠깐만? (전화하러 가면)
채린　　(피식 웃으며) 김영주. 지금은 니가 이긴 것 같지? 어디

두고보자구.

S# 12   영주 편집장실 / 밤

각종 자선패션쇼 자료를 모니터에서 돌려보고 있는 영주. 빠
르게 화면을 돌려서 보고, 다른 자료도 연이어서 계속 보고
있다. 지친 얼굴로 어깨를 두들기는데, 이때 딩동 문자가 울
린다. 보면, 제하에게서 동영상이 와 있다. 파일을 열어보는
영주.

S# 13   제하의 동영상

E   (국민체조 음악 선행하면서)

제하   김영주 편집장님, 출근해서 밀린 일들 처리하느라고 또
            정신줄 놨죠? 자, 지금부터 자리에서 일어나서 내가 하
            는 동작 따라 하세요?

제하, 카메라를 고정시키고, 운동복차림으로 카메라에 서고
는 국민체조 구령에 맞춰서 엄숙하게 동작을 하고 있다. 그
모습을 보고 피식 웃는 영주.

제하   (예상했다는 듯, 동작 계속하며) 김영주, 너 웃으라고 이
            거 찍는 거 아니거든? 심부전증 환자 십계명 중 하나.

매일매일 운동하라~! 뭐 해, 얼른 일어나서 안 따라 해?

영주   (픽 웃다가 일어나서, 밖을 쓱 보더니 문을 닫고 온다)

어설프지만 따라서 하는 영주. 목도 돌리고, 스트레칭을 한다.

S# 14   시장통 일각 간이테이블

장바구니를 올려놓고, 아이스크림을 먹고 있는 최고만과 선영.

최고만   김선영이 당신 말야. 이렇게 얘기하면 좀 그런데, 당신 지능도 떨어지는데 한약재는 어떻게 귀신같이 잘 아는 게야?

선영   지가 어릴 적에 말입니더, 여여 머릿속에 물이 차가 이래 모질라게 됐그등예. 그때 울 아부지가 학교 선생님도 때리치고예, 내 머리 좋아지는 약 찾아가 전국팔도를 다 돌았답니더.

최고만   … 그래?

선영   그래도 약을 못 찾으이까네, 아부지가 직접 한약 공부또 하고 내 데리꼬 온갖 큰산이라는 큰산은 다 댕기면서 이 한약은 머리 아픈데 좋다, 저 한약은 가심 아픈 데 좋다… 슨영아, 절대 잊어쁘리모 안 된다. 아부지 얼굴은 잊아쁘라도 그그는 꼭 기억하고 있으야 된다. 이래 했다 안 합니꺼.

최고만	음. 그래서 나 설사할 때, 산마콩깨죽도 끓여준 거구만.
선영	예~
최고만	거참, 장인어르신한테 고맙다고… (하다가 뚝 굳는다)
선영	뭐라꼬예?
최고만	거 누, 누, 누, 누구 장인어르신인지 대, 대, 대단하다. 그, 그 얘기야.
선영	예. 우리 아부지 진짜 좋으신 분이었지예. (회한에 젖으면)

최고만, 슬그머니 선영 옆으로 붙으며, 덜덜덜 떨리는 손으로 선영의 어깨를 다독여주려는 찰나, 휴대전화 벨이 요란하게 울린다. '앗 뜨거라' 벌러덩 넘어지고, 선영이 놀라서 보면.

선영	개장수 아저씨예? 거는 왜 누워 있는데예?
최고만	좀 피, 피곤해서 그래. 피곤해서. 우라질 놈의 자식. (전화 받으며) 왜, 왜 전, 전화는 하고 난리야, 자식아!
김집사F	회장님, 빨리 좀 와보십시오. 예?
최고만	무슨 일인데, 호들갑이야? 자식아! (사이) 뭐? (놀라서 선영을 보면)

S#15   최고만 집 안

김집사, 문을 열어주면, 부리나케 들어오는 최고만과 선영.

선영　셋방 아저씨예, 닻별이한테 무신 문제가 생긴 건데예? 예?

김집사　닻별이한테 문제가 생긴 게 아니라요, 문제를 풀었답니다. 하하.

선영　예?

최고만, 선영과 김집사를 헤치고 부리나케 거실로 걸어간다.

S# 16　최고만 집 거실

화이트보드에 가득 쓰여 있는 문제풀이. 최고만, 경악해서 보고. 선영도 달려와 입이 다물어지지 않는다. 수학문제를 바라보는 경이로운 표정 위로 들리는.

최고만E　세상에, 어떻게 그 어린 꼬맹이가 페르마 정리를 제대로 이해할 수 있는 거지? 이 자식, 이거 진짜 건방진 어린이군. 너무 건방져.

최고만　(믿어지지 않는) 김, 김군아. 그 꼬맹이가… 진짜… 이 문제를 푼 게냐?

김집사　예. 한 시간쯤 문제만 노려보더니, 갑자기 미친 듯이 풀던데요? 답이 맞는 겁니까? 회장님?

선영　(놀라서) 맞십니꺼?

최고만　김군아, 이 건방진 어린이 지금 어디 있는 거냐…? 응?

S# 17   백화점 명품 매장

딸깍! 탈의실 문이 열리면, 잡지를 보고 있는 채린과 정도. 닻별, 알록달록한 원색의 옷을 입고 나온다. 채린, 쓱 흘겨보는데.

정도   (설레발치며) 어우야아~ 우리 닻별이 완전 CF모델 같다~ 아빠 닮아서 다리도 기일~구~ 그치? 채린아, 봐봐.

채린   (흘낏 보며) 그럼, 누구 딸인데~

정도E   지가 오자 그래놓구선~

정도   (짜증나지만, 금세 표정 바꾸며) 닻별아, 어때? 마음에 들어?

닻별   (내키진 않지만) 응. 마음에 들어, 아빠.

정도   에이, 별루 맘에 안 드는 것 같은데? 딴거 볼까? (눈치 살피며) 채린아, 딴것 좀 입혀볼까?

채린   그러든지. 아가씨~

여점원   (다른 옷을 보여주며) 이건 어떨까요?

정도   그래, 이거 좋다. 완전 멋지다. 닻별아, 이거 한번 입어볼까?

닻별   (채린을 얄밉게 쓱 보더니) 아빠, 나 목말라.

정도   목말라? (여직원 보며) 저기요, 아가씨. 물 있어요?

여직원   예. 손님.

닻별   아빠, 나 물 말구, 차가운 녹차 마시고 싶어.

정도	녹차? (아빠 노릇 제대로 해보자 하는 마음에) 그래, 알았어. 아빠가 금방 갔다 올게? 채린아, 넌 뭐 마실래?
채린	나도 녹차~
정도	오케이~ 두 분 숙녀님들께 금방 녹차 대령하겠습니다아~ (손경례 척 하고 나간다)
닻별	(정도가 사라지는 걸 확인하고) 조교 아줌마. 지금 왜 이러는 건데요?
채린	(잡지 보며) 왜 이러다니? 그게 무슨 말인데?
닻별	말귀도 못 알아들어요? 갑자기 나한테 왜 이렇게 잘하는 척하는 거냐구요?
채린	(심드렁한) 너한테 잘 보이고 싶으니까 그렇지~
닻별	지금 이게 잘 보이고 싶어서 하는 거예요? 얼굴에 재미없다, 재수없다 다 쓰여 있거든요?
채린	그럼 솔직하게 얘기해줘? 나도 이러는 거 싫거든?
닻별	그럼 왜 그러는 건데요? 우리 아빠한테 잘 보이고 싶어서 그래요?
채린	아니, 니네 엄마가 시킨 거야.
닻별	… 우리 엄마가요? 우리 엄마가 아줌마한테 왜 이런 일을 시켜요?
채린	니네 아빠가 얘기 안 해? 니네 엄마가 너 못 맡으니까 우리한테 책임지래~ 그래서 이러는 거야. 이제 알아들었어?
닻별	(부들부들 떨리는) … 그게 진짜예요?

채린	안 믿겨? 그럼 엄마 만나서 직접 확인해볼래?
닻별	(노려본다) 좋아요.

S# 18 에스띨로 앞 / 밤

허둥지둥 내려오며 전화를 하고 있는 영주. 차에 올라타며.

영주	(되는대로 나오는 대로 정신없이 지껄이는) 제하야. 닻별이가 왜 갑자기 날 만나자고 하는 걸까? 나한테 화난거 다 풀려서 만나자고 하는 건 아니겠지? 나 다시는 안보겠다고 한 애가 왜 갑자기 전화를 한 거지? 응?
제하F	김영주, 마음 좀 가라앉히고 생각해봐. 닻별이가 먼저전화한 거라며?
영주	(초조하고 긴장된) 어, 그랬어.
제하F	그리고, 너랑 예전에 같이 갔던 레스토랑에서 보자고 그런 거구. 맞지?
영주	어, 맞아.
제하F	그럼. 닻별이가 너랑 화해하자는 거 아닐까?
영주	(제발 그랬으면 하는) … 그럴까? 그렇겠지? 아니면, 거기 레스토랑에서 보자고 안 했겠지?
제하F	영주야. 불안하면 내가 같이 가줄까?
영주	아, 아니야. 나 혼자 갈게. 나 혼자 가야지.
제하F	그럼. 닻별이 만나고 전화 꼭 해. 알았지?

영주   어. 알았어. (전화 끊고 서둘러 차를 출발시킨다)

S# 19   제하 집무실 / 밤

제하, 보던 심부전 자료를 덮고 나가려는데, 그 위로 커피잔
이 내려진다.

수인   (자료 흘낏 보더니) 여전하네?

제하   … 뭐가?

수인   당신 마음 전하는 방식 말이야.

제하   …?

수인   직접 좋아한다고 말은 못하고, 좋아하는 사람이 하는 일
에 관심을 갖는 것. (자료 보여주며) 심부전과 심장이식,
내 전공이잖아. 아직 나에 대한 마음이 식지 않은 거구
나? (미소)

제하   (빼앗아 내려놓고 나가며) 착각하지 마.

수인   (보면서 미소) 이런 기분 좋은 착각이라면 깨고 싶지 않
은데? 저녁 같이 먹을까? 아님 술 한잔해도 좋구. 전화
해보니까, 우리 같이 가던 칵테일바 아직도 있더라?

제하   (무시하고 문 닫고 나가면)

수인   정말 하나도 안 변했구나, 제하씨. (미소)

S# 20   패밀리레스토랑

정도, 채린과 나란히 앉아서 샐러드를 챙겨주고 있다. 안 보는 척 물끄러미 보던 닻별, 침울한 표정으로 시선 밖으로 향하면.

정도　닻별아. 왜 맛이 없어서 그래? 아빠가 샐러드 더 갖다줄까?

닻별　아니야. 맛있어. (하고 나서, 여전히 시선은 밖으로)

채린　(눈치채고, 실룩 미소 짓고)

정도　(애들이 뭐 하나? 본다)

S# 21　패밀리레스토랑 거리 일각 / 밤

부지런하게 걸어오는 영주. 호흡이 금세 가빠져서 잠깐 멈췄다가 다시 부지런하게 패밀리레스토랑 앞으로 걸어온다. 호흡을 하고, 문을 열고 들어가는 영주.

S# 22　패밀리레스토랑 안 /

안으로 들어와 두리번거리는 영주. 저만치 닻별이 혼자 앉아 있다. 두근거리지만 환한 얼굴로 닻별에게 다가가는데. 정도가 샐러드 접시를 들고 닻별 옆에 앉는다. 뜨끔, 멈춰 서는 영주. 닻별이가 화해시키려고 저러는구나, 싶어서 마음도 짠하다. 마음 가다듬고 다가가려는데. 이때, 뒤쪽 화장실에서 나오는 채린.

채린　어머, 오셨어요?

영주　(뜨끔 굳어서 돌아보면)

채린　닻별아, 니네 엄마 오셨네?

영주　(채린을 노려보는데)

정도　김, 김영주. 니, 니가 여, 여긴 웬일이야?

닻별　내가 보자구 했어, 아빠. (영주 보며, 부러 냉랭하게) 왔어?

영주　어? 어… (혼란스러운데)

닻별　아빠, 나 잠깐 엄마랑 얘기 좀 하고 올게? (일어나 먼저 나가는. 영주 앞을 지나가며) 엄마, 나가서 얘기할래? (앞서 가면)

영주　으응, 그래. (채린을 노려보며) 니가 꾸민 짓이니?

채린　(어깨 으쓱하며) 당신한테 전화 한 건 닻별이 아니었어요?

영주　(낮게 으르렁거리는) 너 우리 애한테 무슨 얘기 했니…? 설마, 박정도 애 가졌다는 얘기 한 건 아니지?

채린　(귓속말로) 궁금하면, 직접 물어보시든가~

영주　(노려보다가, 나가면)

정도　채, 채린아. 김영주 쟤 여기 오는 거 너 알고 있었어?

채린　(어깨 으쓱) 글쎄~

S# 23　　**패밀리레스토랑에서 조금 떨어진 밖 / 밤**

영주   (어색하지만 다가와 닻별의 옷을 여며주며) 닻별아. 같이 온 일행이 있었으면, 먼저 얘기하지 그랬어. 엄만 그것도 모르고…

닻별   (O.L) 왜? 엄마가 보면 안 되는 사람들이야?

영주   어? (당황하는데)

닻별   엄마가 아빠한테 나 못 맡는다고 그랬어?

영주   어? (안 되겠다, 마음 다지고) 닻별아. 그게 아니라, 엄마가 몸이 좀 안 좋아서 당분간만 아빠한테 봐달라고 그랬어. 엄마 몸 좋아지면…

닻별   어쨌거나…! 엄마가 나 못 맡겠다고 한 거잖아!

영주   (평정심 유지하려 애쓰며) 당분간이라고 그랬다니까~ 닻별아. 엄마 요즘 운동 열심히 하구, 약도 잘 먹구 그래서…

닻별   (부러 독한) 아니, 변명할 거 없어.

영주   뭐?

닻별   아빠가, 하루만 이틀만 핑계 대다가 영영 집에 안 들어온 것처럼, 엄마도 당분간, 당분간 그러다가 결국 나 안 볼 거 아니었어? 그럴 바엔 나 같은 건 다 잊어버리고, 엄마 몸이나 잘 챙겨. 난 상관없으니까. (가려고 하면)

영주   (붙들며) 박닻별. 엄마 얘기도 좀 들어볼래? 엄마도…

닻별   (O.L) 아 참, 나도 까먹은 게 있다. (주머니에서 봉투를 꺼내준다)

영주   이게… 뭐야?

닻별   엄마랑 밥 먹을 때 받은 레스토랑 쿠폰. (빤히 쳐다보며)
         이제 더 쓸 일 영원히 없을 것 같아서 그래~ 잘 가, 엄
         마. (원망스럽게 보다가 돌아서 들어간다)

영주   (충격이다) 닻별아… (더 부르려고 하지만)

영주, 호흡이 막히고 가슴이 아파서 움켜쥔다. 눈물 보일까
봐, 아픈 게 보일까봐, 겨우 몸을 견디며 닻별을 본다. 닻별이
돌아보면, 애써 태연한 척 웃어 보이려는 영주. 그런 영주를
더 원망스럽게 보다가 휙 돌아서 가는 닻별.

닻별E   (입술 꾹 깨물고 눈물 참고 걸어가며) 엄마, 왜 나 안 잡
         아…? 왜 예전처럼… 박닻별! 너 왜 그래!… 소리도 안
         쳐? 엄마한테 나 정말 하나도 안 중요해진 거야?

S# 24   패밀리레스토랑 안

레스토랑 안으로 들어오는 닻별. 돌아서 걸어가는 영주의 뒷
모습을 원망스럽게 보며.

닻별E   (눈물 그렁그렁 맺히며) 엄마, 내 목소리 안 들려? 내
         가… 엄마한테 뭘 바라고 이러는지 진짜… 안 들려…?

닻별   (서럽고 원망스럽게 보는데)

정도   닻별아. 엄마랑 무슨 얘기 했어?

닻별	(눈물이 터질 것 같아, 대꾸도 안 하고 화장실로 가버린다)
정도	닻별아~ (채린을 쓱 돌아보면)
채린	(씰룩 미소)
정도	(뭔가 있구나 싶다) …!

S# 25   화장실 안 / 밤

문을 닫고 변기 위에 앉는 닻별. 흐으흐으~ 운다. 엄마에게
버림받았다는 상처에, 어깨를 후들거리며 운다.

S# 26   영주 차 안 / 밤

겨우 차에 올라타는 영주. 숨을 겨우 몰아쉬고, 닻별이 준 봉
투를 본다. 마음이 상해서 봉투를 열어보는 순간, 찢겨진 레
스토랑 쿠폰이 보인다. 왈칵 울음이 터질 것 같지만, 입술을
꾹 깨물며.

영주E	(가슴 다독이며) 괜찮아. 괜찮을 거야. 김영주, 니 몸 다
	낫고 만나면 돼. 너 건강해지고… 닻별이 다시 만나면
	돼. 여지껏 못해줬던 거 다 해주면 돼. (마음 굳게 먹고
	다독이며 차 시동을 건다)

S# 27   채린 집 / 밤

들어오는 정도와 채린, 닻별. 정도, 닻별을 보며.

정도 닻별아. 오늘 피곤했지? 저 방이 아빠 방이거든? 얼른 씻고 나와. 아빠가 이불 깔아줄게?

닻별 아빠… 오늘 아빠랑 같이 자면 안 돼?

정도 어? 어. (채린이 눈치를 보면)

채린 (뾰로통하지만, 그러라는)

정도 그럼, 당연히 우리 딸이랑 자야지, 누구랑 자겠어~ 얼른 씻고 나와?

닻별 응. (힘없이 욕실로 들어간다)

S# 28   영주 집 현관 + 거실 + 주방 + 닻별 방

현관불이 켜지고 들어오는 영주. 현관불이 꺼지면 들어와 주방, 거실, 거실 스탠드 등을 차례로 켜서 불을 밝힌다. 정도의 서재와 닻별 방 등도 모두 켠다. 영주, 먹먹한 얼굴로 나오다가 닻별 방을 보며, 부러 기운을 내며.

영주 박닻별. 엄마, 오늘은 좀 힘들었는데, 그래도 우리 딸 얼굴 봐서 진짜진짜 좋았다? 엄마 힘낼 테니까, 조금만 기다려줘? 응? (돌아서 나오는데 들리는)

닻별E 엄마? (영주 뜨끔 놀라서 돌아보면)

S# 29   영주 회상 / 닻별 방

닻별   … 엄마, 힘들었지…?

영주   (당황하고 긴장한) 뭐… 뭐가?

닻별   난~ 잠깐만 못 봐도, 아빠 보고 싶어서 막 눈물 나고 그랬는데… 엄마는, 엄마 아빠 보고 싶어서, 어떻게 살았어…?

영주   (순간 북받쳐 쿡! 참았던 울음이 솟는데)

닻별   이리 와, 엄마. 내가 엄마 안아줄게. (팔을 벌리면)

영주   (목이 멘) 그래. 우리 딸. 엄마 좀 안아줘. (안긴다)

닻별   (영주를 안아주며) 엄마, 이제 엄마네 아빠 보고 싶으면… 혼자 울지 말고, 나한테 안아달라고 그래. 그럼 내가 언제든지 이렇게 꼬옥 엄마 안아줄게. 응?

영주   (터진다. 눈물이 쏟아지며) 그래. 엄마가 아빠 보고 싶으면 닻별이한테 얘기할게. 꼭 얘기할게.

닻별   응. 얘기해, 엄마. 나한테 얘기해. (더욱 세게 안아주면)

영주   (닻별을 와락 안고) 내 새끼… 내 이쁜 강아지… 고마워… 고마워… 우리 딸…? (눈물 흘리면)

닻별   (영주의 눈물을 닦아주며, 함께 주르륵 눈물 흘린다)

영주   (그 모습이 이쁘고 고마워서 다시 와락 안는다)

S# 30   동 닻별 방

자리에 털썩 주저앉는 영주. 닻별을 영영 잃어버릴 것 같은 느낌에 자신의 가슴을 꼭 껴안고 주저앉아 어깨를 들썩이며 운다. 이때 휴대전화 벨이 울린다. 제하. 받지 못하는데. 밖에서 문 두드리는 소리 들린다. "영주야! 김영주!" 영주, 돌아보면. 왈칵 눈물이 쏟아진다.

S# 31   영주 집 현관 / 밤

영주, 문을 열면. 상기된 표정의 제하가 서 있다. 눈물 가득한 영주를 보더니 와락 안는 제하.

제하   김영주. 괜찮은 거지? 응?

영주   (울컥 눈물이 쏟아진다. 목이 멘) 제하야. 나 이러다 우리 닻별이 영영 잃어버리면 어떡해…? 이러다 나 잘못돼서… 나, 영영 나쁜 엄마로만 기억되면 어떡하지…?

제하   (영주를 와락 안아준다) 아니, 절대 그럴 일 없어. 김영주 너, 내가 꼭 건강하게 만들어줄 테니까… 나만 믿어. 응?

영주   그래. 믿을게. 너만 믿을게… 나 좀 건강하게 해줘. 우리 닻별이 오래오래 보게 해줘… (울면서 제하를 안는다)

S# 32   정도 서재 / 밤

이부자리를 깔고 함께 누워 있는 닻별과 정도. 닻별, 정도의
팔베개를 하고 있다가, 눈치를 보며.

닻별　　아빠… 엄마 많이 아프대?

정도　　아니야. 별거 아니래.

닻별　　그래…? 그래도 많이 아픈 거 아냐? 아까 보니까 엄마
　　　　　얼굴 별루 안 좋던데.

정도　　닻별아. 엄마 걱정돼? 그럼, 엄마 얼른 나으라고 기도해
　　　　　야지. 그래야 우리 닻별이도 빨리 엄마한테 갈 수 있지.
　　　　　그치?

닻별　　그럼, 아빠는 그냥 여기에 살구?

정도　　(씁쓸한 척) 이제 어쩔 수 없잖아.

닻별　　(정도 옷을 슬그머니 붙들며) 아빠… 다시 한 번만 생각
　　　　　하면 안 돼?

정도　　…?

닻별　　내 생각 해서라도… 엄마 입장이 어떤지… 이해해주면
　　　　　안 돼? 엄마랑 아빠, 나, 우린 가족이잖아. 서로 힘들고
　　　　　아파도 보듬어주는 게 가족이잖아. 응?

정도　　닻별아. 아빠가 엄마랑 안 살아도 닻별이랑 아빠는 항상
　　　　　가족이야. 닻별이랑 엄마도 가족이고. 우리 딸 똑똑하니
　　　　　까, 아빠가 무슨 말 하는지 알지? 그치?

닻별　　… 응. (슬그머니 돌아누우며)

닻별E　　그럼 이제 우리 셋은 가족이 아닌 거야…? 엄마랑 나,

아빠는 가족 하면 안 되는 거야…? (눈물 뚝 떨어진다)

S# 33   스포츠센터 전경 / 아침

S# 34   스포츠센터 내

핫팬츠와 딱 달라붙는 운동복을 입고 포니테일을 한 수인이 스트레칭을 하면서 스포츠센터로 들어온다. 기대감에 찬 얼굴로 주위를 둘러보며, 사람들 틈에서 제하를 찾지만 보이지 않는다.

수인   (시계 보더니) 아직 안 나온 건가? 수술 없는 날은 하루도 안 빠지는 사람인데? 웬일이지? (휴대전화 꺼내서 문자 보낸다)

수인E   제하씨, 어제 술 마셨어? 해장국 사갈까? 연락 줘? (문자 보내고, 쿨하게 이어폰 꽂고 트레드밀 위로)

S# 35   영주 집 침실 / 아침

잠들어 있는 영주. 벨소리가 들리면 잠에서 깬다. 시계를 보면 7시. 베개에 얼굴을 묻는데, 계속 들리는 벨소리. 겨우 일어나는 영주. 부은 다리를 꾹꾹 누르며 "나가요~" 하면서 간다.

S# 36 영주 집 현관 + 거실

경비가 커다란 박스를 안으로 들여다주고, 인사하고 나간다.

영주   고맙습니다. (박스를 보며) 이 시간에 웬 택배지?

소파에 앉아서 부은 다리를 주무르며 상자를 열면, 이어폰과
MP3가 들어 있고, 그 아래로 체중계가 보인다.

영주   (이어폰을 꽂고, MP3를 작동시키면)
제하E 김영주? 화장실은 다녀왔어?
영주   (인상 찡그려지는데)
제하E 화장실 다녀왔으면, 재깍! 체중계에 올라가 몸무게 재서
        옆에 있는 노트에 기록해.
영주   (흐음~ 팔짱 끼고 보면)
제하E 팔짱 끼지 말고, 얼른~
영주   (놀라서, 웬일이야? 하는 표정으로 보면)
제하E 너, 옛날부터 할까 말까 고민할 때마다 팔짱 끼잖아. 메
        뉴 고를 때도, 물건 살 때도. 맞지?
영주   (피식 웃음이 나는데)
제하E 너 종합검진 받은 검사결과지 다 봤거든? 키는 대학 때
        랑 똑같은데, 몸무게가 좀 늘었더라. 2킬로?
영주   (어이없어 보다가 픽 웃으면)

제하　　이제 아침마다 몸무게 재서 기록해, 알았지? 그다음 거 꺼내봐.

영주, 박스에서 운동화 한 켤레와 가지런히 개어둔 운동복, 야구모자를 꺼낸다.

제하E　발이 부었을 테니까, 원래 니 사이즈보다 좀 넉넉히 골랐어. 회사에서 입을 옷은 따로 챙기고, 얼른 준비해서 나와. 기다린다?

영주　　(보고 고맙다, 이마를 만지작거리면)

제하E　이마 만지작거리지 말고, 얼른 옷 갈아입고 내려와.

영주　　(하~ 기막히다) 이제하, 대체 모르는 게 뭐니?

제하E　김영주, 어제 밤새 빨아서 말려놓은 거거든? 성의를 생각해서라도 꼭 입고 나와야 된다. 알았지?

영주　　그래. 입을게. (미소 짓고 일어난다)

S# 37　영주 아파트 앞 / 아침

제하가 골라준 운동복에 운동화를 신고, 모자를 눌러쓰고, 배낭을 메고 나와 두리번거리는 영주. 이때, 뒤쪽에서 휙 뛰어나오는 제하. 놀라서 보는 영주. 제하, 모자를 거꾸로 돌려 쓰면서 영주 모자와 같은 로고 보여준다.

제하	김영주. 우리 이러구 있으니까 꼭 대학교 때 같지 않냐?
영주	음, 기분만. 너 이러다가 병원에서 짤리는 거 아니니?
제하	너 아픈 거 보는 거보다, 병원에서 짤리는 게 낫거든? (빙긋 웃고) 가자. 자전거 저쪽에 세워뒀어.
영주	… 제하야.
제하	응?
영주	어제 약속한 대로 나 꼭 건강하게 해줘야 돼?
제하	걱정 마. 꼭 그렇게 할 테니까.
영주	(쑥스럽지만) … 그럼… 나도 너 안 밀어낼게. 나도 꼭 건강해져서… 너랑… 데이트할게…
제하	(환해지며) 진짜지? 너 진짜 약속한 거다. 응?
영주	(고개 끄덕끄덕) 그래~
제하	얏호~! 아자! 아자! 아자!
영주	(그 모습 보면서 부끄럽기도 하지만, 고맙고 행복하다)

S# 38   한강 둔치 / 아침

나란히 자전거 페달을 밟고 달리는 제하와 영주. 바람이 상쾌하다.

제하	컨디션 어때?
영주	음, 좋아.
제하	그럼 속도를 좀 내볼래?

영주 아니~ 이대로가 좋아.

제하 숨 가빠? 아니면 힘들어?

영주 아니, 이제부터는 좀 천천히 가려구. 시간이 좀 걸리더라도 옆에 누가 있는지도 보고, 같이 가려구.

제하 (미소 짓고) 그래. 그러자.

서로 미소 지으면서 함께 한가롭게 페달을 밟고 달린다.

S# 39 한국병원 전경 / 아침

S# 40 심혈관센터 흉부외과 과장실

이철근과 수인, 데이비드가 앉아 있고, 흉부외과 펠로우, 레지던트들 서 있다. 한수인의 프로필을 보고 있고, 데이비드는 휴대전화 만지작.

이철근 한수인 선생, 한국대학 흉부외과에서 전문의 자격증을 따고, 2년 동안 심장내과 트레이닝. 그리고 존스홉킨스에서 심부전과 심장이식 공부를 하고 왔네요?

한수인 예, 과장님.

이철근 (자료 툭 던지고) 아니, 그 대단하다는 존스홉킨스에서 치프 자리까지 주겠다는데, 뭐 하러 여기까지 다시 온 건지? 특별한 이유라도 있습니까?

한수인   (빙긋 미소 짓고) 개인적인 문젠데 꼭 말씀드려야 됩니까?

이철근   뭐 꼭 얘기할 필요는 없지만, (뒤쪽 의사들 눈짓하며) 우린 한 가족 같아서, 우리 막내 레지던트 선생 애 돌잔치에 금반지가 몇 개 들어왔는지도 다 아는 사이라서 말이지. 아, 뭐 개인적인 얘기를 꼭~ 듣자는 건 아니고.

한수인   그럼 말씀 안 드리겠습니다.

이철근   (썰렁해지며, 큼) 한선생은 심장이식을 몇 건이나 했다고 했지? 난 총 스물아홉 번을 했는데 말이지.

한수인   전 총 마흔다섯 번입니다, 선생님.

이철근   아, 나도 어시스트로 참여한 것까지 합치면 물론 90건이 넘지.

한수인   어시스트 경력까지 포함해서 말씀드리는 겁니까? 그럼, 전…

이철근   아, 됐고~~ (꾹 눌러 참으며) 한선생이 심장내과 전문의 자격까지 있다니까, 딱 맞는 환자 하나 맡겨주지. (눈짓하면)

펠로우   (환자 파일을 건넨다)

수인   누구죠, 이 환자?

이철근   지금 심부전을 앓고 있는 환잔데, 어레스트가 한 번 왔었고, 아무래도 CRT 수술도 해야 될 거야. 그래봤자, 워낙 상태가 안 좋아서 결국 심장이식 수순으로 가게 될 것 같으니까, 한 선생이 맡기에 딱 좋을 것 같아서 말이지.

수인   한번 볼까요? (파일을 넘기다가 이름을 본다) 김영주…?

(설마 하는 얼굴로 차트를 보는 수인 위로 들리는)

수인E (자료 흘낏 보더니) 여전하네?

제하E … 뭐가?

수인E 당신 마음 전하는 방식 말이야.

S# 41 수인 회상 / 제하 집무실

수인 직접 좋아한다고 말은 못하고, 좋아하는 사람이 하는 일에 관심을 갖는 것. (자료 보여주며) 심부전과 심장이식, 내 전공이잖아. 아직 나에 대한 마음이 식지 않은 거구나? (미소)

제하 (빼앗아 내려놓고 나가며) 착각하지 마.

S# 42 동 흉부외과 과장실

수인 (얼굴 표정이 굳는다. 자리에서 벌떡 일어나면)

이철근 한선생, 지금 아침회의 중인 거 모르나?

수인 갑자기 김영주란 환자가 너무 궁금해서 말이죠. 먼저 실례하겠습니다. (휙 나간다)

이철근 (문이 닫히면) 저런 건방진…! (노려보다가, 불똥이 데이비드한테 튄다) 자넨 뭔가? 명색이 의사라는 인간이 말이야!! 귀때기에 뭘 그렇게 주렁주렁 달고 다니는 거야? 지금 재미교포라고 티 내는 거야, 뭐야? 그 따위 피어싱 때문에 환자가 감염이라도 되면, 자네가 책임질 건가! 앙!

데이비드 (귀에 붙은 귀걸이를 쓱 빼며) 이거 피어싱 아닌데요? 그냥 폼 잡으려고 걸어둔 건데요? (히죽 웃는다)

여자레지 (쿡 하고 웃는다)

이철근 (뒷목을 잡는다)

데이비드 (걱정스럽게 밖을 쳐다보고)

S# 43   병원 일각

수인, 휴대전화를 걸면서 급하게 걸어나온다. 전화 받지 않는다.

수인E 제하씨, 설마 그 김영주는 아니겠지? 당신 첫사랑 그 여자만 아니면 돼, 그 여자만.

초조하게 전화를 하는데, 결국 전화가 연결된다.

제하F 여보세요?

수인 (누르며) 제하씨, 지금 어디니?

제하F 무슨 일인데?

수인 지금 나 좀 볼래? 거기 어디니? 내가 그리로 갈게.

제하F 나 지금 중요한 환자 보는 중이거든? 나중에 연락해. (끊긴다)

수인 (휴대전화 끊고 시계를 보면, 8시 전이다) 환자를 봐?
　　　 (뭔가 생각이 미쳐서 빠르게 걸어간다)

S# 44   제하 집무실

영주의 혈압을 재고 있는 제하. 영주, 조마조마한 얼굴로 보면.

제하 (쓱 보더니) 김영주, 그렇게 긴장 안 해도 되거든?
영주 (어색하게 미소 지으면)
제하 (수축기 풀며) 음… 130/90, 조금 높긴 하지만 이 정도면
　　　 준수하다. 아까 혈액측정검사 부탁한 것도 괜찮구. 김영
　　　 주씨, 지금 이대로만 쭉~ 해주세요?
영주 예. 고맙습니다.
제하 어, 잠깐만? (손을 눈 주위에 가까이 가져다 대면)
영주 (눈을 위로 올려 뜨면서) 왜? 뭐, 뭐가 이상해?

하는데. 제하, 영주 입에 쪽 입을 맞춘다.

영주 (놀라서) 이제하~!
제하 내 말 잘 따라준 상이야. 야매지만 나도 심부전 공부 좀
　　　 했으니까 정기검진 때도 아마 같은 소견이 나올 거야.
영주 그럼, 야매 의사로 신고해도 되겠네?
제하 응. 그럼~ (손을 싹싹 비는 시늉) 잘못했어.

영주　　(푸읍 웃는다)

제하　　(미소 짓고)

S# 45　병원 복도

제하, 복도에 서서 손을 흔들어주고. 영주도 배낭을 메고 모
자를 눌러쓴 채 운동복차림으로 미소 짓고, 손을 흔들어주면
서 걸어간다. 급하게 모퉁이를 돌아서 걸어오던 수인, 영주와
스쳐 지나가다가 뜨끔 굳어서 멈춰 선다.

S# 46　수인 회상 / 병원 일각

키스를 하고 있는 제하와 영주, 그 모습을 보고 있는 수인.

S# 47　동 병원 복도

수인　　(기막힌) 이제하씨, 새 걸프가 김영주였어…? 그래서 심
　　　　부전 공부한 거였니? (얼굴이 굳어져서 휙 돌아간다)

S# 48　거리 / 아침

배낭을 메고 모자를 눌러쓴 영주. 버스를 기다리고 있다. 마치
대학생 시절로 돌아간 느낌이다. 휴대전화 문자 보내고 미소.

S# 49   제하 집무실

제하   (휴대전화 문자 확인하면)
영주E   제하야, 니 덕분에 정말 대학생이 된 기분이다. 고마워?
제하   (미소 짓고, 문자 보낸다)

S# 50   버스정류장

제하E   나두 니 덕분에 스무 살 시절로 돌아간 것 같다. 쌩유~
영주   (미소 짓고, 휴대전화 호주머니에 넣는데)

이때, 옆으로 추레하게 손이 곱은 50대 엄마와 사관생도 차림
의 20대 초반 남자가 들어서며 얘기를 나눈다.

아들   엄마, 나 버스 오면 되니까, 이제 그만 들어가세요.
엄마   미안허다, 우리 아들. 엄마가 몸이 이래서…
아들   엄마, 왜 그런 소리를 해? 엄마 혼자서 이렇게 튼튼하게
         키워준 것만 해도 난 진짜 엄마 존경하거든요?
영주   (그 말에 돌아본다)
엄마   고맙다, 우리 아들.
아들   내가 더 고맙죠. 아버지 같은 사람 열 트럭 줘도, 나 엄
         마랑 안 바꿔. (버스가 도착하면) 엄마, 나 이제 귀대해
         야 되거든요? 엄마! 이렇게 건강하게 낳아주시고 길러

주셔서 감사합니다. 충성! (거수경례를 하고 버스에 올라탄다)

엄마 (눈물을 훔치며) 고맙다. 고맙다.

영주 (그 모습을 멍하니 바라보며, 왠지 콧날이 시큰하다)

버스 안에서 손을 흔들며 멀어지는 아들의 모습을 엄마와 함께 지켜보던 영주. 뭔가 생각이 떠오르는 얼굴이다.

S# 51 에스띨로 편집실 복도

바쁜 걸음으로 걸어오는 영주, 직원들을 향해서.

영주 베누스 기획안 아이디어 떠올랐거든? 다들 모여봐!

직원들 (정말요? 하면서 우르르 몰려간다)

S# 52 채린 방

블라인드 사이로 직원들 편집실로 몰려가는 모습이 보이면.

쥘레르 김영주 저 기집애, 베누스 프로젝트 감 잡았나부다. 어머, 저 눈 또랑또랑해져서 얘기하는 거 봐. (짜증이 나서 휙 내리고 돌아보며) 오사장! 진짜 나 이대로 아웃시킬 거야?

오채린 기다려봐요. 이제 겨우 5일 남았는데 지들이 해봤자지, 뭐.

쥘레르 넌 웨딩사진 다 찍었다 이거지? 흥.

오채린 앙씨! 나도 지금 머릿속이 터질 것처럼 복잡하거든? 가만 좀 놔둘래!

쥘레르 알았어. (다시 블라인드 올려서 보며, 낮게) 지랄이야~

S# 53 **영주 편집장실**

영주 이번 베누스 웨딩쇼의 컨셉이자 타이틀은 '싱글맘, 함께 꾸는 꿈'이야.

조선희 싱글맘, 함께 꾸는 꿈이요?

홍이림 그게 무슨 뜻이에요? 편집장님.

영주 결혼에 실패한 싱글맘들 가장 큰 고통이 뭐겠니? 혼자 감당해야 하는 육아와 경제적인 어려움 아니겠어?

나팀장 맞아요. 그래서 애 키우고 직장 다니는 거 말고 다른 건 꿈도 못 꾸는 거죠.

로버트 그럼, 싱글맘이 누구랑 함께 결혼을 꿈꾼다는 거죠?

조선희 혹시 싱글맘이 키우는 아이를 말하는 건가요, 편집장님?

영주 맞았어! 싱글맘들한테 아이들은, 남편이자 기댈 수 있는 유일한 가족이야.

진태오 그럼, 싱글맘과 아이들이 함께하는 웨딩쇼라는 건가요?

영주 그렇지~!

로버트　싱글맘 독자들 신청을 받아서, 아이와 함께 웨딩사진을 찍게 해준다? 그거 완전 대박이겠는데요?

홍이림　맞아. 리마인드 웨딩처럼 아이랑 같이 사진을 찍으면, 남편이 없어도 이담에 아이한테 해줄 얘기도 생길 거잖아요.

조선희　좋아, 그럼 그걸 정리해보면. 드레스는커녕 결혼식조차 못 올리고 사는 미혼모들에게 아이와 함께 웨딩사진을 찍어준다. (밝아지며) 괜찮은데요? 편집장님.

영주　그것뿐만이 아니야. 각 연령대별 대표 싱글맘들 섭외해서 무대에 올리고, 아이들 혹은 성인이 된 아들이나 딸들과 함께 런웨이를 걷는 자랑스러운 엄마. 그리고 그 엄마가 키운 꿈이 함께 런웨이를 걷는다. 그래서 싱글맘, 함께 꾸는 꿈이 완성되는 거지!

직원들　브라보~! 완전 괜찮다아~ (난리가 난다)

영주　조선희, 넌 각 세대별 싱글맘들 리스트 뽑아서 바뀐 컨셉에 대해 설명하고 출연의사 확인해. 이림이는 온라인 팀에 얘기해서, 홈페이지에 이벤트 사고 올려서 신청받으라고 하고. 시간이 촉박하니까 SNS까지 총동원시켜. 사고 최종내용은 나한테 최종 컨펌 받고.

홍이림　알겠습니다.

영주　그리고 패션팀은 당장 웨딩드레스 협찬 다시 알아보고, 안 되면 웨딩전문지 기자들한테 SOS해! 그리고 무대연출이랑 진행도 다 바꿀 거니까, 홍보대행사 강이사랑 이벤트팀 문이사 콜해서 들어오라고 해!

직원들   예! 알겠습니다!

영주   뭣들 해! 지금부터 발바닥 보이는 놈들은 다 죽는다~!

직원들   옛써~! (하면서 후다닥 달려나간다)

영주, 안도의 미소를 짓고 책상에 앉는다. 후아. 이제 살았다 싶은 얼굴인데, 딩동 문자메시지 울린다. 보면, 제하다.

제하E   김영주. 약 타임입니다. 지금 당장 약 드세요.

영주   예, 알겠습니다. 잔소리 의사선생님.

하면서, 여러 종류의 약을 꺼내 입에 털어놓고 물을 삼킨다. 이때, 노크소리 들리며 수리가 들어온다.

수리   편집장님, 퀵서비스 왔는데요?

영주   퀵서비스?

헬멧을 쓴 남자가 쓱 들어오더니, 헬멧도 안 벗고 퀵서비스 물건을 내려놓는다. 남자가 내민 서류에 서명을 하며.

영주   어디서 오셨죠?

남자   그건 비밀이요~ (하더니 휙 돌아서 나간다)

영주   … 수리야, 저 사람 뭐라는 거니?

수리　　　글쎄요?

영주, 퀵서비스 보자기를 열어보면, 찬합이 층층이 쌓여 있
다. 열어보면 심장에 좋은 참두릅, 기타 등등… 쫙 깔려 있다.

수리　　　우와~ 이게 다 뭐예요? 편집장님.

조선희　　(보고하러 들어왔다가) 우와, 이거 완전 자연식 도시락
　　　　　인데요? 누가 보내신 거예요?

영주　　　글쎄. (하면서 돌아서서 제하에게 문자 보낸다)

영주E　　제하야. 니 덕분에 완전 건강해지겠다? 점심 잘 먹을게?
　　　　　(하면서 음식을 보는데)

진태오　　(손가락을 대면서) 저 하나만 먹어봐도 돼요?

영주　　　(탁! 쳐내며) 안 돼! 다른 건 다 줘도 이건 못 줘~! 얼른
　　　　　들 안 나갈래?

직원들　　에이~ 너무하신다? / 편집장님 욕심쟁이~

영주　　　니들이 뭐라 그래도 이건 안 되거든?

영주, 맛깔나게 차려진 쌈밥이며 반찬들을 보고, 한 입 문다.
흐음~ 하면서 왠지 그리운 느낌에 눈이 감기는데.

S# 54　　에스띨로 앞 / 낮

초조하게 기다리고 있는 김집사와 선영. 헬멧을 쓰고 나오는

남자를 보고 우르르 다가온다. 최고만 헬멧을 쓱 벗으면.

선영 개장수 아저씨예, 우리 영주한테 도시락은 잘 전해줬십니꺼?

최고만 당연하지.

선영 개장수 아저씬지는 모르고예?

최고만 이렇게 완전무장을 하고 갔는데, 어떻게 알아보겠어? 내일은 아이언맨 복장 하고 가볼까?

선영 그라모, 우리 영주 밥 묵는 그는 보고 왔십니꺼?

최고만 밥 먹는 거? 그건 못 보고 왔는데?

선영 (버럭) 그그를 보고 왔어야지, 던지만 주고 오모 뭐 합니꺼! 헤이 쒸~ 뭐든 하는 기 맘에 드는 기 엄써요. 마음에 드는 기! (휙 가면)

최고만 어어이, 김선영~! 김여사~! 내가 다시 가서 확인할까? 응?

김집사 (쌤통이라는 듯) 아이언맨 갖구 되겠습니까? 차라리 배트맨을 하시죠? 이랬다 저랬다 박쥐인간요.

최고만 이걸 박제인간으로 만들어버릴까부다. 콱!

S# 55 하늘공원 / 오후

바이크를 세워놓고 앉아 있는 수현과 닻별.

수현	아빠랑 살아보니까 어때? 좋아?
닻별	… 응. 좋아.
수현	다행이네.
닻별	뭐가?
수현	기대가 크면 실망도 큰 법이잖아. 닻별이 너 니네 아빠만 너무 좋아하는 거 같아서 좀 걱정스러웠거든.
닻별	(금세 우울해지며) 사실은 하나도 안 좋아, 오빠.
수현	… 왜?
닻별	어제… 레스토랑에 갔는데… 거기에 우리 엄마가 있어야 되는데… 나랑, 아빠랑, 엄마랑 셋이서 함께 있어야 되는데… 엄마 자리에… 다른 아줌마가 있었어. (눈물이 그렁그렁해서) 그래서 내가 엄마한테 막 화냈어… 엄마가 바보 같아서, 그깟 여자 밀어내지도 못하고, 소리도 못 지르는 엄마가 미워서… 내가 막 미운 짓 했어… 우리 엄마… 몸도 안 좋은데… 내가 그랬어. (흥흥 운다)
수현	(다독여주며) 좋은 날 올 거야. 닻별아. 아빠한테도 엄마한테도 니가 솔직하게 말하면… 분명히 좋은 날이 올 거야. 니가 얼마나 아빠, 엄마를 좋아하는지, 얼마나 함께 살고 싶은지 솔직하게 얘기해. 응?
닻별	(눈물 흘리며) 그럼 될까? 진짜 될까?
수현	그럼 적어도 부모님도 너한테 솔직하게 얘기해주실 거야. 엄마, 아빠 마음이 어떤지. 그치?
닻별	응. (고개 끄덕끄덕하며) 그렇게 해볼게.

수현　　그럼, 얼른 가서 아빠가 좋아하는 착한 일 해놓구 아빠 기다려. 알았지?

S# 56　채린 집 / 오후 + 밤

닻별, 먼지를 털고, 구석에 낀 먼지를 닦고, 거실청소를 하고 있다. 아빠 서재의 먼지도 닦고, 바지런히 청소기도 돌린다. 청소기를 다 밀고, 후아~ 다했다! 숨을 내쉬고 돌아보다가 닫힌 방문을 본다. 궁금해서 슬그머니 열어보는 닻별.

S# 57　아기방

방으로 들어서면, 천장에 걸려 있는 모빌. 아기용 침대, 보행기, 장난감이 잔뜩 있다. 닻별, '뭐지?' 둘러보다가.

닻별　　어? 인디언 텐트네? (하면서 안으로 들어간다)

안으로 들어가 앉아서 둘러보는 닻별. 얼굴이 점차 굳는다.

S# 58　채린 집 거실 + 아기방

문이 열리며 채린이 들어와 안방으로 가려는데, 문 닫히는 소리 들린다. 돌아보면 닻별이다.

채린   닻별아, 너 언제 왔어? 아줌마 옷 좀 갈아입고 나올게.

닻별   아줌마, 뭐 하나만 물어봐도 돼요?

채린   (들어가며) 뭔데?

닻별   길동이가 누구예요?

채린   길동이? 길동이가 누구… (하다가 헉! 놀라서 굳는다. 이내 마음 가다듬고 돌아서며) 글, 글쎄… 길동이가 누구지?

닻별   (초음파사진을 보여주며) 이러면 알겠어요? 길동이가 누군지?

채린   (놀라서) 닻, 닻별아.

닻별   (원망스럽게 노려보며) 아줌마 애기죠? 애기 맞죠?

노려보는 닻별의 모습과 당황한 채린의 얼굴에서 11부 엔딩.

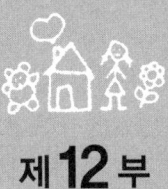

제 **12** 부

제12부

S# 1 채린 주상복합 아파트 주차장 / 밤

급하게 달려와 멈춰 서는 정도의 차. 정도, 화가 치밀 대로 치민 얼굴로 저벅저벅 차들을 가로질러 걸어간다.

S# 2 채린 집 거실 / 밤

정도 (무서운 얼굴로 문을 탕! 닫고 들어오면)

채린 오빠…

정도 오채린! 너 바보야? 멍청이야? 아니면, 정신줄을 놨어? 그것도 아니면! 아예 산통을 깨려고 작정을 한 거야! 어떻게 그걸 닻별이가 알게 해! 닻별이가!

채린 (몰아붙이는 통에 혼이 쏙 빠져서) 난, 난 분명히 우리 길동이 방문 잠가놓고 갔단 말야.

정도 그럼 잠긴 문이 저절로 열리면서, 들어오세요~ 이랬다는 거니? 아님, 나더러 니 기억력을 믿으라는 거니?

채린 (자존심 상해서) 오빠~!

정도 아무튼, 벌써 사고는 터졌고, 이제 김영주 그 기집애 생난리 치면, 뒤치다꺼리 할 일만 남았어. 이제 어떡할래? 김영주 그 기집애가 이걸 빌미로 닻별이 우리한테 키우라고 하면 어쩔 거냐구! 너 키울 수 있어?

채린 (정색하며) 내가 왜?

정도 그러니까 이런 문제를 만들지 말았어야지, 이 답답아! (전화벨 울리면, 휴대전화를 꺼낸다)

채린 (서럽고, 정도가 원망스러워 노려보며) 오빠! 무슨 말을 그렇게 해! 지금 내가 일부러 그랬다는 거야, 뭐야?

정도 (번호 보더니, 조용히 하라는) 어, 닻별아~ 아빠야.

닻별F (목소리가 잠긴) … 아빠…

채린 (자존심 상하지만, 옆에 쓱 붙어 함께 듣는다)

정도 우리 공주님 지금 어디야?

S# 3 **버스정류장 / 밤 / 화면 분할되며**

닻별 (입을 꾹 다물고 있다)

정도 아빠는, 우리 공주님 보고 싶어서 일 끝나자마자 달려왔는데, 어디 가고 없네? 어디야?

닻별 … 아빠, 나… 아빠 얼굴 보고 얘기하면, 다신 아빠 못 볼 것 같아서… 전화하는 거거든?

정도 (뜨끔하지만) 닻별아, 그게 무슨 소리야? 아빠랑 딸이 왜 얼굴을 못 봐~ 응?

닻별	아빠, 나 한 가지만 물어볼게.
정도	(긴장하며) 뭔데?
닻별	아빠, 조교 아줌마가 임신해서 엄마한테 못 가는 거야?
정도	… 어?
닻별	조교 아줌마가 아빠 애기 임신해서, 엄마랑 나는 아빠랑 가족이 될 수 없는 거냐구.
정도	(당황스럽지만) 그런 거 아냐~ 조교 아줌마가 무슨 아빠 애기를 임신해? 우리 딸이 뭔가 단단히 오해를 한 모양인데, (채린 보며) 아까 닻별이가 본 사진은, 아빠 애기 아니야~ 다른 사람 거야.
채린	(뜨끔하며, 이 인간이 벌써 알고 있는 건가? 보는데)
정도	아빠가 닻별이랑 엄마가 있는데, 다른 애를 갖겠어? 그거 다른 사람 거야. 채린아, 맞지? (입으로 '크게 얘기해~' 하면)
채린	(대답을 안 하고 물끄러미 보기만)
정도	(수화기 가리고) 왜 대답을 안 해? 얼른 대답하라니까.
채린	(정도를 보며, 중의적인) 맞어, 닻별아… 다른 사람 아이야.
정도	(속도 모르고) 들었지?
닻별	거짓말! 초음파사진에 날짜랑 이름 적어놓은 거, 아빠 글씨거든?!
정도	… 뭐?
닻별	아빠 독일에서 보낸 손편지. 내가 맨날맨날, 하루에도 몇 번씩 읽고 또 읽어서, 아빠 글씨체가 어떤지 다 기억

하거든…?

정도 (아차 싶다)

닻별 (눈물 핑 돌며) 아빠, 내가 그랬지…? 엄마가 싫어져서 그런 거라면 이해한다구. 그러니까 좋아하는 사람 생겼으면 생겼다고 얘기해주고, 나랑 못 살 거면, 못 산다고 얘기해달라고 그랬지?

정도 닻별아.

닻별 그때 아빠가 뭐랬어? 세상 사람들이 다 나 속여도 아빠는 나 안 속인다고 그랬지? 그러니까 아빠 믿으라고 그랬지? 그렇게 얘기해놓구서… (서럽고 분해서 눈물 뚝 떨어지는) 나한텐 아빠 말만 믿으라고 해놓구서… 어떻게 나한테 이래?

정도 (난감하지만) 닻별아, 진정하고 아빠 말 좀 들어볼래?

닻별 (눈물 쓱 닦고) 아니, 아빠가 내 말 좀 들어볼래? 엄마는 숨기기는 했어도, 적어도 거짓말은 안 했어. 내가 아무리 엄마 원망하고 괴롭혀도, 엄만, 엄마의 엄마한테 할머니라고 못 부른다고 솔직히 얘기했어. 무슨 일 때문에 그러는지… 얘기는 안 해줬지만… 엄만 적어도 거짓말 같은 건 안 했다구. (목이 메며) 내가 못되게 굴어서…! 엄마는 아프면서도… 나한텐 솔직하게 얘기해줬단 말이야~! (눈물을 주룩 흘린다)

정도 (말문이 막히지만 이미 엇나간 길이다) 닻별아. 아빠, 하늘에 맹세코, 니가 본 사진 아빠 애 아니야.

닻별   (눈물 흘리며) … 아빠… 나… 그만 실망시킬래? (전화를 뚝 끊고, <u>흐_으_흐_으</u> 운다)

S# 4   동 채린 집 거실

정도   여보세요? 여보세요? 닻별아. 닻별아. (다시 전화 걸며) 하이 씨, 미치겠네~ 애가 너무 똑똑해도 탈이라니까~ (수화기 귀에 가져다 대다가, 노려보는 채린 보며) 왜? 뭐?

채린   우리 길동이가… 오빠 애 아니라 이거지?

정도   오채린, 지금 상황이 어떤지 몰라서 그래? 쓸데없는 일에 기운 빼지 말고 우선 닻별이부터 설득하고 보자. 어? (전화 계속하면)

채린   (휙 빼앗으며) 어떻게 이게 쓸데없는 일이야?

정도   오채린~!

채린   (냉랭한) 오빠가 지금 무슨 말을 했는지나 알아? 오빠 지금, 우리 길동이 존재 자체를 부정한 거야. 김영주 그 기집애 때문에 오빠 피곤할 일만 생각해서 오빠, 내 뱃속에 있는 오빠 애를 포기한 거나 마찬가지라구!

정도   (에이 씨~ 달랠 타이밍이다) 채린아~ 닻별이 설득하려고 그런 거지, 내가 우리 길동이를 왜 부정하겠니? 안 그래?

채린   아니, 됐어. 됐으니까 오빠, 오빠 딸이나 챙겨. 난 길동이 챙길 테니까! (방으로 들어가 문 탕! 닫아버린다)

정도   채린아~ 채린아~ (부르다가) 하이 씨이~ 미치겠네~!
         (혼잣말) 바보 같은 게 바보짓만 해놓구. 에이 씨이!

S# 5   **버스정류장 앞 / 밤**

텅 빈 버스정류장에 혼자 앉아서 눈물을 닦는 닻별. 휴대전화
로 정도가 계속 전화를 해오지만 받지 않는다. 이때, 멈춰 서
는 시내버스. 행선지에 '에스띨로 본사 앞'이라는 글씨가 보
인다. 바라보는 닻별 위로 들리는.

영주E   닻별아. 엄마 사무실에 어떻게 왔어?

S# 6   **닻별 회상 / 8부 에스띨로 편집실 복도 몽타주**

조선희   어떻게 오긴요~ 편집장님한테 데이트 신청하러 왔대잖
         아요.
영주   데이트 신청?
닻별   (쑥스럽지만 장미꽃 한 송이를 건네고, 팔을 벌리고 인
         사하며) 엄마, 나랑 오늘 데이트해줄래요?
직원들   (아유, 귀여워 / 발 동동 구르면)
영주   (쑥스럽지만 기쁘다. 받아 들고) 물론이죠, 공주님?

S# 7   **동 버스정류장 / 밤**

얼굴이 환해지며, 자기도 모르게 뛰어가서 차에 올라타는 닻별. 버스 출발하면.

S# 8   에스띨로 편집장실

컴퓨터 모니터 화면으로 웨딩쇼 사진들을 보고 있는 영주. 화동으로 나오는 여자아이 사진을 흐뭇하게 보는.

영주   우리 닻별이도 이렇게 입으면 정말 이쁘겠다…

S# 9   채린 집 거실

정도   (전화를 다시 하지만)
E   고객이 전화를 받지 않아…
정도   미치겠네. (나가며) 오채린! 난 닻별이 찾으러 나갔다 올 테니까, 너도 근처 좀 찾아봐, 알았어! (대답이 없자) 지 새끼 아니라 이거지? (노려보다가 휙 나간다)

S# 10   에스띨로 앞 버스정류장 / 밤

버스가 멈춰 섰다가 출발하면, 내리는 닻별. 주위를 둘러보며 횡단보도를 향해 탁탁! 달려간다. 신호등이 바뀌기를 기다리는 닻별. 기대감에 설레는 닻별 얼굴 위로 들리는.

수현E   박닻별! 얼른 119에 전화해! 얼른! 이 바보야! 니네 엄마 이대로 죽게 놔둘 거야! 얼른 전화하라구! 얼른!

닻별   (순간 공포에 질려서 횡단보도를 바라본다)

S# 11   닻별 회상 / 8부 에스띨로 앞

닻별아! 달려가려던 영주, 호흡이 막히면서 바닥에 텅! 하고 쓰러진다. 닻별, 어쩌지도 못하고 바라보는 눈에 눈물이 핑 돈다.

S# 12   동 에스띨로 앞 횡단보도 / 밤

닻별, 죄책감에 눈물이 핑 돌아서 멈춰 서 있다. 횡단보도 녹색 불빛이 다 끝나가지만, 차마 건너지 못하고 자리에 주저앉아서 엄마… 엄마… 부르며 미안함에 서럽게 우는 닻별.

S# 13   거리 / 밤

닻별을 부르면서 놀이터며 공터, 여기저기를 다니는 정도의 걱정스러운 모습. 지쳤다. 자리에 주저앉아 후우~ 숨을 몰아 쉰다. 망설이다가 전화기를 꺼내더니… 웬수 번호를 찾아 전화를 걸며.

정도   김영주, 너한테 전화하는 거 죽기보다 싫지만, 어쩌겠
          냐? 샤이쓰~ (수화기를 귀에 가져다 댄다. 신호가 가고)

S# 14   영주 편집장실 / 화면 분할되며

영주   (한 움큼이나 되는 약을 먹고 있다가 전화를 보더니, 받
          는다) 나야.

정도   … 김영주. 긴말 안 하고 물어볼게. 혹시 너한테 닻별이
          안 갔냐?

영주   뭐…? 닻별이가 이 시간에 나한테 왜 와? (직감적으로)
          닻별이한테 무슨 일 생겼구나? 닻별이 집 나갔니?

정도   (뜨끔하지만) 그런 거 아니야. 아니니까 신경 쓸 거 없
          어. (끊으려는데)

영주   그런 게 아니면 왜 나한테 전화를 한 건데? 박정도! 구
          렁이 담 넘어가듯 넘어가지 말고, 확실하게 얘기해. 닻
          별이 지금 어딨니!

정도   … 너한테 안 갔으면, 우리 집에 갔겠지.

영주   닻별이가 당신 어머니하고 사이 안 좋은 거 몰라서 그
          래? 닻별이가 왜 나간 거니? 응!

정도   (어쩔 수 없다) 닻별이가… 채린이 임신한 거 알아버렸어.

영주   … 뭐?

정도   닻별이가 채린이 초음파사진을 본 거 같다구.

영주   (미쳐버릴 것만 같은) 박정도…! 이 미친 인간아! 어떻게

그걸 닻별이한테 보게 할 수가 있어…? 닻별이한테 어떻게 그걸 보게 하냐구!

정도 누가 의도적으로 보여줬겠냐! 어쩌다 보니까 알게 된 거지! 이왕 엎질러진 물인데 어떡하겠어… 닻별이 갈 만한 데 좀 더 찾아보고, 정 안 되면 파출소에 신고해야지, 뭐.

영주 뭐? 파출소…? 당신 지금 어디야! 어디냐구!

S# 15 달리는 영주 차 안 / 밤

영주, 후우후우~ 가슴을 진정시키면서 운전을 하고 있다. 닻별에게 계속 전화를 해보지만, 받지 않는다. 신호가 바뀌면, 초조한 마음에 가속기를 밟고 달려가는 영주. 횡단보도에 쪼그려 앉아 있는 닻별을 보지 못하고 달려간다.

S# 16 동 에스띨로 앞 버스정류장 / 밤

어느 정도 진정이 된 닻별. 훌쩍거리며 눈물을 닦는데 전화벨이 울린다. 보면 선영이 이모다. 금세 울컥해져서 전화를 받으며.

닻별 (목이 멘) 할머니~

S# 17 최고만 집 거실 / 화면 분할되며

최고만	할머니는 우라질. 야, 건방진 어린이! 너 지금 어디야?
닻별	(실망스럽지만, 그래도 반가운) … 개장수 아저씨세요?
최고만F	빌어먹을! 너, 내, 내가 데, 데, 데이트레이더라고 했어, 안 했어! 왜 자꾸 개장수 아저씨래? 개장수 아저씨가!
닻별	… 죄송해요. 우리 할머니 어디 있어요? 같이 있어요?
최고만	그럼 같이 있지, 내가 이런 3백만 년 전 휴대전화가 욕심나서 훔쳤겠냐?
닻별	… 우리 할머니 좀 바꿔주시면 안 돼요?
최고만	내가 너한테 용건이 있어서 전화한 거니까, 너는 나랑 얘기하고 할머니랑 통화하려면 니가 직접해, 이 건방지다 못해 시건방진 어린이야!
선영	내, 내 바꿔달랍니꺼? 예?
최고만	(가만있으라는)
최고만	너 왜 오늘 수업 땡땡이쳤어?
닻별	… 수업이요?
최고만	이놈 봐라? 너 어제부터 나한테 수업받기로 한 거, 벌써 까먹은 게야?
닻별	(반가워지는) 아니요, 안 까먹었어요. 그럼, 지금 가도 돼요?
최고만	안 돼! 오늘은 늦었으니까…
닻별	(냉큼) 아뇨. 저 지금 갈 수 있어요. 지금 출발할게요? (뭐라고 할까봐 전화를 획 끊고, 후다닥 거리로 나와) 택시이~!

S# 18   동 최고만 집 거실

최고만   여보세요? 여보세요? (하다가) 이 어린이, 진짜 시건방
        진데?

선영   와요? 뭐라 카는데요?

최고만   지금 오겠다는데?

선영   지금 온다꼬예? 하구야. 닻별이 야아가 무신 일이 있나?
        으이?

최고만   쥐방울만 한 꼬맹이한테 일은 무슨 일? 이 최고만이가
        낸 수학문제 풀었다고 칭찬 듣고 싶어서 그런 거지.

선영   (초조하고 불안한) 아입니다. 분명히 뭔 일이 있을 깁
        니다.

최고만   (김집사와 마주 보며) …?

S# 19   파출소 앞 / 밤

급하게 들어와 멈춰 서는 영주의 차. 영주, 차에서 내려 호흡
을 가다듬으며 파출소로 걸어가는데, 막 나오는 정도와 마주
친다.

영주   닻별이는?

정도   … 아직 연락 없어.

영주   연락해볼 데는 다 해봤어?

정도   (오히려 짜증인) 그럼 연락도 안 해보고 파출소에 신고
         했겠냐?

영주   (기막히지만 눌러 참으며) 그래서? 경찰에선 뭐래?

정도   내일 아침까지 연락 안 오면 그때 조치할 테니까 기다려
         보래. 뭐 달리 뾰족한 방법도 없잖아.

영주   그걸 지금 말이라고 하니? 박정도씨, 지금, 당신 딸이
         집을 나갔어~ 이제 고작 열 살밖에 안 된 딸이 없어져
         서! 당신 전화도, 내 전화도 안 받는다구!

정도   알아! 나도 아니까 일 절만 하자, 응!

영주   … 뭐?

정도   닻별이 니가 생각하는 거보다 훨씬 똑똑하니까, 아무 걱
         정 안 해도 돼! 그리고 지가 가봤자 어딜 갔겠니? 그러
         다가 돌아오겠지.

영주   (믿기지 않는, 심장이 멈출 것만 같아서 겨우 누르며) 당
         신한텐… 닻별이가 고작 그 정도였니? 찾다 안 되면 마
         는… 그런 애였어…?

정도   이게 듣자듣자 하니까 정말~! 넌 왜 전부 내 잘못인 것
         처럼 만드는데? 누가 너더러 아프래? 이 모든 문제가 니
         가 아파서 생긴 문제 아니었어? 지금 너만 가슴 아픈 줄
         알아? 나도 아파! 그리고! 우리 채린이도 닻별이 때문에
         스트레스 받아서! 지금 정상이 아니거든?

영주   (터지기 일보 직전이다) 박정도… 너 지금 오채린이 뱃
         속에 있는 애 걱정하는 거니? 이 캄캄한 밤에 어디에서

헤매고 있을지도 모르는 니 딸보다, 그 기집애 애가 더 중요해?

정도 (어깃장 놓아 지르는) 그래! 나한텐 닻별이보다 우리 길동이가 더 중요하다, 됐냐!

영주 (피가 끓는다. 심장이 터질 것 같아 겨우 진정시키지만, 분해서 눈물이 핑 돈다) 그게 아빠로서 할 말이니? 박정도, 니 새끼는 버리면서, 때까치처럼 남의 뻐꾸기 새끼 키우면 행복하니? 행복하냐구!

정도 (기막힌) 야, 김영주. 너야말로 그게 할 소리냐? 그럼 우리 채린이가 다른 놈 애라도 갖고서 내 애라고 한다는 거야!

영주 (분노에 눈이 번들거리며) 아직도 몰랐니? 오채린이 그 계집애 뱃속에 있는 애, 니 애 아니라구! 이 등신아!

영주, 이글이글 노려보다가 휙 돌아서 걸어온다. 호흡이 가빠져 가슴을 누르며 겨우 들숨, 날숨을 뱉고 들이쉬며 걸어오면.

정도 야야야, 김영주~! 닻별이 때문에 열받은 거 이해하는데, 그런다고 그렇게 함부로 말하는 거 아니다, 응?

영주 (돌아서서 분노한) 그럼 니가 직접 확인해봐…!!

정도 (놀라서 침을 꿀꺽 삼킨다) …!

S# 20 영주 차 안

영주, 휴대전화로 메시지 녹음 중이다. (BBM 기능)

영주 (목소리 가라앉히고) 딸… 엄마야… 지금, 엄마 전화 받기 싫어…? 그럼, 엄마 전화 안 받아도 좋으니까… 무사히… 건강히만… 있어줘…? 그럼 엄마가… 우리 딸 찾아갈게…? 우리 딸… 마음 풀릴 때까지… 엄마가 미안하다고, 사과하러 갈게…? 사랑한다… 우리 딸…? (눈물이 터질 것 같지만 참고 녹음파일 전송버튼을 누른다)

그제야 참았던 눈물이 터지려고 하면, 마음을 담대히 먹으나 닦아내며.

영주 (주문을 외우듯) 별일 없을 거야. 우리 닻별이가 어떤 딸인데… 아무 일 없을 거야. 닻별아… 엄만 너 믿어… 엄만… (하다가 울음 참느라 입술 깨문다)

S# 21   최고만 집 전경 / 밤

대문 앞에서 영주의 음성메시지를 확인하고 있는 닻별.

영주F 우리 딸… 마음 풀릴 때까지… 엄마가 미안하다고, 사과하러 갈게…? 사랑한다… 우리 딸…?

왈칵 눈물이라도 날 것 같지만, 엄마에 대한 미안함으로 꾹꾹
눌러 참는다.

S# 22   최고만 집 거실

문이 열렸지만 들어오지 않는 닻별을 기다리고 있는 선영, 최
고만, 김집사.

최고만   이 건방진 어린이는 왜, 왜 이렇게 안 들어오는 거야?
응?

김집사   글쎄요…? (인터폰 확인하더니) 문 앞에 앉아 있는데요?

최고만   문 앞에? 왜, 왜 거기 앉아 있는 건데? 야! 꼬맹이! 쥐방
울! 너 왜 안 들어와?

선영   (뭔가 감지하고 후다닥 나간다)

S# 23   최고만 집 앞 / 밤

울음을 참으려 애쓰고 있는 닻별. 선영, 문을 열고 뛰어나오며.

선영   닻별아~!

닻별   … 할머니~

선영   (아무 말도 안 하고 와락 안아준다)

닻별   할머니이… (함께 안으며 참았던 눈물이 터진다)

선영	(함께 눈물이 나지만 꾹 입을 다물고 닻별 등만 쓰다듬어준다)
닻별	할머니… 내가 잘못했어… 엄마한테… 내가…
선영	아이다. 우리 강아지 잘못한 그 하나도 없다. 다 내 잘못이다. 니 엄마 잘못도 아이고, 우리 강아지 잘못도 아이고… 다 내 잘못이다… (울면서 안아준다)

최고만, 김집사, 그 모습 보면서… 왠지 숙연해져서 큼~ 하고 고개 돌린다.

S#24 거리 / 밤

정도	(통화 중인) 갑제야, 내가 3년 전 독일 가기 전에 니네 비뇨기과에서 치료받았던 거 기억나지?
친구F	기억나지. 근데 그게 왜?
정도	그때, 나 치료받은 그 병으로… 불임이 되기도 하냐?
친구F	뭐, 상태가 나빠지면 그럴 수도 있지.
정도	(바짝 긴장하며) 그럼, 내 상태는 어땠는데? 어?
친구F	너 독일 가서 계속 치료 안 받았어?
정도	니가 준 약 먹고 그걸로 끝냈는데? 그걸로 다 나은 거 아니었어?
친구F	인마, 내가 독일 가서 계속 치료받으라고 그랬잖아.
정도	(당황하며) 안, 안 받았으면 진짜 불임이 될 수도 있는

거야? 어?

친구F　박정도. 너 독일 가기 전에도 고환염이 아주 심각했거든. 내일 날 밝는 대로 병원으로 와서 검사받아봐라.

정도　(굳어버리며) 어, 알았어… (전화 끊고, 하늘이 무너질 것 같지만) 괜찮을 거야. 괜찮아~ 괜찮을 거라구~! 아유, 증마알~~!!

S# 25　영주 집 안

영주, 서둘러 집으로 들어와 "닻별아? 닻별아?" 불러보며 온 방을 다 찾아보지만, 닻별이는 없다. 적요하다. 온몸이 무너질 것만 같아 겨우 몸을 웅크리고 앉는다.

영주　하느님 제발… 우리 닻별이 무사하게만 해주세요. 제발… (하다가 자기도 모르게 눈물 핑 돌며) 선영 언니… 나 좀… 도와줘…

S# 26　채린 집 침실 / 밤

채린과 정도, 서로 등을 대고 누워 있다. 잠든 척 돌아누웠지만, 서로 눈을 뜬 채로 눈치를 살피고 있다. 속이 터져버릴 듯 불안하고 초조한 정도 위로 들리는.

친구F   박정도. 너 독일 가기 전에도 고환염이 아주 심각했거
든. 내일 날 밝는 대로 병원으로 와서 검사받아봐라.

정도   (미치겠어서 몸을 뒤집는데)

S# 27   정도 회상

영주   (분노에 눈이 번들거리며) 아직도 몰랐니? 오채린이 그
계집애 뱃속에 있는 애, 니 애 아니라구! 이 등신아!

S# 28   동 채린 집 침실

정도, 미칠 것 같은 심정으로 몸이 달뜬다. 베개에 머리를 처
박으면. 채린, 슬그머니 눈치를 보며.

채린   잠이 안 와, 오빠?

정도   (태연한 척 돌아누우며) 어, 닻별이 걱정 때문에 잠이 잘
안 오네? (눈치 쓱 살피며) 채린아, 김영주 그 기집애가
너한테 무슨 얘기 한 거 없지?

채린   (뜨끔하면서) 무, 무슨 얘기?

정도   아니~ 그날 웨딩촬영할 때, 너랑 한참 얘기하고 있었잖
아. (반응 살피며) 그때 김영주랑 무슨 얘기 했어?

채린   그, 그 여자랑 내가 할, 할 얘기가 뭐 있겠어? 베, 베누스
프로젝트 웨딩쇼 얘기한 거야. (긴장한 얼굴 위로)

S# 29   채린 회상 / 에스띨로 스튜디오

영주   여기 올 때까진 니 애가 누구 앤지 하나도 안 궁금했는데, 아니 지금도 전혀 안 궁금한데, 니가 직접 안 밝히는 이유는! 엄청 궁금해졌거든? 그게 알고 싶어서라도 박정도한테 물어봐야겠다? 그래도 되지?

S# 30   동 채린 집 침실

채린   (가슴이 서늘해진다. 눈치 보며) 오빠… 닻별이 없어진 거 김영주한테 연락했다고 했지? 그럼, 아까 김영주 만났겠네?

정도   (서로 찔리는) … 당, 당연히 만났지.

채린   (서로 찔리는) 그럼… 아까 김영주랑 무슨 얘기 했어…?

정도   걔, 걔랑 내가 할 얘기가 뭐 있겠냐? 당, 당연히 닻별이 얘기 했지. (쓱 반응 살피며) 왜? 김영주랑 내가 무슨 다른 얘기를 했는지 궁금해?

채린   … 아 아니~ 내가 궁금할 게 뭐 있겠어? 안 그래? (돌아누우면)

정도   (쓱 몸을 돌리더니, 채린을 뒤에서 스푼 자세로 안으면)

채린   (헉! 놀라면서 굳는데)

정도   (떠보는) 왜 그렇게 놀라고 그래?

채린   아, 아니야. 오빠 잔다더니, 갑자기 뒤, 뒤에서 안으니까 그렇지.

정도　(쓱 살피며) 우리 애기 잘 있는지 보구 자려는 거지. 왜 싫어?

채린　싫긴 왜 싫어~ 오빠 애긴데~ (돌아보며 입술에 쪽, 하고 미소)

정도　(히죽 미소 띠지만, 눈은 여전히 안 웃으며) 잘 자.

채린　(역시 웃지만, 눈은 안 웃으며) 그래. 잘 자 오빠.

정도　응. 우리 애기도?

두 사람 서로 가증스럽게 미소 짓지만, 제각기 생각에 빠진 모습에서 짧은 암전.

S# 31　달리는 제하 차 안 / 아침

제하　(운전하면서) 지금 닻별이가 니네 엄마 (하다가) 아니, 니 언니랑 같이 있다는 거야?

영주　응. 그렇대. 나도 아침에 전화 받았어.

제하　(걱정스러운) 영주야. 닻별이는 니 몸 조금 더 안정이 된 다음에 만나는 게 좋지 않을까?

영주　아니, 나 지금 충분히 안정됐어. 걱정 마. (긴장한 웃음)

제하　(걱정스럽게 보면)

영주　제하야, 닻별이한테 지 아빠는 빛이고 우주 같은 사람이 었어. 열 살밖에 안 되는 애가, 그런 아빠한테 상처받은 기분이 어땠겠니?

제하　영주야.

영주　(단호한) 알아, 지금 나한테 필요한 건 절대안정이라는
거. 나도 아는데, 지금 더 중요한 건 닻별이의 안정이야.
그러니까 당연히 엄마인 내가 가야지. 안 그래? (부러
환한 웃음)

S# 32　최고만 집 앞 / 아침

제하　(차를 세우며) 영주야, 나 여기서 꼼짝 안 하고 있을 테
니까, 혹시 이상 있으면 바로 나한테 연락해야 된다?

영주　응. 그렇게. (미소 짓고, 서둘러 차에서 내린다)

제하E　(최고만 집을 향해 가는 영주에게 라이트 컸다, 껐다 하
면서) 김영주, 내가 비록 이렇게 희미한 빛밖에 안 될지
모르지만, 이제 내가 니 빨간 등대가 되고, 하얀 등대가
돼줄게.

영주, 제하의 마음을 알아들었다는 듯이 미소를 짓고 인터폰
을 누른다. 제하 역시 미소 짓는다.

S# 33　최고만 집 정원

띠이~ 문이 열리면, 들어오는 영주. 가슴에 손을 대고 계단

을 올라오는데, 불안하고 초조한 얼굴의 선영이 기다리고 서
있다.

영주   (선영을 보고 굳는다)

선영   영, 영주야. 왔, 왔나?

영주   (알지만) 언니가 지금 여기 왜 있어?

선영   어? 어, 내, 내 여 개장수 아저씨 집에 취, 취직해가 있다.

영주   언니가 뭘로 취직을 해?

선영   뭘로? 어, 요, 요리사로. (영주가 의심스럽게 보면) 미,
         미안하다, 니 우세스럽게 만들라꼬 그런 그는 아인데…
         (주저주저하면)

영주   (물끄러미 보며) 언니, 나 이제 언니한테 화낼 기운도 없
         거든?

선영   (손 배배 꼬며) 안, 안다. 내, 내도 니 앞에 안, 안 나타날
         라꼬 그랬는데… 일, 일이 우째 이래 돼뿟다. 진, 진짜
         미안하다.

영주   (답답하게 보는데)

선영   아 참, 내 정신 쫌 봐라. 니 닺, 닺별이 봐야제. 얼, 얼른
         드가봐라.

영주   (후우~ 한숨 쉬고 안으로 들어가면)

선영   (식은땀이 다 난다. 닦고 후다닥 따라가며, 현관문 열어
         준다)

영주   이런 거 안 해도 돼.

선영 (배시시 웃으며) 아이다. 얼른 드가라. 얼른.

영주 (안으로 먼저 들어가면)

선영 (그제야 따라 들어간다)

S# 34   최고만 집 현관 + 주방

영주가 들어오면, 김집사가 정중하게 인사를 한다.

김집사 오셨습니까, 김영주 편집장님. 이쪽으로 오시죠. 모시겠
습니다. (앞장서서 가면)

영주 고맙습니다. (따라가다가 선영을 돌아본다)

선영 (배시시 웃으며 얼른 들어가라고 손짓하고. 영주가 가고
나면) 하이고야. 내 정신 보래이~ (후다닥 주방으로 간다)

S# 35   최고만 집 거실 + 서재

최고만, 화이트보드를 탕탕 두드리며.

최고만 거참, 이해가 안 되는 꼬맹일세. 어제 이 문제 분명히 니
가 푼 거 맞아?

닻별 예.

최고만 근데 같은 문제에 오늘은 왜 손도 못 대는 건데? 페르마
소정리를 빼고도 이 문제를 푸는 방법이 최소한 다섯 개

가 넘는데, 그중에 하나도 못 풀겠단 말이야?

닻별   … 잘 모르겠어요.

최고만   (답답한) 우라질. 야, 꼬맹이, 넌 대체 수학이 뭐라고 생
각하는 게냐! 응!

닻별   수학이요? 수학은… 공식을 이해하고… 대입해서 푸는
거잖아요.

최고만   (흥분한) 빌, 빌, 빌어먹을 그 따위가 무, 무, 무, 무슨 수
학이야?! 그건 수, 수, 수학이 아니라, 수학을 망쳐놓은
장사꾼놈들이 만든 얘기잖아! 수학은 공식에 대입해서
답을 유도하는 게 아니라! 상상하는 거라고, 상상!

닻별   (주눅이 들어서) 상상이요…?

최고만   그래, 이놈아! 니가 어제 푼 건, 수학영재라는 것들이 딸
딸 외운 페르마 소정리를 이용한 거지만, 그걸 못하게
하니까 오늘은 손, 손도 못 대는 거잖아. 이게 다 니가
빌어먹을 장사꾼놈들한테서 짝퉁 수학을 배워서 그런
거라구. 알겠냐?!

닻별   (주눅이 들어) 잘 모르겠어요.

최고만   몰라? 이, 이 물건도 벌, 벌, 벌써 짝, 짝, 짝퉁 물 들었구
만. 짝퉁 물 들었어. 에잉~

닻별   … 죄송합니다…

닻별, 주눅이 들어서 고개를 푹 숙이고 있는데. 이때 들리는.

영주　닻별아.

닻별　(돌아보며, 왈칵 반갑지만 오지도 못하고) 엄마…

영주　(다가와 눈높이를 맞추지만, 제대로 안지도 못하고) 괜찮아…? 어디 아픈 데는 없어?

닻별　(고개만 *끄덕끄덕*)

영주　(등이며 팔을 쓰다듬으며) 고개만 *끄덕*이지 말고, 아픈 데 있으면 말해봐. 응?

닻별　… 응… 난 괜찮아…

영주　(걱정스럽고 조심스러운데)

CUT TO

최고만　(혀 차며) 모녀 사이에 애정표현 하는 거 봐라. 감동의 포옹이라도 할 줄 알았더니, 이 집구석도 감정표현은 완전히 젠장맞을이구만, 젠장맞을.

김집사　(툭 치며) 회장님.

CUT TO

닻별　(영주의 눈치를 보다가, 고개 숙이며) 엄마… 죄송해요.

영주　(울컥하지만, 겨우 참고) 아니야. 니가 왜 죄송해…? 엄마가 미안하지. 닻별아, 엄마가 미안해… 응?

닻별　(고개를 못 드는데)

영주　(그 모습이 아리지만, 차마 안아주지도 못하고 조심스레) 닻별아. 엄마랑 같이 집에 갈까?

닻별 (망설이는데)

영주 왜, 엄마랑 가기 싫어…?

닻별 아니… 가고 싶어. 근데… 지금은 안 갈래.

영주 … 왜?

닻별 … 그냥…

영주 엄마 아플까봐 걱정돼서 그래? 엄마, 이제 괜찮아졌어. 괜찮으니까 걱정 말고 같이 가자. 응?

닻별 … 아니… 여기서 할머니랑 좀 더 있고 싶어서 그래. (조심스레) … 그럼 안 돼…?

영주 (난감해서 최고만을 보면)

김집사 (최고만을 툭 찌르며, 낮게) 회장님.

최고만 뭐? 왜? 나랑 얘기하자구? 그래. 하지, 하자구. (앞서 간다)

영주 닻별아. 엄마 잠깐만 얘기하고 올게?

닻별 (끄덕끄덕) 응.

닻별, 영주를 본 것만으로도 기운이 나는 듯 미소가 떠오른다. 쓱 화이트보드를 돌아본다.

S#36   서재

영주 우선 제 딸 돌봐주신 거, 감사드립니다.

최고만 내가 돌봤나? 당신 바보엄마… (영주의 낯빛이 변하면)

아, 아니, 김, 김선영 여사가 돌본 거지.

최고만E (삐죽하면서) 쨍하기는, 우라질.

영주 (고개 들며) 회장님. 저희 언니가 어떻게 여기에 취직을 하게 된 건지 여쭤봐도 될까요?

최고만 어떻게라니? 아, 당신 언니처럼 지능이 모자란 여자를 왜 취직시켜줬느냐 이걸 묻는 거겠지? 그렇지?

영주 맞습니다.

최고만 왜는 얼어죽을. 음식을 잘 만드니까 취직을 시켜준 거지. (혼자 찔려서 목소리 높이며) 왜, 왜? 내, 내, 내가 당신 언니랑 연, 연, 연애라도 할까봐 그, 그러는 거야?

영주 (뼁해서 보며) 예?

최고만 (제 발 저려) 아, 아니야. 말이 헛, 헛 나온 거니까 신경 쓸 거 없어. 암, 암튼, 당신이 몰라서 그러는 모양인데, 당신 언니 음식솜씨에는 말이지, 대한민국 전체가 담겨 있어요. 어디 대한민국뿐인 줄 알아? 꼭 옛날에 우리 엄마가 해주던 음식처럼… 자식에 대한 사랑이 가득해. 그게 막 몸으로 느껴지면서, 어느 땐 말이지, (혼자 추억에 젖어서) 어릴 적에 우리 엄마가 미제 빠다에 간장만 섞어서 비벼주던 꼬두밥처럼 고소하기도 하고, 내 생일날 건강하라고 만들어준 쫀득쫀득한 백설기 같기도 하거든.

영주 (물끄러미 본다)

최고만 당신 언니 음식을 먹고 있으면, 그립던 어린 시절로 돌아가는 것도 같고, 돌아가신 울 엄마가 내 머리를 이렇게, 이렇게 쓰다듬어주는 것도 같아. (눈물이 나면) 주책이야~ 씨. (쓱 닦고) 김영주씨. 좀 전에 본 건 못 본 걸로 하는 거다, 응? 창피하니까.

영주　(그 마음이 전해지는 것 같아 미소) 예.

최고만　아무튼, 당신 언니를 취직시킨 건 그런 이유 때문이고, 당신 딸내미는 좀 덜떨어진 천재 같은데, 나한테 당분간 맡겨볼 생각 없나?

영주　…

최고만　왜? 내, 내가 저런 꼬맹이 하나 못 가르칠까봐 그래? 젠장맞을.

영주　아닙니다. 회장님께서 맡아주신다면… 저도 감사하죠.

최고만　(반색하며) 그렇지? 자네가 사람 볼 줄을 좀 알게 생겼어. 응. 근데 말이지, 당신 딸, 완전 짝퉁 수학만 배웠어. 수학이 딸딸 외워서 푸는 건 줄 안단 말이지. 근데 말이야, 원래 수학이라는 건 말이지, 상상력으로 푸는 거예요. 상상력. 리만 가설이 어떻게 나왔는지 알아? 요새 유행하는 초끈이론도…

영주　(미소만 짓고 서 있으면)

최고만　젠장맞을. 꼭 김선영이 앞에서 얘기하는 것 같구만. 아무튼 꼬맹이는 내가 알아서 가르칠 테니까, 당신은 당신 건강이나 챙겨. 우리 김여사 걱정 안 하게. 알아듣지? (일어나 나가면)

영주　예. 감사합니다. (한편으론 안심이 되기도 하고, 걱정도

되는데)

최고만E (들리는) 야, 꼬맹이, 너 지, 지금 무, 무, 무슨 짓을 한 거야? 응?

영주 …? (놀라서 나가보면)

S# 37 동 서재

화이트보드 가득 적혀 있는 다른 수식들.

최고만 (안경을 올려서 보며) 지, 지금 잠, 잠깐 사이에 이걸 푼 거냐? 응?

닻별 예.

최고만 이, 이런 젠장맞을. 기, 기다려봐. 맞는지 안 맞는지 확인해볼 테니까, 넌 거기 꼼짝 말고 서 있어! (닻별이 움찔하면) 꼼짝 말라니까~

닻별 (조심스럽게 정지하며) 예에.

최고만 건방진 어린이 같으니라고. (하면서 집중해서 본다)

영주, 나와서 닻별을 본다. 닻별도 영주를 보면. 무릎을 꿇어 앉으며.

영주 닻별아. 그럼, 엄마 급한 일 끝날 때까지만, 여기 있을래?

닻별 … 그래도 돼?

영주	그래. 회장님도 허락하시고, 엄마도 좋고 그랬어. 대신, 엄마 프로젝트 끝나고 나면 엄마랑 같이 엄마 고향에 가자.
닻별	엄마 고향?
영주	응. 엄마 고향에 가서 엄마가 어떻게 살았는지, 닻별이 나이 때 어떻게 지냈는지 다 얘기해줄게.
닻별	알았어. (조금 밝아진 미소)
영주	(함께 미소 지어주면)

CUT TO

최고만	이런 젠장맞을. 풀이과정도 답도 다 맞잖아. 야, 이 건방진 어린이야! 이렇게 풀 줄 알았으면서 왜, 왜 아까는 못 푸는 척한 건데? 어! 짜증 나~

그 모습 보면서, 영주와 닻별, 서로 보고 미소 짓는다.

S# 38   최고만 집 정원

영주	(나오다가 돌아서면)
선영	(따라나오다가 움찔 멈춰 선다)
영주	닻별이, 부탁 좀 할게.
선영	닻별이? 닻별이는 걱, 걱정 말고… 영주 니 건강이나 잘 챙기라.

영주　(고개 끄덕여주고 가려는데)

선영　(뒤에 숨긴 도시락보따리를 건네며) 영, 영주야. 이, 이 그 좀 갖고가모 안 되나?

영주　(돌아보며) 뭔데?

선영　니 가, 가심 아픈 데 좋은 걸로 도시락 쪼매 쌌다. 밥때 건너지 말고, 꼭 챙기묵었시면 해서… (안 받을까봐 걱정인)

영주　(마지못해 받아 들며) 알았어. 갈게.

선영　어, 고맙다. 내 동생. 잘 가그래이.

영주　(동생이란 말에 멈춰 섰다가, 다시 간다)

선영　(뒤도 안 돌아보는 영주에게) 고맙대이, 영주야, 참말로 고맙대이.

영주　(그 말이 자꾸 끌어당기는 것 같아 발걸음이 무겁다)

S# 39　**달리는 제하 차 안**

제하　그래서 닻별이랑 엄마는 회장이란 분 집에 있기로 한 거야?

영주　(무릎 위 도시락보따리를 물끄러미 보면)

제하　(판단이 안 돼서) 잘된 거겠지? 그렇지? (돌아본다) …?

영주　(생각에 잠기는데)

S# 40　**영주 회상 / 영주 편집장실**

도시락을 열어보는 영주. 음식을 먹으면서, 흐음 뭔가 그리운 듯한 느낌으로 눈을 감는다. 그 위로 들리는.

최고만 당신 언니 음식을 먹고 있으면, 그립던 어린 시절로 돌아가는 것도 같고, 돌아가신 울 엄마가 내 머리를 이렇게, 이렇게 쓰다듬어주는 것도 같어.

S# 41 동 달리는 차 안

영주 (그제야 선영이 보내준 도시락인 걸 알고 한숨이 난다) 제하야.

제하 응?

영주 난 왜 항상 이렇게 늦지? 왜 항상 이렇게… 늦게 알게 되는 걸까? 딸이라 그런 걸까…? 나도 엄만데… 바보 같이.

제하 무슨 말이야? 그게?

영주 (쓸쓸해지는) 아니야… (왠지 회한에 잠기는)

S# 42 비뇨기과 병원 전경

S# 43 비뇨기과 외래실

정도, 손을 비틀고 머리를 만지면서 초조하게 기다리고 있다.

이때, 휴대전화 문자메시지가 오면, 확인하는데.

영주E   닻별이는 괜찮으니까, 이제 당신은 신경 쓸 거 없어.

정도   (확인하고) 지금 내 코가 석자다. 이 웬수야.

이때, 나갑제, 검사결과지를 들고 들어오면.

정도   검사결과 나왔냐? 어, 어떻게 나왔어? 나, 정상이지? 그치?

나갑제 (앉으며 심각한) 정도야.

정도   그, 그래 말, 말해봐.

나갑제 너 딸 하나 있지?

정도   (의도를 몰라서) 그, 그럼, 있지~ 근데 왜?

나갑제 그럼 그 딸 잘 키워라.

정도   (믿기지 않아) 뭐…? 그, 그게 무슨 말이야? 그… 럼… 나…

나갑제 (끄덕) 맞아. 너 더 이상 애 못 만들어.

정도   (얼빠진) 그럴 리가 없잖아. 나 분명히 채린이랑 같이 잤거든? 그리고 그다음 달에 임신했다고 분명히 들었거든…? 갑제야, 그럼 난 지금 누구 애를 키우고 있는 건데? 나 지금 어느 뻐꾸기 새끼를 키우고 있는 거냐고…? 어?

나갑제 정도야, 너 지금 무슨 소릴 하는 거야? 어?

정도   (일그러지며) 오채린, 이 나쁜 년~~!

S# 44   최고만 집 근처 공원 / 오후

수현   진짜? 니가 진짜 회장님이 낸 수학문제를 풀었단 말야?

닻별   응. 왜?

수현   와우, 박닻별. 너 진짜 천재인 모양이구나? 그 회장님~
       열한 살 땐가 MIT에 입학해서, 열세 살 때 NASA에 스
       카웃된 수학천재시잖아.

닻별   진짜? 그 개장수 아저씨가?

수현   응. 나도 첨엔 말도 이상하게 하고 성격도 괴팍해서 되
       게 싫어했는데, 머리 하난 기차게 좋은 아저씨야.

닻별   그래? (호기심이 생기다가) 근데, 그걸 오빠가 어떻게
       알아?

수현   (당황) 응. 그냥, 신문에서 봤어.

닻별   (의심스럽게 보면)

수현   … 예전에 몇 번 인사드리러 갔었어.

닻별   오빠가? 누구랑?

수현   아버지란 사람이랑.

닻별   그럼 오빠 아버지도 천재셔?

수현   아니, 욕심 많은 사채업자야. 자기 성공을 위해서 아내
       도 버리고 아들만 챙겨가려고 했던 진짜 나쁜 사람.

닻별   … 그게 오빠야?

수현	(쓸쓸하게 웃고) 그런 얘긴 그만하자. (일어나며) 참, 나 다음주에 지방공연 간다?
닻별	지방공연?
수현	응. 우리 작곡가님 덕분에 지방대학 연합엠티랑 축제에 초청됐거든.
닻별	(의심스럽게 보면서) 진짜?
수현	그럼~ 진짜지~ (닻별이 계속 의심스럽게 보면) 그래, 솔직히 고백할게. 저기 남쪽지방에서 우리 엄마를 봤다는 사람이 있어서, 거기 가보려구.
닻별	확실해? 그럼 이번엔 찾을 수 있는 거야?
수현	글쎄, 가봐야 알지, 뭐. (쓸쓸하다)
닻별	… 아니야. 오빠도 오빠 엄마 찾을 수 있을 거니까 기운 내.
수현	그래, 이번이 아니더라도 언젠간 찾을 수 있겠지?
닻별	그럼~
수현	고맙다? (미소 짓고, 닻별의 머리 헝클어뜨린다)
닻별	(씨이~ 하면서 본다)
수현	(귀여워서 웃고)

S# 45   포장마차 / 밤

잔뜩 취해서 포장마차 입구 장막과 함께 뒹굴면서 들어오는 정도. 주인 부부, 놀라서 바라보며.

주인여자 손님, 괜찮으세요?

정도 (혼자서 낄낄거리며 웃고 일어나며) 괜찮아, 괜찮아. 아줌마, 여기 술 한 병 줘.

주인여자 손님, 많이 취하신 거 같은데, 그만 들어가시죠?

정도 들어가? 내가 지금 맨 정신으로 집에 들어갈 수 있을 것 같아? 헛소리하지 말고, 술 달라니까, 술!

주인여자 손님~

정도 (손을 휙 잡더니 이글이글) 여자야! 너의 침실에 끌어들인 부정이, 진정 내 숙부의 야망이었더냐~! 아니면, 여자인 너의 마음속에 뱀처럼 꿈틀대는 더러운 욕망이었더냐~!

주인여자 (당황해서 보면) 왜, 왜 이러세요? (남편을 보며) 여보~

정도 약한 자여~! 그대 이름은 여자이니라~!

순간, 정도의 멱살을 틀어쥐는 주인남자.

주인남자 침실? 더러운 욕망? 이런 미친 새끼! (주먹을 날린다)

테이블을 붙들고 와당탕 나뒹구는 정도. 겨우 고개만 들고.

정도 야, 이 섹스피어도 모르는 무식한 인간들아~! *(독일어로) 다 지옥으로 꺼져버려~! 지옥으로~!

주인남자 (기가 막혀 본다)

정도   (비척대며 일어나 앉으며 혼잣말처럼) 그래, 나 애 못 만
           든다~ 어쩔래~ 야, 김영주. 그런다고 내가 자폭할 줄
           알아? 아니, 나 절대 안 그래~ 내 자식 아니면 어때~ 뻐
           꾸기 새끼면 어때~ 난 기필코 영생대학재단 이사장 될
           거니까, 두고봐라. 이 나쁜 기집애야~

부부   (저 자식 뭐라는 거야? 한심하게 본다)

S# 46   채린 집 현관 + 거실 / 밤

문이 와당탕 열리면서 술에 잔뜩 취한 정도가 갈지자로 들어
온다.

정도   채린아, 오빠 왔다~ 오채린~

중간문을 열고 거실로 들어오면. 채린, 앉아서 라마즈호흡법
으로 호흡을 하고 있다.

정도   까꿍~ (하면서 비틀거리며 들어와) 우리 애기 뭐 하고
           있어?

채린   오빠, 술 마셨어?

정도   아니, 술이 오빠를 마셨어. 헤에~

채린   어유, 냄새. 술냄새 풍기지 말고, 얼른 씻고 나와.

정도   미안해~ 우리 애기, 미안~ (히죽 웃고 욕실로 가려는데)

채린   (라마즈호흡법을 연습하면)

정도   (쓱 돌아보더니) 지금 뭐 하는 거야?

채린   보면 몰라? 라마즈호흡법 연습하잖아.

정도   그거 뭐 하러 하는데?

채린   뭐 하러 하다니? 우리 길동이 위해서 태교하는 거잖아. 태교.

정도   태교? (비웃으며 혼잣말) 어느 뻐꾸기 새끼 좋으라고 태교를 해? 별 거지 같은… (하면서 욕실로 들어가는데)

채린   (싸늘해진다) … 오빠, 지금 뭐라고 그랬어…?

정도   (뜨끔 정신이 드는) 무, 무슨 얘기? 나 아무 얘기도 안 했는데…?

채린   오빠, 나 분명히 똑똑하게 다 들었거든!

정도   채린아, 오빠가 취해서 뭐라고 얘기했는지 기억이 안 난다니까아~

채린   아니, 지금 오빠 하나도 안 취했거든? 오빠 지금 뭐라고 얘기했어? 어느 뻐꾸기 자식 좋으라고 태교하냐고…?

정도   (치밀어오른다) 그래! 그렇게 얘기했다! 니 뱃속에 있는 어느 뻐꾸기 새끼 좋으라고 태교하냐고 그랬다, 왜!

채린   (부들부들) 그걸 어떻게 알았어…? 김영주 그 기집애가 얘기했어?

정도   하, 오채린. 너 완전히 적반하장이다~? 어떤 자식인지도 모르는 애새끼 임신하고서, 날 감쪽같이 속인 주제에, 누가 얘기했는지는 왜 따지는데? 너부터 무릎 꿇고 사과하는 게 순서 아니야?

채린   그래서 어쩌라구? 오빠 애 아니니까 지우라구?

정도   (끓어올라 터지는) 그럼! 당연히 그래야지! 내 새끼도 아 닌데, 내가 왜 그 자식 아빠 노릇까지 해야 되는데?!

채린   (비웃음) 그럼… 오빠 애 만들 수 있어…?

정도   … 뭐?

채린   오빠 애, 나한테 갖게 할 수 있냐구!

정도   (술이 확 깨는) 너… 그, 그거 누구한테 들었어?

채린   누구한테 들건, 그게 뭐가 중요한데? 어쨌거나 오빠 애 못 만드는 건 변함없는 사실 아냐?

정도   (부들부들 떨리는데)

채린   좋아. 오빠가 정 그렇게 원하면, 내가 외국 나갔다가 올 게? 그러고 나면 우리 아빠한테는 뭐라고 할 건데? 또 애 갖겠다고 할 거야? 그럴 수 있어?!

정도   (돌 것만 같지만, 이미 지른 김에) 내, 내가 왜 애를 못 가져?! 오늘 비뇨기과 가서 검사했는데, 나 완전 쌩쌩하 대거든? 그러니까 외국을 나가건 말건 니가 알아서 하 고! 다시 내 애 가져! 알겠어?!

채린   … 알았어. 그렇게 할게! (웃옷을 휙 챙겨 들고 나가버린다)

정도   너 지금 어디 가는데? 야, 오채린!

문 쿵 닫히면. 정도, 그제야 돌아버릴 것만 같아서.

정도   채린아, 채린아. (뒤쫓아가다가 탁자에 부딪혀 와당탕
       넘어진다) 아이 씨이~ (탁자를 걷어차다가 부아가 치밀
       어오르며) 김영주, 이게 다 너 때문이야. 이 나쁜 기집애
       야아~!!

S# 47   달리는 채린 차 안 / 밤

채린   (운전을 하며 이가 갈리는) 착한 척은 혼자 다하더니, 비
       겁하게 오빠한테 다 꼰질렀어? 나쁜 기집애. 김영주, 너
       내가 가만 안 둬. 내가 가만 안 둔다구…! (이를 간다)

S# 48   에스띨로 전경 / 아침

S# 49   에스띨로 편집실 복도

냉랭한 얼굴로 걸어오는 채린. 바쁘게 오가고, 전화통을 붙들
고 씨름하는 직원들의 모습이 활기차다. 독기가 오른 표정의
채린. 쓱 돌아보더니 사장실로 들어간다. 뒤따라 들어가는 쥘
레르.

S# 50   사장실

채린   쥘레르, 싱글맘 웨딩쇼는 어떻게 돼가고 있어?

쥘레르 (한숨 쉬며) 김영주가 발 벗고 나서니까 일사천리야. 연예인 싱글맘 섭외에, 각 웨딩업체들도 서로 협찬해주겠다고 지들끼리 대박이래. 알지? 대가리 박 터지게 싸우는 거, 대박.

채린 싱글맘들이 키우는 애들이랑 함께 런웨이 걷게 한다며?

쥘레르 응. 웨딩사진 찍겠다는 신청자들이 벌써 2만 명이 넘었대. 우리나라에 미혼모들이 그렇게 많은지 처음 알았다, 얘.

채린 (비웃는) 그래?

쥘레르 그렇다니까~

채린 그럼, 에스띨로 베누스 쇼가 성공하면 성공할수록, 김영주가 추락하는 건 더 볼만하겠네?

쥘레르 김영주가 추락을 해? 왜?

채린 쥘레르. 자기를 낳아준 사람이 지적 장애인이라는 이유로, 엄마를 언니라고 부르는 여자가 있다면 어떨 것 같아?

쥘레르 완전 나쁜 엑스지. 그래도 지 엄만데.

채린 근데, 그 여자가 싱글맘 쇼 기획자라면?

쥘레르 그게 무슨 소리야? 설마 김영주가 그렇단 말야?

채린 그렇다면?

쥘레르 대박이다~! 그럼 이 바닥에서 완전 매장이지~

채린 그렇겠지~ 그럼 어디 매장 한번 당해보라고 그래~ (이를 갈며) 쥘레르, 당신은 오늘부터 웨딩쇼 진행상황 하나도 빠짐없이 나한테 보고해. 알겠어?

쥘레르 알았어. 이거 완전 재밌어진다아~ (후다닥 나가면)

채린, 입꼬리 비틀며 생각에 잠기는데, 전화가 걸려온다. 정도다.

채린 (받으며 약간은 싸늘한) 어, 오빠. 나야.

S# 51 채린 집 거실 / 화면 분할되며

정도 (짐짓 모른 척) 채린아, 너 언제 나갔어?

채린 … 언제 나가다니? 그게 무슨 소리야?

정도 (호들갑) 어우, 야아~ 나 어제 완전 개취했나봐. 기억이 하나도 안 나~

채린 …

정도 (눈치 보며) 채린아, 내가 술 취해서 무슨 얘기 했어?

채린 아니, 나도 잠에 취해서 못 들었어~

정도 그렇구나~ 아우 속 쓰려. 채린아, 나 다음에도 술 취해서 무슨 얘기 하면, 절대 귀담아 듣지 마. 그건 내가 하는 말이 아니라 주님이 오신 거니까. 알았지?

채린 알았으니까 걱정하지 말고 출근준비나 해. 오빠 오늘 강의 있는 날이잖아.

정도 알았어. 그럼 이따 퇴근하고 봐? (쪽 하고 끊으면)

채린 (입술 씰룩하면서 비웃음)

정도 (거울 보며) 박정도, 뻐꾸기 새끼건 때까치 새끼건, 니가 무슨 상관이겠니? 나머진 로스쿨 총괄교수에 재단이사장 후계자가 되고 나서, 니 핏줄인 닻별이만 찾아오면 되지. 안 그래? (미소 짓는다)

S# 52 **에스띨로 편집장실 / 밤**

영주, 이벤트회사 이사와 런웨이 설계도 보며 서서 얘기 중이다.

영주 (심각한) 강이사님, 런웨이를 낮춰서 플로어 쇼로 가는 건 어떨까요? 싱글맘들이 전문모델도 아닌데, 무대까지 높으면 겁먹지 않겠어요?

강이사 글쎄요. 벌써 무대제작을 다 마친 상태라서… (난감한데)

이때, 로버트가 노크를 하더니 후다닥 뛰어 들어온다.

로버트 편집장님, 짝퉁 앙이 대관해놓은 호텔 행사장 있잖습니까? 행사장이 더블 부킹이 돼서 쓸 수가 없답니다. 어떡하죠?

영주 쥘레르 이 인간이 증말!

강이사 그럼 어떡하죠? 편집장님.

영주 (생각에 잠기다가, 문득) 차라리 야외로 나가는 건 어떨
까요? 요즘 날씨도 좋고 하니까, 야외 웨딩홀을 빌리면
자연스럽게 플로어 쇼로 갈 수도 있고, 진짜 결혼식 느
낌도 살 것 같은데. (보면)

강이사 그거 좋겠는데요?

영주 라비. 지금 당장 야외 결혼식장 수배하고, 강이사님은
무대설계도 좀 다시 뽑아주시겠어요?

강이사 알겠습니다. (나간다)

영주, 자리로 돌아와 후우 한숨을 쉬고 부은 다리를 뻗으며
자리에 앉는데, 보자기에 싸인 도시락이 보인다. 물끄러미 보
는 영주 위로.

선영E 영, 영주야. 이, 이그 좀 갖고가모 안 되나?

S# 53 **영주 회상 / 최고만 집 정원**

영주 (돌아보며) 뭔데?

선영 니 가, 가심 아픈 데 좋은 걸로 도시락 쪼매 쌌다. 밥때
건너지 말고, 꼭 챙기묵었시면 해서… (안 받을까봐 걱
정인)

영주 (마지못해 받아 들며) 알았어. 갈게.

선영 어, 고맙다. 내 동생. 잘 가그래이.

영주　　(동생이란 말에 멈춰 섰다가, 다시 간다)

선영　　(뒤도 안 돌아보는 영주에게) 고맙대이, 영주야, 참말로
　　　　　고맙대이.

영주　　(그 말이 자꾸 끌어당기는 것 같아 발걸음이 무겁다)

S# 54　동 영주 편집장실 / 밤

영주, 회한에 젖어서 바라보다가, 뭔가 결심한 듯 펜을 꺼내
서 뭔가를 적기 시작한다. 연설문을 메모하는 영주 위로 들
리는.

영주E　　안녕하세요. 저는 '싱글맘 함께 꾸는 꿈' 기획을 맡은
　　　　　에스띨로 편집장 김영줍니다. … 어려운 시간 내서 이
　　　　　자리까지 참석해주신 여러분들께 진심으로 감사드리면
　　　　　서… 저도 고백 하나 할까 합니다. (쓰기를 멈췄다가, 이
　　　　　내 마음 굳히고 계속 쓰는) 저를 키워준 제 어머니도 여
　　　　　러분처럼 싱글맘이셨습니다. 게다가… 정신도 온전치
　　　　　않은 지적 장애 3급인 엄마였죠…

연설문을 써내려가는 영주의 회한에 젖은 모습이 보이며, 암전.

S# 55　한국병원 전경 / 낮

S# 56   한국병원 복도 + 흉부외과 데스크

급하게 달려오는 제하의 모습이 여러 컷으로 다급하게 보이면. 데스크에서 모니터를 보다가 쓱 고개를 내밀고 복도를 보는 데이비드.

데이비드   보스 엑스 보이프렌드 오는데요? 뭐가 저렇게 급하시나~
수인   (알고 있다는 듯) 데이비드, 자리 좀 비켜줄래?
데이비드   싫은데요?
수인   (쓱 노려보면)
데이비드   (히죽 웃고) 알겠습니다. (차트 들고 나가면)
제하   (숨 가쁘게 달려와 멈춰 서며) 한선생.
수인   (모르쇠 돌아보며 미소 짓는다)

S# 57   병원 밖 일각

수인   (돌아서며) 소문 빠르네? 김영주 환자 안 맡겠다고 한 지 겨우 한 시간도 안 지났는데, 벌써 당신 귀에까지 들어간 거야?
제하   수인아.
수인   아니면, 김영주에 관련된 일이라면 뭐든 알아야 직성이 풀리는 거야?
제하   한수인.

수인 (픽 웃고) 왜 내가 김영주를 안 맡았는지 묻고 싶은 거지?

제하 그래, 왜니? 어쩌면 CRT 수술, 아니 더 나빠지면 심장
이식까지 받아야 될지도 모르는 환자라면, 심장내과에
심장이식 과정까지 마치고 온 너한텐 딱인 케이스 아니
었어?

수인 맞아. 일부러 맞추려고 해도 쉽지 않은 케이스지.

제하 근데 왜 안 맡겠다는 거야?

수인 환자한테 내 사심이 들어갈까봐서 그래.

제하 뭐?

수인 김영주. 당신 첫사랑에, 우리를 파혼까지 몰고 가게 만
든 여잔데, 내가 어떻게 사심이 없을 수 있겠니? 제하
씨, 난 쿨한 거지 심장이 두꺼운 게 아니야.

제하 한수인. 바람을 피운 것도 너고, 일방적으로 파혼을 한
것도 너야.

수인 아니, 난 바람피운 적 없어.

제하 … 뭐?

수인 그땐 별것도 아닌 자존심에 말 못했지만, 이제 말할게.
그거 쇼였어. 당신한테 나 붙잡아달라고, 당신을 보는
내 마음이 흔들리니까 나 좀 붙잡아달라는 거였는데, 그
때 당신 반응이 어땠는지 알아? 정말 아무렇지도 않더
라? 그래서 나 미국 간 거였어. 몰랐어?

제하 그래… 몰랐어. 수인아. (얘기하려고 하면)

수인 그렇게 간 미국에서 당신 잊어보려고 3년 동안 죽도록

심장에만 매달렸어. 그랬더니 존스홉킨스에서 과장 자리를 주더라구. 처음엔 좋았지. 내 노력이 보상받는 거 같았으니까. 근데 문득 내가 어떻게 이 살인적인 스케줄을 견뎌냈을까 생각해보니까… 당신 얼굴이 떠오르더라? '제하씨, 나 이만큼 왔어, 나 잘했지?' 3년 내내 마음속으로 당신 이름을 부르고 있었구나. 그래서 여기까지 왔구나, 싶었어. 그래서 그다음 날 바로 날아온 거야. 당신 옆으로.

제하 (말문이 막히는데)

수인 걱정 마. 예전처럼 봐달라고 조르진 않을 거니까. 대신, 너무 밀어내지만 마. 내가 알아서 다가갈 테니까. (미소 짓고 간다)

제하 (수인의 말에 갈피를 못 잡겠는데)

수인 (가다가) 아, 나도 비겁해지기 싫으니까 팁 하나 줄게. 김영주, 잡지사 편집장이랬지? 그 일 당장 관두게 해.

제하 … 뭐?

수인 차트 살펴보니까, 김영주 심장, 지금 당장 CRT 수술한대도 이상할 거 하나도 없을 정도로 안 좋아. 아니, 아주 엉망이야. 그러니까 당신, 내가 김영주 가슴 여는 거 보고 싶지 않으면, 당장 일 관두게 해. 됐지? (쿨하게 웃고 간다)

제하 (얼이 빠져서 부리나케 걸어가면)

수인E (돌아보며) 당신이란 남자, 참 지치지도 않는구나. 어떻

게 쳐다보지도 않는 사람을 그렇게 오랫동안 좋아할 수 있니? (오히려 애틋하게 바라본다)

S# 58　　에스띨로 편집실 / 밤

직원들을 모아놓고 얘기 중인 영주.

영주　자, 드디어 쇼가 내일로 다가왔다. 다들 만반의 준비는 됐지?

직원들　예~!

조선희　편집장님, 궁금한 게 하나 있는데요. 여기 2부 뒤풀이 순서에 편집장님 고백성사라고 적혀 있는 건 뭐죠?

영주　말 그대로 고백성사야.

진태오　에이, 무슨 고백성산데요? 예?

영주　많이 알려고 하면 다친다~! 그건 내일 들으면 알 테니까, 오늘 날밤을 새서라도 부족한 부분 채우고, 내일 아침에 나한테 최종 컨펌 받도록? 오케이?

직원들　옛 썰~!!

영주　그럼, 수고~ (핸드백 들고 가면)

직원들　(각자 자리로 가는데)

췰레르　(쓱 오더니, 나팀장에게서 순서표를 쓱 채가며) 김영주의 고백성사? (하면서 본다)

S# 59   에스띨로 복도

총총걸음으로 나오는데, 제하가 기다리고 있다. "제하야?" 반
갑게 다가오는 영주를 보며, 어색하게 웃는 제하.

S# 60   최고만 집 거실 / 밤

선영, 닻별과 함께 '싱글맘 함께 꾸는 꿈' 초청장을 받아 들고.

선영   닻별아, 이기 진짜 우리를 쇼, 쇼에 오라 카는 그 초청장
         이가?

닻별   거기 써 있잖아. 인비테이션. 그게 초청한다는 말이야,
         할머니.

선영   (눈시울까지 뜨거워지며) 우째 이래 귀한 거를… (확인
         또 확인하는) 닻별아. 이그 진짜 우리 영주가 보낸 그 맞
         제? 그제?

닻별   할머니는~ 벌써 몇 번이나 물어봐. 여기 보낸 봉투에 적
         혀 있잖아.

선영   맞다. 진짜로 맞네. (가슴까지 벌벌 떨릴 정도로 기쁘다)

닻별   엄마한테 초청장 받는 게 그렇게 좋아?

선영   좋다마다~ 좋다마다~ 우리 영주가 내한테 처음 보내는
         초청장인데, 우째 안 좋겠노? 진짜 좋대이~

닻별   (신기하게 바라보면)

선영   (눈물까지 쓱 닦고 웃으며) 이기 다 니 덕분이다. 닻별아, 고맙대이. 참말로 고맙대이.

닻별   내가 한 게 뭐 있다구 나한테 고맙다고 그래?

선영   아이다, 니는 이래 있는 것만으로도 고마운 아이다. 니는 여 있는 그대로가 축복이다, 축복.

닻별   (왠지 선영의 마음이 전달되는 것 같아서 쓱 안아준다)

선영   (눈시울 뜨거워져서 닻별을 안아주면) 고맙대이, 우리 강아지.

최고만   (쓱 나오면서 질투 나는) 젠장맞을. 나, 나, 나한텐 왜, 왜 안 보냈대? 김여사, 나도 쫓아가면 안 돼?

선영   와 안 됩니꺼? 개장수 아저씨도 같이 가야지예~

최고만   (히죽) 그럼 그럴까?

김집사   저두요, 김선영씨. (최고만이 쓱 노려보면) 아, 왜요~

S# 61   제하 차 안 / 밤

제하   영주야. 내일 쇼… 넌 빠지면 안 되니?

영주   기획자가 쇼에 빠진다는 게 말이 되니? 제하야, 왜 갑자기 그런 말을 해?

제하   아니, 그냥 너 피곤할 것 같아서.

영주   걱정 마셔. 준비 다 끝나서, 그냥 무대에 올리기만 하면 돼. (미소 짓고) 제하야. 이번 싱글맘 쇼 준비하다보니까, 그런 생각이 들더라. 나도 언젠가는 이 사람들처럼 닻별이를 결혼시킬 텐데, 그때 닻별이가 나랑 둘이서 살았다는 걸 창피해하지 않았으면 좋겠다. 엄마하고만 살았어도, 충분히 사랑받고 살았다고 생각해줬으면 좋겠다 싶었어.

제하 …

영주 그래서, 나 결심했다…? 싱글맘 프로젝트 끝나면, 닻별이한테 다 얘기해주려구. 내가 왜 엄마를 언니라고 부르는지, 내가 왜 그렇게 엄마란 사람을 미워하는지도.

제하 (말릴 수가 없겠구나 싶어서 보며) 그럼, 나도 꼭 싱글맘 쇼 보러 가야겠구나?

영주 (눈 흘기며) 언제는 쇼 하지 말래며?

제하 니 심장에 꽂힌 가시를 뽑겠다는데 의사인 내가 가 있어 줘야지. 안 그래?

영주 (미소 짓고) 그래, 내 심장에 꽂힌 가시도, 내 언니란 여자 가슴에 꽂힌 가시도 다 뽑을 수 있으면 좋겠다. (한편으론 기대되지만, 한편으론 마음이 서늘한 표정이다)

S# 62 채린 집 침실 / 밤

채린 (전화를 받고 있다) 2부 순서에 김영주 고백성사가 있다구? 그래? 알았어. (전화 끊는다)

정도 (씻고 욕실에서 나오면)

채린 오빠, 내일 쇼에 올 거지?

정도	나? 내가 왜?
채린	내가 김영주한테 어떤 선물을 주는지 봐야 되지 않겠어?
정도	… 뭐?
채린	(실룩 웃으며) 오빠도 김영주한테 선물하고 싶지 않아?
정도	…!

채린의 미소와 정도의 얼굴, 영주의 결심이 선 듯한 얼굴, 선
영의 기대감에 가득 찬 얼굴이 분할돼 보이며 12부 엔딩.

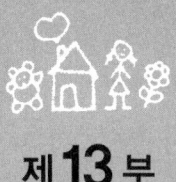

제 **13** 부

제13부

S# 1   싱글맘 야외 웨딩쇼장 / 낮

분주하게 조명과 대형 스피커를 설치하는 기사들. 빨간 버진
로드가 깔리고, 주례사 단상 쪽 무대로 하얀 꽃을 장식하는
사람들. 다과 음식들, 맥주, 샴페인을 진열하고 있는 바쁜 요
리사들. 진태오와 나팀장은 안내간판을 걸고 있고, 팸플릿을
정리하는 수리. 진행을 맡은 라비와 홍이림, 멘트 연습에 한
창인 모습이 보여지면.

S# 2   무대 백스테이지

전문모델들과 일반인 모델들이 혼재해서 부산하게 오간다.
꽃단장을 한 남녀 꼬마아이들, 메이크업을 받고 있는 모델들.
그 사이로 간간이 눈인사를 하며 걸어가는 영주와 뒤따르는
조선희.

영주   (빠르게 점검하면서 걸어가는) 전문모델들은 알아서 잘

할 테니까, 일반인 모델한테 최대한 신경 쓰고, 순서 틀리지 않도록 헬퍼들 다시 한번 체크해. 액세서리랑 소품들도 확실하게 챙기게 하고.

조선희 (메모하며) 알겠습니다.

영주 헤어, 메이크업도 시안대로 나왔는지 최종 점검하고, 모델들한테 최종 리허설 때 드레스 끌리지 않게 조심들 시켜!

조선희 알겠습니다, 편집장님.

영주 최종 리허설까지 얼마 남았지?

조선희 (시계 보며) 20분 남았습니다.

영주 나, 잠깐 쉴 테니까 지시한 대로 움직여.

조선희 예. (인사하고 서둘러 가면)

영주, 드레스 뒤편 의자에 걸어와 힘겹게 앉는다. 가슴을 진정시키고, 핸드백에서 연설문을 꺼내 바라보는 영주. 마음의 결심을 굳히는 모습에서.

S# 3 **최고만 집 전경 / 낮**

S# 4 **최고만 집 선영 방**

긴장한 채 손가락을 배배 꼬면서 앉아 있는 선영의 얼굴에 볼터치를 하고 있는 메이크업 아티스트. 닻별, 예쁜 드레스를 입고 들어오며.

닻별   우와, 우리 할머니. 진짜 이쁘다.

선영   (잔뜩 긴장한) 진짜가?

닻별   (끄덕끄덕) 응.

선영   그라모, 닻별아. 내 이, 이래 하고 가모, 너, 너그 옴마 창피하다고 안 하겠제? 그자?

닻별   할머니가 이렇게 이쁜데 왜 창피해?

선영   (여전히 불안한) 그라모 진짜로 고마울 낀데…

S#5   최고만 드레스룸

드레스룸 옷장을 확 열면 같은 색깔, 같은 양복 쫙! 또 열면, 같은 구두 쫙! 또 열면, 같은 와이셔츠, 지팡이 쫙~! 집에서 입는 옷까지도 똑같이 쫙~! 최고만, 잔뜩 심술이 난 얼굴로.

최고만   젠장맞을. 옷, 옷이 이 따위로 다, 다, 다 똑같은 게야! 김군아! 왜, 왜 옷들이 다 이, 이 모양인 게냐. 어?

김집사   회장님께서 옷 고르기 귀찮다고, 같은 걸로 쫙 깔아놓으라고 하셨잖습니까?

최고만   그래도 이, 이건 무슨 돌아이 옷장 같지 않냐?

김집사   맞으시잖아요. 돌, 아이.

최고만   이걸 그냥 콱! 지팡이 숫자대로 때려버릴까부다. 허, 허,

허, 헛소리 말고, 얼, 얼른 양복점에 전화해서 보, 보타
이랑 폼, 폼나는 옷 좀 싹 다 가져오라고 해. 얼른! 자식
아.

김집사 (못 들은 척 괜히 지팡이만 만지작거리면)

최고만 야, 김삼용이! 귀 먹었냐? 내 말 못 들었어? 얼른 양복점
에 전화하라니까~!

김집사 그럼… 저도 데리고 간다고 약속부터 해주십시오.

최고만 (화나지만) 알, 알았으니까, 얼른 전화나 해. 아, 얼른 자
식아!

김집사 (히죽 웃으며) 그럴 줄 알고 벌써 전화했습니다. 회장님.

E 인터폰 소리 들리면.

김집사 지금 도착했나본데요? (히죽 웃고 가면)

최고만 저, 저 자식 갈수록 능구렁이가 돼가네? 저거? (하면서
도 반갑게 뒤따라 나간다)

S# 6 **야외 커피숍**

흡사 노숙자 같은 꼴의 대영과 파티 복장의 정도. 시켜놓은
샌드위치 따위를 허겁지겁 먹고 있는 대영을 보며.

정도 (창피하지만 챙기는 척) 여기 물이랑 같이 좀 드세요.

대영 (인사할 틈도 없이 받아 마시고, 또 아귀아귀 먹으면)

정도 형님, 대체 어디서 어떻게 지냈길래 몰골이 이 모양입

니까?

대영 어, 지하도에서또 자고, 서울역에 가서또 자고. 요새는 날도 풀려가 남산 가서도 잤다.

정도 해도 너무하네~ 김영주 그 기집애가 형님 쫓아낸 겁니까?

대영 아, 아이다. 내가 내 발로 기 나왔다가 못 드간 기다.

정도 왜요?

대영 그기 박서방 니가 과수원땅 판 돈 영주 준다 캐서, 홧김에 영주 반지랑 목걸이 몇 개 가지고 나왔그등. 그그를 전당포에 쫌 맡길라 캤더이, 금반지는 다 멕기칠을 한기고, 진주목걸이, 다이아반지또 다 가짠 기라. 그래가 다시 드가지도 몬하고 이래 돼뿟다.

정도 (픽) 김영주 걔 인생이 원래 다 가짜 아닙니까? 가짜.

대영 (정색하고) 그래 얘기하지 마라. 벼룩도 낯짝이 있다꼬, 내 홧김에 도둑질은 했지만서도, 그 많은 패물 중에 진짜가 하나또 읎다는 기, 그래 마음에 걸리는 기라. 가쓰나. 잘사는 중 알았더만 이래밖에 몬 살았구나 싶으이까… 내도 여가 꽉 막히는 기… (미안해져서 말문이 막히는데)

정도 (뭔가 균열이 생긴다 싶어서 펌프질하는) 그래도 걔는 대한민국에서 제일 잘나가는 잡지사 편집장인데, 뭘 걱정하십니까? 지금 남의 걱정 할 때가 아니잖습니까? 형님. (품에서 봉투를 꺼내서 쓱 건네며) 확인해보십시오.

대영 이, 이기 뭐꼬? (열어보면, 수표다) 이, 이기 공이 몇 개 고? (눈으로 세어보더니) 천, 천만원? 이기 천만원이라 고 쓰인 그 맞나?

정도 아무리 닻별이 유학자금이래도, 형님한테 너무 모진 거 아닌가 싶어서 준비했습니다.

대영 박서방, 니 진짜 인간이다. 이혼까지 하는 질에 우째 처 갓집 식구 앞날까지 이래 걱정해주노? 니는 참말로 양 질의 인간이다. 고맙대이, 고맙대이. (수표를 품에 넣으 려고 하면)

정도 (손을 턱 잡으며) 대신, 조건이 있습니다.

대영 조건?

정도 (야릇한 미소)

S# 7 최고만 집

보타이에 정장차림을 한 최고만과 김집사. 김집사, 행커치프 를 빼서 한껏 멋을 내고 있으면. 최고만, 심술이 난 얼굴로.

최고만 그 행커치프 못, 못 빼냐?

김집사 이게 포인튼데 왜 뺍니까? 회장님도 은근히 패션을 모 르셔~

최고만 뭐, 뭐? 패, 패션을 몰라? 넌 넌, 패션쇼 처, 처, 처, 처음 이지? 난 이, 이, 이백 번도 넘게 갔어. 자식아.

김집사   사채이자 받으려요?

최고만   뭐, 뭐 이 자식아? (지팡이로 찌르려는데)

김집사   (턱 붙들고, 어딘가를 보면서 우와~ 입이 벌어진다)

최고만, 고개를 돌려서 보면, 이층에서 내려오는 닻별과 선영. 단아한 차림의 모습에서 광채가 난다. 최고만의 눈도 커지면서. 최고만, 손을 뻗어 김집사 눈을 가리며, 한눈에 반한 얼굴이 된다. 두근두근 가슴이 뛰며.

최고만E   뭐, 뭐냐? 가슴이 사정없이 콩닥거리는 이 느낌은? 황금비율은커녕 이쁜 것하고는 안드로메다 광년만큼이나 떨어진 저 바보여인한테서 왜 저렇듯 눈부신 광채가 나는 거냐? (눈물이 그렁그렁해지며) 왜 저 바보여인의 얼굴에 자꾸 우리 엄마 얼굴이 겹치는 거냔 말이다… (눈물 핑 돌며) 마미~

S# 8   행사장 입구

아치형 행사장에 갖가지 화환이 즐비하게 늘어서 있고, 줄줄이 들어와 서는 차량들이 보인다. 각계각층의 사람들이 환한 얼굴로 다가와 영주와 친근하게 악수를 하고, 외국인은 포옹을 한다. 반갑게 영어로, 불어로 인사를 하면서 사람들 사이를 누비는 영주를 중심으로 카메라플래시가 연신 터진다.

S# 9　　**행사장 일각**

쥘레르　오사장. 재수는 없지만 오늘 김영주, 진짜 빛나는 거 같지 않니? (보면서) 각 나라별 대사 부인들에, 대기업 회장님 와이프에 (놀라며) 어머, 저기 저분, 여성가족부 장관님 맞지? 김영주 쟤 인맥 정말 엑설런트하다~ 안 그니?

채린　(얄밉게 보면)

쥘레르　오사장, 자기는 저 손님들 말곤 더 없니?

쥘레르 눈길을 따라가면, 다과코너에서 돼지처럼 음식을 밀어넣고 있는 오민석의 수하들. 오민석, 딴에는 익숙한 척 잔을 들어서 채린에게 눈인사한다.

채린　(자존심 상하지만, 영주를 노려보며) 그래봤자, 하루살이 목숨인데 해가 있는 동안에라도 실컷 날게 해줘야지. 기자들한테 정보는 흘려줬어?

쥘레르　응. 1부 쇼 끝나고 빠지겠다는 걸, 2부 시작 전에 대형폭탄이 있다고 했더니, 다들 기다리는 눈치야.

채린　(미소) 그래?

쥘레르　근데, 자기는 어떻게 김영주한테 물을 먹이겠다는 거야?

채린　(시계 보더니) 아마 지금쯤 그 대형폭탄이 여기로 날아오고 있을걸? 그리고 김영주의 고백성사가 시작되기 바로 직전에! 펑~! 하고 터지겠지.

쥘레르   …?

S# 10   행사장 입구

인사를 하고 있는 영주에게 환한 얼굴로 다가오며.

닻별   엄마~

영주   (돌아보다가 환해져 눈높이 맞추며) 우리 딸 왔어? 엄마가 안 챙겨줬는데도, 어떻게 이렇게 잘 차려입었어?

닻별   엄마 딸이잖아. (미소 짓고) 엄마, 할머니도… (하다가) 선영이 이모도 같이 왔어.

영주   (그제야 돌아보면)

선영   (불안하게 영주의 눈치를 보며) 영, 영주야…

영주   (차려입은 선영을 낯설게 보면서) … 왔어? 이, 이쁘게 입었네?

선영   (쑥스러워 눈치 보며) 어, 이, 이거는 내 끄가 아, 아이고 개장수 아저씨가 빌리준 기다.

영주   (그제야 뒤쪽의 최고만과 김집사를 보며 목례하고) 여러 모로 신경 써주셔서 감사합니다.

최고만   (쑥스러워 괜히 튕기는) 자네는 신경 쓸 거 없어, 나 안 쪽팔리려고 그런 거니까.

김집사   (툭 치고)

영주 (어쨌건 고마운 사람들이라) 이림아, 이분들 VIP 자리로 모셔다드릴래?

홍이림 예, 편집장님. (닻별에게 손인사하고) 이쪽으로 모시겠습니다. (안내하면서 앞서 가면)

선영 (고맙고 미안한 마음에) 영주야⋯ 고맙대이. 참말로 고맙대이.

영주 (착잡하지만, *끄덕끄덕*) ⋯ 재밌게 봐.

선영 (환해지며) 어~ 내 여 두 눈 똑띠 뜨고, 한나또 안 빼놓고 다 볼 끼다. 헤헤. (웃고)

영주 (애써 미소 지어주면)

닻별 (귓속말을 한다) 엄마, 오늘 할머니 얘기하려는 거지? 그러려구 초대장 보낸 거 맞지? (팸플릿 보여주며) 여기 2부에 있는 엄마 고백성사가 그거 아냐?

영주 (미소 짓고) ⋯ 글쎄? 이따가 보면 알겠지?

닻별 (벌써 다 알았다는 미소) 그럴 줄 알았어. 엄마, 파이팅~!

영주 (미소 지어주고) 그래, 고맙다.

닻별, 쪼르르 선영 옆으로 가더니 보란 듯이 선영 손을 잡고 미소 짓는다. 영주, 그래⋯ 이제 그래야겠지⋯ 하는 표정으로 보다가 다른 손님 맞이한다. 선영, 영주를 돌아보며 고맙고 미안한데. 최고만이 선영 앞에 팔을 굽혀 내민다.

선영 (흉내 내서 따라 올리며) 이기 모 하는 근데예?

닻별 (선영의 손을 탁 팔짱 끼어주며) 뭐 하긴요, 이렇게 하라
는 거죠.

최고만 (히죽 웃고) 가실까요? 김여사?

선영 (난감해서 보지도 않는 영주의 눈치를 보면서 손을 휙
빼고) 내, 내가 거 손을 왜 끼, 낍니꺼? 닻별아, 이모랑
가자. (서둘러 가면)

김집사, 고소하다는 표정이고. 최고만, 절망하는데.

오민석 (후다닥 다가오며) 작, 작은회장님~! 작은회장님께서
어뚷게 여기까지 다 나오셨십니꺼?

최고만 (심술 난) 어, 어, 어떻게 오긴 어, 어떻게 와? 내, 내 차
타고 내 발로 걸어왔지! 젠장맞을. 그러는 오집사는 여
기엔 왜 온 게야? 주제넘게.

오민석 이 에스띨로, 제 딸내미가 인수한 회사 아입니꺼? 하하.

최고만 오채린이가?

오민석 예, 짝은회장님.

최고만 (이건 또 뭐야? 싶은 표정으로 채린과 영주를 번갈아
본다)

S# 11   거리 / 낮

지나가는 택시를 향해서 급하게 손을 흔드는 대영. 초조한 얼

굴로 휴대전화에서 선영의 이름을 찾아 버튼을 누르지만, 미납금으로 인한 발신정지 음성이 들린다.

대영　　하이 씨이, 하필 이런 때 핸드폰이 끊기고 지랄이고, 지랄이~! 영주야. 내 간다~ 이 대영이 오래비가 지금 가이까 지둘리~! (사명감에 찬 표정으로 택시~ 부르며 차에 올라탄다)

S# 12　　행사장 런웨이 옆 VIP석

선영과 닻별, 기대에 찬 얼굴로 쇼의 시작을 기다리면. 음악이 흐르면서, 인트로 메인 여자모델이 웨딩드레스를 입고 나온다. 그 옆으로 열 살쯤 된 아들 모델이 나와 여자모델의 손을 잡고 런웨이를 함께 걷는다. 그 모습을 넋이 빠진 듯 바라보는 선영. 환하게 웃으며 보는 닻별. 최고만과 김집사도 고개를 끄덕끄덕하면서 지켜본다.

CUT TO
전문모델 스테이지 사이로 일반인 모델(연예인 / 일반인 섭외 모델)이 성장한 아들과 함께 런웨이를 걷고, 성인이 된 딸 모델의 손을 잡고 남성 정장을 입은 엄마 모델이 런웨이를 걷는 등 다양한 미혼모 웨딩쇼가 진행된다. 사람들, 고개를 주억거리고, 기자들의 플래시가 연신 터진다. 영주, 에스띨로 직원들과 함께 긴장된 얼굴로 쇼를 보고 있다.

CUT TO

오민석은 그저 쇼가 좋아 헤벌쭉해서 보는데. 채린, 영주를 재수 없다는 듯 쳐다보다가, 입구 쪽으로 들어오는 정도를 보고 실룩 미소를 짓는다. 손짓으로 위치를 알리면, 채린 뒷자리로 쓰윽 들어와 앉는 정도.

채린   (낮게) 김영주 찌질이 오빠는? 같이 안 왔어?

정도   (난감한 표정으로 속삭이면)

채린   (듣다가) 뭐? (굳는데)

S# 13   영주 쪽 라인

영주, 이동하는 모델을 따라 시선을 옮기다가, 채린과 애기 나누는 정도의 모습을 보고 살짝 굳는다. 채린, 얼굴 표정이 굳은 채로 애기를 듣다가 영주와 눈이 마주치면, 실룩 미소를 짓더니 총을 겨누듯 손가락을 겨누고 피융~! 쏘는 시늉을 한다. 영주, 표정이 굳는다.

조선희   편집장님. 피날레 2분 전입니다. 런웨이 나갈 준비 하셔야죠.

영주   … 알았어. (뭔가 찜찜한 기분에 돌아보며 간다)

S# 14   행사장 입구

급하게 달려와 서는 택시에서 내리는 대영, 택시 문을 열어놓은 채.

대영   기사님예, 쪼매만 기다려주이소. 내 금방 돈 갖고 오께예? (급하게 입구를 지키는 수리에게 달려와) 여 에스띨로 직원 맞십니꺼?

수리   예. 그런데요?

대영   내 김영주 오빠, 김대영이라꼬 하는데예. 초면에 죄송스럽지만서또, 택시비 일만원만 대신 내주시모 안 되겠십니꺼? 이따가 영주 만나가 갚겠십니더. 예?

수리   (태오를 보면)

진태오   (지갑 꺼내며) 제, 제가 드리겠습니다.

대영   고맙십니대이~! (뒤도 안 돌아보고 급하게 안으로 달려간다)

두 사람   (어리둥절하게 보면)

S# 15   행사장

대영, 급하게 들어와 주위를 두리번거리며 영주를 찾는다. 영주를 발견한 대영, 빠르게 가로질러 영주에게 다가가는데.

S# 16   VIP석

최고만, 대영이 들어오는 모습을 발견하고 김집사에게.

최고만   (넌지시) 김군아, 저기 하자 왔다. 하자.
김집사   하자요? (보면)
최고만   저거 저놈, 딱 보니까 오늘 대형사고 칠 것 같으니까, 니가 알아서 적당히 처리하고 와.
김집사   알겠습니다, 회장님 (일어나 가려고 하면)
최고만   (붙들더니, 뭐라고 속삭인다)

김집사. 고개를 끄덕하고 모델이 이동하는 틈을 타서 잽싸게 빠져나간다. 선영, 돌아보면. 최고만, 턱으로 모델 보라는 시늉 하면서 미소. 선영도 미소 지어주고, 다시 쇼에 빠져든다. 최고만, 시선은 김집사에게로.

S# 17   영주 쪽 백스테이지 라인

대영의 시선으로 영주의 뒷모습이 점차 가까워지는데, 김집사가 대영 앞으로 쓱 들어온다.

대영   (깜짝 놀랐다가) 하이고마, 이게 누구십니꺼? 우리 선영 누부 취직시키준 집사님 맞지예?

김집사 (쉬 조용히 하라는 시늉 하고) 잠깐, 얘기 좀 할까요? (미소 짓고 데려가려는데)

대영 집사님예, 지가예, 우리 영주한테 급하게 알리주야 할 기 있거든예? 그라이까 집사님은 쪼매 있다가 보입시더! (가려고 하면)

김집사, 대영의 손을 턱 잡아 낚아채더니, 주변을 쓱 살피면서 공중으로 한 바퀴 돌려서 떨어뜨리는 동시에 목울대를 턱! 날린다. 컥! 하면서 목을 쥐는 대영의 뒷덜미를 낚아채 화면 밖으로 휙 나가면.

S# 18 VIP석

최고만 (그 모습 보면서 끌끌) 다른 건 다 느린 놈이 사람 패는 건 엄청 빨라요. 젠장맞을. (자기 목을 맞은 듯 경기를 한다)

이때, 쇼의 피날레가 끝나고 런웨이로 나오는 모델들. 도열하면서 박수를 쳐주면, 그 사이로 영주가 나오며 인사를 한다. 휘파람소리~! 박수소리~! "김영주, 브라비시모~!" 환호하며, 장미꽃송이들을 런웨이를 향해 던진다. 자랑스럽게 헤헤 웃는 닻별과, 그 모습이 좋아서 눈물이 핑 도는 선영.

최고만   그렇게 좋아?

선영   좋다마다예~ 내 동생이 잘난 중은 알았지만, 저래 잘난
아아인 중은 진짜로 몰랐십니더. (벅찬) 개장수 아저씨
예, 내는 지금 여, 여 가심이 벌렁벌렁하고예, 눈물또 나
고 오짐도 매린 것 같아서 똑 죽겠십니더. (눈시울까지
붉히며 울다 웃다가 본다)

최고만   (밉게 보며, 혼잣말) 날 보면서 가슴이 벌렁벌렁해야지.
젠장맞을.

S# 19   런웨이

런웨이에서 사람들에게 인사를 하는 영주. 닻별과 눈 맞추고
미소 지어주고, 선영에게도 고개를 끄덕해준다.

S# 20   VIP석

선영   (흥분해서 영주를 향해서 자기도 모르게 꾸벅 고개를 숙
여 인사하며, 혼잣말로) 고맙십니대이, 내 동생 김영주.
참말로 고맙십니대이.

최고만   딸내미한테 존댓말은, 우라질. (하면서도 선영의 마음이
전해지는 것 같아 미소 띠다가, 김집사가 어떻게 됐나
쓱 돌아보면)

S# 21   달리는 최고만 차 안

뒷좌석에 꽁꽁 묶여 있는 대영. 김집사 운전 중이다.

대영 김집사님예, 지, 지금 내를 어데로 데리가시는 겁니꺼? 예?

김집사 (미워서) 회장님께서 김대영씨 도박 끊고 정신 차릴 때까지 정신병원에 콱! 처넣으랍니다. 됐어요?

대영 정, 정신병원예? 김집사님예. 내 정신병원 드가는 것도 좋은데예. 영주 잠깐만 보고 가모 안 되겠십니꺼?

김집사 아 가서 또 무슨 진상을 벌이려구요?

대영 진상이 아이꼬예? 내 지금 영주한테 안 가모 우리 영주 큰일 난다 아입니꺼?!

김집사 젠장맞을. 큰일은 김대영씨 당신이 다 치고 다녔으면서 김영주씨한테 무슨 큰일이 난다는 겁니까? (화가 나서) 당신은 가족이란 사람이 어떻게 그러고 삽니까? 예?

대영 (찔끔하며) 가족이니까 그란 거 아입니꺼? (다급해지며) 내 가족이 잘못될까봐 그라는 거란 말입니더~!

김집사 (말도 안 된다는 듯이 쳐다보면)

대영 김집사님예! 박정도 글마가예! 슨영이 누부가 영주 엄마라꼬 하는 그를 녹음해가예. 사람들 있는 데서 터뜨릴라칸단 말입니더!

김집사 (끼익 급브레이크를 밟으며) 뭐라구요?

S# 22   행사장 일각 / 음향기기 부스 근처

멀리 삼삼오오 모여서 음료를 마시면서 담소하는 사람들과,
미혼모들 아이와 함께 웨딩사진 찍는 모습이 보인다. 닻별이
선영에게 음료수를 건네는 모습이 보인다.

채린   (화면에 쓱 들어오며) 그래서? 김대영이 그 찌질이가 폭
탄을 못 터뜨리겠다고 했다는 거야?

정도   (닻별 쪽을 살피며 약간 건성인) 어, 지금까지 지은 죄도
있는데, 사람들 앞에서까지 그럴 수는 없다고 완강하게
거절하더라구.

채린   웃기고들 있네. 그래서?

정도   (건너편의 닻별과 눈이 마주치자 어색하게 웃어주면)

닻별   (고개를 슬그머니 돌린다)

정도   (안타깝게 보는데)

채린   (정도의 멱살을 잡듯 휙 잡으며) 그래서 어쩌겠다는 거
냐구!

정도   (눙치며) 어쩌긴 뭘 어째? 이번엔 그냥 넘어가자는 거지.

채린   아니, 난 그렇게 못해!

정도   채린아~ 다른 데서는 몰라도 닻별이까지 와 있는데 그
러는 건 좀 아니잖아, 어?

채린   왜? 오빠 유일한 핏줄 박닻별이, 김영주한테 영원히 뺏
길까봐 무서워서 그래?

정도   (뜨끔 놀라서) 그, 그게 무슨 소리야?

채린   오빠 같은 먹물들, 속 빤히 보이거든? 결혼은 나랑 하
        고, 오빠 애는 데려다 키우겠다는 심산 아니었어?

정도   (침 꿀꺽 삼키고) 그걸 니가 어떻게… 알았어?

이때, 단상으로 올라가는 영주의 모습이 멀리 보이며.

영주   쇼는 즐거우셨습니까? 여러분?

사람들, 일제히 소리 높여 대답한다. 선영과 닻별이 가장 크
게 대답하는데. 채린, 휙 돌아서 영주를 이글이글 노려본다.

S# 23   단상

영주   (미소 짓고) 이제 곧 싱글맘 함께 꾸는 꿈 2부 바자회 경
        매가 시작될 예정인데요. 그전에 저도 여러분께 고백성
        사를 할까 합니다.

사람들, "무슨 고백성사라는 거지?" 웅성거리면서 보는데.

닻별   (말해주고 싶어서 근질근질한) 할머니, 엄마가 할머니
        얘기 할 거니까, 잘 들어야 돼?

선영   내 얘기? 내에 대해서 무신 할 얘기가 있다꼬 그라지?

(하면서 왠지 불안해지는데)

최고만 (닻별과 눈이 마주치면, 그거냐? 표정이고)

닻별 (고개를 끄덕이며 기대감에 찬)

최고만 (삐죽거리며) 쳇! 이제 정신 좀 차린 모양이구만.

S# 24 **행사장 일각 / 음향기기 부스 근처**

영주가 연설문을 꺼내면, 마음이 급해진 채린.

채린 오빠, 김대영이 찌질이랑 구치소에서 얘기한 거 녹음했
었지?

정도 어? 어… 그게… 녹음기를 놓고 와서…

채린 (정도 손에 쥔 휴대전화를 휙 빼앗으며) 장난해! (휙 간다)

정도 채린아, 오채린~ (뒤따라가지도 못하고 미칠 것 같은데)

S# 25 **단상 앞 일각**

영주 (마음을 가다듬고 진솔하게 읽기 시작한다) 제 이름은
김영주입니다. 직업은 에스띨로 잡지 편집장이구요. 패
션잡지 업계에선 저 모르면 간첩이라고도 합니다. 어쩌
면, 그만큼 성공한 셈일 수도 있겠죠?

사람들 (웃고)

직원들 맞아요! 편집장님 짱! (박수치고 호응하면)

선영　　(왠지 불안한 얼굴로 쳐다보는데)

S# 26　음향기기 부스

채린　　(급하게 들어오더니) 저 마이크 *끄는* 게 뭐죠?

음악감독　예?

채린　　(독이 오른) 저 마이크 *끄는* 게 어떤 거냐구요!

음악감독　(서슬에) 이, 이건데요?

채린　　(지체 없이 영주의 마이크를 오프시켜버린다)

S# 27　영주 단상

영주　　그런 저에게도 숨기고 싶은 비밀이… (하는데 마이크가 나갔다)

영문을 몰라 진행자인 로버트를 돌아보는데, 로버트도 모른다는 시늉. 이때, 마이크 탁탁 두들기는 소리에 돌아보면, 채린이다! 저 기집애 또 무슨 짓을 하려는 거지? 표정이 굳으며 보면.

S# 28　음향기기 부스

채린　　죄송합니다. 진행사고는 아니구요. 오늘 김영주 편집장님의 싱글맘 쇼를 축하하는 메시지가 지금 막 도착했거든요? (영주와 똑바로 눈 마주치며) 김영주 편집장님 오빠, 아니 삼촌인 김대영이란 분께서 보낸 축하메시지, 먼저 들려드려도 되겠죠? (싸늘하게 미소 짓고, 정도의 휴대전화 음성파일을 연다)

S# 29 영주 단상

영주, 눈이 찢어질 듯 커져서 채린을 노려보다가 휙 정도를 보면.

S# 30 행사장 일각

정도   (시선 피해서 고개 돌리며 미칠 것 같은 표정으로) 오채린, 니가 진정 미쳐가는구나, 응?

S# 31 단상 앞 일각

선영, 닻별, 불안한 표정으로 채린을 돌아보고. 최고만, 표정 굳는다. 오민석과 수하들도 뭔가 싶어서 음식을 먹다가 돌아보는 위로 들리는.

대영E   김영주 그 가스나 친엄마가 누구냐꼬? 당연히 김슨영이 아이가? 바보천치 김순영이.

선영   (덜덜 떨면서 벌써 넋을 놓은 듯 혼잣말) 닻, 닻별아. 대
영이, 대영이 글마 어데 있노? 어, 어데 숨어서 얘기하
는 기고? 으이?

최고만   (흠칫 놀라서 선영을 본다)

S# 32   몽타주

대영의 폭로에 맞춰서 반응하는 리액션들이 함께한다. 싸늘
하게 굳어버리는 영주. 심장에 무리가 오며 허옇게 질리고,
손이 덜덜 떨리기 시작한다. 기자들, 일제히 영주 앞으로 달
려가 카메라플래시를 터뜨린다. 기함을 하면서 듣는 에스띨
로 직원들. 말귀를 못 알아들어 통역을 부탁하는 대사부인.
밥을 먹다가 놀라서 보는 오민석과 수하들. 점점 더 패닉상태
에 빠지기 전의 선영과 선영을 불안하게 보는 최고만.

대영E   독한 가스나. 지 어매가 아무리 아이큐가 65밖에 안 되
는 바보라 캐도, 그래 하면 안 되제.

정도E   그럼 김영주는 김선영이 엄만 줄 몰랐던 겁니까?

대영E   모르긴 왜 모르노? 지도 다 알고 있시면서도 모린 체한
기제. 지 어매가 바보라꼬 놀림받기 싫으이까. 지 어매
를 언니라꼬 부르고, 그것도 싫어가 고등학교 졸업하자
마자 서울로 내빼가, 지금까지 나 몰라라 하고 사는 그

아이라? 어데 그뿐이고? 영주 지 앞날 막을까봐, 대신 호적에 입적도 시키고 평생을 딸로 키와준, 지 할매도 치매 걸렸다꼬 요양원에 버렸다 아이가. 그라고도 삼 년 동안 코빼기 한분 안 비치는 기, 어데 사람이고? 박서방, 니 내 말 똑똑히 녹음해가 김영주 그 가스나한테 들리주그래이.

정도 (닫별이 노려보면 시선 피하며, 창피함에 고개를 푹 숙인다)

대영E (영주를 앞에 두고 말하듯) 김영주~! 니 엄마를 언니라 꼬 부르고 나 몰라라 하모, 니는 잘 처묵고 잘 살 줄 알았드나? 이 나쁜 가쓰나야~!

영주 (다리가 풀려 쓰러질 듯한 상태로 단상을 짚고 겨우 견디는데)

순간, 벌떡 일어나며 고함을 지르는 선영.

선영 나쁜 놈은 영주가 아이라 대영이 니다~! 이 나쁜 자슥아 아~!!

사람들, 놀라서 선영을 일제히 돌아본다. 순간, 선영이 스피커를 향해 눈을 부릅뜨고 미친 듯이 걸어간다. 정적 속에 서 있던 사람들, 뭐지? 하면서 선영을 돌아보고.

닻별   할머니…

최고만   김여사…! (부르는데)

선영   (분노로 일그러진 얼굴로 스피커를 주먹으로 치며) 김대
             영이! 이 나쁜 자슥아!! 니, 와 거짓말을 하노! 내가 우리
             영주한테 언니라고 부르라 캤는데! 곱단어매가 그래 하
             모 우리 영주 공주님처럼 여왕님처럼 살게 해준다꼬 해
             서! 내가 그래 하자 그른 그를! 와 니가 영주 탓으로 돌
             리냔 말이다아~! 김대영이! 니 퍼뜩 몬 나온나! 숨어서
             거짓뿌렁하지 말고오~! 얼른 나오라꼬오~!! 이 나쁜 자
             슥아아~!! (하면서 스피커를 치면서 운다)

사람들, 저 여잔가봐? 저 여자가 김영주 엄만가봐? 수군거리
고. 영주, 가슴이 터질 것 같아서 움켜쥔다. 이때, 최고만, 굳
은 표정으로 뒤에서 선영을 결박하듯 안으며.

최고만   김선영이 그만해. 이제 그만해. 응?

선영   (눈에 초점도 안 맞는) 개장수 아저씨예, 내 말이 맞지
             예? 내 말이 맞지예?

최고만   그래, 맞어. 맞으니까 이제 그만하자. 그만.

최고만, 넋을 놓고 주저앉는 선영을 품어주며 다독여준다. 사
람들 수군거리면, 닻별도 "할머니~" 하면서 눈물이 그렁그렁
해진다.

S# 33   단상 위

영주, 균형을 잡기도 힘들 만큼 떨리지만 겨우 견디는데. 매정하게 터지는 카메라플래시 불빛에 더더욱 창백해진다.

S# 34   음향기기 부스

채린   (영주의 마이크 전원을 올려주며) 김영주 편집장님, 메시지가 하나 더 있는데 마저 들려드릴까요?

영주   (분하고 서러워서 부들부들 떨면서 노려보는데)

오민석, "저 저 가스나가 지금 미쳤나?" 하고. 정도, "오 마이 갓~" 하면서 눈을 질끈 감아버린다. 이때, 뒤로 쓱 들어와 채린의 손에서 휴대전화를 낚아채는 제하. 채린, 흠칫 놀라서 돌아보면. 채린의 마이크를 거칠게 빼앗으며.

제하   (색을 멘 채, 이글이글 노려보며) 이제 그만하시죠…!

S# 35   단상 앞 + 행사장 전체 반응 샷들

영주   (입술 깨물며) 아니… 계속하게 해주세요.

사람들   (오히려 놀라서 보면)

제하   … 영주야…

닻별   엄마…

최고만도 선영을 안은 채 돌아보고. 정도, 오민석도 긴장해서
본다.

영주   (참담함에 부들부들 떨리지만, 입술 깨물며) 맞습니다…
저를 낳아준 친엄마란 사람은요… 여러분이 보다시피
저렇게… 바봅니다. (울컥해지지만 누르며) 아이큐가 70
도 안 되는 지적 장애인 것도 부족해서 저 바보가… 저
를… 열여섯 살에 낳았답니다.

사람들   (웅성거리고)

영주   맞습니다. 그런 바보엄마가 부끄러워서 제가 먼저 도망
쳤습니다… 저 혼자 잘 살겠다고… 저 혼자 잘나서 세상
에 나온 것처럼 행세하면서… 제 기억 속에서 저 바보여
자를 지워버리려고 했습니다. 영영 안 보고 살게 해달라
고 기도도 했습니다. … 그랬는데… 이번 행사 준비하는
내내… 그렇게 구박을 받으면서도 딸자식 도시락을 챙
기는 저 바보엄마를 생각했고… (닻별을 보며) 제 딸 생
각을 했습니다. 그래서… 오늘 얘기하려고 했습니다. 오
늘 여러분 앞에서 다 얘기하고… (감정이 북받치는) 내
딸에게 더 이상 부끄럽지 않은 엄마가… 되고 싶었습니
다. (닻별 보며) … 딸… 엄마, 이런 사람이야… 고작 이
런 사람밖에 안 되지만… 그래도 니 엄마니까… 나 좀

받아줄래…?

닻별   (눈물 꾹 참으며 고개 끄덕끄덕한다) 응, 엄마.

사람들   (왠지 뭉클해져서 닻별을 본다)

영주   (선영을 보며) 선영 언니…

선영   (여전히 넋이 나간 채로 멍한데)

영주   나한테 엄마지만… 나한테 다 덜어주고, 나밖에 모르는 엄마지만… 아직은 엄마라고 못 부르겠어… 여기 맺힌 응어리가 다 안 풀려서… 아직은 못 그러겠어… 그러니까… 나한테 시간 좀 줄래…? 내가 진심으로… 엄마라고 부를 때까지… 나한테 시간 좀 줘… 응?

넋이 빠진 채 주저앉아 있던 선영의 눈에서 눈물이 주룩 흐른다. 사운드 줄어들고 테마음악이 깔리며… 에스띨로 직원들, 하나둘씩 천천히 박수를 치고, 미혼모들도 눈물을 닦으며 박수를 쳐준다. 기자들의 카메라가 영주와 반응들을 정신없이 촬영하고, 실시간 인터넷 전송에, 기사송고 전화를 하느라 아우성들이다.

닻별을 보는 영주, 눈물을 꾹 참고 미소 지어주고. 닻별, 눈물 닦고 환히 웃으며 박수를 쳐준다. 쥘레르도 눈치 보면서 박수를 치고. 정도, 부끄럽고 참담해서 고개를 돌리지만, 채린은 여전히 씨근거린다. 최고만, 죽일 듯한 눈으로 채린을 보다가, 오민석과 눈이 마주치면 경고하듯 검지로 지목하며 노려본다. 오민석, 식겁하며 부글부글 끓는 얼굴로 채린을 노려본다.

제하, 단상에서 천천히 돌아서 나가는 영주를 보더니 급하게 걸어간다.

S# 36 단상 + 백스테이지

가슴을 누르고 천천히 걸어오던 영주, 금세 주저앉을 것만 같은 느낌인데. 백스테이지 쪽에서 뛰어오는 제하가 보이면.

영주　　(오지 말라고 고개를 가로젓는다)

제하　　영주야…

영주　　(금세 호흡이 멈출 듯 가쁜 숨을 몰아쉬면)

제하　　(눈물 핑 돌아서, 다가와) 영주야. 그러지 말고, 나한테 기대… 응?

영주E　(있는 힘을 다해서) 아니… 그렇게 내려가기 싫어. 내 마지막 무대에서… 그렇게… 내려가긴 싫어…

애써 힘 있는 척 고개를 돌려 닻별을 향해 환히 웃어주고, 닻별도 환하게 웃는다. 무대를 벗어나자마자 백스테이지에서 앞으로 고꾸라지려는 영주를 와락 붙드는 제하. 백스테이지의 사람들, 놀라서 보는데.

제하　　누가, 구급차 좀… (하다가 영주의 손에 덜컥 잡혀서 돌

아본다)

영주 (몸을 꼿꼿하게 일으키며) 내 발로 걸어가게 해줘. 니 차 까지만, 내 힘으로… 걸어가게 해줘.

제하, 마음 아프지만 영주의 팔을 단단하게 붙들어준다. 제하의 부축을 받으며 똑바로 걷는 영주.

S# 37 스피커 앞

겨우 잦아든 선영의 어깨를 다독여주는 최고만. 이때 김집사의 전화가 걸려온다. 받으면, 화면 분할되며.

김집사 (다급한) 회장님, 지금 김대영씨가 얘기하는데요!
최고만 상황, 벌써 다 터졌어.
김집사 예?
최고만 그 빨대자식! 영원히 처넣어버려~!

S# 38 달리는 차 안

대영 (고개 내밀며) 뭐, 뭐라 캅니까?
김집사 알겠습니다. (전화 끊고)
대영 (조바심이 나서) 김집사님예…

순간, 김집사의 손등에 얼굴을 픽! 맞고 뒤로 나가떨어져 기절하는 대영.

S# 39 동 스피커 앞

최고만, 전화를 끊고 선영의 등을 다독여주는데. 닻별이 다가와 "할머니, 괜찮아?" 하면서 안아준다. 최고만, 닻별의 머리를 쓰다듬어주다가 시선을 돌리는데, 멀리 제하의 부축을 받고 가는 영주의 모습이 보인다. 힘겨워 보이는 영주. 뭐지? 싶어서 보는 최고만.

S# 40 행사장 잔디밭 일각

이마에 송골송골 땀이 맺히지만, 입술을 깨물고 사람들에게서 멀어지는 영주. 이미 의식은 희미해진 상태로 숨이 가쁜…

영주   제하야… 이제 사람들 안 보이니…?
제하   응. 안 보여.
영주   우리 닻별이한테도… 나… 안 보이지…?
제하   (마음 아픈) 그래. 안 보여.
영주   (그제야 긴장이 풀리며) 그럼… 됐어… 이제 됐…

하면서 의식을 놓고 풀썩 쓰러지는 영주. 제하, 급하게 영주의 경동맥과 호흡을 확인하며.

제하   영주야! 내 말 들리니? 어?

의식이 멀어지는 영주의 시야로 나뭇잎 사이로 비치는 햇빛
이 눈부시다. 제하의 다급한 부름이 멀어지며 화이트 아웃.

S# 41   동 잔디밭 일각

빛무더기 속에서 눈물이 그렁그렁한 제하가 영주의 가슴을
꼭 쥔 뫼주먹으로 텅! 내려치는 모습이 슬로모션으로 여러 번
보이면. 제하가 "영주야, 내 목소리 들려? 영주야?" 소리치는
모습이 빛 속으로 사라졌다가 다시 돌아오면. "허어억~!" 숨
을 몰아쉬며 상체를 일으키는 영주.

제하   (환해지며) 영주야…!

영주, 초점이 흐려진 눈으로 제하를 보는데 눈시울이 뜨거워
진다. 그리고 다시 축 늘어져버리면, 색에서 산소호흡기를 꺼
내 대주는 제하.

제하   정신이 들어? 응?
영주   (숨을 몰아쉬고, 희미하게 미소 짓다가 다시 의식을 놓

으려고 하면)

제하 (얼굴을 붙들며) 김영주! 정신 놓지 마! 정신 놓으면 안 돼!

영주 (억지로 눈에 힘을 주며 의식을 잡으려고 애를 쓰면)

제하 (울컥 눈물이 솟지만 부러 밝게) 그래, 잘하고 있어. 잘 견디고 있으니까 조금만 더 힘내. 응?

영주 (눈에 눈물이 그렁그렁 맺히면)

제하 (눈물을 눌러 참으며, 급하게 전화를 건다)

S# 42 흉부외과 의국 복도 / 낮

급하게 걸어오며 통화 중인 굳은 얼굴의 수인. 데이비드도 긴장한 얼굴로 뒤따라오면.

수인 펄스는 잡히지? BP는 얼마야? 90에 50? 호흡상태는 일정하니? 폐부종이 왔을 때랑 느낌이 다르진 않아? (사이) 알았어! 응급실 스탠바이시켜놓을 테니까, 바로 들어와! (전화 끊고) 데이비드! 응급실 콜해서 포터블 체스트 엑스레이 준비시키고! 센터장님 호출해!

데이비드 예스! 보스! (방향을 바꿔서 달려가고)

수인 (굳은 표정으로 응급실을 향해 걸어간다)

S# 43 응급실

호흡기를 달고 급하게 이동침대에 실려서 들어오는 영주. 제
하, 다급한 얼굴로 수인을 보지만, 수인은 냉정한 의사 포스
로 흉부청진에 온 신경을 기울여 듣고.

수인　　폐부종은 아니니까, 이뇨제는 달 것 없고 오투옥시메트
　　　　리 달아줘! VT가 에피소드를 지나가면서 심장에 무리
　　　　가 온 것 같아. (심전도 모니터를 휙 돌려보며) 심전도
　　　　상 QRS도 와이드닝이 있고, 이전 심초음파를 다시 확
　　　　인해보니까, LV dyssynchrony가 있었어. (영주의 가슴
　　　　을 노크하듯 두들기며) 김영주씨, 내 말 들립니까? 김영
　　　　주씨?

영주　　(눈을 힘겹게 뜨면)

수인　　(손가락 보여주며) 이게 몇 개죠?

영주　　(같은 숫자를 보여주면)

수인　　의식엔 문제가 없으니까, 곧바로 수술 들어가는 게 나을
　　　　것 같은데?

영주 앞으로 커튼을 휙 쳐주고 나오는데, 이철근이 쓱 들어오
더니.

이철근　　그럼 결국 CRT밖에 없는 건가?

수인　　(돌아보며) 예. 현재로선, 그게 최선으로 보입니다.

이철근　　그래? (제하를 보더니, 낮게 윽박지르는) 보호자란 사람

이 환자를 이 상황까지 오게 하면 어떡하나?

제하   … 죄송합니다.

이철근   빈 Cath lab 방 있나 체크하고, 심장내과 응급수술 콜해!

응급레지   저기, 센터장님. 심장내과 CRT 담당교수님이 해외학회 때문에 일주일간 출장 중이신데요?

이철근   뭐? 그럼 심장내과에 CRT 수술할 인력이 한 명도 없다는 거야?

응급레지   죄송합니다, 당직으로 저만 남아 있습니다.

이철근   (돌아버리겠다, 한수인을 쓱 보며) 한수인 선생!

수인   센터장님, 전 센터장님이랑 같은 흉부외과잖습니까? (가려고 하면)

이철근   환자가 지금 바로 코앞에 있는데, 당신 그렇게 무책임한 사람인가! 당신도 심장내과 전문의 출신이잖아! 앙!

수인   (마음이 소란스러워져 입술 깨무는데)

제하   (수인의 팔을 붙들며) 수인아…!

수인   이제하… 내가 김영주 몸에 손대고 싶겠니? 내가 사심 갖고서 김영주 수술해도 되겠냐구?

제하   (물끄러미 보다가) 한수인, 나 너 믿어. 넌 좋은 의사니까.

수인   (눈꼬리가 치잇 떨리더니, 금세 빙긋 웃고) 데이비드! 김영주 환자 Cath lab 방으로 옮기고! CRT 수술 스탠바이 시켜! (제하를 돌아본다)

제하   (고마운 표정으로 보고)

이철근   (이것들 뭐 하는 수작이야? 바라보다가) 어시스트는 내가 해주지.

S# 44 수술실

수술방 문이 열리면, 세척을 하고 팔을 들고 들어오는 수인과 이철근. 간호사가 수인의 팔목을 닦아주며 장갑을 건넨다. 수인, 수술실에 들어와 있는 제하를 보면.

이철근	이제하 선생! 신경외과 전문의가 이 수술실엔 왜 나타난 건가? 병원이 선생 놀이턴가!
제하	죄송합니다. 환자가 수술실이 처음이라 겁내 하는 것 같아서 수면제 효과 나타날 때까지만 기다리고 있었습니다. (인사하고, 수인에게) 잘 부탁할게. (나가면)
수인	이제하 선생, 지금 하는 CRT 수술이 뭔지는 알지?
제하	응. 알고 있어.
수인	지금 받는 CRT 수술은 응급처치일 뿐 완치되는 게 아냐. 심장이식 받지 않으면 3개월도 못 견디니까, 김영주 살리고 싶으면 심장이식신청서 작성시켜…!
제하	(알고 있었지만, 그 정도인 줄 몰라서 경악하는)

제하, 수면제를 먹고 잠든 영주를 보면서 눈시울이 시큰해진다. 수인, 수술대 위치에 서서 수면제를 맞고 잠든 영주를 보다가.

수인 (시선을 돌려 녹화 카메라 보며) 2012년 4월 13일. 집도
의 한수인, 어시스트 이철근. 김영주 환자 CRT 수술 시
작합니다. (이철근을 보면)

이철근 (고개를 *끄덕하면*)

수인 (간호사에게 손 척 내밀며) 제너레이터, 리드 보여주세
요. (받아 들고 확인하고, 다시 넘기더니) 메스!

영주의 어깨에 덮인 소독포 아래로, 왼쪽 쇄골 아래쪽에 칼을
대고 망설임 없이 단호하게 죽 긋는 수인.

S# 45   수술실 밖

창문 통해서 잠든 영주의 얼굴을 보는 제하. 눈물이 핑 돈
다. 산소호흡기를 단 채 잠들어 있는 영주의 얼굴에서 화이
트 아웃.

S# 46   최고만 집 주방 / 밤

주방에 서서 음식 만들 생각도 못하고 멍하니 서 있는 선영의
볼 위로 눈물이 또르르 흘러내린다. 눈물 닦고, 머리가 아픈
지 이마를 짚으면.

최고만 (옆에 서서 만들던 음식을 주워 먹으며) 쇼 보고 와서부

터 죙일 그렇게 울어대니 머리가 안 아프겠어? (의자 쓱 밀어주며) 앉어! (억지로 앉히고) 아, 앉으라고.

선영 (앉으면)

최고만 젠장맞을. 딸내미가 엄마라고 부른다고 했으면 됐지, 뭐가 서러워서 그렇게 계속 찔찔대는 게야? 찔찔대긴.

선영 ⋯ 서러워서 그란 게 아이고예. 미안해서 그라는 겁니더. 너무 죄스러봐서예. 에미 노릇 한 분도 못해준 이 빙신 같은 기, 어뜧게 그래 잘난 아아한테 옴마 소리를 듣겠십니꺼? 내는 몬 그럽니더.

최고만 참내, 답답해서. 꼬맹아. 아까 주워온 종이쪼가리 있지. 그것 좀 갖구 와봐.

닻별 (앞의 의자에 앉아 있다가) 예. (쪼르르 가져와서 주며) 할머니, 이거 봐봐.

선영 (눈시울 훔치며) 그기 몬데?

닻별 이게 뭐냐면, 엄마가 오늘 할머니한테 읽어주려고 했던 연설문이야.

선영 ⋯ 연설문? 그기에 뭐라꼬 쓰이 있는데?

닻별 읽어드려요? (최고만이 고개 끄덕이면) 그럼 제일 중요한 부분만 읽어줄게? (읽는다) 그래서 이제 다시 시작해볼까 합니다.

영주E (겹쳐지며) 그래서 이제 다시 시작해볼까 합니다.

S# 47 **백스테이지**

연설문을 물끄러미 내려다보는 영주 위로.

영주E   20년 동안 불러왔던 바보언니라는 호칭이 아니라, 바보 엄마로… 딸바보인 저보다 더 바보인… 제 진짜 엄마로 말입니다. 어릴 적, 배꽃나무 그늘 아래에서처럼, 언젠 가 그렇게 불러볼 수 있겠지요. 옴마야. 선영이 옴마 야… 하구요.

S# 48　동 최고만 주방

선영   (눈시울이 뜨거워지며) 영주야… 니 그그를 아직도 기억 하고 있었노…? 그그를…(눈물이 뚝 떨어진다)

최고만/닻별 (서로를 보며) …?

S# 49　선영 회상 / 과수원 / 밤

배꽃이 흐드러지게 핀 배꽃나무 아래서 열 살짜리 영주를 업 어주고 있는 선영.

선영   (좋으면서 투정부리는) 영주야, 니는 이래 다 큰 아아가 와 이래 밤마다 업어달라 카는데? 어?

영주   (등에 기댄 채) 왜긴 왜겠노? 언니야가 세상에서 제일 좋으이까, 그룿제? (흠) 이래 좋은 냄새도 나고… (고개 내밀며) 와, 힘드나?

선영   아이다~ 내도, 좋다~ (히죽)

영주   (따라 웃고 다시 얼굴 기대며) 언니야. 내는 있잖아. 항상 이른 생각이 든다.

선영   무신 생각이 드는데?

영주   음… 내는 언니야가 똑 내 옴마였으면 좋겠다는 생각~

선영   (당황해서) 영주야. 니 그른 얘기 했다가 곱단옴마가 들으모 우짤라고 그르노? 그런 얘기 절~대 하모 안 된대이.

영주   치, 들으모 으떻노? 또 회초리 열 대 맞으모 되지.

선영   (간이 서늘해지지만, 한편으로는 왠지 고마운) 하구야. 우리 영주 간도 크대이. 니는 회초리 맞으모 안 아프나?

영주   와 안 아프노? 아프다. 그래도 회초리를 한꺼번에 한 백 대쯤 맞고 나서~ 평생 언니야를 옴마라고 불렀으면 좋겠다~

선영   (마음이 아프다, 주저주저하다가) … 영주야… 그라모… 딱 한분만 불러볼래…? (두근두근하는) 내하고 여 배꽃들만 듣게… 딱 한분만 불러볼래?

영주   … 진짜로?

선영   … 응…

영주   … 옴마… 슨영이 옴마야…

선영   (순간 목이 턱 멘다)

영주   (기분 좋아져 환하게 웃으며) 옴마야~

선영   (더듬거리는) 어… 영주야… 옴마… 여 있다, 옴마… 여
있다…

선영, 목이 메고 가슴이 아려서 눈물이 터질 것 같아 꾹꾹 누
르는데, 어깨가 떨린다.

영주   언니야, 니 몸이 와 이렇게 떨리노? 니 우나?
선영   … 아이다… 배꽃에… 눈이 시리가 그룽다. 우리 영주
맹키로 하얗고 이쁘게 핀 배꽃에… 눈이 부시가 그른
기다.

선영의 눈에서 눈물이 주룩 흐르고, 그 위로 배꽃이 바람에
흐드러지게 날린다.

S# 50   동 최고만 집

선영   (눈물 쓱 닦고 조바심이 난 얼굴로) 개장수 아저씨예. 내
우리 영주한테 좀 데리따주면 안 됩니꺼? 내 우리 영주
보고 싶어서 똑 죽겠십니더. 예?
최고만   (물끄러미 보다가) 꼬맹이. 너네 엄마 어딨는지 전화해봐.
닻별   (환해지며) 예~ (휴대전화를 걸고)
선영   (최고만 보며 환하게 웃는데)

S# 51   병원 수술실 앞 / 밤

의자에 앉아서 기다리고 앉아 있는 제하. 영주의 휴대전화 벨이 울린다. 닻별이다. 망설이다가 받으면, 화면 분할되며.

닻별   여보세요? 엄마?
제하   어, 닻별아. 제하 아저씨야.
닻별   어? 제하 아저씨가 왜 우리 엄마 전화를 받아요?
최고만 누, 누군데?
닻별   이제하 아저씨라구요, 엄마 친군데요, 의사선생님이요.
최고만 의사선생? (뭔가 생각이 나며)

S# 52   최고만 회상 / 동 스피커 앞

최고만, 닻별의 머리를 쓰다듬어 주다가 시선을 돌리는데, 멀리 제하의 부축을 받고 가는 영주의 모습이 보인다. 힘겨워 보이는 영주. 뭐지? 싶어서 보는 최고만.

S# 53   동 최고만 집 주방 / 화면 분할되며

최고만 (닻별의 전화를 쓱 가져가더니) 이리 줘봐. (궁금한 표정의 닻별과 선영에게) 뭐 해? 얼른들 준비 안 해? (두 사람, 예~ 하고 신이 나서 가면. 그제야 전화기에 대고) 여보세요? 나 최고만이란 사람이외다. 김영주, 무슨 일 있지요? 그렇지요?

제하 (당황스러운데)

최고만 나, 김선영이랑 닻별이 보호자나 마찬가지니까, 얘기해보쇼. 김영주, 어디 아픕니까?

제하 예… 영주, 지금 많이 안 좋습니다.

화면 분할이 끝나고. 얼굴이 굳는 최고만.

최고만 (묵묵히 듣다가) 거기 한국병원이라고 했소? 알겠소이다. 내가, 내일 거기 병원장 좀 만나러 가겠소. (전화를 끊고, 한숨을 쉬며) 젠장맞을. (하는데)

닻별과 선영, 어느새 외출준비를 마치고 우당탕 뛰어오며.

닻별 회장할아버지, 얼른 가요.

선영 (조바심이 나서 기다리며) 얼른 가입시더.

최고만 (물끄러미 보다가) 안 돼!

닻별/선영 (동시에) 왜요? / 와 안 되는데예?

최고만 니네 엄마 지금 엄청 바쁘대. 그래서 그 의사나부랭이가 대신 전화받은 거란다. 됐냐?

닻별 (실망스럽게 보며) 그럼 제가 다시 전화해볼게요.

최고만 이놈의 자식이, 어른이 말씀을 하시면 아! 그렇습니까?

해야지, 어디 토를 달아, 토를!

닻별　… 죄송합니다.

최고만　김선영이도 그렇게 알아! (하면서 휙 가버린다)

닻별/선영　(실망스럽게 보는데)

S# 54　한국대학병원 전경 / 아침

S# 55　영주 입원실

환자복을 입은 영주, 침대에 앉아 있고. 수인이 가슴에 청진기를 대보더니.

수인　호흡하는 건 어때요?

영주　예, 한결 나아졌습니다.

수인　걷거나 계단 오를 때 숨이 차진 않죠?

영주　예.

수인　왼쪽 어깨 좀 돌려보세요. 결리거나 아프진 않나요?

영주　(돌려보고) 통증이 약간 있긴 한데, 견딜 만합니다.

수인　김영주씨, 수술이 잘됐다고 해서 다 나은 게 아니란 건 알죠?

영주　… 예. 압니다.

수인　(손 내밀며) 이제 앞으로 자주 보게 되겠네요. 이제 제가 김영주씨 주치의가 됐으니까요. 잘 부탁할게요?

영주　　제가 잘 부탁드려야죠. 감사합니다.

수인　　(악수한 손을 잡고) 손이 작네요. 우리 제하씨, 손 작은 여자 좋아하는데. (미소 지으며 제하를 보면)

제하　　(살짝 굳는데)

영주　　…?

수인　　그럼 정기검진 때 뵙죠. (미소 짓고 나간다)

제하　　(문 닫히면, 영주 앞에 앉으며) 김영주. 이제 닻별이 앞에서 쓰러질 일 없을 테니까 마음 놓고 만나. 자. (휴대전화 건네며) 전화해봐~

영주　　(받아 들고 만지작거리기만 하면)

제하　　왜? 전화 안 해?

영주　　(마음 다지고, 고개 들며) 제하야… 나 CRT 수술 받아도… 3개월밖에 못 사니…? (겁이 나는 얼굴로 눈시울 붉어지며) 내 심장, 정말… 3개월밖에 못 견뎌…?

제하　　(놀라서) …영주야…

영주　　나, 수술실 들어가서 수면제 먹고 잠들기 전에… 한수인 선생님 얘기 다 들었거든…? 진짜… 나 3개월 남은 거니…?

S# 56　　**병원장실**

병원장과 독대하고 있는 최고만.

최고만   빌어먹을! (조바심이 나서 몸을 앞으로 내밀며) 원장선
　　　　　생! 그, 그래도 심장이식만 받으면 괜찮은 거지? 응?

병원장   그럴 수만 있다면야 좋겠지만, 대기자가 워낙 많이 밀려
　　　　　있어서 말입니다.

최고만   그럼 얼마나 기다리면 되는데? 얼마나 기다리면 김영주
　　　　　차례가 되는 거냐구? 응?

병원장   벌써 6개월 넘게 기다린 대기자들도 있어서 말입니다.

최고만   빌어먹을. 3개월밖에 안 남은 사람한테 어, 어떻게 6개
　　　　　월을 버티란 거야! 젠장맞을!

S# 57   영주 병실

영주   (애써 담담한 척하면서) 대기자가 그렇게 많으면… 나한
　　　　　텐 기회조차 없는 거네… 그렇지? (그래도 혹시나 대답
　　　　　해주길 바라지만)

제하   (대답을 못하면)

영주   (쓸쓸하게 보다가, 절망감이 훅 밀려오며, 눈시울이 금
　　　　　세 젖는다) … 그럼, 나 진짜… 시간이 없는 거구나… 닻
　　　　　별이한테 엄마 노릇 한번 제대로 못했는데… 선영 언니
　　　　　한테 엄마라고 불러보지도 못했는데… 진짜… 시간이
　　　　　없네…? (눈물 주룩 흐르면)

제하   (마음이 찢어진다) 영주야.

영주   (눈물 쓱 닦고) 제하야… 나 여기 이러고 있기 싫다…?

나 우리 닻별이랑 선영 언니… 보러 가도 되지…? 이 금
쪽같은 시간… 병원에서 안 버려도 되지…?

제하 (아쉽지만) 그래… 가. 가서 닻별이랑 선영이 언니 만나.
만나서 물리도록 물고, 빨고, 안아줘…

영주 (목이 메며) 응. 나 집에 갈래… 우리 딸한테… 우리 엄
마한테 갈래… 제하야. (눈물 주룩 흐른다)

S# 58 병원 복도

퇴원복으로 갈아입은 영주. 제하의 부축을 받으며 나오는데,
최고만이 홀로 복도 중앙에 서 있다.

영주 회…장님…

최고만 (안쓰러움을 숨기려고 오히려 화난 표정이다)

S# 59 에스띨로 전경

S# 60 에스띨로 사장실

쥘레르 오사장, 인터넷 검색해봤어?

채린 (보면)

쥘레르 싱글맘 쇼 때문에 아주 난리가 났어, 난리가. (출력한 자
료 보여주며) 함께 꾸는 꿈 싱글맘의 유쾌한 반란, 대한

민국 최고 패션잡지 에스띨로 편집장의 이유 있는 커밍
아웃, 싱글맘의 가슴을 울리다. 이거 완전 김영주 우상
화야, 우상화~

채린　(휙 빼앗아 던지고) 그래서? 김영주 그 기집앤 어딨는
데?

쥘레르　쇼 이후로 잠수잖아. 백스테이지에서 본 스태프들 말로
는 병원에 간 것 같다고 하던데?

채린　병원?

S# 61　병원 일각

최고만　(돌아서며 버럭) 빌어먹을! 왜, 왜 안 된다는 건데! 왜!

영주　(오히려 차분해져 미소 띠며) 말씀은 감사하지만… 제가
회장님께 그런 신세를 질 이유가 없잖습니까?

최고만　김영주! 당, 당신은 그게 글러먹었어! 사람 제안을 끝까
지 들어보지도 않고 왜 당신 멋대로 판단하는 건데! 왜!

영주　죄송합니다. 그럼 제가 왜 회장님 댁에서 살아야 하는지
말씀 좀 해주시겠어요…?

최고만　(노려보며) … 당신, 시간 많아?

영주　(덜컥 놀라며) 예…?

최고만　길어야 고작 6개월, 짧으면 3개월밖에 안 남은 사람이
직장 다니고! 이 집 저 집 오가면서 버릴 시간이 있어?

영주　… 회장님.

최고만 (화가 난) 내가 돈자랑 좀 할까? 나 돈 엄, 엄, 엄청 많거든? 이, 이런 병원, 수십 개는 사고도 남을 만큼 많아! 그런데도 못하는 게 뭔 줄 알아? 사, 사람 명줄 늘이는 것하고! 내 가족들이랑 못 사는 거야!

영주 …!

최고만 (누르며) 김영주, 세상엔 말이지. 가족이랑 함께 살고 싶어도 영영 못 사는 사람들도 많아요. 가족한테 사랑한다는 말도… 오늘 안 되면 내일 하지, 내일 안 되면 모, 모레 하고, 그러다가… 영, 영원히 말도 못하고 가는 사람들도 많거든? 그럼, 남아 있는 사람들은 잘 살 것 같나? 사랑한다고 얘기할 기회조차도 못 가진 사람들이 잘 살 수 있을 것 같냐구! 젠장할.

영주 (입술이 떨리는데)

최고만 (감정 치솟으며) 적어도 얘, 얘기는 하고 가, 가야 될 것 아냐…! 갈 때 가더라도…! 적어도… 얘, 얘기는…! 해주고 가야지…!

영주 (가슴이 찢어지는 것 같아, 쿡 울음이 터지는데)

최고만 (눈물 꾹 참으며) 그러니까… 당신도 딴생각하지 말고, 우, 우리 집에 와서 같이 뒹굴고, 같이 밥 먹고, 같이 잠 자면서, 그렇게 살아… 그렇게라도 살다가… (목이 메며) 가… 알겠어?

영주 예… (흑흑 울며) 그럴게요. 그렇게 할게요…

최고만 (등도 못 두드려주고, 마음 아파서 하늘 보며) 날씨 참

좋다~ 젠장맞을. (눈물 쓱 닦는다)

S# 62   바닷가 일각 / 횟집 앞

바이크를 몰고 달려와 한적한 횟집 앞에 멈춰 서는 수현. 메모에 적힌 주소를 확인하더니, 생선을 꺼내는 여자에게 다가가며.

수현 실례합니다. (30대 초반의 여자 사진을 보여주며) 혹시 이렇게 생긴 여자분 못 보셨어요? 십 년 전 사진인데.

여자 (고개를 가로저으며) 못 봤는데요.

수현 … 그래요? 여기 있다고 해서 왔는데… 고맙습니다.

여자 누굴 찾는 건데요?

수현 저희 엄마요… (돌아서 사진 보며 쓸쓸한) 엄마… 여기에도 없네…?

S# 63   최고만 집 전경 / 밤

S# 64   최고만 집 이층

우와~ 놀라서 돌아보는 닻별과 어안이 벙벙해서 보는 선영. 부담감에 무겁게 돌아보는 영주.

닻별   회장선생님, 그럼 엄마랑 할머니랑 우리 여기 같이 살아
         도 되는 거예요?

영주   (부담스럽게 보고)

선영   개장수 아저씨예, 진짜로 이래 해도 되는 깁니꺼?

최고만   (괜스레 비웃는 척) 좋냐? 좋지? 젠장맞을. 니들은 이게
         공짠 줄 알지? 천, 천만의 말씀 만, 만의 콩, 콩떡이걸
         랑? 꼬맹이, 너는 이제 죽도록 내 밑에서 공부해야 되
         고, 김선영이 당신은 늙어 죽, 죽, 죽을 때까지 내 찬, 찬
         모 해야 되거든? 그래도 좋냐?

선영   (대뜸) 하지예! 이래 좋은 데서 닻별이랑 (눈치 보며) 영
         주랑 살게 해주모, 내, 평생이라또 하지예~!

최고만   (환해지며) 김, 김군아. 너, 너도 들었지? 꼬맹이, 김영주
         당, 당신도 다 들었지?

두 사람   (어안이 벙벙해서 보면)

최고만   (김집사 지팡이로 밀며) 뭐, 뭐 하냐, 자식아. 얼, 얼른 계
         약서 준비하러 가야지! 얼른. (김집사를 밀고 내려간다)

닻별은 신이 나서 둘러보는데. 영주, 선영은 서로 눈이 마주
치면 어색하게 미소 짓고, 시선을 거둔다. 아직은 모녀 감정
이 낯설기만 하다.

S# 65   **최고만 집 서재**

김 집사, 계약서를 작성하기 위해 준비를 하면.

최고만 김군아. 김선영이 저 여자, 내가 한 말이 프러포즈라는
          거 알고 있을까?

김집사 프러…포즈요?

최고만 당, 당연하지, 마. 못, 못 알아들었을까? 내가 너무 돌려
          서 얘기한 거 같지? 그치?

김집사 (계약서 집어던지고) 이런 젠장맞을!

최고만 뭐, 뭐, 인마? 젠, 젠장맞을?

김집사 (계약서 쫙쫙 찢으며) 이 계약 무흅니다, 무효~! 빌어
          먹을!

최고만 저, 저 자식 봐라. 이, 이제 내 욕, 욕까지 흉내 내내?

S# 66   최고만 집 이층 방 / 밤

선영과 영주, 잠든 닻별을 사이에 두고 나란히 누워 있다. 영
주, 잠든 닻별이 가여워서 애틋하게 닻별의 손이며 어깨를 매
만지는데,

선영 (그런 영주를 보며) 닻별이 자는 그 보면, 똑 어릴 적 영
         주 니 자는 그 보는 것 같대이.

영주 … 그래… 내 딸이니까… (하다가 선영을 물끄러미 본
         다. 저 여자도 참 안됐구나, 가엾게 보다가, 나지막이)

선영이 언니…

선영 … 어? 내 불렀나?

영주 (애틋해져서) 나한테… 시간 좀 줄래…?

선영 … 시, 시간?

영주 응. 우리 닻별이… 유학 보낼 때까지… 해줄 일이 너무 많아서… 지금 언니한테는… 엄마라고 못 부를 것 같아…

선영 (목이 메는 걸 참으며 서둘러 돌아누우며) 아, 아이다. 내는 그래 안 불러줘도 된다…

영주 아니야… 불러야지, 내 엄만데… (눈시울 붉어지며) 닻별이 하고 싶은 거… 다 해주고… 그다음에 부를게. 응?

선영 (고맙고, 기쁘고, 미안해서) 아이다… 내는… 이래 니 옆에 있는 것만 해또… 억수로 좋다… 그라이까… 억지로 그래 하지 마라… 알았제…? (울음 참는다)

영주 (선영의 들썩이는 어깨를 보며 함께 울 것 같아 입술 깨무는데)

선영E 고맙대이. 김영주… 참말로… 고맙대이… 영주야… 내 니 옴마가 된 기… 이렇게 좋을 줄 몰랐대이… (눈물이 흐르지만, 기쁨의 미소가 떠오른다)

S# 67 **영주 집 전경 / 밤**

S#68   영주 침실

부리나케 서랍을 뒤지며 뭔가를 찾는 정도. 서류철을 마구 뒤
집으며, "하이 씨, 대체 어디 둔 거야?" 하다가 닻별의 유학신
청서를 찾는다.

정도   오케이~ 좋았어. 박닻별. 아빠가 너 유학비용 다 대주
고 진짜 아빠 노릇 제대로 할게~ (하면서 신청서에 쪽~
뽀뽀)

S#69   동 최고만 집 이층 방

잠자던 선영, 부스스 일어나 화장실을 가려고 두리번거리면
닻별 옆자리의 영주가 없어졌다. 눈을 비비며.

선영   야는 잠도 안 자고 어데 갔지…? 영주야~ (부르며 밖
으로)

S#70   최고만 집 정원 / 밤

저만치 영주의 뒷모습이 보인다. 선영, 밝아지며 다가가.

선영   영주야, 너 안 자고 여서 뭐 하노…?

하는데, 영주, 눈물 콧물 범벅이 된 채 어깨를 들썩이며 울고
있다.

선영 영주야… 너 와 이 카노…? 으이?

영주 (공포에 휩싸여서 의식도 못한 채) 언니… 나 무서워…
무서워 죽겠어… 내 손 좀 잡아줄래…? 내 손 좀 잡아
줘… 응?

눈물로 범벅이 된 영주와 왠지 모를 불안감으로 눈물이 핑 도
는 선영의 얼굴에서 13부 엔딩.

제 **14** 부

제14부

S# 1　　최고만 데이트레이딩 룸 / 밤

시계가 새벽 2시를 가리키고 있고. 브라질 증시, 미국 선물시
장 상황을 체크하고 있는 최고만.

최고만　　우라질! 다이아몬드 광산, 완전 휴지조각이 됐구만. 휴
　　　　　지조각이 됐어. (부아가 치밀어서) 오집사, 니가 감히 나
　　　　　한테 사기를 쳐? 이 자식 어디 죽어봐라~! (휴대전화 문
　　　　　자 넣는다)
최고만E　오집사, 내일 날 밝는 대로 바로 튀어와라. 안 오면 죽는
　　　　　다아~

휴대전화 내던지고 울화가 치밀어서 물을 벌컥 마시는데. 쓱
주방 쪽으로 지나가는 그림자가 보인다. 헉! 놀라서 돌아보는
최고만. 혹시 귀신…? 하는 표정으로 돌아보면, 선영이 다시
앞을 쓱 지나간다.

최고만   김, 김선영이? 저, 저 여자 몽유병까지 있는 게야? 젠장 맞을. (지팡이를 짚고 나가며) 이봐, 김선영이~!

S# 2   최고만 집 정원 / 밤

저만치 영주의 뒷모습이 보인다. 선영, 밝아지며 다가가.

선영   영주야, 너 안 자고 여서 뭐 하노…?

하는데, 영주, 눈물 콧물 범벅이 된 채 어깨를 들썩이며 울고 있다.

선영   영주야… 너 와 이 카노…? 으이?

영주   (공포에 휩싸여서 의식도 못한 채) 언니… 나 무서워… 무서워 죽겠어… 내 손 좀 잡아줄래…? 내 손 좀 잡아 줘… 응?

선영   (놀라서 안지도 못하고, 손만 꼭 붙잡고) 영, 영주야. 니 와 이라노…? 무신 무서분 꿈이라도 꾼 그가? 으이?

영주   (창피함도 잊은 채 끄덕끄덕) 응. 언니, 나 꿈꾸었나봐. … 나, 지금도 꿈꾸고 있나봐… (북받쳐 가슴 두들기며) 언니… 내가 닻별이만 남겨두고… 죽어야 된대… 닻별 이 혼자 남겨두고… 내가 사라져야 된대…

선영   (당황해서) 죽, 죽기는 니가 왜 죽노? (단호하고 확신에 찬) 걱정 마라! 니는 절대 아프지도 않고, 천년만년 건강하게 살 끼다! 닻별이가 키도 이래 커가 어른또 되고~! 시집도 가가 아아를 낳고, 또 그 아아가 아아를 낳을 때까지~! 천년만년 건강하게 살 끼다. 내가 장담한다! 그라이까 아무 걱정 마라. 으이?

영주   (선영의 바보스런 말에 쿡 울음이 다시 터진다)

선영   (온전히 안지도 못하고 주저주저 영주의 등에 손을 대며) 영주야… 내도 예즌에 그런 즉 있었다~! 눈만 붙있다 하모, 벼랑에서 떨어지고~ 멀쩡하던 땅도 푹 꺼지고~ 또 (눈치 보며) 내랑 똑 닮은 아아를 낳는 꿈을 꾼 적이 있었다.

영주   …!

선영   그때 곱단옴마가 그랬다. 무서봐서 그런다꼬, 옴마가 되는 기 그래 무섭고 힘든 일이라서 그런 꿈을 꾸는 그라고 그랬다…

영주   …! (보면)

선영   아마또 영주 니가 닻별이한테 좋은 옴마가 되고 싶어가 그런 꿈을 꾼 걸 기다. 좋은 옴마가 될라꼬…

영주   … 언니… 내가 좋은 엄마가 될 수 있을까? 정말 좋은 엄마가 될 수 있을까?

선영   하모. 니가 좋은 옴마가 안 되모, 누가 좋은 옴마 하겠노? 안 글나? 으이?

선영, 바보스럽게 웃어주면. 영주, 그래도 위로가 된다.

영주   그래야겠지…? 좋은 엄마가 못 돼도… 적어도 노력은
         해야겠지…? 살아 있는 동안… 노력은 해야겠지…? (선
         영을 보며 슬픈 미소)

선영   (안쓰럽게 보면서 안타까운 미소)

S# 3   정원 일각 / 밤

물끄러미 바라보던 최고만, 괜스레 심술궂게 바라보면서.

최고만 (혼잣말) 이제 엄마라고 부를 날도 얼마 안 남았겠구만.
         젠장맞을. 김선영이… 진짜 할머니 되겠어. 에이 쒸, 그
         럼 난 뭐가 되는 거야? 빌어먹을. (들어간다)

S# 4   최고만 집 전경 / 아침

S# 5   최고만 집 앞

차량을 점검하고 있는 김집사. 최고만, 괜히 타이어도 발로
눌러보고 보닛도 탕탕 치면서 신이 났다.

최고만 타이어 압 체크는 제대로 했냐?

김집사 예. 아침에 정비소 가서 다 점검했습니다.

최고만 엔진오일도 넣었고?

김집사 (짜증 난) 예~

최고만 브레이크 오일은? 순정제품으로 넣었어?

김집사 (화난) 예~ 다 넣었구요~! 안개등, 미등, 팬벨트, 윈도 브러시, 오일까지 다 확인했다구요! 확인!

최고만 이런 빌어먹을 놈이 왜 소리는 지르고 그래? 왜?

김집사 그럼, 제가 기분이 좋겠습니까? 갑자기 제가 꽃부리과 수원엔 왜 갑니까?

최고만 김, 김, 김영주가 닻별이랑 가, 가, 가고 싶다고 하니까 보내는 거잖아, 자식아. 그, 그리고 김, 김선영이 만든 간장, 된장, 고추장도 다 퍼, 퍼와야 되잖아.

김집사 웃기지 마십시오, 저 꽃부리과수원 보내놓고, 회장님은 김선영씨랑 데이트하려는 거 모를 줄 압니까?

최고만 (뜨끔) 데, 데, 데이트는 무슨 데이트야, 자식아! 아, 아, 아니거든?

김집사 거짓말 마세요. 지난번처럼 그 가운 안에 또 양복 입었죠? 어디 봐, 봐요? 예? (가운을 당기면)

최고만 이, 이 자식이 왜, 왜 이러는 건데? 아, 아니라니까, 자식아!

하는데, 김집사가 최고만 가운을 확 벗긴다! 그 안에 너무 아동스러운 노란색 티셔츠에 멜빵 반바지, 흰색 타이즈!

김집사 (어이가 없어서 보며) 회장님, 어린이날 소풍 갑니까?

최고만 (당황해서) 그, 그래 자식아. 나, 나, 나도 소, 소, 소풍 가고 싶어서 그, 그랬다. 자식아, 왜!

돌아서 가운을 걸치려는데. 영주, 닻별, 선영이 뻥해서 본다. 최고만, 당황해서 가운을 냉큼 입으며.

최고만 오, 오해들은 하지 마? 나 바바리맨 아니니까, 응?

닻별 (킥! 웃고) 할머니, 우리 갔다 올게요! (차에 탄다)

영주 (웃음 겨우 참고) 다녀오겠습니다. (가면)

최고만 제, 제자야. 김영주. 니들 진, 진짜 오해하면 안 돼? 어?

두 사람, 차에 타고. 선영, 손을 흔들어주며.

선영 닻별아. 잘 갔다 오그래이. 영주도 잘 댕기오고~

닻별 응, 할머니~ (손을 흔들고)

영주 (선영을 향해 고개를 끄덕해준다)

차가 출발하면, 손을 흔들며 "잘 갔다 오그래이~" 아쉽게 배웅하는 선영. 최고만, 옆으로 쓱 다가오며.

최고만 왜? 같, 같이 못 가서, 아쉬워?

선영 아입니더. 영주 자아가 닻별이한테 무신 할 얘기가 있는 그 같은데, 내가 끼모 불편할 깁니더.

최고만 에이, 그래도 얼굴에 나도 가고 싶다. 나도 야외로 나가
고 싶다. 씌어 있는데?

선영 (입술 찌그러들며) 예에~ 맞십니다. 내도 꽃부리과수원
도 가고 싶고예, 우리 곱단옴마도 보고 싶은데예… 오늘
은 같이 몬 가겠십니더.

최고만 그럼 있잖아, 우리 도시락 싸 갖구 소풍 갈까? 내가 김
선영이 당신한테 할, 할, 할 애, 얘기도 있는데, 응?

선영 오늘은 그럴 기분이 아입니다. (쓸쓸하게 혼잣말) 지금
쯤이모, 꽃부리과수원에 배꽃이 한창일 낀데… (걸어가
며 혼잣말) 온 천지가 하얄 낀데~

최고만 김, 김, 선영이. 그럼 내가 여기에 꽃부리과수원 만들어
주면 소, 소풍 갈 거야?

선영 … 예?

최고만 젠장맞을 꽃부리과수원, 여기로 옮겨놓으면 되잖아. 어?

선영 진짜예?

최고만 내, 내가 마, 마, 마음먹으면 안, 안 되는 게 어딨어? 바
보멍충이 당, 당신 빼놓고. 젠장맞을.

하는데, 밖에서 급하게 멈춰 서는 자동차 소리 들리고. 화다
닥 뛰어 들어오는 오민석. 들어오자마자 "회장님예~ 이기 우
찌 된 일입니꺼~?" 한다.

최고만   (심술 난) 우째 되긴 우째 돼? 당신 죽었어~ 들어와!

S# 6   최고만 데이트레이딩 룸

최고만   (자리에 앉으며) 오집사. 당신 참 발 넓어 좋겠어~ 뭐, 외교부에서 팍팍 밀어주는 거니까, 안심하고 넣으세요?

오민석   죄, 죄송합니다. 회장님.

최고만   내가 소스가 불량하다고, 카메룬엔 다이아 광맥이 없다고 죽어도 안 넣겠다고 했을 때, 나한테 뭐랬지?

오민석   지도 공무원이 앞장서가 이래 사기칠 줄은 몰랐십니더.

최고만   모르긴 개뿔을 몰라? 너도 작전에 개입한 거 내가 모를 줄 알아?

오민석   (뜨끔하며) 죄송합니다, 회장님.

최고만   나한테 죄송할 게 뭐 있어? 나야 손해 본 게 하나도 없는데.

오민석   그라모 투자 안 하신 겁니꺼? 하구야! 진짜 다행입니다.

최고만   아니, 했어. 자그마치 백 개나 넣었거든?

오민석   백 개면… 백…억예…?

최고만   응. 왜? 자네가 팍팍 넣으라고 그랬잖아. (서류 꺼내서 보여주며) 이것도 써주고. 응? 손실보전각서.

오민석   (식은땀 주룩 흐른다)

최고만   그래서 내가 자네 주려구 증권회사에 특별히 부탁해서 이걸 다 받아놨어요.

오민석	이, 이게 뭔데예?
최고만	뭐긴 뭐야~ 상장 폐지돼서 휴지가 된 주식이지. 이거 갖구 가서 한 장 한 장 잘 펴서 응가를 닦든, 입술을 닦든 자네 쓰고 싶은 대로 써어~? 그리고 내 돈 백억은 오늘 오후까지 입금시켜야 돼~? 안 그러면 어떻게 되는지 알지?
오민석	회, 회장님. (털썩 무릎 꿇고) 한분만 살리주십시오. 지도 투자 잘못해가 완전히 쪽박 차게 생깄십니더.
최고만	그럼, 어떡하나~ 자네가 인수한 영생대학이라도 가져와야지.
오민석	그, 그라모… 한 달, 딱 한 달만 주십시오. 그때까지 회장님 돈 못 갚으면, 그때 영생대학 바치겠십니더.
최고만	그것 갖구 되겠어?
오민석	그, 그라모, 뭘 더 우찌해야 되는지…
최고만	당신 딸내미 있지? 오채린이.
오민석	예. 작은회장님, 그 가스나가 무신 잘못이라또 했십니꺼?
최고만	응. 아주 맞아 죽을 짓을 했어. 그 못생긴 게, 아주 대놓고 내 수양딸을 건드렸거든~ 자네도 봤잖아~
오민석	수, 수양딸이예? 작은회장님, 수양딸이라 카모…

S# 7   오민석 회상

채린과 눈을 부릅뜨고 신경전을 벌이고 있는 김영주. 최고만, 손가락으로 오민석을 가리키며 죽일 듯 노려본다.

S#8 동 데이트레이딩 룸

오민석 그, 그럼 그 에스뗼로 편집장이 작은회장님 수양딸이란 말입니꺼?

최고만 자네, 어릴 적부터 우리 집에서 일했으니까, 내가 어떻게 자랐는지 알지? 내 돈도 그때 훔쳐갔으니까, 응?

오민석 작은회장님, 그그는.

최고만 (무서운) 말 끊지 말고 들어! 나, 최고만이 부모님 잃고 40년 만에 처음 가족이라는 걸 만드는 중이거든. 그러니까, 만일 내 가족 눈에서 눈물 나게 하면…! (쇼장에서처럼 손가락으로 척 가리키며) 오집사 당신 집구석, 아주 산산조각이 날 거야. 알아듣겠나…!

오민석 (덜덜 떨면서) 알다마다예. 너무… 잘 알고 있십니더. 작은회장님. (식은땀 주룩 흘린다)

S#9 달리는 김집사 차 안

닻별, 신이 나서 발을 동동 구르다가 영주를 보며.

닻별 엄마, 오늘은 회사 안 가두 돼?

영주 응. 엄마 오늘부터 휴가야.

닻별 언제까지?

영주 응. 닻별이가 엄마랑 노는 거 물려 할 때까지.

닻별   (환해지며) 진짜?

영주   응. 진짜~

닻별   (기분이 째질 듯 좋아서) 그래서 엄마 고향으로 여행 가
는 거야?

영주   응. 우리 딸한테 엄마가 어디서 태어났는지, 어떻게 자
랐는지 다 보여주려구. 다 보여주고, 우리 딸이랑 다시
시작하려구. 그래도 되지?

닻별   그럼~ 우리 엄만데 뭐 어때? (기대감에 차서) 엄마, 나
완전 기대돼. 헤헤.

영주   (고맙기도, 착잡하기도 해서 씁쓸한 미소 짓는데)

이때, 전화가 걸려온다. 제하다.

영주   (받으며) 어, 제하야.

S# 10   제하 집무실 / 화면 분할되며

제하   날씨 끝장인데? 김영주, 오늘 컨디션은 어때?

영주   좋아.

제하   CRT 수술 받은 건 괜찮아? 이물감은 안 느껴지고?

영주   (바라보는 닻별을 의식하며) 응, 다 좋아. 다 좋고 다 괜
찮아서 닻별이랑 고향집 가는 길이야.

제하   그래? 그럼 잘 다녀와, 너무 무리하진 말구. 시간 맞춰

서 약 먹는 것도 잊어버리면 안 된다?

영주   (피식) 알았어.

제하   대답만 하지 말고. 내가 아무리 알람해줘도 니가 안 먹으면 말짱 헛건 거 알지?

영주   (미소) 알았다니까. 그럼 그만 끊는다? (전화 끊으면)

제하   (아쉽게 끊고 / 화면 분할이 끝난다)

S# 11   **동 달리는 차 안**

닻별   제하 아저씨야?

영주   응… 왜?

닻별   아니… 그 아저씨는 무조건 엄마 편만 들잖아. 아무래도 그 아저씨가 엄마 좋아하는 것 같아서…

영주   (뜨끔하지만) 왜, 제하 아저씨가 엄마 좋아하면 안 돼?

닻별   (아빠 얘기가 차마 안 나오지만, 조금은 뚱해지면)

영주   (서둘러) 어유, 우리 딸 엄마 질투하는 거야?

닻별   (표정 바꾸며) 응. 쪼금.

영주   어머, 고마워라. 엄마가 닻별이 사랑받는 거 같아서 기분 완전 좋은데?

닻별   진짜로 엄마 사랑하니까~ (팔짱 끼고 히죽)

영주   (닻별의 볼을 꼬집어준다. 히히 웃는 닻별을 보며 금세 안쓰러워지지만, 마음 다지고 미소 짓는다)

S# 12   최고만 집 이층

페인트통과 미술도구들이 잔뜩 진열되어 있고. 선영, 초조하게 손을 꼬면서 기다리면. 최고만 통화 중이다.

최고만 야, 환쟁이 좀 보내라는데 왜 이, 이, 이렇게 안 와? 뭐? 두 시간? 이, 이런 빌어먹을. 그럼 난 해진 다음에 소풍 가리?! 끊어. 이 자식들아! (씩씩대며 전화를 끊으면)

선영 안 온답니꺼?

최고만 오, 오늘은 좀 힘들겠는데? 어, 어떡하지?

선영 … 개장수 아저씨예. 그라모 내가 그리면 안 됩니꺼?

최고만 당신이 그림을 그린다구? 당신 같은 바, 바… (하다가) 당신이?

선영 예.

최고만 (긁적거리며) 뭐… 그, 그럼 그려봐. 당, 당신들 집이잖아.

선영 예. 고맙십니대이~ (환해지며 미술도구들을 챙긴다)

최고만E (쩝) 괜, 괜한 걸 시작했나? 저 벽지 100% 실큰데… 그나저나 소풍가기 텄구만, 빌어먹을. (하면서, 돌아가려다가 뜨끔 굳는다)

그림에 빠져들어 밑그림을 그리고 있는 선영, 보통 솜씨가 아니다.

최고만E   이 여자 그냥 바보가 아니라 서번트신드롬인가? (신기
해서 바라본다)

S# 13   요양원

책상 앞에 앉아서 여전히 배봉지를 접고 있는 곱단 앞으로 쭈
뼛대는 닻별을 데리고 들어오는 영주.

영주   곱단엄마, 나 왔어.

곱단   (듣지도 않고 열중인)

영주   (씁쓸한) 닻별아, 인사드려. 곱단할머니야.

닻별   안녕… 하세요?

곱단   (쓱 고개를 돌려서 물끄러미 쳐다보더니, 오라고 손짓
한다)

닻별   (불안해서 영주를 보면)

영주   괜찮아, 할머니가 귀여워서 그러시는 거야.

닻별   (주춤거리고 다가가면)

곱단   (호주머니에서 꼬깃꼬깃 접은 전단지를 쥐어주며) 영주
야, 낼 학교 가는 질에 크레파스 사가 니 좋아하는 그림
실컷 그리그래이. 알았제?

닻별   (전단지를 펼쳐보며) … 엄마…

영주   (미소 짓고, 그러라는) 뭐 하고 있어? 할머니가 용돈 주
셨으면 감사합니다, 인사드려야지.

닻별   (알아듣고) 감사합니다~ (인사하면)

영주   닻별아, 넌 잠깐만 김집사 아저씨랑 있을래? 엄마, 할머니랑 얘기 좀 할게?

닻별   응. (낯선 곱단할머니를 피하는 게 좋아서 후다닥 간다)

영주   (곱단을 보며) … 곱단엄마, 나 다시 시작하려고 왔어. 곱단엄마 미워하는 것도, 선영 언니 밀어내는 것도 너무 지치고 힘들어서… 아니, 이제 시간이 너무 없어서… 다 내려놓고 다시 시작하려고 왔어. (여전히 멍한 곱단을 안쓰럽게 보는 눈에 눈물이 핑 돌며) 곱단엄마… 나… 엄마 참 많이 미워했는데… 이제 미워할 시간도 별루 안 남았네…? 나 죽으면… 요양원 비용은 누가 내주지? … 선영이 언니는 또 누가 돌보지…? 곱단엄마…? (곱단의 손을 붙들고 고개를 떨군 채 울음을 참는데)

곱단   (멍한 채 눈시울 젖으며) 슨영아, 내가 니한테 할 말이 없대이. … 미안하대이, 내 새끼야.

영주   (서럽다) 곱단엄마. 엄마한테는 평생 선영이 언니밖에 안 보였어? 단 한 번도 나는, 엄마 눈에 안 보였어…?

곱단   (한스러운, 멍하니) 영주 자아처럼 이쁜 아아가 나올 중 알았으모, 내 그런 짓은 안 했을 긴데… 누구 씨앗인 중만 알았어도… 어느 놈인지, 이름 석 자만 알았어도… 내 그런 죄받을 짓 안 했을 긴데…

영주   (뜨끔하며) … 그게 무슨 소리야? 곱단엄마가 무슨 죄받을 짓을 했다는 건데. 응?

곱단   (눈물 핑 돌며 영주의 등짝을 힘없이 때리며) 이 미련한
       가쓰나야, 애아부지가 누군 중만 알았이모, 내가 니한테
       와 비상을 믹잇겠노. 와 니를 찬물에 밀어넣고 언덕에서
       굴렸겠냔 말이다. 이 미련한 긋아~ (영주의 어깨를 붙들
       고 흔들며 운다)

영주   (벼락 맞은 듯, 곱단 손에 흔들리며 넋이 나가는) 그럼…
       곱단엄마가… 시킨 거였어? 선영 언니가… 나 지우려고
       그랬던 게… 아니었어?

곱단   (눈물 닦으며, 눈에 힘이 들어가 다짐을 받으려는) 슨영
       아. 그래또 니, 영주 옴마 할 생각하모 절대 안 된대이~!
       우리 영주같이 똑똑한 아아, 앞날 안 맥히게 할라모, 절
       대 옴마 하모 안 된대이. 내 말 무신 말인지 알제? 내 말
       알아든제? 으이?

영주   (그런 곱단을 멍하니 바라본다)

S# 14   시골길

끝없이 펼쳐진 청보리들이 바람에 쏴아아 흔들리며 물결을
이룬다. 넋이 빠진 듯 청보리밭 길을 허공 걷듯 걸어가는 영
주 위로 들리는.

곱단E   김슨영이, 니 늙어 죽을 때까지 김영주 언니로 살아야 된
        대이. 그그를 잊어버리모, 니 딸은 죽은 목심이대이. 살

아도 니처럼 죽은 목심으로 살아야 된대이, 내 말 알제?

영주, 허공을 짚는 듯한 시선으로 멍하니 걸어가는데. 영주의 손을 잡고 걸어가던 닻별, 처음 보는 풍경에 마음을 빼앗겨.

닻별　엄마, 이 길을 선영이 할머니랑 늘 함께 다녔던 거야?

영주　(반쯤 넋이 나가서 대답을 못하면)

닻별　엄마~

영주　(보지만, 여전히 생각에 사로잡혀 멍한) 응?

닻별　엄마 수업 끝나면 할머니가 늘 엄마 기다렸다며? 거기 가 여기 맞냐구?

영주　(그제야 돌아보며, 혼잣말처럼) 응, 여기였어. 여기서 기 다렸어.

영주, 회한에 찬 눈으로 보리밭 길을 바라보면, 바람에 일렁 이는 보리 물결 위로 들리는.

어린 영주E　김슨영이, 내 뭐라 캤노? 다시는 여서 기다리지 말라 캤지!

S#15　영주 회상 / 동 청보리밭

책가방을 멘 어린 영주가 선영을 노려보고 서 있다. 뻘쭘하지만 밝은 느낌의 선영.

선영   (손에 쥔 보리피리를 배배 꼬며) 아이다, 내는 영주 니 기다린 그 아이다. 내는 여서 보리피리 불고 있었다. 봐 라~ (보리피리를 보여주면)

영주   (휙 빼앗아 던지며) 거짓말 마라! 아까 니, 학교 유리창 에 이래이래 붙어가 내 쳐다본 거 모를 중 아나!

선영   (당황해서) 어? 내는 니한테 안 들킬라꼬 이래 고개를 낮추고 숨어서 본 긴데, 내를 으뚷게 봤노? 옴마야~ 우 리 영주 눈치 억쑤 빠르다~ 그자~

영주   알랑방귀 뀌지 마라. 그런다고 내 좋아할 줄 알았드노!

선영   … 미안하다. 다시는 안 들키고 보게.

영주   바보야! 안 들킬라꼬 하지 말고 학교에 찾아오지 말라 꼬오!

선영   그래도, 니 보고 싶은데 우짜노~

영주   (답답하다) 니 자꾸 이라이까 내한테 아들이 바보라꼬 놀리잖아! 옴마도 아인기 왜 자꾸 찾아오냐꼬! 다시 한 분만 더 찾아오모, 내 진짜 학교 안 댕길 끼다! 알았나!

선영   … 알았다. 알았으이까… 영주야, 학교는 계속 댕기야 된다. 학교 안 댕기모, 내처럼 바보된다~! 알제?

영주   그라이까, 내를 니처럼 바보 안 만들라모, 학교 찾아오 지 말라꼬오~ (앙금이 남은) 옴마가 아이라 캤으면, 옴 마처럼 굴지 말고 언니처럼 굴어라, 알겠나!

선영 (미안하고 죄스러워 눈치 보며) … 알, 알았다.

영주 (노려보고 씩씩대며 걸어가면)

선영 (눈치 보다가 후다닥 따라가며) 영주야. 니 가방 안 무겁 나? 이리 주봐라. 내 들어주께.

영주 (뿌리치며) 난 됐으이까! 저만치 떨어져서 와라!

선영 저만치…? 알았다. (옆으로 화다닥 떨어져서 걸으며 눈 치 살피고) 영주야. 니 학교 끝나모 묵을라꼬, 도시락 싸 왔는데… 같이 안 묵을래? 니 좋아하는 소세지에 계란 입히가 부치왔는데. 배 안 고프노? 내는 억쑤 고픈데~

영주 (대답도 않고, 입 꾹 다물고 걸어가면)

선영 영주야~ 그라모 내일은 학교또 안 찾아가고, 진짜 여서 한 발자국도 안 움직이고 기다릴 테이까, 같이 가모 안 되나?

S# 16 동 청보리밭길

닻별의 손을 잡고 걸어가는 영주 위로.

선영E 영주야~ 다른 아이들 있일 때는 내 이래 떨어져 갈 테 이까, 없을 때는 같이 손잡고 가모 안 되나? 으이? 영 주야…

영주, 그 말에 돌아보면. 선영이 저만치서 웃고 서 있는 것만

같다. 마음이 아픈 영주, 겨우 눈물을 눌러 참고 돌아서 걸어
간다.

S# 17   서행하는 김집사의 차

닻별의 손을 잡고 멍한 뒷모습으로 걸어가는 영주의 모습이
김집사의 서행하는 자동차 시야로 보인다.

S# 18   최고만 집 이층 거실

그림을 그리는 데 몰두해 있는 선영의 뒷모습을, 의자를 놓고
앉아서 물끄러미 바라보는 최고만. (전체 그림은 영주가 들어
올 때 보여줄 것)

최고만E   뭐냐? 이 여자의 뒷모습은… 황금비율하고는 거리가 먼
        저 방댕이에, 좁아터진 어깨, 그리고 언제 감았는지 알
        수 없는 저 머리카락. 이 최고만의 이상형과는 너무도
        멀리 떨어져 있는 김선영이, 니 뒷모습이 왜 이리도 아
        름다운 게냐…

최고만, 자기도 모르게 일어나 천천히 선영에게 다가간다.
선영의 어깨에 머리를 기대려는 순간, 휙 돌아서는 선영의
이마에 얼굴이 부딪히며, 컥! 물러나는 최고만. 코를 붙들고

으이 씨~ 하는데, 선영은 그림에 정신이 팔려 최고만은 안중에도 없다. 최고만, 섭섭하다. "호~ 안 해줄 거야?" 혼잣말이나 하고.

S# 19 꽃부리과수원

닻별과 영주, 손을 잡고 과수원으로 들어오면. 닻별, 펼쳐진 배꽃 천지에 입이 함박만 해지며.

닻별 우와, 이쁘다아~ 여기가 엄마네 집이야?

영주 (여전히 반쯤은 홀린 듯한) 그래, 여기가 엄마네 집이야.

닻별 이렇게 이쁜 곳에서 자라서 엄마가 패션잡지 편집장님이 됐나부다. 그치?

영주 어? 어… (어설프게 미소 짓는데)

닻별 (과수원을 둘러보다가, 다시 멍한 영주를 걱정스럽게 보며) 엄마, 아까 곱단할머니랑 무슨 안 좋은 얘기했어?

영주 어? 아, 아냐, 별, 별 얘기 안 했어. 왜?

닻별 아까 요양원 나오면서부터, 엄마가 딴사람 같아서.

영주 그, 그래? (정신 차리자 싶어서 되는대로 둘러보다가) 닻별아. 엄마 고향집 온 기념으로 꽃반지랑 꽃시계 만들어줄까?

닻별 꽃반지…?

영주 (끄덕끄덕) 응, 꽃반지.

영주, 성마른 손길로 클로버 풀에 자란 꽃줄기를 길게 잘라, 꽃시계와 꽃반지를 만들어 닻별의 손에 매듭을 지어준다.

영주　(채 진정되지 않은 느낌으로) 어때? 이쁘지?

닻별　(삐죽) 별룬데?

영주　… 별루야?

닻별　응, 별룬데… 엄마가 만들어준 거니까 좋아. (미소)

영주　(고마워서 그나마 미소 짓는데)

닻별　엄마, 나 이거 꽃시계 만드는 방법 좀 알려줘.

영주　(금세 또 정신 놓다가) 응? 왜, 닻별이도 만들려구?

닻별　응. 엄마랑 선영이 할머니도 만들어주고, 회장할아버지도 갖다주려구.

영주　그럼, 이 꽃대를 길게 잘라와볼래?

닻별　알았어.

닻별, 꽃을 찾아서 자르는 모습을 멍하니 보고 있는 영주. 이때, 영주야~ 부르는 선영의 목소리에 고개를 돌려보면.

영주　(혼잣말처럼) 선영이 언니?

S#20　영주 환상 / 몽타주

CUT TO 마당 아궁이 일각

바깥 아궁이에서 황골엿을 만들고 있는 선영, 카메라(영주)를 보며.

선영　　영주야, 니 좋아하는 황골엿 다 돼가그등? 쪼매만 기다리래이~ (환하게 웃는다)

CUT TO 현재 영주
멍하니 빈 아궁이를 바라보는데, 키득거리는 어린 영주의 소리에 고개를 돌려보면.

CUT TO 대청마루
햇살을 받고 있는 영주의 귀를 후벼주고 있는 선영. 잠든 어린 영주의 귀에 뽀뽀를 하면, 빙긋이 미소가 지어지는 영주.

CUT TO 현재 영주
마음이 아린 얼굴로 바라보는데, "영주야~" 부르는 소리에 돌아보면.

CUT TO 과수원 일각
선영, 배꽃을 광주리에 가득 담아서 보여주며.

선영　　영주야~ 언니야가 꽃비 내리게 해주까~? 여 봐라, 꽃비 내린다~ 꽃비다~

어린 영주의 머리 위로 배꽃을 뿌려준다. 바람에 날리는 배꽃. 눈처럼 쏟아지는 배꽃 아래서 환히 웃는 어린 영주.

S#21   동 과수원 일각

바람에 흩날리는 배꽃을 우두커니 바라보는 영주의 눈이 시큰해지며.

영주E   (추억에 홀려서) 언니… 나 왔어. 배꽃이 열 번도 넘게 졌다가 다시 피었는데… 나 이제 겨우 왔어… 언니. (눈물 뚝 떨어진다)

닻별   (다가오다가) … 엄마, 울어?

영주   (눈물 닦으며) … 응. 엄마 울어, 닻별아.

닻별   왜? 곱단할머니가 엄마 못 알아봐서 그래?

영주   (끄덕끄덕) … 응. 곱단할머니도 불쌍하고, 선영이 이모도… 아니, 우리 엄마도 불쌍해서 우는 거야… 엄마 마음도 모르고, 엄마 진심도 모르고 여태껏 원망만 하고 산 게… 너무 미안해서… 엄마, 우는 거야. (주먹으로 입을 가리며 터지는 울음을 겨우 막는데)

닻별   (뭔지 모르지만, 마음이 전해져서) 엄마… (영주를 안으면)

영주   (눈물 꾹 참느라 목이 멘) 닻별아, 우리 서울 갈까? 선영이 이모 보러, 아니, 우리 엄마 보러 서울 갈까? 엄마, 선영이 엄마 보고 싶어…. 닻별아.

닻별 (미소) 그래, 가자 엄마. 과수원엔 또 내려오면 되니까 선영이 할머니 보러 가자.

영주 그래, 가자. 우리 엄마 보러 가자…

S# 22 채린 집 / 밤

오민석의 매운 따귀를 맞고 고개가 휙 돌아가는 채린.

오민석 (부아가 치솟다 못해 미치겠는) 뭐라꼬? 지금 니 뭐라꼬 했노? 잠자는 사자 코털을 건드리가 애비는 죽게 생깄는데, 뭐? 니 뱃속의 아아가… 박교수 아이가 아이라꼬?

채린 (입술 깨물며 독한) … 그래, 아니야.

오민석 (덜덜 떨리는) 이, 이 가스나야. 니 우짤라고 이라노? 우짤라고 일을 이 지경까지 만들어놓았냐꼬오!

채린 (오히려 당당한) 아빠가 가르쳐준 거 아니었어?

오민석 … 뭐어?

채린 목적은 수단을 정당화한대며? 그 잘난 마키아벨리가 그랬다며? 영생대학 로스쿨 대한민국 최고로 만들려면, 박정도 같은 인간이 필요하대며? 그래서 그 인간 꼬셔 다줬잖아~ 아빠는 아빠 목적 달성해서 좋고, 출세에 눈 뒤집힌 오빠는 오빠대로 로스쿨 총괄교수 돼서 좋고, 난 나대로…! 내가 사랑하는 사람 아이! 낳을 수 있으니까, 된 거 아나?

오민석 (누가 들을까 낮추며) 이 가스나야, 그그를 지금 말이라꼬 하나? 니는 하늘도 안 무섭나? 으이?

채린 (비웃는) 하늘? (미친 듯이 쏘아붙이는) 아빠가 어떻게 살았는지 벌써 잊었어? 기억 못해? 우리 엄마 아들 못 낳는다고! 딴 여자 만나서 살림 차렸다가! 또 그 여자는 버리고 아들만 데리고 집에 들어왔었잖아? 우리 엄만 그것 때문에 신경쇠약으로 시름시름 앓다가 돌아가셨고! 기껏 데려온 수현이조차 집 나가니까, 그제야 나를 딸취급 해준 거잖아? 그런 아빠한테 내가 뭘 배웠겠어?

오민석 뭐, 뭐라꼬…?

채린 난 아빠처럼 안 살 거야. 아니, 아빠한테 너무 잘 배워서! 내가 사랑하는 사람은 내가 지키면서 살 거야~! 어떤 손가락질을 당해도! 내 아인 내가 지킬 거라구!! (이글이글 노려보면)

오민석 (침 꿀꺽 삼키며) 그라모, 니 아아가 박서방 아아가 아인 거 박, 박서방도 아나?

채린 그럼 알지 모르겠어? 아빠랑 같은 과 인간인데?

오민석 (벼락을 맞은 듯) 하구야. 내가… 내 발등을 찍었다. 내가… (눈시울이 시큰해져서 휘청휘청 걸어나간다)

채린 (분노와 원망으로 눈시울이 붉어지고)

S# 23 **채린 집 거실**

채린 방에 귀를 붙이고 듣고 있던 정도, 인기척이 들리자 후다닥, 돌아나와 소파에 앉아 이어폰 꽂고 자료를 보는 척하면. 문이 열리며 나오는 오민석.

오민석 (눈치 보며) 박, 박교수.

정도 (이어폰 빼고 일어나며, 긴장한 미소) 나오셨어요? 장인어르신. 채린이랑 무슨 얘기를 그렇게 하셨습니까?

오민석 아, 아이다. (나가려다가 멈춰서 슬그머니 보다가) 박교수야~

정도 예, 장인어르신.

오민석 니 혹시… 우리 채린이 아아가… (망설이다) 채린이 아아가 말이다.

정도 예, 다 알고 있습니다, 장인어르신.

오민석 (덜컥 무너질 것 같지만, 겨우 견디며) 그, 그라모… 인자 니 우짤 생각인데?

정도 (비장한) 장인어르신. 저희 어머니께서도 홀몸으로 저랑 제 동생 키우시느라 고생 많이 하셨답니다. 살다가 혼자 돼도 그렇게 힘든데, 처음부터 미혼모로 사는 건 얼마나 고통스럽겠습니까? 저, 우리 채린이… 혼자 살게 놔두진 않을 겁니다. 누가 뭐래도 채린이 아이는 제 아이입니다, 장인어르신.

오민석 (감동해서 시큰거리는) 고맙다. 고맙다, 박서방. 니가 진짜 남자다. 으이?

정도	(왠지 마음이 아픈 척, 쓸쓸하게 미소를 지으면)
오민석	그라모, 박서방, 니랑 내 사이에 변한 그는 아무것도 엄따~ 무신 말인지 알제?
정도	물론입니다, 장인어르신… 대신 저도 부탁이 하나 있습니다.
오민석	뭔데? 얼른 말해봐라. 내 다 들어주께.
정도	전처랑 사이에 있는 제 딸, 닻별이는 제가 부양하겠습니다.
오민석	뭐라꼬?
정도	아, 채린이랑 같이 살겠다는 건 아니구요, 닻별이 유학 보내는 것만 제가 뒷바라지하겠다는 겁니다.
오민석	그그야 당연히 그래야제! 돈은 얼마가 들어도 좋으이까 꼭 그래 해라~ 꼭~
정도	감사합니다, 장인어르신!

서로를 쳐다보면서, 마음의 소리가 오가는.

오민석E	독사 같은 자슥, 남의 새끼만 키우기엔 억울하이까 니 핏줄도 챙기겠다, 이기제?
정도E	세상이 원래 기브 앤 테이크 아니겠습니까? 장인어르신.

서로 보면서 제각기 다른 느낌으로 미소를 짓는 두 사람. 그래도 닮았다.

S# 24   최고만 집 전경 / 밤

S# 25   최고만 집 이층

서둘러 계단을 올라오는 영주. 들어오면, 벽면에 가득 그려진 꽃부리과수원 그림들. 선영은 그림에 열중한 채 기척도 못 느끼고. 영주, 놀라서 보는데.

최고만   (코를 휴지로 막은 채 앉아서) 김선영이가 당신 보라고 고향을 통째로 옮겨다놨어.

영주   (눈시울이 시큰해진다)

영주, 달려가 선영의 등을 와락 안는다. 그림을 그리던 선영. 깜짝 놀라서, 우뚝 굳으며.

선영   영, 영주야. 니 벌써 올라왔노? 하룻밤 자고 온다고 안 했나? 으이?

영주   (울음 섞인) 엄마 보려고 왔어… 엄마 보고 싶어서 왔어… 엄마…

선영   (순간, 눈시울이 시큰해지면서도 침 꿀꺽 삼키며) 영, 영주야. 그, 그래 부르지 마라. 내는… 니 옴마 할 자격이 엄따… 내는 죽을 때까지 니 언니, 언니 하는 기 좋다. 그라이까 그냥 언니 하게 해도. 응?

영주 … 아니, 이젠 안 돼. 이젠 내가 죽을 때까지 엄마라고 부를 거야. … 내 엄마니까, 김영주 엄마니까… 내가 죽도록 부르고 싶었던 이름이니까… 선영이 엄마… 엄마… (더 세게 안는다)

선영 (입술 깨물지만, 쿡 울음이 터진다) 미안하대이. 내 같은 바보멍충이한테 태어나게 해가… 미안하대이. (주저앉아 울며) 옴마라꼬 부를 사람도 없이 자라게 해가… 참말로… 미안하대이.

영주 (선영의 몸을 돌려 안아주며) 아니, 내가 미안해… 엄마. 엄마가 나 버린 줄 알았어… 엄마가 나 버린 줄 알아서 내가 엄마 미워했어… 미안해… 미안해…? 엄마…?

두 사람, 서로의 얼굴을 보며, 더 이상 말을 못 잇고 와락 껴안는다. 엄마… 엄마… 부르고…, 영주야… 영주야… 우는 두 사람. 최고만, 씨이~ 울음을 참고 돌아서 계단을 내려간다.

S# 26 최고만 집 거실 / 밤

최고만 (내려오며) 젠장맞을… 이젠 빼도 박도 못하고 할아버지 잖아. 젠장맞을. (하면서 눈물을 쓱 닦는다)

닻별 (배꽃 바구니를 들고) 회장할아버지.

최고만 시끄러! 차라리 개장수 아저씨라고 불러! 젠장맞을.

닻별 …?

최고만 (커다란 간장통을 들고 오는 김집사의 손목에 보이는 꽃
시계 보며) 김군아, 손에 찬 그, 그건 또 뭐냐?

김집사 아, 이거요~ 우리 닻별이가 만들어준 꽃시곕니다. (자랑
하며) 이쁘죠? 샘나죠?

최고만 이, 이쁘긴 얼어죽을~! (닻별을 휙 노려보더니) 내 건 없
냐? 그래, 없겠지? 물론 없을 거야. 왜? 난 무서운 사람
이니까. 젠장맞을. (휙 돌아서 가는데)

닻별 회장할아버지 것도 있는데요? 여기요~ (보여주면)

최고만 (환해져서 바라보며 웃음이 나오려는 것을 겨우 참는다)

S# 27   최고만 집 이층 방 / 밤

나란히 손을 잡고 누워 있는 영주와 선영. 영주 옆으로 닻별
이 자고 있다.

영주 엄마, 왜 얘기 안 했어…? 그냥 사실대로 얘기해버리지.
내가 그렇게 미워하는데도, 왜 얘기 안 했어…? 엄마,
나 안 미웠어?

선영 (함께 돌아누워 눈 마주치며) 밉기는 니가 와 밉노? 내
는 니 한분도 미운 적 엄썼다. 내는 니만 봐도, 아이, 니
생각만 해도~ 배도 안 고프고, 하루종일 과수원 풀밭을
매도, 니 생각만 하모 힘이 절로 났다. 니 생각만 해도…
하루해가 짧았다…

영주   (미안하고 안쓰럽게 보며) 엄마… 열여섯에 그런 일을
          당하고… 어떻게 견뎠어…? 그 아프고 괴로운 걸… 어
          떻게… 견뎠어…?

선영   (울컥 고통이 올라오지만, 꾹 참느라 눈시울이 붉어지지
          만, 이내 애써 미소를 띠며) 니가 있으이까… 내 속에 영
          주 니가 있으이까… 그 심으로 살았다. 니가 내 살게 해
          준 기다. 니 덕분에 내가 이래 살아 있는 기다… (애써
          미소 지으며) 그래서 내는, 니가 억쑤로 고맙대이…

영주   (쿡 울음이 터지며) 바보야… 그게 뭐가 고맙니…? 이
          바보멍충아…

선영도 그제야 아픈 눈물이 뚝 떨어지며, 윽윽 울기 시작한
다. 그런 선영이 안쓰러워 입술을 깨물며 선영을 안아주는 영
주. 어깨를 들썩이며 처음으로 영주의 품 안에서 우는 선영.
영주, 선영의 머리에 입을 맞춰준다. 아프지만, 또 책임져야
할 것들에 대한 무거움이 눈빛에 떠오르며 짧은 암전.

S# 28   최고만 집 전경 / 아침

S# 29   최고만 집 주방

김밥을 말고, 곰취쌈과 다시마쌈을 찬합에 가득 채우는 선영.
최고만, 아웃도어 복장으로 괜히 마음만 바빠서.

최고만   꼬맹아. 탄산음료는, 탄산음료는 종류별로 챙겼어?

닻별   예. 회장할아버지가 챙기라는 거 열 캔도 넘게 챙겼어요.

최고만   캔? 캔보다는 병으로 갖구 가야 되는데, 그래서 병따개로 빵~! 따야 되는데~ (아쉽다가 또 금세) 김선영, 보온병에 국물도 챙겼어? 오뎅국물?

선영   예. 여어~ 다 챙기났습니다.

최고만   그래? 그럼 또 뭐가 있지? (생각난) 김군아, 돗자리는 챙겼냐? 어?

김집사   예~ 돗자리에 방석까지 다 챙겼습니다.

최고만   그래? 그럼 뭐, 뭐 하고 있어? 얼른 출발해야지, 얼른.

닻별   회장할아버지. 엄마가 잠깐 손님이 와서, 요 앞에 나갔거든요?

최고만   손님? 아침부터 손님은 얼어죽을. 너, 얼, 얼른 가서 엄마 모시고 와라 얼른.

닻별   예에~ (신이 나서 후다닥 달려나간다)

선영   김군아, 수건도 챙겼지? 수건?

김집사   수건은 왜요?

최고만   왜, 왜긴 이놈아. 수건돌리기 하고 놀아야지. 수건돌리기도 하고 보물찾기도 하고… 또 뭐가 있지? 응? (선영처럼 머리 두들기며) 하이 씨, 왜 생각이 안 나지?

김집사   회장님, 소풍 한 번도 못 가보셨다면서요? 그러니까 기억이 안 나죠.

최고만   그, 그런가? 그, 그렇겠지? (혼자 들떠서) 김군아. 그럼,

소풍 갈 때 또 뭐 갖구 가냐? 응?

S#30   커피숍 야외 테라스

정도와 마주 앉아 있는 영주. 정도, 봉투를 툭 던지면.

영주   이게… 뭐야?

정도   닻별이 유학비자 받으려면, 통장잔고증명서 필요하대
며? 내가 잔고증명 보내서 닻별이 비자도 다 받아왔다.

영주   … 뭐? (보고) 당신이 왜?

정도   왜라니? 너 말 참 우습게 한다. 나도 닻별이 아빠잖아~
아빠~

영주   (발끈하려다가 픽) 이제라도 아빠 흉내라도 내겠다니 고
맙네~

정도   어디 흉내뿐인 줄 알아? 내가 닻별이 기숙사 들어가기
전까지 있을 홈스테이, 멘토링해줄 교포 선생님, 몽땅
다 섭외해놨거든?

영주   … 뭐? 그게 무슨 말이야?

정도   무슨 말은 무슨 말이야~ 스탠퍼드 입학하기 전에 적응
기간 필요할 테니까 미리미리 보내자는 거지. (다른 봉
투 던져주며) 여기 항공권에 날짜 찍혀 있으니까, 그때
맞춰서 보낼 준비해. 한 달 후다.

영주   (화가 난) 박정도!

정도 (어깃장 놓는) 왜? 너야말로 이제 와서 엄마 노릇 하고 싶다는 거야, 뭐야? 김영주, 그냥 평소에 하던 대로 하세요~ 잘나가는 워킹맘. 좋잖아~ 그냥 그걸로 밀고 가라니깐~ 그게 너도 편하잖아. 안 그래?

영주 (입술 깨물며) 아니, 나도, 닻별이한테 좋은 엄마 노릇 좀 해봐야 되겠거든?

정도 그럼 너 직장 때려치우고, 닻별이 쫓아가서 뒷바라지할 수 있어? 닻별이 유학 가 있는 내내! 닻별이 옆에 붙어서 콩이야, 메주야 하면서 살 수 있냐구~!

영주 (차마 대답을 못하고 침 꿀꺽 삼키면)

정도 김영주. 내가 진심으로 충고하는데, 닻별이한테 니 한풀이하려고 하지 마라.

영주 … 뭐? 한풀이? (치솟는데)

정도 (되려…!) 그럼! 유학 가서 다른 세상에 적응하기도 바쁜 애 붙들고, 엄마가 너 사랑해, 엄마는 늘 닻별이 보고 싶어~ 이 따위 개감정만 잔뜩 늘어놓으면, 걔가 미국 가서 제대로 적응할 수 있을 것 같아? 그게 닻별이를 위한 거야? 니 한풀이지?!

영주 …! (뜨끔하고, 찔리기도 하는)

정도 니가 진짜 닻별이를 생각한다면, 좋은 엄마 소리 들으려고 나대지 말고, 예전처럼 그냥 나쁜 엄마로 사세요. 그게 닻별이 도와주는 길이거든?

영주 (입술 깨물며 지르는) 아니, 난 한풀이 좀 해야 되겠거든? 남은 시간 동안! 여지껏 못해준 거 다 해주고! 사랑 못 준 거, 다 줄 거야! 박정도 너처럼 니 편할 때만 오냐 오냐 하면서, 장난감처럼 키우지는 않을 거라구! 알겠니!

정도 (기막힌) 김영주, 너 쇼 끝나고 병원 갔다더니, 무슨 시한부 판정이라도 받았니?

영주 뭐?

정도 그것도 아니면 왜 이렇게 오버를 떠는데? 오버가!

영주 그래…! 나 시한부야…! 3개월밖에 못 살지도 모르는 시한부라서! 너랑 이러고 있는 1분 1초도 아깝거든?

영주, 벌떡 일어나 휙 돌아서다가, 닻별을 보고 뚝 굳어버린다.

영주 닻, 닻별아…

닻별 (놀란) 엄마…

영주 (혹시 들었을까 당황해서) 우, 우리 닻별이 언, 언제 왔어?

닻별 … 좀 전에… 아니, 지금 막.

영주 (어떡하나 갈피를 못 잡고 보며) 그, 그래…? (하는데)

정도가 쓱 일어나더니, 환하게 웃으며.

정도 닻별아~ 우리 닻별이 잘 있었어?

닻별 (뚝 굳는다)

정도 (왜 그런지 알지만, 모르쇠) 박닻별, 아빠야. 아빠한테 왜 그래~ 아빠 막 섭섭해질라 그런다~ 일루 와서 아빠 좀 안아줘. 응?

닻별 엄, 엄마. 할아버지가 빨리 오래. (하더니 후다닥 나가버린다)

정도 닻별아. 박닻별~! (하다가 아쉬움에 빈정상해서) 김영주. 너 요즘 닻별이한테 세뇌교육시키나? 애가 갑자기 왜 저래?

영주 (기막히고 화나는) 그걸 진짜 몰라서 묻니? 아빠 자격이라곤 털끝만치도 없는 인간아! (휙 가려는데)

정도 (턱 잡으며) 김영주. 경고하는데, 너만 좋은 엄마 되겠다고 나까지 나쁜 아빠 만들지 마라. 난, 닻별이 친권 포기한 적 없고, 앞으로도 그럴 마음 추호도 없으니까~! 알겠니?

영주 (밉다 못해 혐오스럽다)

정도 그리고, 니가 나를 나쁜 아빠로 만들면 만들수록 닻별이 삐뚤어지는 것밖에 없다는 것도 명심해. (실룩 미소)

영주 (기막혀) 그래~ 그렇게 해줄게. 널 위해서가 아니라, 우리 닻별이 정신건강을 위해서니까. 이 따위 서류 갖고, 이제 내 인생에서 꺼져줄래? (혐오스럽게 보며, 휙 돌아서 가면)

정도 (놓인 서류를 보며 비웃음) 회장님댁에 들어가서 산다더니 아주 간덩이가 부었구나? (커피잔 들어 마시다가) 아가씨~ 여기 리필돼죠?

S# 31   대공원 일각

솜사탕을 들고, 배낭을 메고 가장 먼저 서둘러 오는 최고만.
둘러보면 좋은 자리는 다 찼다.

최고만   젠장맞을. 좋은 자리는 다 찼잖아. (휙 돌아보며 심술 나
        서) 그, 그러게 내, 내가 뭐랬어? 좀 일, 일찍 오자고 그
        랬잖아!

영주   여기도 좋은데요, 뭘.

선영   맞십니더, 저런 데는 산모기가 많아가 닻별이한테 안 좋
        십니더.

최고만   (금세) 그, 그래? 그럼 여기가 명당이네~ (해죽 웃고)
        김, 김군아. 뭐 하냐? 얼, 얼른 돗자리 펴. 엉?

김집사   예에~ 회장님.

최고만, 굼뜬 김집사가 못마땅해서 지팡이 내던지고 직접 깔
고, 신발을 벗고, 바닥도 쿵쿵 눌러서 평탄하게 맞추더니.

최고만   김선영이, 여기 여기 앉아.

선영   (영주 눈치 보며) 됐십니더. 내는 여, 여쪽에 앉을 깁니더.

최고만   (섭섭하지만) 그래? 그럼 나도 (옆으로 털썩 앉으며) 여,
        여기 앉을 거야.

닻별, 김집사, 영주. 어이없다는 듯 쳐다보면.

최고만   뭣, 뭣들 해? 얼, 얼른들 앉아. 앉아서 밥, 밥 먹어야지.
         (히죽)

영주, 그런 최고만이 귀엽기도 해서 닻별과 눈 마주치며 픽
웃는다.

S# 32   동 소풍장소

준비해온 도시락을 펼쳐놓고 식사를 하는 일행들. 닻별이는
영주를 챙겨주고, 영주는 닻별이를 챙겨주면서 미소 짓지만,
왠지 닻별이가 신이 나 보이지 않아 마음에 걸리는 영주. 김집
사, 슬그머니 선영의 도시락에 반찬을 올려주는 모습을 보면.

최고만   남, 남 신경 쓰지 말고 너나 빨리 쳐드세요. 예?
김집사   예~ (먹으면)
최고만   자, 밥, 밥은 다들 먹었지? 그, 그럼 얼른 치우고 수건돌
         리기 하자, 수건돌리기. 응?
일행들   (뻥해서 보면)
최고만   수건돌리기 몰라? 아, 소풍 왔으면 수건돌리기를 해야
         지, 아 얼른.

(경과) 최고만 혼자 신이 나서 '조개껍질 묶어 그녀의 목에 걸고' 박수 치면서 크게 노래 부르고, 김집사가 바깥으로 수건을 돌리고 있다. 김집사, 선영의 뒤에 슬그머니 놓으면, 최고만 수건 들어서 휙 내팽개치며 "다시 해!" 한다. 완전 폭군이다. 다시 시작되는 수건돌리기. 김집사, 최고만 뒤에 놓고 자리에 앉으면.

최고만   어? 내 뒤에 수건이 있었네? (하면서) 그럼 내가 술랜가? 그럼 내가 돌아야지? (하다가) 에이, 재미없다. 젠장맞을. 수건돌리기도 하는데, 왜 소풍이 재미가 없지?

김집사   (슬쩍 운을 띄우는) 그럼 놀이기구라도 타시든가요.

최고만   (기다렸다는 듯) 놀이기구?

닻별   예, 회장할아버지. 우리 롤러코스터 타러 가요.

최고만   롤, 롤러코스터? 그, 그런 건 어린이나 타는 거니까. 김군아, 니가 닻별이 놀이기구 타는 데 데려다주고. 김, 김선영이도 (이미 약속된 신호로 눈 찔끔거리며) 같, 같이 데려가.

김집사   (알아듣고) 알겠습니다. 가시죠~ (하면)

닻별   엄마는요?

최고만   니, 니네 엄마는 나처럼 고, 고상한 사람이라서 놀, 놀이기구 타고 꽥꽥대는 것들 엄, 엄청 경멸하거든? 맞지?

영주   (심장 때문에 배려해주는 걸 알기에) 예. (미소 짓는다)

닻별   (비죽하면)

최고만 (지팡이 탕! 짚으며) 아, 뭘 해? 시, 시간들 없어. 얼, 얼
른들 가!

김집사, 닻별과 김선영을 우르르 몰면서 "자, 가시죠~" 하고
가면.

닻별 (가면서) 할머니, 회장할아버지 완전 폭군이야, 폭군. 저
런 할아버지랑 결혼하면 완전 고생할 거야. 그치?

선영 맞다. 완전 폭군이다, 폭군.

최고만 이것들이~! 야, 그렇게 큰 소리로 얘기 안 해도 다 들리
거든~ 니들 지팡이 맛 좀 볼래! 엉! (쫓아가는 시늉 하면)

닻별, 선영, 우아아~ 하면서 김집사와 함께 달려간다. 영주,
그 모습 보고 피식 미소 짓는데.

최고만 (돌아보더니, 긴장하며) 자, 자네 나, 나랑 얘, 얘기 좀
할까?

영주 …?

S#33 일각 벤치

최고만과 영주, 나란히 앉아 있는데. 최고만, 똥마려운 강아지
처럼 안절부절못하고, 땀 닦고 눈치 보다가, 마음 가다듬고.

최고만	있, 있잖아. 말이지. 이, 이거 좀 봐, 봐주겠어? (하면서 반지케이스를 꺼내서 쓱 열어 보인다. 반짝이는 다이아 몬드!)
영주	(뜨끔 놀라서) 회장님…
최고만	(케이스 탁! 닫으며) 자, 자네 줄 거 아니거든?
영주	(후우~ 다행이다 표정이면)
최고만	지금 다행이라고 생각했지, 그렇지?
영주	아, 아니에요.
최고만	아니긴 뭐가 아니야, 젠장맞을. 이, 이마에 다. 행. 이렇게 씌어 있구만.
영주	저기, 하실 말씀이 있다면서요?
최고만	어, 해, 해야지. 지, 지금 할려구 그래. 지금. (침 꿀꺽 삼키고) 내, 내가 말이지. 당, 당신 엄마 김, 김선영한테 프, 프, 프러포즈를 하, 하, 하고 싶은데 말이지.
영주	…?
최고만	먼, 먼저 자, 자네한테 허, 허, 허락을 받아야 될 것 같아서 그래.
영주	프러포즈요?
최고만	(단호하게 *끄덕이는*) 응. 프러포즈.
영주	(어떻게 받아들일지 몰라 난감한) 회장님. 저희 엄마가 왜 좋으세요?
최고만	모, 모, 모르겠어. 젠장맞을. 그, 그냥 좋, 좋아. 엄, 엄마 같기도 하고, 여, 여자라기보단 가, 가, 가족 같애. 어릴

적에 잃어버린… 내 가족…

영주   … 회장님…

최고만   내 애기부터 끝, 끝까지 들어봐.

영주   (물끄러미 보면)

최고만   당, 당신이 뭘 걱, 걱정하는지도 잘 알아. 당신 엄마 부, 부족한 사람인 것도 잘 알아. (점차 차분해지며) 난 말이지… 김선영이를 나한테 시집보내라는 게 아니야. 내가… 김선영이네 가족이 되고 싶은 게야.

영주   …!

최고만   김영주 자네 아빠도 되고, 닻별이 할아버지도 되고, 김선영이 남편도 돼서… 자네들한테 햇볕도 되고, 외투도 되고 싶어.

영주   (눈시울이 시큰해진다) … 회장님.

최고만   (긴장해서 보면)

영주   … 저희 엄마가요, 열여섯에 절 낳았답니다. 온정신도 아닌 여자가, 그 나이에 아이를 낳았다는 게 무슨 의민 줄 아시겠어요…?

최고만   짐, 짐작은 하고 있어.

영주   … 그래도 괜찮으세요?

최고만   … 그게 김선영이 잘못은 아니잖아.

영주   (고맙다, 물끄러미 보다가) 회장님. 저희 엄마가요, 겉으로는 늘 바보처럼 히죽히죽 웃지만요… 가슴이 온통 상처투성인 사람이랍니다. 그걸 배려해주신다면… 그걸

진심으로 안아주실 수 있다면… 저도 신중하게 생각해
보겠습니다. 그래도 될까요?

최고만 그, 그래. 알았네. 자네 몸이 그래서… 내가 마음이 좀
급해졌나봐. 미, 미안해.

영주 (미소 짓고) 아뇨. 제가 더 죄송합니다. 그리고 저 진짜
열심히 살 거구요. 꼭 심장이식 받아서 닻별이랑 저희
엄마 모시고, 잘 살게요. 그러니까, 지켜봐주세요.

최고만 그, 그래. 그래야지. (후우~ 한숨 쉬고, 영주 보더니) 지
금 나 빼찌맞은 거 맞지?

영주 (미소 짓고) 회장님.

최고만 알, 알아. 농, 농담이야. (어색하게 웃고, 지팡이 만지작
거리다가) 어! 김선영! (벌떡 일어난다)

영주 …?

S# 34 **광장 프러포즈 장소**

선영 (두리번거리며, 손부채질을 하면서) 하이 씨이~ 셋방 아
저씨는 여서 기다리라고 해놓고, 어딜 가서 안 오는 기
고? 더버 죽겠구마는.

S# 35 **몽타주**

미친 듯이 지팡이를 짚고 달려가는 최고만. 시계탑의 시계가

3시를 향해 움직이고 있다. 째깍째깍 움직이는 초침. 분침이 움직이면, 더워서 손부채질을 하고 있는 선영 돌아보는데, 미친 듯이 달리는 최고만. 저만치 김선영이 보인다. "써녕이~ 김써녕이~!" 소리를 치고 손을 흔들며 달려가지만, 퍼레이드 행렬 소리에 들리지 않는다. 미친 듯이 달리는 최고만, 시계탑의 분침이 정각 3시를 가리키며 쿵! 멈춰 선다.

S#36   동 프러포즈 장소

최고만   (달려오며) 김선영~!

슬로모션으로 보이는. 선영이 막 고개를 돌려서 최고만을 보는 찰나, 광장 아래서 수십 개의 분수 물줄기가 쏟아져 올라온다. 달려온 최고만, 선영을 휙 잡아당겨 안으며 지팡이를 휙 돌리면, 우산으로 변하며 팡! 펼쳐지는 지팡. 물줄기 속에서 선영을 한 손으로 안고, 다른 손으로 우산을 펼쳐든 최고만. 선영, 최고만의 박력에 반한 듯 가슴에 안겨서 올려다보고, 최고만도 선영을 내려다보는 모습까지 슬로모션으로 보이고.
뿜어져 올라오는 물줄기가 (정속도로!) 거세게 보이며 최고만과 선영의 얼굴을 아래에서부터 때린다! 푸파파~ 우산도 제대로 못 가누는 최고만.

선영   (노려보며) 물이 밑에서 올라오는데, 우산 쓴다꼬 안 젖십니꺼? 이 개장수 아저씨야!

하면서, 최고만의 얼굴을 주먹으로 퍽! 친다. 저만치서 고소하다는 듯 천천히 박수를 치면서 즐기는 김집사. 영주도 뒤따라와 그 모습을 보면서 웃는데, 김집사 옆에 선 닻별의 표정이 밝지 않다. 물끄러미 보는 영주.

S# 37   놀이공원 일각

선물용품 판매점에 들러서, 물건을 고르는 영주와 닻별. 장난스러운 선글라스를 닻별의 얼굴에 씌우고 부러 밝게 장난을 쳐보는 영주. 닻별, 웃어주지만 내키는 웃음이 아니다.

S# 38   놀이공원 일각

닻별의 손을 잡고 산책하고 있는 영주.

영주   (눈치 살피며) 닻별아… 아까 엄마랑 아빠 같이 있을 때 무슨 얘기 들었어?

닻별   … 아니? 왜?

영주   아니, 아빠랑 엄마가 다툰 거 들었을까봐 걱정돼서.

닻별   이혼할 때는 늘 그런 거래잖아.

영주	(미안해져서) 닻별아. 아빠 아직도 많이 미워?
닻별	… 잘 모르겠어.
영주	너무 미워하지 마. 그래도 닻별이 아빠잖아.
닻별	근데, 그게 잘 안 돼, 엄마.
영주	(안쓰럽게 보다가, 눈 마주치며) 닻별아. 예전에 니가 그랬지? 가족이 어떻게 가족을 버리냐구.
닻별	…!
영주	그러니까 우리 닻별이도, 아빠 그만 미워했으면 좋겠어. 아니, 적어도 미워하지 않으려고 노력했으면 좋겠어.
닻별	… 알았어. 노력해볼게.
영주	(미소 짓고) 대신, 이제 엄마가 아빠 몫까지 더 잘할게. 응?
닻별	(고개를 끄덕이고) 응. (미소 지어주고) 나 목말라. 엄마, 아이스크림 먹으러 가자.
영주	그럴까? (손잡고 함께 휘휘 저으며 걷는다)
닻별	(서로 보고 미소 짓다가, 영주를 물끄러미 올려다보는 눈빛에 걱정과 의구심이 가득하다)

S# 39   한국병원 전경 / 낮

S# 40   수인 외래진료실

영주의 가슴과 등에 청진기를 대고 확인하는 수인. 간호사가 가져온 검사결과지를 보며.

수인   BNP 수치가 퇴원할 때 비해서 많이 좋아졌네요. 이뇨
      제 투여 결과도 나쁘지 않구요. 다리는 많이 안 붓나요?

영주   예, 많이 걸었을 때 말곤 괜찮습니다.

수인   야외활동하는 것도 별 문제 없죠?

영주   예, 괜찮습니다.

수인   다행이네요. 약 먹는 거 거르지 말고, 다음 정기진료 때
      뵙죠.

영주   감사합니다. (옷깃 여미고 나가려고 하면)

수인   (보며) 김영주씨, 심장이식신청서는 작성했습니까?

영주   (돌아보며) 오늘 할까 하구요.

수인   (픽) CRT 수술 한 게 일주일 전인데, 참 한가하시네요?
      (약간 화가 난) 지금 어리광 부리는 건가요? 아니면, 김
      영주씨 차례까지 안 올까봐 미리 포기하겠다는 건가요?

영주   (기분이 상하는) 그게 무슨 말씀이시죠?

수인   (약간 화가 나서) 못 알아듣겠어요? 김영주씨, 내가 누
      구 때문에 김영주씨 CRT 수술을 했는지 알아요? 지금
      김영주씨 옆에 있는 남자 때문이었거든요! 당신이 이제
      하라고 부르는 그 사람이요. 아시겠어요?

영주   (뜨끔 놀라서 보면)

수인   말 돌리는 거 질색이니까, 단도직입적으로 말씀드리죠.
      이제하, 한때는 내 사람이었어요. 서로 좋아해서 약혼한

사이였으니까.

영주   (깜짝 놀라서 보면)

수인   그런데! 약혼까지 한 남자가 첫사랑이란 여자를 못 잊어서, 나한테 집중을 못하더군요. 나를 보는 줄 알았더니 내 눈동자 너머 다른 여자를 그리워하고 있더란 말이죠. 그래서 파혼했어요, 우리.

영주   (뜨끔한데)

수인   그리고 3년을 혼자 지냈는데, 문득 이 남자가 없으면 안 되겠구나 싶더군요. 그래서 다시 만나러 왔어요. 그런 날 붙들고 이제하가 당신 수술을 부탁한 겁니다. 아시겠어요?

영주   (뭐라고 대답을 못하겠는데)

수인   그러니까, 김영주씨 살리기 위해서 애쓴 사람들 위해서라도 뭐든 하는 시늉이라도 해야 되는 거 아닌가요? 그게 김영주씨가 해야 될 일 아니겠어요?

영주   (꿀꺽 침 삼키고) 물론이죠, 할 겁니다. 아니, 심장이식… 받아서 꼭 살 겁니다. 그게 날 위해 애써준… 제하한테 할 수 있는 최선이니까요. 그리고 저도… 제하 아파하는 거 보기 싫어졌거든요? 솔직한 말씀 감사했습니다. (쓱 돌아서 나간다)

수인   (문 닫히면) 너무 세게 찔렀나? 역반응이네? (픽 미소 짓지만. 만만찮겠네? 하는 표정으로 보고)

S# 41   병원 복도

영주 나오는데, 제하가 기다렸다가 다가오며.

제하   검진은 끝났어? 어떻대?

영주   (함께 걸으며) 응. 다 좋대.

제하   다행이다~ 저녁 같이 먹을까? 유기농 식단 제대로인 집 알아뒀는데. (휴대전화 꺼내며) 해? 말어?

영주   (대답 않고 물끄러미 보며) 제하야, 내가 너에 대해서 모르는 게 참 많구나?

제하   …?

영주   이렇게 가만 보니까, 욕심날 구석도 꽤 있구. 그렇지?

제하   (픽) 이제 알았어? (하다가) 뭐야, 그 멘션은? 김영주, 넌 욕심 안 난다는 거야?

영주   아니, 나두 욕심나. 제하야, 나 혹시 내 차례가 안 올지도 모르니까 얘기할게.

제하   김영주…!

영주   아니, 나 포기하려고 이러는 거 아냐. 더 잘 살려고 이러는 거야. 이제하. 나 혹시 이식 못 받게 되면, 나랑 한 달만 사귈래?

제하   …?

영주   나한테 남은 시간이 석 달이라면, 한 달은 닻별이, 또 한 달은 우리 바보엄마 위해서 쓰고, 나머지 한 달은… 날 위해서 쓰고 싶어… 그러니까… 나랑 사귀어줄래?

제하, 영주의 손을 잡아주고 미소 짓다가 와락 안아준다. 두 사람 모습이 멀리 오랫동안 잡히며.

제하E   고맙다, 김영주… 날 받아줘서.

영주E   제하야… 나 열심히 살게. 정말 열심히 살아낼게. (마음을 다지는 표정에서)

S# 42   최고만 집 이층 거실

영주의 핸드백이 내려져 있고, 그 앞에 우두커니 앉아 있는 닻별이의 뒷모습으로 카메라 천천히 이동해 가면.

S# 43   닻별 회상 / 커피숍 야외 테라스

커피숍 입구로 달려오는 닻별, 저만치 영주의 모습이 보인다. 환해지며 달려가는 닻별, 막 엄마를 부르려는데.

영주   그래…! 나 시한부야…! 3개월밖에 못 살지도 모르는 시한부라서! 너랑 이러고 있는 1분 1초도 아깝거든?

S# 44   닻별 회상 / 요양원

요양원 한쪽에서 약봉투에서 약을 꺼내 먹고 있는 영주의 모습.

S# 45 닻별 회상 / 놀이공원 장난감 판매점

닻별의 장난감을 고르는 영주, 벌어진 옷섶 사이로 거즈가 보인다. 그 모습을 물끄러미 보다가, 황급히 고개를 돌리는 닻별.

S# 46 최고만 집 이층 거실

심장이식신청서를 멍하니 바라보는 닻별. 눈물이 주룩 흐른다.

S# 47 심혈관센터 / 장기이식신청 부스

영주, 테이블에 앉아서 심장이식신청서를 물끄러미 바라본다. 마음을 다지며 신청서를 작성하고, 서명을 하는 영주. 핸드백을 열더니 레스토랑 봉투를 꺼낸다. 찢긴 쿠폰이 나오면, 투명테이프로 정성스럽게 붙이는 영주. 미소를 짓고, 자리에서 일어나 나오며, 휴대전화를 꺼내 전화를 한다.

S# 48 최고만 집 이층 거실 / 화면 분할되며

닻별   (눈물이 그렁그렁한) 엄마?
영주   응. 엄마야. 우리 딸~ 뭐 하고 있었어?

닻별   (참으며) 그냥… 회장할아버지랑 수학공부 하고 있었어.

영주   그래? 근데 우리 닻별이 목소리가 왜 그래? 울었어?

닻별   (눈물 삼키고) 아니야.

영주   (왠지 걸리지만) 닻별아. 엄마랑 오늘 저녁에 데이트할까?

닻별   … (겨우 참으며) 데이트?

영주   응. 전에 엄마랑 같이 갔던 그 레스토랑에 갈까?

닻별   … 아니, 안 갈래…

영주   왜…?

닻별   (금세 눈물 다시 고이며) 엄마가… 무슨 얘기 하려는지
         다 아니까…

영주   그게 무슨 말이야…?

닻별   (손에 쥔 심장이식신청서 내려다보며) 엄마가… 나한테 무
         슨 얘기 하려고… 데이트 신청하는지 다 아니까… (목이
         메어 눈물 터뜨리며) 나 안 들을래… 안 들을래… 엄마…

닻별, 울음을 터뜨린다. 닻별의 손에서 떨어지는 신청서. 화
면 분할되며, 놀라서 닻별을 부르는 영주와 울면서 "엄마~ 엄
마~" 부르는 닻별의 모습에서 14부 엔딩.

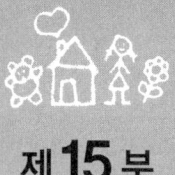

제 **15** 부

제15부

S#1 **오프닝 – 전회 몽타주 / 심혈관센터 / 장기이식신청 부스**

영주, 테이블에 앉아서 심장이식신청서를 물끄러미 바라본
다. 마음을 다지며 신청서를 작성하고, 서명을 하는 영주. 자
리에서 일어나 나오며, 휴대전화를 꺼내 전화를 한다.

S#2 **최고만 집 이층 거실 / 화면 분할되며**

영주 (왠지 걸리지만) 닻별아. 엄마랑 오늘 저녁에 데이트할까?

닻별 … (겨우 참으며) 데이트?

영주 응. 전에 엄마랑 같이 갔던 그 레스토랑에 갈까?

닻별 … 아니, 안 갈래…

영주 왜…?

닻별 (금세 눈물 다시 고이며) 엄마가… 무슨 얘기하려는지
다 아니까…

영주 그게 무슨 말이야…?

닻별 (손에 쥔 심장이식신청서 내려다보며) 엄마가… 나한테 무

슨 얘기 하려고… 데이트 신청하는지 다 아니까… (목이
메어 눈물 터뜨리며) 나 안 들을래… 안 들을래… 엄마…

S#3   동 심혈관센터

영주   (놀라서) 닻별아. 닻별아? (전화 연결음이 끊기면, 불안
감이 밀려오는 얼굴에서)

S#4   최고만 집 이층 거실 / 낮

휴대전화를 든 채 어깨를 들썩이며 울고 있는 닻별. 이때, 최
고만이 위로 올라오며.

최고만   꼬맹이. 너 이놈, 수업받다 말고 여긴 왜 와 있어? 벌써
땡땡이질인 게야? 건방진 놈.
닻별   (쓱 돌아보더니) 회장할아버지… 우리 엄마, 죽어요?
최고만   … 뭐?
닻별   심장이식 안 받으면… 죽는 거예요? (눈물 주룩 흐른다)

최고만 뜨끔 굳어서 보다가, 바닥에 어지럽게 널려 있는 유학
관련 서류 위에 떨어진 신청서를 주워본다. 퀵서비스로 배달
된 서류봉투에 최고만 집 주소와 박닻별이라는 이름, 발신인
에 '아빠가~'라고 적힌 글씨 보인다. 울고 있는 닻별을 보는

최고만의 얼굴에 고민이 쓱 스쳐 지나간다.

S# 5   달리는 차 안

불안한 얼굴로 운전을 하면서 전화를 하는 영주. 전화를 받으면.

S# 6   최고만 집 정원 / 화면 분할되며

김집사와 함께 김칫거리를 준비하던 선영, 전화를 받으며.

선영   여보세요? 내는 김슨영인데예.

영주   (다급한) 엄마, 나야.

선영   (환해지며) 어, 영주야~ 전화했나?

영주   엄마, 닻별이한테 무슨 일 있어?

선영   닻별이? 지, 지금 시간이모 개장수 아저씨한테 수업받고 있을 긴데. 와? 전화 바까주까?

영주   그래 줄래? (하다가) 아, 아니야. 내가 지금 집으로 갈게? (전화를 끊고)

선영   야아들이 뭔 일이 있나?

S# 7   동 달리는 차 안

불안한 시선으로 가속기를 밟는 영주.

S#8   최고만 집 서재

닻별과 마주 앉아 있는 최고만. 박정도가 보낸 여권과 입학허
가서 등등과 심장이식신청서가 책상에 놓여 있다.

최고만   꼬맹아. 지금 니네 엄마가 죽, 죽는 거냐구 나한테 물은
게냐?

닻별   … 예.

최고만   너는 지금 그 질문의 대상이 맞다고 생각하는 게냐? 내
가 의사냐? 화타야? 편작이야?

닻별   (금세 눈시울이 젖을 기세면)

최고만   (괜한 얘기 했구나 싶고) … 좋, 좋다. 내가 얘, 얘기해주지.

닻별   (긴장해서 보면)

최고만   대신 내가 묻는 말에 니가 먼저 대답해야 된다? 너, 내
대답을 열 살짜리 어린이로 들을래? 아니면, 아이큐 200
짜리 머리 엄청 좋은 천재로 들을래?

닻별   그럼 대답이 어떻게 달라지는데요?

최고만   대답은 같아. 대신에 고통받는 사람이 달라져~ 꼬맹이
너냐, 아니면 니 엄마냐.

닻별   (직감적으로 아는) 그럼… 제가 고통받을게요. 대답해주
세요.

최고만 진심으로?

닻별 예. 우리 엄마 아프잖아요. 근데 저까지 아프게 하면…
(눈물을 꾹 참으며) 우리 엄마… 어떻게 될지 모르잖아
요. (마음을 다지려고 애쓰며) 그러니까… 아이큐 200으
로 들을게요.

최고만 (물끄러미 보다가, 아프지만 아닌 척) 그래? 그럼 대답
해주지.

S# 9   최고만 집 전경

영주의 차가 급하게 멈춰 서고, 내리는 영주. 문을 열려다 말
고 심장을 다독이고, 마음을 다지며 문을 열고 들어간다.

S# 10   최고만 집 정원

영주, 가로질러 가는데, 김치를 버무리던 선영과 김집사가
본다.

선영 (환해져서 벌떡 일어나며) 영주야~ 우리 영주 왔나?

영주 (마음이 달뜨지만) 어, 엄마. 닻별이는 어딨어?

선영 개장수 아저씨 서재에서 공부하고 있을 긴데?

영주 응. 알았어. (가는데)

선영 영주야, 내 겉절이 담그고 있으이까, 즈녁에 크다란 양

재기에 밥 썩썩 비비가 묵으까?

영주 (억지 미소 짓고) 그래, 맛있겠다. 기대할게?

선영 (웃고, 신나는 얼굴로 앉으면)

영주, 서둘러 들어가는데. 이때 현관문이 열리면서 밖으로 나오는 최고만.

영주 회장님, 닻별이 수업 끝났나요?

최고만 응. 끝났어. 이층에서 자네 기다리고 있으니까 들어가봐.

영주 (뭔가 있구나 싶어서) … 예. (들어가려고 하면)

최고만 김영주.

영주 예? (돌아보면)

최고만 자네 딸내미가 천재인 건 안 까먹었지?

영주 예? 그게 무슨 말씀이신지?

최고만 (속상해서 투덜대는) 무슨 말씀은 얼어죽을 무슨 말씀이야? 닻별이가 자네 심장 고장났다는 거 알아버렸다구.

영주 (설마 했지만, 충격이다. 겨우 마음 누르며) … 닻별이가 그걸… 어떻게 알게 된 거죠?

최고만 제미, 말귀 어두운 것하곤. (버럭) 당신들은 대체 천재를 뭐라고 생각하는 게야? 닻별이는 자네 약봉투 하나만 봐도 알고리즘이 작동하는 애야. 그건 걔 의지가 아니고, 지가 싫어도 어쩔 수 없이 작동되는 미친 컴퓨터 같은 거라니까! 내가 무슨 말 하려는지 알아듣겠어?

영주   … 예, 회장님. 잘 알아들었습니다. (돌아서 들어가는데)

최고만   괜히 어설픈 어른 흉내 내서 꼬맹이 실망시키지 마.

영주   … 예.

S# 11   최고만 집 거실 + 이층 거실

현관으로 들어와 거실을 가로질러 걸어오고 있는 영주. 마음을 다지며 이층 계단을 올라간다. 이층 거실에서 아이패드를 보고 있는 닻별의 뒷모습을 보고, 발을 멈춘다. 어떻게 얘기를 꺼낼까 마음을 졸이는데, 닻별이 고개를 돌려서 본다.

닻별   (금세 감정이 북받치지만, 꾹꾹 누르며) 엄마.

영주   (역시 부러 환하게 미소 지으며) 우리 닻별이 수학공부하고 있었어?

닻별   … 응. (하면서 눈 마주치면 울까봐 시선 안 마주치며) 엄마, 나 뭐 하나 물어봐도 돼?

영주   (긴장되지만, 닻별 손을 잡고 앉으며) 뭔데? 우리 딸 뭐가 궁금해?

닻별   (책상에 놓인 정도가 보낸 유학서류 보며) 나, 유학 가야 돼?

영주   (의외의 질문에) 어? 유, 유학?

닻별   응. 아빠가 퀵서비스로 입학허가서랑 항공권 보내줬어.

영주   (당황해서) 어, 그랬어…? 아, 아빠가 서류 보냈구나…?

(모른 척하며) 그래서 엄마랑 데이트 안 한다고 그런 거였어? 닻별이 유학 가라고 그럴까봐?

닻별 (어렵게) … 응.

영주 에이, 그런 거 아니었는데~ 엄만 닻별이랑 지난번에 약속했던 데이트 하려는 거였거든?

닻별 … 진짜…?

영주 그럼~ (쿠폰 꺼내서 보여주며) 봐봐. 엄마가 감쪽같이 붙여놨지?

닻별 … 그럼, 나 유학 안 가도 돼?

영주 (생각하는 척) 음… 그건~ 엄마랑 실컷 논 다음에 생각해보면 어떨까? 어쩜 닻별이가 엄마랑 노는 게 지겨워져서 먼저 보내달라고 그럴 수도 있잖아.

닻별 (단호한) 나 절대 안 그럴 거거든?

영주 그래? 그럼 엄마도 닻별이랑 같이 있어서 좋지 뭐. (미소 짓고)

닻별 (따라서 미소 짓지만, 아직 아이라 마음을 못 숨기고 드러나면)

영주 (안쓰럽게 보는데 들리는)

최고만E 자네 딸내미가 천재인 건 안 까먹었지? 괜히 어설픈 어른 흉내 내서 꼬맹이 실망시키지 마.

영주, 얘기해야겠구나 싶어서 마음을 다지고 닻별의 손을 잡으며.

영주	닻별아. 유학문제 말고, 엄마가 할 얘기가 하나 더 있는데, 들어줄래?
닻별	(피하고 싶은) 엄마… 나 그 얘기… 안 들으면 안 돼?
영주	(부러 아무것도 아닌 듯) 왜? 닻별인 엄마 몸이 어떤지 안 궁금해?
닻별	(다 알고 있어 눈물이 그렁그렁해서) 엄마…
영주	그래, 맞아. 우리 딸이 생각한 대로 엄마 좀 아팠어. 아니, 솔직히 말하면 아주 많이 아파서, 수술도 받았어. 그리고 더 솔직히 말하면, 아직 다 나은 것도 아니래. 우리 딸도 알고 있었지?
닻별	(불안해서 울음이라도 터질 것 같은데 겨우 참고, 끄덕이며) 응…
영주	(미소 짓고) 그래서, 오늘 엄마 심장이식신청서 내고 왔어. 의사선생님이 그러시는데, 요즘은 심장이식을 못 받아서 잘못되는 사람은 거의 없대.
닻별	… 정말이야?
영주	그러엄~ 엄마가 닻별이한테 거짓말한 적 있어?
닻별	… 아니. (망설이다가) 그럼 엄마… 나 유학 갈 때 같이 가줄 수 있어? 나 혼자 보내지 말고, 같이 가서, 나 학교 갔다 오면 엄마가 문도 열어주고, 나도 안아주고, 간식도 주고, 학교에서 무슨 일 있었는지, 내가 누구랑 친한지, 누가 미운지, 얘기 들어줄 수 있어?
영주	(울컥하지만 환하게) 그러엄~ 엄마두 그러려구 회사도

열심히 다니구, 돈도 많이 벌어놓은 건데?

닻별　… 정말이지?

영주　(손 잡아주며) 닻별아, 지금 닻별이가 말했던 거 있지~ 그게… 엄마 꿈이었어. 할머니가 부족해서 엄마한테 못 해줬던 것, 그래서 늘 엄마가 받고 싶었던 걸… 우리 딸 한테 다 해주는 게… 엄마가 사는 이유였어…

닻별　(눈시울 뜨거워지며) 엄마…

영주　그러니까, 이제부터 엄마가 다 해줄게. 우리 딸한테, 엄마가, 다 해줄게?

닻별　(와락 영주에게 안기며) 응. 해줘. 다 해줘, 엄마.

영주　(안아서 어루만져주며 마음을 다지는) 그래, 다 해줄 거야. 엄마가 다 해줄 거야.

닻별　(뭔가 차마 말하지 못한 얼굴로 꼬옥 껴안는다)

S# 12　최고만 집 거실

이층이 궁금해서, 계단에 다리를 올렸다 내렸다 하는 최고만.

최고만　하이 씨. 뭐, 뭐라고 얘기하는지 완, 완전 궁금하잖아. (왔다 갔다 하다가) 에이 씨, 더, 더 못 참겠다. 올라가봐 야지. (올라가려는데, 누군가가 목덜미를 턱 잡는다. 캑! 하면서 돌아보면 선영이다)

선영　개장수 아저씨예, 지금 어디 갈라 카는 근데예?

최고만 어, 어디라니? 우, 우리 집 이, 이층에 올라가려는 거지 ~ 우리 집.

선영 우리 집이라꼬예? 이층은 개장수 아저씨가 우리 쓰라고 빌리준 그 아입니꺼?

최고만 그, 그렇지.

선영 그라모, 거그는 영주랑 우리 집이지, 와 개장수 아저씨 집인데예?

최고만 … 뭐?

선영 와예? 남의 집 일에 감 놔라 배 놔라 간섭할라꼬 방 빌리준 깁니꺼? 그긋도 딱 방 한 개밖에 못 씨게 하면서예?

최고만 그, 그거야 같이 모여서 복닥거리면서 살, 살라고 내, 내가 배, 배, 배려를 해, 해준 거지. 배려를.

선영 시끄럽고~! 개장수 아저씨, 솔직히 말해보이소. 지금 우리 영주가 맘에 들어가 찝적거릴라는 그 맞지예?

최고만 뭬, 뭬, 뭬야? 내, 내, 내가 김영주한테 찝, 찝, 찝적거린다구?

선영 그기 아이모, 왜 자꾸 이층엔 들락거릴라 카는 거냐 말입니더!

김집사 (쓱 들어오며) 제가 보기에도 김선영씨가 본 게 맞는 거 같은데요?

최고만 뭐, 뭐 이 자식아!

김집사 (모른 척) 김선영씨 눈에 그렇게 보였으면 그런 거겠죠. 안 그래요? 김선영씨?

선영   (맞장구치면서) 맞십니더~! (최고만을 의심스럽게 휙 노려보면)

최고만   (울컥 솟는다) 김, 김선영이, 당신~! 아, 아무리 바, 바, 바보래도 이러는 거 아니다. 이 최, 최고만이 오, 오, 오, 오십이년 된, 정품 아주 쌔 거, 순정을 이렇게 짓밟는 거 아니라구! (눈물 그렁그렁해서 휙 돌아서 가면)

선영   (뻥해서 보며) 저놈의 개장수 아저씨는 뭔 못 알아듣는 말을 저래 씨부리쌌는지 당~최 모르겠다이까. (뿌우~ 하고 간다)

S# 13   최고만 집 이층 거실

심장병환자들에게 좋은 운동을 검색해서 보고 있는 닻별. 마음이 소란스러워 왔다 갔다 손만 만지작거리는 선영.

선영   닻별아, 느그 옴마 개장수 아저씨랑 몬 얘기를 이래 질게 하노?

닻별   (할머니도 눈치챘나? 놀라서) 그건 왜 물어보는데, 할머니?

선영   아 아이, 아무래또 그 개장수 아저씨가 니네 옴마한테 마음이 있는 거 같아가…

닻별   (그제야 안심하며 픽 웃고) 내가 보기엔 회장할아버지가 선영이 할머니 더 좋아하는 것 같던데?

선영	어, 어데? (손사래 치며) 그, 그는 말또 아이다. 내, 내 같은 사람을 누가 좋아하노?
닻별	왜? 할머니가 어때서?
선영	내, 내는 닻별이 니도 알다시피… 머리또 나쁘고…
닻별	할머니, 회장할아버지가 나보다 더 천잰 거 알아요?
선영	천재? 저 개장수 아저씨가?
닻별	응. 근데 천재들 눈엔 할머니나 다른 사람이나 다 비슷해 보여.
선영	… 그기 진짜가…?
닻별	그럼~ 그러니까 회장할아버지가 할머니한테 어떻게 했는지 한번 잘 생각해봐요. (짧은 미소 짓고, 아이패드에 열중하면)
선영	내, 내한테 어떻게? (생각에 잠긴다)

S#14   선영 회상 / 몽타주

CUT TO 최고만 자동차 안
차를 몰고 가는 최고만과 투덜거리는 선영 몽타주. 차에서 내리는 선영 "앞으로 개장수 아저씨 차 타면 내가 갭니더, 개."

CUT TO 프러포즈 장소
최고만과 선영의 얼굴을 아래에서부터 때린다! 푸파파~ 우산도 제대로 못 가누는 최고만. 선영 (노려보며) 물이 밑에서 올라오는데, 우산 쓴다꼬 안 젖십니꺼? 이 개장수 아저씨야!

S# 15   동 이층 거실 / 밤

선영 (고개 흔들며) 아이다, 개장수 아저씨는 내 괴롭히는 재미로 사는 인간이다. 절대 그럴 리가 읎다.

닻별 (픽 미소를 짓고)

선영 닻별아, 식혜 담근 그 한 그릇 갖다주까?

닻별 싫어, 살 쪄. (하다가 선영을 보고) 응. 갖다줘, 할머니. 나 식혜 먹고 싶어.

선영 (환해지며) 어. 냉장고에 넣어놔가 지금쯤 시원해졌을 기다. 내 금방 한 바가지 듬뿍 떠오께~? (신 나서 나간다)

닻별 (안쓰럽게 미소 짓고, 다시 집중하는)

S# 16   최고만 데이트레이딩 룸 / 밤

최고만 그래서, 꼬맹이는 기필코 유학을 보낼 생각이야?

영주 아직 판단이 잘 안 섭니다, 회장님.

최고만 그럼, 이 항공권은 꼬맹이 애비란 인간이 일방적으로 보낸 거구만?

영주 … 예. 그런 것 같습니다.

최고만 애비란 놈이, 빌어먹을. (하다가, 굳어지는 영주 쪽 보더니) 자네, 내가 옛날 얘기 하나 해줄 테니 들어볼 테야?

영주 ⋯ 옛날 얘기요?

최고만 그래. 옛날에 말이지, 세상에서 지가 제일 똑똑한 줄 아는 천재 꼬맹이 하나가 있었어. 열한 살에 MIT에도 가고, 빌어먹을 NASA에도 초청돼 가니까 아주 신이 났지. 다들 오냐오냐 하니까 세상에서 지가 제일 잘난 줄 안 거야. 근데 말이지, 한 1년쯤 지나니까 미치겠는 거지. 외로운 게야. 엄마도 보고 싶고, 집밥도 먹고 싶고. 그래서 몇 날 며칠을 울어서, 그 부모가 짐 다 싸들고 미국으로 오기로 했대. (금세 눈이 벌게지며) 근데 그놈의 비행기가 공중에서 뻥! 터진 게야. 젠장맞을. 하필 그 비행기가, 뻥~! 하고 말야.

영주 (뜨끔해서⋯ 회장님 얘기구나 싶은데)

최고만 그리고 40년이 넘게 흘렀는데, (스스로 감정에 빠져 눈시울이 뜨거워지는) 그 꼬맹이놈은 아직도 그 나이야⋯ 철도 하나도 안 들고, 지 부모 뺏어갔다고 세상도 미워해. (눈물 콧물 쓱 닦으며) 남 얘기 하는데 나도 참 주책이야. 그치?

영주 (그래서 최고만이 이렇구나 보는데)

최고만 아무튼 자네 딸내미가 지금 유학 가면, 어떨 것 같나? 내가 보기엔 말이지, 닻별이도 그 꼬맹이놈이랑 똑같아지는 거야. 엄마 보고 싶은데, 볼 수 있다고 믿는데, 근데 안 와. 아니 못 와.

영주 (암담해지는데)

최고만 그럼 닻별이 그놈도 그러겠지. 한 살 두 살 나이를 더 먹으면서 아, 우리 엄마는 영영 못 오는구나. 올 수가 없구나. 머릿속에서는 알지만, 그래도 맨날맨날 기다리는 게야. 주인을 잃은 강아지처럼. 오늘은 오겠지, 내일은 오겠지. 그렇게 몸은 자라는데 마음이 안 자라는 거지… 평생을.

영주 (갑자기 마음이 아려오는데)

최고만 지금 닻별이 저놈한테 필요한 건, 새로운 세상이 아니라 여지껏 못 파고들었던 엄마 품일 게야. 언제든 마음 놓고 기댈 수 있는 엄마 품.

영주 …

최고만 그게 아픈 엄마의 품이건, 심장이 고장 난 엄마의 품이건. 그 품에 안겨서 안정을 찾아야 닻별이도 온전한 사람이 될 게야.

영주 (울컥 치솟으며, 눈시울이 뜨거워지면)

최고만 그러니까, 당신 딸… 나같이 비뚤어진 인간 만들지 마. 알아듣겠어?

영주 (목이 잠겨서) 예, 회장님. 말씀 잘 알아들었습니다. 제가 잘 생각해서 결정하겠습니다. (애써 미소 짓고 일어나면)

최고만 (망설이다가) 자네 심장 고장 난 거, 얘기해줬나?

영주 … 예, 회장님. 제가 잘 알아듣게 얘기해줬습니다.

최고만 뭘 잘 알아듣게 얘기해줬는데? 자네 3개월밖에 안 남은 것도 얘기해줬어?

영주 (뜨끔 놀라며) 예?

최고만 잔망스런 꼬맹이 같으니라구. 지 에미 불쌍해서 입 다문 게로구만.

영주 회장님. 그게 무슨 말씀이세요? 예?

최고만 자네 아까 내가 뭐랬나? 닻별이는 자네 약봉투 하나만 봐도 알고리즘이 작동하는 애라고 했지? 그 녀석 자네보다 자네 병 훨씬 더 잘 아는 애야. 이 사람아.

영주 (충격에 말문을 잃고) 뭐…라구요?

최고만 자네 딸내미가 나한테 뭐랬는 줄 아나? 자네 심장이식 받으면 괜찮은 줄 알고 있는 걸로 해달래. 꼬맹이 지가 다 알아버린 걸 엄마가 알면… 엄마 심장에 무리가 갈지 모르니까. 지 엄마, 더 아파지는 거 싫으니까. 거기까지만 아는 걸로 해달래. 자네 딸이 그런 놈이야. 머리만 똑똑한 게 아니라 마음이 이쁜 놈이야.

영주 (울컥 눈시울이 뜨거워진다)

S# 17   최고만 집 거실 + 이층 가는 길

넋이 빠진 듯한 표정으로 걸어나오는 영주. 다리가 풀려서 벽에 기대는데. 선영이 식혜 들고 오다가 영주를 보고.

선영 (놀라서) 영주야.

영주 엄마…

선영 (얼굴 만져주며) 하구야, 니 얼굴이 와 이래 허옇노? 어
데 아픈 기고? 으이?

영주 엄마… 우리 닻별이 어떡하지?

선영 … 닻별이? 닻별이가 와?

영주 아직 줄 정도 다 못 줬는데, 저렇게 어른이 돼버려서, 미
안해서 어떡하지?

선영 (미소 짓고) 아이다. 닻별이가 벌써 무신 어른이 되노?
어른 될라모 안즉 한참 멀었다~

영주 (기대고 싶어서) 엄마 보기엔 그래? 엄마 보기엔, 닻별
이 아직도 애기 같애?

선영 하모. 갸아가 개장수 아저씨 문제 푸는 그는 잘할 중 몰
라또, 내 눈에는 심술부리고, 정 고파하는 그는 어릴 적
니랑 똑같대이.

영주 (몰랐다) … 내가 그랬어, 엄마? 닻별이처럼, 내가 그랬어?

선영 하모~ 니도 좀 똑똑한 아아였드노? 내 보기엔 니랑 닻
별이랑 똑~같대이.

영주 (그럴까? 그랬으면 좋겠다, 하는 표정으로 올려다본다)

선영 (손 잡아주며) 영주야. 니가 닻별이만 했을 때, 내는 모
질라가 니를 우째할지 아무긋도 몬했지만… 니는 달부
잖아. 니는 똑똑하이까…

영주 (가로저으며) 아니, 엄마가 안 똑똑해서 좋았는지도 몰
라. 엄마는 솔직했으니까. 솔직하게 얘기하는 거밖에 몰

랐으니까.

선영　그그야 내가 모질라이까…

영주　아니야, 엄마. 어쩜 닻별이도 나한테 원하는 게 그걸지
도 모르겠다. (미소 짓는다)

선영　…?

S#18　이층 거실

올라오는 영주. 아이패드에 집중해 있는 닻별의 뒷모습에 울
컥 올라온다. 마음을 가다듬고, 다가가 닻별의 등을 꼭 안아
주면.

닻별　(뜨끔 놀라며) 엄마…

영주　(밝게) 우리 딸 뭐 하고 있었어? 엄마도 보여줄래?

닻별　응. 엄마랑 뭐 하고 놀까 검색하고 있었어. 엄마, 우리
내일 수영장 가면 안 돼?

영주　수영장?

닻별　응. 나 미국 가기 전에 엄마랑 수영 배우고 싶어. 엄마처
럼 심장이 안 좋은 사람들한테 수영이 완전 좋은 운동이
래. 수영이 힘들면, 물속에서 걷기만 해도 운동효과가
있대.

영주　그래? 그럼 내일 수영하러 갈까? 할머니랑 닻별이랑 엄
마랑 셋이서?

닻별   (신 나서) 응~ 그럼 내일 할머니랑 이쁜 수영복 사러 가자.

영주   그래~ 그러자. (하면서 꼭 안아준 후, 마음 다지고) … 닻별아…

닻별   (뭔가 감지하고) … 응?

영주   (닻별을 돌려세우며) 엄마, 많이 아퍼. 닻별이도 알지?

닻별   (쿡 울음이 터지려고 하지만 꾹 참고, 고개 끄덕이며) 어, 알어, 엄마.

영주   (마음 아프지만, 담담하게) 그래서, 엄마 심장이식신청서도 냈어. 알지?

닻별   (울음 참느라) 음, 음.

영주   어쩌면 엄마 심장, 3개월밖에 못 견딜지도 모른대.

닻별   (얼굴이 일그러지지만 꾹 참는데)

영주   (확신에 찬) 그래도 엄마 포기 안 해. 이렇게 이쁜 딸 놔두고 엄마가 어떻게 포기해? 엄마 절대 포기 안 해. 그러니까, 우리 딸도 엄마 도와줘야 돼? 엄마가 이식받을 때까지 같이 수영도 하고, 엄마 웃을 일도 많이 만들어주고, 그래야 돼?

닻별   (고개 끄덕이며 목이 메어) 응.

영주   그래, 그럼 엄마도 잘 견뎌서~ 우리 딸이랑 오래오래 같이 살게?

닻별   응. 그래 줘, 엄마. 나랑 오래오래 같이 있어줘, 엄마. (하면서 눈물 주룩 흘린다)

영주   (눈물 닦아주며) 어유, 우리 강아지 많이 무서웠구나?

닻별   (그제야 울음 터지며) 어, 엄마. 나 무서웠어. 무서워서
          죽는 줄 알았어. (영주 품에 안겨서 엉엉 울면)

영주   (다독여주며) 괜찮아. 이제 괜찮을 거야. 엄마 여기 있잖
          아. 닻별이 옆에 있잖아.

닻별   응, 응. 엄마.

두 사람, 서로를 꼭 부둥켜안고 다독여주며 애틋하지만 환한
미소. 식혜를 들고 들어오던 선영도 그 모습 보면서 눈물이
그렁그렁해지지만, 행복한 미소를 짓는다. 짧은 암전.

S# 19   채린 주상복합 아파트 전경

S# 20   채린 집 침실

대화도 없이 출근준비를 하는 두 사람. 거울을 보려다가 몸이
부딪치면, 어색하게 서로를 피하려다가 다시 맞닥뜨리고, 어
색하게 미소를 짓고 나가려는 정도에게.

채린   … 오빠… 웨딩쇼 끝난 담에 김영주 만난 적 있어?

정도   (뜨끔) 아, 아니. 내, 내가 걔를 왜 만나? (눈치 보며) 그
          건 왜 묻는데?

채린   내가 안 묻게 됐어? 마감이 코앞인데 회사엔 코빼기도
          안 비추지, 애들 시켜서 전화해도 받지도 않지. 달랑 휴

직계 한 장 우편으로 발송하면 끝나? 그 여자 원래 그렇게 무책임했어?

정도   그, 그런 애는 아닌데…?

채린   그럼 진짜 병원 실려갔다는 게 맞나보지? 어디 제대로 아픈 거 아냐?

정도   (채린 두둔하느라) 걔가 어디 아프기나 할 애냐? 쇼 때 쪽팔려서 안 나타나는 거겠지?

채린   아무튼, 김영주 걔 만나면 회사로 연락 좀 하라고 그래.

정도   (비위 맞추느라) 뭐 하러 귀찮게 연락하라고 해? 그냥 짤라버리면 되잖아.

채린   누군 짜르기 싫어서 이러는 줄 알아? 아빠가 김영주 걔를 신주단지 모시듯 모시라니까 그런 거잖아!

정도   아, 알았어. 혹시 연락하게 되면 얘기 전할게. (나가면)

채린   혹시 좋아하네~ 닻별이 유학 보내려는 거 모를 줄 아나부지?

S# 21   채린 집 거실 / 낮

문을 닫고 나오는 정도, 나가려다가 문득 드는 생각에 멈춰선다.

정도E   김영주. 너 쇼 끝나고 병원 갔다더니, 무슨 시한부 판정이라도 받았니?

S# 22   정도 회상

정도   그것도 아니면 왜 이렇게 오버를 떠는데? 오버가!
영주   그래…! 나 시한부야…! 3개월밖에 못 살지도 모르는 시
        한부라서! 너랑 이러고 있는 1분 1초도 아깝거든?

S# 23   동 채린 집 거실

정도   설마… (하면서 가려다가 다시 굳는다)

S# 24   최고만 집 전경 / 낮

S# 25   최고만 집 정원

현관문을 닫고 나오는 영주, 닻별, 선영. 시원한 차림으로 나
서면. 최고만, 알로하셔츠에 반바지 차림으로 서성거리다가
조바심이 나서.

최고만   (심술 난) 젠장맞을. 왜, 왜들 이렇게 늦게 나오는 게야?
         새, 새, 새벽 5시부터 기다리다가 눈, 눈 빠지는 줄 알았
         잖아~!
영주   (당황스러운데)
선영   와, 개장수 아저씨가 우리를 기다리는데예?

최고만   왜, 왜라니? 오, 오늘 다 같이 수, 수, 수영장 가기로 했잖아, 수영장.

선영   개장수 아저씨가 와 우리랑 같이 수영장엘 가는데예? (의심스럽게 보며) 와예? 우리 영주 수영복 입은 그, 눈 이래이래 해가면서 볼라꼬예?

영주   (당황스럽고 황당해서, 낮게 하지 말라는) 엄마~

최고만   (짜증 나서) 김선영이. 나, 당신 딸한테 아무 관심도 없는데~? 그, 그리고 나도 정, 정식으로 초, 초대받은 사람인데~?

선영   누가 개장수 아저씨를 초대했다꼬 그랍니꺼?

닻별   할머니, 내가 오늘 수업 안 받는 조건으로 할아버지도 같이 가시자고 그랬어.

최고만   들었지? 들었지? 내 제자가 선생님을 초청한 거예요. 내 제자가.

선영   (삐죽거리며) 모 그라모 어쩔 수 없지예. 그란데예, 우리는예, 지금 닻별이 수영복 사러 가는 질이거든예.

최고만   수영복? 그, 그럴 필요 없어. 내가 다 준, 준비했걸랑?

최고만, 눈짓하면. 김집사, 자동차 뒤편으로 씌워진 커튼을 휙 열어젖힌다. 수십 벌의 여자수영복과 수영모, 고글, 물갈퀴 장비 일체가 진열되어 있다. 놀라서 보는 세 사람.

최고만   싸, 싸이즈는 알, 알아서들 골라. 그, 그럼 바, 바로 수영장 가도 되잖아. 그렇지?

영주   (미안하고 부담스러운) 회장님.

최고만   자, 자네는 (긴 슈트를 가리키며) 이, 이쪽에서 고, 고르
면 돼.

영주   (고만의 마음씀씀이가 고맙기도 하고, 부담스럽다) …
회장님, 신경 써주셔서 감사한데요, 저희 엄마 옷이랑
닻별이 옷은 제가 사게 해주세요. 엄마 옷, 한 번도 제대
로 사드린 적 없거든요?

최고만   (아쉽지만) 그, 그래? 그, 그럼 그래야지. 그, 그렇게 해.

영주   고맙습니다. 닻별아, 엄마, 가자.

선영   (미안하고 고마워서) 영, 영주야.

영주   뭐 해? (손잡아주며) 얼른 가자, 엄마.

선영   어. 그, 그래. 얼른 얼른 가자. (환해져서 가다가, 최고만
에게 뿌우~ 하고 가면)

최고만   김, 김군아. 김선영이 나한테 뿌우~ 하는 게 무, 무슨 의
미냐? 나, 나한테 애정표현 하는 거 맞지?

김집사   아니요, 냉수 먹고 속 차리라는데요?

최고만   (찌릿!)

S# 26   **한국병원 전경**

S# 27   **한국병원 복도**

제하, 복도를 걸어오며 문자를 보내고 있다.

제하E   김영주, 나도 수영장 따라가면 안 돼? 내 가운 속에서 식스팩이 우는데. 응?

E   문자 도착 소리 들리고.

영주E   우리 세 모녀 나들이거든요? 남자는 사양합니다.

제하E   (아쉽지만 문자 보내며) 너무 신나게 놀다가 내일 데이트 잊어버리지 마?

미소 짓는데, 누군가가 앞을 쓱 막는다. 고개를 들어보면, 정도다! 흠칫 멈춰 서는 제하.

정도   영주랑 문자질 중이신가보네? 연애는 잘돼가나?

제하   (조롱하는) 왜요? 잘돼가면, 그걸로 영주 약점이라도 잡으려구요? (지나쳐 가려고 하면)

정도   (붙들며) 아니, 김영주 어디가 아픈지 물어보려고 왔어.

제하   (뜨끔 굳으면)

정도   김영주, 어디가 아픈데? (떠보는) 걔 시한부야?

제하   (금세 울컥해지다가) 그건 담당선생님한테 물어보시죠. (가려는데)

정도   (뭔가 있구나 싶어, 실룩 미소가 떠오르며) 이제하 선생 ~ 담당선생이 누군지는 알려줘야 되는 거 아냐?

제하   (우들우들 노려본다)

S# 28   스포츠웨어 매장

수영복을 고르고 있는 영주와 닻별. 닻별이 "엄마, 이거 어때?" 하면서 영주의 목까지 오는 슈트를 보여주면.

영주   응. 좋아. (닻별의 수영복 보여주며) 이건 어때?

닻별   음… 난 좀 더 밝은색이 좋은데~ 뭐, 이것도 괜찮아. 엄마가 골라준 거니까.

영주   (픽 웃고) 알았어~ 엄마가 더 이쁜 걸로 골라줄게. 됐지?

닻별   (헤헤 웃으며) 응~!

선영, 저만치 떨어져 그 모습만 봐도 좋아서 히죽히죽 웃으며, 손가락을 만지작거리고 있으면.

여점원   언니분은 동생분이랑 같이 안 고르세요?

선영   내, 내요? 나는 이른 그 필요 없심니더. 저, 저나 가서 도와주이소~ (헤헤 웃으면)

영주   (손만 만지작거리며 헤헤 웃는 선영을 보며, 마음이 짠하다) 엄마~! 거기서 뭐 해? 이쪽으로 와. 여자수영복은 여기 다 있어.

선영   (엄마란 말에 입이 찢어지지만) 어? 어. 내, 내는 그른 그 안 사도 개안타. 반바지에 티샤쓰만 입고 해도 된다.

닻별   피, 그런 게 어딨어? 할머니, 수영장에 수영복 안 입으면 못 들어가거든요? 그러니까 할머니 것두 사야 돼요.

선영 (영주 눈치 보며) 그, 그룹나? 그라모 우짜지?

닻별 그러니까 얼른 고르라구요. (선영을 끌고 오면)

선영 (주춤주춤 끌려오며) 내, 내는 개안은데? 진짜 개안은데…

영주 (수영복 보여주며) 엄마, 이건 어때?

선영 어? 어~ 좋, 좋다~ 진짜로 좋다~

영주 (대보더니) 엄마, 생각보다 어깨가 작구나? (돌아보며) 아가씨, 이거 말고 한 치수 작은 건 없어요?

여점원 (다가오더니) 언니분 사이즈가 어떻게 되세요?

선영 (당황해서) 싸, 싸이즈예? 싸, 싸이즈가… (영주를 보면)

영주 (역시 당황스럽지만, 눈썰미로) 44반이면 될 거예요.

여점원 아, 예. (확인하더니) 그럼 언니분 이쪽으로 오시겠어요?

선영 (불안해서 눈치 보며 못 따라가면)

영주 저한테 주세요. 제가 갈아입혀드릴게요.

여점원 예? 예. (주고 가면)

영주 엄마, 가자.

선영 어? 어. (미안하기도 하고 자랑스럽게도 해서 헤벌쭉하며) 아가씨예, 들었지예? 우리 영주, 내 동생 아이고 딸입니더, 딸.

영주 (얼마나 자랑하고 싶었을까 안쓰러워서 미안한 미소)

S# 29 **탈의실**

비좁은 공간에 서서 선영의 윗옷을 벗겨주던 영주. 선영의 마른 어깨를 보더니, 손으로 매만져주며.

영주 우리 엄마… 그동안 많이 말랐네…? 예전엔 통통했었는데?

선영 아, 아이다. 내 한나또 안 말랐다. 봐라~ (알통을 보여주며) 여, 여 살 많지. 그자?

영주 (안쓰럽게 보다가 솔기가 뜯어진 속옷을 보면 아리다) 엄마, 수영복 고른 다음에 이쁜 속옷 사러 가자.

선영 이, 이쁜 속옷?

영주 응. 이쁜 속옷.

선영 아, 아이다. 내, 내는 이그 입으모 된다. 뭐 한다꼬 보이지도 않는 속옷에 아까분 돈을 쓰노? 내, 내는 개안타.

영주 걱정 마. 엄마 딸 돈 잘 버니까.

선영 그, 그래? 그라모, 내 딸 한 개만 사도.

영주 한 개만?

선영 어~ 곱단옴마 만나러 갈 때 입고 가가 자랑하게. 딱 한 개만 사도.

영주 (마음이 아리지만, 미소 짓고) 그래, 알았어. 대신 이쁜 걸로 한 개씩 사는 거다? 알았지?

선영 이쁜 걸로 한 개씩? (생각하다가) 그라모 이쁜 기 많으몬 우짜지?

영주 (미소 짓고) 내가 알아서 할게. 얼른 갈아입어.

선영   어~ (해죽 웃고 갈아입으면)

영주   (안쓰럽게 바라보며 미소)

S# 30   수영장 전경

S# 31   수영장 실내

텅 빈 수영장에서 여자 수영강사가 잡아주는 바를 붙들고 물
장구를 치고 있는 닻별. 저만치에서는 여성 트레이너를 따라
걷기운동을 하는 영주가 보인다. 서로 보면서 미소를 짓고 손
을 흔드는데. 이때 물에서 퐁! 하고 올라오는 선영, 푸하~ 하
면서.

선영   닻별아, 내가 수영하는 거 비주까?

닻별   할머니 수영 잘해?

선영   하모. 시골 살면서 수영 몬하는 사람이 어데 있노? 봐
           라~ 자~ (풍덩 뛰어들더니 개헤엄을 치다가 멈춰 서서)
           어떻노? 잘하제?

닻별   (피이~) 할머니이~ 그건 개헤엄이잖아~ 폼도 하나두
           안 나잖아.

선영   개헤엄? 개헤엄이면 어떻노? 앞으로 잘 가기만 하모 되
           제. 영주야, 안 글나?

영주   (물속에서 걸으며) 그럼~ 폼 나고 폼 안 나고가 어딨어?

할머니 말씀처럼 앞으로만 잘 가면 되지~ 안 그래?

선영 (편들어주자 기뻐서) 닻별아, 옴마 얘기 들었제?

닻별 (미소 짓고) 응~

세 사람, 서로를 보면서 환하게 미소 짓고.
(경과) 선영과 닻별, 코를 잡고 신호를 기다리고. 영주가 "자, 시~작!" 하자 선영, 코를 붙들고 풍 하고 들어가면. 닻별이 팔짱을 끼고 보고 있다. 영주, 눈 흘기며 "닻별이 너~" 하면. 닻별, 헤헤 웃고 물속으로 자맥질한다. 그 모습 보면서 미소를 짓는 영주.

S# 32   수영장 남자 탈의실 + 수영장 보이는 통로 / 낮

의자에 앉아 세 사람을 부럽게 바라보고 있는 최고만과 김집사.

최고만 (부러워 혼잣말) 내가 숨 참는 거 완전 잘하는데~ 저거하면 내가 일등할 수 있는데~

김집사 (퉁퉁 부은 얼굴로) 회장님, 왜 저는 수영장에 못 들어가게 하는 겁니까요? 예?

최고만 (시선 못 떼며) 누가 너처럼 음흉한 놈 좋으라고 이 수영장 지어놓은 줄 알아? 자식아, 봐라. 세 모녀가 저렇게 좋아하는데 너 같은 괴한이 불쑥 들어가면 분위기가 깨지겠어? 안 깨지겠어? 자식아!

김집사 그럼 불쑥 안 들어가고, 실례합니다~ 하고 들어가면 안 될까요?

최고만 들어가서 뭐 하려구? 뭐 하려구 자식아. 왜 김선영이 수영하는 거 (선영 흉내) 눈 이래이래 하면서 훔쳐볼려구?

김집사 에이, 설마요.

최고만 설마요? 넌 거울도 안 보냐? 니 옷 입은 꼬라지 보면 딱 나오는데, 자식아. 이거 봐, 이거 봐, 근육 있는 척하려고 가슴에 패드까지 처넣고~ 자식아! (김집사 슈트를 손으로 꾹꾹 누르면)

김집사 (힘주며) 이거 패드 아닌데요? 자연산인데요?

최고만 (더 기분 나빠서) 그, 그럼 찢어볼까? 찢어봐~?

김집사 (당황해서) 에이, 왜 이러십니까?

최고만 왜? 너는 내 가운 홀라당 발라당 벗겨놓고 왜 나는 못하게 하는데, 자식아~!

하면서 최고만, 김집사의 슈트를 확 걷어 올리면, 가슴은 진짜지만 배에 칭칭 감은 압박붕대가 보인다.

최고만 (낄낄낄 비웃으며) 너 그럴 줄 알았어, 자식아. 붕, 붕대 감는다고 똥, 똥배가 가려지냐? 가려져. 자식아? 동네사람들~ 김삼용이 배 좀 보래요~ 똥배래요, 똥배~

김집사 이거 똥배 아니거든요? 문신 가린 거거든요? 에이 씨

~! (최고만을 획 밀치더니) 김선영씨~! (수영장 안으로
돌진)

최고만　저 빌, 빌어먹을 자식!

S# 32-1 수영장

남자 통로에서 달려나오며 "김선영씨~" 손을 흔드는 김집사.
수영을 마치고 타월과 가운을 두른 영주, 닻별, 선영. 선영,
"어, 셋방 아저씨네? 셋방 아저씨요~" 손을 흔들어주는데. 이
때, 가운을 입고 수경을 쓴 채로 나오는 최고만의 모습이 슬
로모션으로 보인다.

최고만, 걸어오며 가운을 획 벗어던지면, 쫄쫄이 전신 수영복
을 입었다. 수경 시야로 보이는 놀란 선영, 닻별, 영주, 김집사
의 얼굴. 〈불의 전차〉 테마곡이 깔리며. 최고만, 도움대에 올
라서더니 몸을 비틀며 짧은 준비운동 뒤 호흡을 하더니, 점프
를 하면서 물로 뛰어든다. 정상화면이 되면 버터플라이로 물
살을 가르는 최고만의 역동적인 모습.

최고만E　놀랐겠지? 김선영이 완전 놀랐겠지? 내, 내가 이렇게
물, 물찬 제, 제비 같은 줄 몰랐겠지…? (하면서) 여기서
턴을 해서 25미터만 갔다가 폼 나게 파악! 올라가면, 김
선영이 나한테 완전 뽕뽕 가겠지?

최고만, 힘차게 턴을 하면서 수영장 벽면을 차는 순간.

최고만E   어? 다, 다리가 왜 이러지? 왜 남의 다리 같지? 이, 이런 젠장맞을. 쥐, 쥐가 왔잖아. 쥐가.

순간, 버둥거리면서 물을 꿀꺽꿀꺽 퍼마시며 가라앉는 최고만. 바라보던 선영, 닻별, 영주.

닻별   어, 회장할아버지 왜 저러셔?

영주   글쎄?

선영   왜긴 왜겠노? 저래 남사스러분 옷을 입고 왔으이까 쪽 팔리가 못 나오고 있는 기지. 하여간에 개장수 아저씨는 맘에 드는 기 엄써요, 맘에 드는 기~ (혀 끌끌 차다가) 닻별아, 눈 배리니까 얼른 드가자.

닻별   (픽 웃고) 응, 할머니.

세 사람 안으로 들어가면. 물에서 푸아 나오면서 허우적거리는 최고만. "김군아, 쥐~ 쥐~" 하면서 하푸하푸 하면. 김집사, "회장님 다리에 쥐났습니까? 잠깐만 기다리십시오" 하고 구조용 튜브를 들더니, 피융 날리면. 머리를 들고 올라오던 최고만의 얼굴에 텅! 맞는다. 코피를 터뜨리며 기절하는 최고만. "회장니임~" 소리 지르며 물속에 뛰어들어 어기적거리면서 가는 김집사. 좀처럼 거리가 가까워지지 않는 모습이 멀리 보이며.

S# 33   수인 외래진료실

정도가 앉아서 의자를 빙글거리며 둘러보는데, 수인이 들어
온다. 정도, 일어나서 고개를 까딱하면.

수인   김영주씨 보호자시라구요? (앉으면)

정도   (따라 앉으며) 예, 맞습니다.

수인   환자 상태는 본인이나 보호자 동의 없이는 알려드릴 수
가 없는데, 김영주씨랑은 어떤 관계시죠?

정도   … 남편입니다.

수인   남편이요? 김영주씨가 결혼을 했습니까?

정도   이혼소송 중이긴 한데, 법적으론 아직 배우자니까 보호
자인 셈이죠.

수인   (흥미롭게 보며) 그래요? 그럼 뭐가 궁금해서 오신 겁니
까?

정도   당연히 김영주 건강상태겠죠. 김영주 걔 어디가 아픈 겁
니까? 심장내과라면… 심장에 문제가 있는 겁니까?

수인   (거들먹거리는 태도가 거슬린다) 예, 심장에 문제가 있
습니다. 그것도 아주 심각한 문제죠.

정도   (반짝하며) 어떤 문젠데요? 혹시 애를 양육할 수 없을
만큼 상태가 안 좋은 겁니까?

수인   양육이요? (기분 나쁘게 보며) 그럴 수도 있겠죠…? 양
육은커녕 생존할 수 있을지 없을지도 장담 못하니까요.

정도　(굳으며) 뭐…라구요?

S# 34　공원 / 오후

머리가 젖은 채 걸어오는 세 모녀. 햇살에 머리카락을 반짝이며 걷고 있다. 소프트 아이스크림을 하나씩 물고, 햇살을 받으며 걷는 세 사람. 선영, 물이 들어갔는지 귀를 옆으로 탁탁 치면.

영주　왜 그래, 엄마?

선영　어, 아이다. 아까 수영하면서 귀에 물이 들어갔는갑다. 개안타. (히죽 웃고) 영주야, 그그는 무슨 맛이고? 내거는 초코맛인데?

영주　응? 이건 바닐라맛. 먹어볼래? (주면)

선영　(한 입 먹으면서) 맛있다~ (행복하다)

닻별　내 건 두 가지 맛이 다 섞인 건데. 엄마, 이거 먹어봐.

영주　응. (맛을 보며) 맛있다~ (행복하다)

닻별　할머니두~

선영　(맛보고) 옴마야, 우리 강아지 아이스크림이 제일 맛있네~ 짱이다 짱짱~!

세 사람　(웃고)

S# 35　공원 일각 맞춤한 장소

나무그늘 아래 나란히 앉아 있는 세 사람. 바람에 살랑거리는 나뭇잎에 햇살이 일렁거리면.

선영 (손을 들어 바람을 느끼며) 영주야, 바람이 똑 꽃부리과 수원에 부는 바람 같다. 그자?

영주 응. 어릴 적 불던 그 바람 같네.

닻별 피~ 그런 게 어딨어? 바람은 기압차이 때문에 생기는 건데.

선영 아이다, 이그는 진짜로 어릴 적에 니 옴마랑 같이 있을 때 불던 바람이다.

닻별 (피~ 하는데)

영주 아니야, 할머니 말씀이 맞아~ 이 바람은 엄마랑 할머니가 배꽃 주우러 갈 때 불던 바람이야~

선영 맞다. 그때 불던 바람이 다시 온 기다. (미소 지으며) 여 딱따구리도 왔잖아.

닻별 딱따구리요?

선영 어, 딱따구리. (반가운) 영주야, 니 어릴 적에 꽃부리과 수원에 날아왔던 딱따구리 기억나제? 그 딱따구리가 여까지 따라왔는갑다.

영주 딱따구리?

선영 어. (귀를 기울이며) 딱따구리가 딱딱딱딱! 딱딱딱딱! 나무 쪼는 소리 안 들리노?

영주 …?

닻별   (낮게) 엄마. 할머니, 꽃부리과수원 가고 싶은가봐.

영주   응?

닻별   그러니까 우리한텐 안 들리는 딱따구리 소리가 들리지. 그치?

영주   (선영을 물끄러미 보다가) 엄마, 우리 다음주쯤에 꽃부리과수원 갔다 올까?

선영   (환해지며) 참말로? 참말로 꽃부리과수원 갈 기고?

영주   응. 꽃부리과수원도 가고, 곱단엄마도 만나고 오자.

선영   그래? 그라모 영주 니가 사준 이쁜 속옷 입고 가야겠네~? 곱단옴마한테 (옷 들어 보이며) 이래이래 자랑하러 가야겠네?

닻별   할머니이~

영주   (선영의 옷을 내려주며) 엄마아~ (눈 흘기면)

선영   (마냥 기분 좋아 헤헤 웃는다)

닻별도 그런 선영을 보면서 미소 짓고. 세 사람 행복하다. 영주, 봄햇살 속에 눈을 감고 바람을 맞는다.

영주E   (선영과 닻별을 돌아보며) 하나님, 오늘 같은 하루가… 얼마나 허락될까요? 하나님이 허락한 그날까지, 오늘 같게만 해주세요. 우리 닻별이… 좋은 추억 갖게 해주세요.

닻별E   (영주를 보며) 하나님, 우리 엄마… 오늘처럼만 웃게 해주세요. 그리고 우리 엄마 심장이식 무사히 받아서요,

저랑 할머니랑 오래오래 같이 있게 해주세요.

선영E   (영주와 닻별을 보며) 곱단옴마야, 내는 이기 꿈인 긋만
         같다. 영주랑 닻별이랑 이래 함께 걷는 기 꼭 꿈인 긋만
         같아서 이대로 안 깨어나고, 꿈속에서 살았시모 좋겠다~

세 사람의 모습이 멀리 한가롭고 따뜻하게 길게 잡힌다.

S# 36   동 공원 근처

최고만과 김집사, 아이스크림 박스에서 받아 들고 먹으며.

최고만   (흉내 내고 싶은) 김군아. 니, 니건 무슨 맛이야?

김집사   제건 초코맛인데요? 드셔보실래요?

최고만   그, 그럴까? (먹어보더니) 맛없는데? 완전 맛없는데? 왜
         너랑 하니까 쟤네들 같은 느낌이 안 들지?

김집사   전 맛있는데요? 회장님은 아까 물을 많이 드셔서 그런
         거 아닐까요?

최고만   (휙 노려보다가, 세 모녀를 부럽게 쳐다보며) 아이 씨,
         나도 저기에 끼기고 싶다.

김집사   저두요, 회장님.

최고만   (시선이 세 모녀를 향하며, 아이스크림으로 김집사 얼굴
         을 퍽 뭉갠다)

S# 37　　최고만 집 이층 거실 / 밤

닻별과 영주, 서로 기댄 채 영주는 책을 보고, 닻별은 이어폰을 끼고 아이패드로 작곡을 하고 있다. 닻별, 시계를 보더니 후다닥 일어나서 약봉투를 가져온다. 물을 따라서 건네며.

닻별　　엄마, 약 먹을 시간이야.

영주　　고맙습니다? (미소 짓고, 받아서 먹고, 쓰다는 표정이면)

닻별　　써?

영주　　(미소 짓고) 아니~ 우리 딸이 줬는데 왜 써? 달콤하지. (이뻐서 볼 문질러주면)

닻별　　엄마, 내가 잘 내려가라고 등 쓸어줄게? (등을 쓸어내리며, 서로 보고 미소 짓는데)

선영　　(쟁반에 물통을 담아서 올라오며) 영주야, 이그 좀 마시 봐라.

영주　　그건 뭐야, 엄마?

선영　　어, 이그 참당귀하꼬 생강하고 푹 삶아가 대린 물이다. 이기 가심 아픈 사람들한테는 젤로 좋은 기다. 얼른 마시라.

닻별　　할머니. 지금 엄마 약 먹었으니까, 그거 마시면 안 돼요.

선영　　어데? 이그는 아무 때나 물처럼 마시도 되는 그다. 얼른 마시라.

닻별　　(발 동동) 아, 할머니이~ 그러다 약효 떨어지면 어떡해요?

선영	약효? 약효가 왜 떨어지는데?
닻별	(답답해서) 할머니이~

영주, 그 모습이 고마워서 미소 짓고 보는데, 휴대전화 문자가 와서 보면.

정도F	김영주. 너 아직도 작은회장님 집에 얹혀 사냐? 예전에 봤던 커피숍으로 지금 바로 나와라. 할 얘기 있다!
영주	(표정이 굳어진다)

S# 38   서행하는 제하 차 안 / 밤

최고만 집을 향해 운전을 하고 가는 제하 위로 들리는.

한수인E	오늘 김영주 남편이란 사람이 찾아왔더라. 제하씨, 당신 김영주 결혼한 거 알고도 좋아했었니?

굳어서 운전을 하는데. 이때, 영주가 쓱 지나쳐 커피숍으로 들어가는 게 보인다. 돌아보며 차를 세우는 제하.

S# 39   커피숍 야외 테라스

영주가 들어오면 저만치서 거만하게 손을 드는 정도. 다가가면, 테이블에 맥주병들. 정도, 벌써 취했다.

정도 (딸꾹질하며) 왔냐?

영주 (앉기도 싫지만, 앉으며) 할 얘기가 뭔데?

정도 (비죽 웃더니) 한잔할래? (컵에 술 따라주면)

영주 아니, 안 마셔.

정도 (머리 탁탁 치며) 아, 맞다 맞다. 너 술 마시면 안 되지?

영주 …?

정도 CRT인지 뭔지 하는 수술 받은 환자한테 술은 치명적이래며?

영주 (뜨끔하며) 그걸 당신이 어떻게 알았어?

정도 (비웃음) 니가 숨긴다고 내가 모를 줄 알았어?

영주 (무슨 얘기를 하려고 이러나 긴장하는데)

정도 김영주, 너 진짜 시한부였더라? 3개월밖에 안 남았대며?

영주 (표정이 굳는데)

정도 그래서 닻별이 유학도 안 보내고 끼고 있으려고 그런 거지?

영주 (밉고 원망스러워 노려보며) 그래… 그랬어. 그럼 안 되니?

정도 당연히 안 되지! 내가 뭐랬어? 닻별이 데리고 니 한풀이 하지 말랬지? 너 좋은 엄마 되겠다고, 애 망치는 짓 하지 말랬잖아!

영주 나, 우리 딸 망친 적 없고, 닻별이 지금 어느 때보다도 즐겁고 행복해. 그럼 된 거 아냐?

정도	되긴 뭐가 돼? 그러다가 너, 진짜 잘못되기라도 하면, 닻별이는 어쩔 건데? 너만 좋은 엄마, 착한 엄마 노릇 하다가 덜컥 잘못되면, 닻별이 떠맡아야 되는 난 어떡하냐구?
영주	뭐?
정도	왜? 나 아니면 니네 바보엄마한테 맡길 거니? 아니면, 덜덜이 니 오빠, 아니 니 삼촌 김대영이한테 맡길 거냐구!
영주	(쳐주고 싶지만 맞는 말이다. 입술 깨물고 노려보는데)
정도	김영주, 니가 진짜 닻별이 앞날을 생각하는 엄마라면, 이쯤에서 니 한풀이 끝내고, 닻별이 유학 보내. 유학 보내서, 엄마고 바보할머니고 다 잊어버리고 새로운 세계로 훨훨 날아가게 해줘. 응?
영주	아니, 난 못 그래. 아니, 안 그럴 거야. 나 닻별이 유학 안 보내고, 꼭꼭 껴안고 있을 거야~
정도	니가 언제까지 그러고 있을 수 있는데?!
영주	닻별이 결혼할 때까지! 아니, 닻별이가 애를 낳고 그애가 닻별이만 해질 때까지! 적어도 그때까지는 안 놔줄 거야. 내 품에 꼭꼭 안고 아무도 안 줄 거야.
정도	김영주, 이게 감정적으로 생각해서 해결될 문제니? 니가 니 몸 상태 몰라서 그래?
영주	(부아가 나서) 내 몸이 어때서? 내 심장 아무 문제 없거든! 아니, 심장에 문제 있어서 (쿡쿡 지 옷을 찌르며) 여기에 제세동기 달았고! 이걸로! 심장이식 받을 때까지 얼마든지 견딜 수 있거든! 너, 나 잘못되면 닻별이 어떡

해야 하나 걱정되는 모양인데? 걱정하지 마, 나 안 죽으니까. 나 기필코 살아서! 닻별이 시집가고, 애 낳을 때까지! 끈질기게 살 거니까, 니 걱정이나 하세요. 알겠니!

영주, 벌떡 일어나 밖으로 나간다. 입술을 깨물며 설움과 분노에 찬 눈물을 꾹꾹 삼키며 나가면.

정도　　　김영주! 니가 그렇게 감정적으로 나온다고 해결될 문제 같아! 너 상태 안 좋으면, 내가 언제든지 닻별이 데려갈 수 있으니까, 그거 명심해라! 응!

영주, 들은 체도 안하고 나가버리면.

정도E　　(하~ 허공에 숨을 몰아쉬다가, 영주를 돌아보며) 그래, 김영주. 그렇게 악이 받쳐서라도 살아라. 가을독사 같은 너… 그 독기까지 빠지면… 어떻게 견디겠냐…?

정도　　　(눈가가 시큰해지면, 쓱 닦으며) 아가씨~! 여기 술 좀 더 줘요!

일각에서 그 모습을 지켜보던 제하, 정도를 죽일 듯 노려보다가 영주가 나간 방향으로 따라 나간다.

S# 40　　커피숍 야외 테라스 일각

굳은 얼굴로 걸어나오는 영주. 분하고 서러워서 눈물이 주룩 난다. 순간, 가슴에 찌리리한 통증이 스쳐 지나간다. 가슴을 붙드는 영주. 입술을 깨물며 고통을 견디는데 눈물이 주르륵 흐른다. 벽에 기대고 눈물을 쓱쓱 닦으며, '울지 마, 김영주. 니가 왜 울어? 너 안 죽어. 너 안 죽는데⋯ 니가 왜 울어⋯?' 하면서 독하게 견딘다. 눈물을 흘리지 않으려고, 독하게 제 옷깃을 붙든다.

그 모습을 바라보는 제하. 눈물이 핑 돌지만, 영주가 해결해야 할 몫이다. 안아주고 싶지만⋯ 제하 역시 참고 견딘다. 허공을 올려다보는 두 사람의 모습이 길게 보이면.

S# 41   최고만 집 가는 길

생각에 잠긴 채 걸어가는 영주 뒤에서 어느 정도의 거리를 유지하며 뒤따라가는 제하. 영주가 멈춰 서서 하늘을 보면, 제하도 보고⋯ 꽃을 보면, 제하도 바라본다. 그렇게 최고만 집 앞까지 걸어가는 영주의 뒤를 따라가주는 제하. 영주가 벨을 누르고.

영주   (밝은 목소리로) 어, 엄마. 나~ (하고 들어가면)

물끄러미 보다가, 그제야 돌아서 가는 제하. 돌아보며.

제하E　　잘 자라, 김영주.

돌아서 걷는 제하의 모습에서 짧은 암전.

S# 42　　최고만집 전경 / 아침

S# 43　　최고만 집 주방

에이프런을 두르고 음식을 나르고 있는 최고만. 테이블에는 갓 구운 빵과 부속물들, 샐러드 종류, 각종 주스가 차려져 있다. 영주와 닻별이 들어오다가 보고 놀라서.

닻별　　회장할아버지, 이게 다 뭐예요?

선영　　어, 닻별아. 개장수 아저씨가 내 대신에 아침 준비했단다. 이 뭐라 카드라. 브, 브 뭐라 캤는데?

닻별　　브런치요?

선영　　어. 맞다. 그그라꼬 했는갑다. 영주야, 얼른 앉아봐라.

영주　　응. (테이블 세팅을 보며) 이거 회장님이 다 하신 거예요?

최고만　　그, 그럼 당, 당연하지. 내, 내, 내가 마, 마음만 먹으면 세계 각국 요리 중에 못, 못하는 게 없어요~ 김선영이 만드는 말, 말린우럭미역국 말고. 그치? 김선영.

선영　　(삐친 척 이죽거리는) 예예~~

영주　　(그 모습 보고 픽 미소 짓는데)

최고만 뭐 해? 보지만 말고 어여들 먹어봐. (영주와 눈 마주치면) 자, 자, 자네 건 좀 심심해도 그냥 먹어. 심, 심장에 좋은 거니까. 오메가 쓰리. 응? (하면서 슬그머니 선영 옆자리에 앉는다)

영주 (모른 척 미소 짓고) 잘 먹겠습니다~ (하다가) 김집사님은요?

최고만 김군? 김군은 내, 내가 일, 일 보냈어. 걱정 마. 지금쯤 내 카드 갖고 신나게 긋고 있을 놈이야. 그놈이.

영주 (픽 웃고) 예, 잘 먹겠습니다. (닻별과 함께 먹기 시작한다)

닻별 우와, 이 핫케이크 진짜 맛있다! 맛있어요, 회장할아버지.

최고만 (그럴 줄 알았다는 듯) 당, 당연하지. 누, 누, 누가 만든 건데. 하하. (선영을 보며) 먹어봐. 왜 안 먹어?

선영 (포크와 나이프를 쥐고) 이, 이그를 으뜧게 먹는지 잘 몰라가예.

영주 (보고, 나서려고 하면)

최고만 (냉큼, 먼저 플레이트를 가져가며) 내, 내가 할게. (자상하게) 김선영이 내가 하는 거 잘 봐~

선영 …?

최고만 우선 이 핫케이크엔 이 메이플시럽을 뿌려요. 이렇게 살살~ 당신은 버터나 치즈는 별로 안 좋아하는 것 같으니까, 그건 안 해도 돼. 왜? 느끼하니까~ 그리고 이 나이프로 이렇게 잘라. 잘라서, 이렇게 입에. (대주면)

선영 (뻘쭘해서 보면)

닻별	(싱글싱글 웃으며 보고)
영주	(미소 짓고 시선 피해주며, 닻별에게도 보지 말라는)
닻별	(알았다는 듯이 모른 척) 엄마, 이것도 먹어봐. (나눠 먹으면)
최고만	뭐 해? 김선영. 나 팔 떨어지겠어~
선영	(눈치 보여) 내, 내도 손 있는데 와 개장수 아저씨가 믹이줍니꺼? (휙 가져다 입에 넣고 오물거리면)
최고만	(섭섭하지만, 은근한) 맛이 어때?
선영	먹, 먹을 만한데예?
최고만	그, 그래? 그럼 거, 거기 까만 콩 있지? 블랙 빈. 그것도 먹어봐.
선영	이그예? (포크로 겨우 들어서 입에 넣으면)
최고만	맛이 어때?
선영	(얼굴 표정이 역겹게 변하더니) 무, 무신 맛이 이랍니꺼? 이그 썪은 콩 아이라예? (입을 가리며, 우욱 하면서 뛰어나가면)
영주	(놀라서 보고)
최고만	썩, 썩어? (콩을 먹어보더니) 난, 난 괜찮은데? 내 혀가 썩었나? 꼬, 꼬맹아, 이거 한번 먹어볼래?
닻별	예. (먹어보더니) 괜찮은데요?
최고만	그, 그렇지? 이상하네~ (돌아보다가) 에이 씨. 자식들이 축구나 잘하지, 음식은 영 형편없어. (수첩 꺼내서 지우면서) 아무튼… 영국은 안 되겠다. 김, 김선영이 빅, 빅

벤 보면 완전 좋아할 텐데. 아깝네~

영주 (느낌으로 알아듣고 보면) …

최고만 (뜨끔하며) 오, 오해 하, 하, 하지 마. 그, 그, 그냥 내 생
각이야, 내 생각. 내가 비행기를 못 타니까 신혼여행은
크루즈가… (하다가) 배, 배가 고프니까 자꾸 말, 말이
헛, 헛나오네. 젠장맞을. (슬그머니 일어나 나가며) 김,
김선영이, 다 토한 게야?

영주 (일어나며) 제가 가볼게요.

최고만 아, 아니야. 내, 내가 갈게. (가면서) 그럼 저, 저녁은 이,
이탈리안 스타일로 해볼까? 어?

닻별 (킥 웃으며 영주를 보며) 엄마, 회장할아버지가 할머니
진짜 좋아하는 것 같아. 그치?

영주 (앉으며) 그러게~

영주, 고맙고 짠한 얼굴로 최고만이 간 방향을 보다가, 닻별
을 물끄러미 바라본다. 눈 마주치면, 웃어주는데… 휴대전화
문자가 와서 보면.

제하E 김영주, 닻별이랑 노느라고 나랑 데이트 까먹은 거 아
니지?

영주 (어떡해야 하나… 닻별을 보는데)

닻별 (슬그머니 보고) 제하 아저씨야?

영주 (당황해서) 응? … 응.

닻별	엄마, 나 오늘 수현이 오빠랑 데이트 있거든? 그러니까 엄마도 데이트하고 와.
영주	뭐?
닻별	그래야, 엄마랑 나랑 쌤쌤이지. 안 그래?
영주	(닻별 마음씀씀이가 고맙다. 볼 잡아 흔들며) 그래, 고맙다~ 딸?
닻별	(헤헤 웃고)

S# 44 달리는 차 안 / 오후

운전을 하는 제하 옆에 앉아 있는 영주.

영주	지금 어디 가는 거야?
제하	어디라니? 너 뮤지컬 보고 싶다고 해서 예약했는데. 왜? 보기 싫어?
영주	아니야. 가자.
제하	(쓱 보고) 김영주, 뮤지컬 보고 싶은 얼굴이 전혀 아닌데~?
영주	… 맞아. 사실은 다른 게 하고 싶어. 제하야.
제하	뭔데?
영주	(망설이다) 내가 닻별이한테 뭘 해줘야 되나 곰곰이 생각해봤는데, 내가 해줄 수 있는 게 얼마 없더라. 그냥 같이 밥 먹고, 산책하고, 얘기 들어주고 그런 거밖에 없어.

제하　그런 게 제일 중요한 거 아닌가?

영주　그건 내가 살아 있는 동안 (제하 얼굴이 굳자) 아니, 내가 심장이식 받기 전까지 맨날맨날 할 수 있는 거니까 다른 선물을 해주고 싶어서 그래.

제하　무슨 선물?

영주　닻별이를 위한 책.

제하　책?

영주　응. 닻별이가 사춘기가 되고, 여자가 되고, 어른이 되는 동안 겪어야 될 일들을 책으로 만들어서 주고 싶어.

제하　괜찮겠네~ 그럼 책 만들러 가야지.

영주　… 어?

제하　쇠뿔도 단김에 빼랬다고, 가자~!

영주　제하야.

제하　대신 티켓 비용 날린 건 니가 갚아야 된다. (입술 내밀며) 이걸루~

영주　(픽 미소 짓고, 얼굴 아프지 않게 민다)

제하　(그 손을 먹으려는 듯 입을 벌리면)

영주　(비명 지르며 손을 뺀다)

제하　(히죽 웃고)

S# 45　파밀리에 연습실

수현　(작곡지 받아 들고) 이게 뭐야? 새 곡이야?

닻별　　응. 어버이날, 엄마랑 할머니한테 들려드리려구 만들 었어.

수현　　그래? (멜로디를 따라 흥얼거려보더니) 좋은데? (멤버들 한테 나눠주며) 야, 이 곡 읽어보고 준비해봐.

멤버들　(다가와서 받아가면)

닻별　　오빠, 오빠네 엄마는 만났어?

수현　　아니, 비슷한 사람을 보고 누가 착각했나봐.

닻별　　(가엾게 보며) 오빠, 실망 많이 했겠다, 그치?

수현　　십 년째 이러는 건데, 뭐. 언젠간 찾을 수 있겠지. 그치?

닻별　　응. 그럴 거야.

수현　　(찡긋 미소 지어주면)

닻별　　오빠, 그럼 이번 어버이날에 우리 집에 올래?

수현　　니네 집에?

닻별　　응, 오빠 엄마 찾을 때까지, 우리 엄마랑 할머니가 오빠 네 엄마 하면 되잖아.

수현　　(뭉클해지며) 그럴까?

닻별　　응. 우리 엄마랑 할머니도 좋아하실 거야.

수현　　그래, 그러자. (미소 짓고, 멤버들 보며) 준비들 됐지? 자, 시작해보자~ 쓰리, 투, 원!

음악이 흘러나오면, 닻별, 고개를 끄덕이며 음악을 들으면서 수현과 눈 마주치고 미소.

S# 46   북카페

안경을 끼고 책상식 테이블에 앉아서 펜을 손에 굴리며, 생각
에 잠긴 영주. 건너편에 팔을 베고 기댄 채, 그런 영주를 지켜
보는 제하. 영주가 쓱 시선을 돌리면, 잠든 척 눈을 감는 제하.
영주, 피식 웃고… 다시 생각에 잠긴다. 눈을 뜨고 보는 제하.
영주, 생각이 정리됐는지, 노트북을 펼쳐놓고 책 서문을 쓰기
시작한다. 그 모습을 턱을 받치고 보는 제하. 영주도 시선 마
주치고 미소 짓고, 제하도 미소 지으며 바라본다.

S# 47   최고만 집 거실

욕실 앞에 서 있는 최고만. 안에서 선영이 우웩우웩 구토하는
소리가 들리면, 안절부절못하고 서 있는 최고만.

최고만   김선영이, 괜찮아? 어?

E   구토하는 소리.

최고만   빌어먹을 콩, 콩이 그렇게 안 좋았나? 하, 하루 죙, 죙일
토하네? 김군아! 김군아! (하다가) 아니지, 이 자식은 내
가 일 보냈지? 젠장맞을. 하, 하, 하필 왜 이, 이, 이럴 때
일을 보내가지구설랑. 김, 김선영. 괜찮은 게야? 계속
토 나와?

S# 48   욕실 안

창백한 얼굴로 헛구역질을 하는 선영. 온통 진이 빠진 얼굴로.

선영 나오는 긋도 없는데… 와 이라지…? (두통에 얼굴을 찡
그리고 머리를 탁탁! 치며) 하이 씨이, 딱따구리가 그새
새끼를 놓았나? 왜 이리 더 쪼아대지?

하는데, 밖에서 "김선영이, 괜찮아?" 최고만 목소리 들리면,
"지금 나갑니다~" 힘없이 읊조리며, 손을 뻗는데… 문고리가
세 개, 네 개로 겹쳐 보인다. 머리를 흔들면서 눈에 힘을 주며.

선영 내가 와 이라지? (하면서 겨우 문고리를 잡고 연다)

S# 49   최고만 집 거실 + 주방

욕실문이 열리며, 퀭한 얼굴의 선영이 나오면.

최고만 괜, 괜찮아? 김선영?
선영 (인상 찡그리며) 예, 인자 속은 개안은데, 머릿속에 딱따
구리가 들어온 거 같십니다.
최고만 딱, 딱다구리? 딱따구리가 왜 당, 당신 머리에 들어가?
지, 지네 집 놔두고? 응?

선영 그러게 말입니더, 어제부터 여어에 들어와가 계속 쪼아 대네예~ 딱딱딱딱! 딱딱딱딱! 이르케예? 개장수 아저씨 예, 여 딱따구리 들어가 있나 좀 봐주이소. 예?

최고만 김선영이, 그건 딱따구리가 당신 머리에 들어간 게 아니 고 계속 토하니까 편, 편두통이 생긴 거예요~ 아까 내가 먹으라고 준 두통약은 먹었어?

선영 (가로저으며) 아니예.

최고만 (발끈하며) 바, 바, 바보냐? 그, 그걸 먹어야 빌어먹을 딱 따구리가 당, 당신 머리를 안 쪼지?

선영 뭐. 이르다가 말겠지예. (히죽 웃고) 배고프지예? 내 금 방 밥해가 드릴게예? (간다)

최고만 배, 배야 아, 아까부터 고팠지만, 김선영이 정말 괜찮은 게야? 어?

선영 예~ (히죽 웃고 주방으로 간다)

최고만 (따라가며) 정말 괜찮은 게야? 어?

하는데, 갑자기 선영이 멈춰 선다. 선영의 시야로 보이는 모 든 사물이 겹쳐 보이더니, 점차 어두워진다.

선영 (겁먹은) 개, 개장수 아저씨예…

최고만 (불안하게 뒷모습 보며) 왜, 왜 그러는데? 응?

선영 (떨리는 목소리로) 내, 내 손 좀 잡아줄랍니꺼…?

최고만 손, 손을 잡아달라구? (환해지며) 왜, 왜? 내, 내 손 잡고 싫어?

선영　예. 손 좀 잡아주이소.

최고만　(히죽 웃으며) 자, 잡, 잡아. (내미는데)

선영　(최고만을 돌아보고 손을 내미는데 허공을 짚는다)

최고만　(뜨끔 놀라서) 김, 김선영이… 왜, 왜 이러는 건데? 응?

선영　(눈물이 그렁그렁해지며 놀란) 개, 개장수 아저씨예. 개
장수 아저씨 손이… 안 보입니더…

최고만　… 뭐?

선영　개장수 아저씨가… 안 보여예…?

하면서 겁에 질려 눈물이 핑 도는 선영과 놀라서 바라보는 최
고만의 얼굴에서 15부 엔딩.

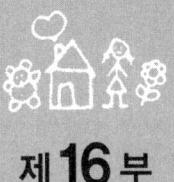

제 **16** 부

S# 1   최고만 집 주방 / 전화 연결

선영   (겁먹은) 개, 개장수 아저씨예…

최고만   (불안하게 뒷모습 보며) 왜, 왜 그러는데? 응?

선영   (떨리는 목소리로) 내, 내 손 좀 잡아줄랍니꺼…?

최고만   손, 손을 잡아달라구? (환해지며) 왜, 왜? 내, 내 손 잡고
싶어?

선영   예. 손 좀 잡아주이소.

최고만   (히죽 웃으며) 자, 잡, 잡아. (내미는데)

선영   (최고만을 돌아보고 손을 내미는데 허공을 짚는다)

최고만   (뜨끔 놀라서) 김, 김선영이… 왜, 왜 이러는 건데? 응?

선영   (눈물이 그렁그렁해지며 놀란) 개, 개장수 아저씨예. 개
장수 아저씨 손이… 안 보입니더…

최고만   … 뭐?

선영   개장수 아저씨가… 안 보여예…?

최고만   (놀라서 선영의 손을 덥석 잡아주며) 김, 김선영. 내, 내가
안 보여? (눈앞에 얼굴을 비추며) 내, 내가 안 보이냐구?

선영   (억지로 침착한 척 웃으려고 하지만, 일그러지며) 개장
         수 아저씨예, 지금 내 앞에 있는 그 맞지예? 예?

최고만   (선영의 손을 붙들어 자신의 얼굴을 만지게 하며, 눈이 시
         뻘게져서) 여, 여기 있어. 김선영. 나, 나 여기 있다구~!

선영   (다행이다 안도하는 표정인데, 눈동자가 점차 풀린다)

최고만   (선영의 얼굴을 붙들며) 김선영, 내 말 들려? 김선영…!
         김선영!

선영, 얼굴이 굳은 채 의식을 잃고 주저앉으면.

최고만   (선영을 받쳐 들며) 김선영! 왜, 왜 이러는 거야? 응? 김
         군아~! 김군아~! (하다가, 없다는 걸 깨닫고)

최고만, 선영을 빠르게 둘러업더니, 미친 듯이 밖을 향해 달
려나간다.

S# 2   최고만 집 정원

최고만, 선영을 둘러업은 채 뛰어나오며.

최고만   관리인아! 구급차 좀 불러줘~! 관리인아! (대답이 없고
         개 짖는 소리만 들리면, 눈물 그렁그렁해져서) 오늘따라
         왜 아무도 없는 게야~! 이 빌어먹을 놈들아~!! 우리 김

선영이 아파~! 우리 김선영이가 쓰러졌다구~이 우라질
자식들아아~!! (울면서 소리친다)

S#3　　동 북카페

노트북에 서문을 탁탁 치고 있는 영주.

영주E　　내 기억 편편마다 함께했던… 바보였지만, 나를 너무나
　　　　　많이 사랑했던 내 엄마 김선영이 있었듯이… (하다가 멈
　　　　　추고. 심장이 감전되는 느낌에, 호흡을 멈추고 가슴에
　　　　　손을 댄다)
제하　　(깜짝 놀라서 급하게 영주 앞으로 얼굴을 대며) 영주야?
영주　　(가만히 놔달라고 손들며, 겨우 호흡을 이어가며) 제하
　　　　　야… 갑자기… 왜 이러지…? 갑자기… 심장이… 왜 멈
　　　　　출 것만 같지? (눈시울이 붉어진다)

영주의 겁에 질린 얼굴 위로, 사이렌 소리 선행하며.

S#4　　달리는 구급차 안

누워서 호흡기를 달고 있는 선영의 손을 잡고 있는 최고만.
눈물이 그렁그렁한 눈으로 선영을 보며.

최고만 김선영이. 눈, 눈 좀 떠, 떠, 떠봐. 김선영이? (구급대원 보며) 우리 김선영이 숨 쉬, 쉬, 쉬는 거 맞지? 숨 제대로 쉬는 거지?

구급대원 예, 선생님.

최고만 근데 왜 꼭 숨이 멈춘 사, 사람 같, 같은 게야? 응?

최고만, 선영의 코에 손을 대보고, 가슴에 귀를 기울이는데. 순간, 선영의 눈이 확 떠진다.

구급대원 선생님, 환자분 의식 돌아왔는데요?

최고만 뭐? (하면서 보면)

선영 (멍때리듯 흰자위가 보이며 위를 보면)

최고만 (환해지며) 김, 김선영이. 깨, 깨어났어?

하는 순간, 선영의 눈이 구급차에서 정도를 볼 때처럼 희번덕 하면서 최고만을 본다. 선영의 시점으로 최고만의 모습이 박 정도로 보인다.

정도 (최고만 톤으로) 김선영이~ 괜찮아? 괜찮은 게야?

선영 (잔인하게 미소 띠며) 지금 니가 내한테 갠찮냐고 묻는 기가? 우리 영주 그래 만들어놓고! 갠찮냐꼬오~? 이 나쁜 자슥아!

선영, 벌떡 일어나더니, 정도의 머리카락을 붙들고 가열한 박치기를 던진다! 아오~! 소리를 지르며 물러나는 정도의 얼굴을 떡반죽 비틀 듯 비틀며.

선영   니 오늘 내 손에 함 죽어봐라. 죽어보라꼬오~!

하면서, 정도의 머리를 붙들고 회심의 박치기를 있는 힘껏! 꽂는 순간.

CUT TO
안경이 비틀어진 채 머리통을 붙들린 최고만의 얼굴 앞으로 선영의 박치기가 들어온다! 퍽! 최고만의 얼굴에 박치기가 작렬하며!

S#5   동 거리

달리는 구급차 밖으로 최고만의 비명소리가 "뜨아아~!" 길게 들리며 요란하게 흔들거리는 구급차.

S#6   달리는 제하 차 안 / 밤

최고만 집 앞에 다가와 멈춰 서는 제하의 차.

제하   (영주를 살피며) 어때? 이제 좀 가라앉았어?

영주   응… 제하야, 나 아까 왜 그런 거지? 마치 심장이 멎는 것처럼 기분이 굉장히 안 좋았거든?

제하   아마, 순간적으로 심실빈맥이 왔다가 갔을 거야.

영주   심실빈맥?

제하   응. 그것 때문에 제세동기가 자동으로 반응하면서 심장에 전기자극을 준 거겠지. 그래서 기분이 순간적으로 다운된 거구.

영주   (끄덕이며) 그렇구나.

제하   심장이식 받을 때까지 가끔 그럴 거니까, 익숙해지는 게 좋을 거야.

영주   … 그래야겠지? (바라보고) 고맙다. 항상 이렇게 옆에 있어줘서.

제하   (장난스레) 이제하 인생 정말 많이 성공한 거지~

영주   무슨 소리야?

제하   늘 니 뒤통수만 보고 살았는데, 이제 이렇게 옆얼굴을 볼 수 있게 됐으니까, 인생역전 아니겠어?

영주   (피식 웃어주고) 갈게.

제하   (끄덕)

S# 7   최고만 집 대문 앞

영주, 내려서 벨을 누르는데, 제하의 라이트가 깜박깜박한다.

보고 미소 지어주고, 벨을 누르면.

닻별E   엄마?

영주   응, 딸. 엄마 왔다.

닻별E   엄마. 빨리 들어와봐. 회장할아버지랑 할머니가 막 싸워.

영주   뭐? 알았어. (손 흔들어주고 급하게 들어가면)

S#8   최고만 집 현관 + 거실 / 밤

현관문을 열고 들어오는 영주를 기다리고 있는 닻별. 조용히 하라는 시늉을 하면서 얼른 들어오라고 한다. 영주, 신발을 벗고 슬그머니 닻별을 따라서 거실 중앙으로 들어가면. 휴지로 코를 막고, 안경은 비뚤어지고, 여기저기 피멍이 든 최고만과 선영이 서로 으르렁거리면서 신경전 중이다.

선영   그라이까, 개장수 아저씨 말은~ 내가 개장수 아저씨를 이래 만들었다 이깁니꺼?

최고만   (심술 난) 그럼, 내, 내가 키우는 개가 그랬겠냐? 개, 개가 박치기하는 거 봤어? 봤냐구! 젠장맞을.

선영   (분하고 원통한) 내는 진짜로 기억이 안 나는데, 왜 자꾸 내가 그래 했다는 근데요? 예?

최고만   기, 기억이 안 나? 그, 그럼 기, 기억나게 해주까? 해줘? (선영의 머리통을 붙들더니) 봐~ 당신 머리통 사이즈하고~ 여기 내 광대뼈에 있는 멍 사이즈가 같애, 안 같애? 어? (선영 머리통을 축구공처럼 만지며) 이거 봐. 응? 무, 무슨 여자 머리통이 오, 오함마야, 오함마~ 이, 이 시커먼 게 내 눈앞으로 휙 날아올 땐 말이지, 무, 무슨 밥 샙 얼굴이 날아오는 줄 알았어. 밥 샙~! 당신 김일 선생이랑 한동네에 살았냐? 거기서 박치기 배웠어?

선영 (휙 손 뿌리치고 결국 터지는) 하이고오~! 박치기 한 분 당한 그 갖고 앵가이도 우리먹는다. 우리먹어~ (머리 들이밀며) 그래, 내 머리통이 그리부면 한 분 더 박아주까예? 예?

최고만 어, 어디 흉, 흉기를 들이대고 그래! 이 폭, 폭력 괴수야!!

S#9   현관 일각

영주 닻별아, 회장님이랑 할머니랑 왜 저러셔?

닻별 몰라. 나 들어올 때부터, 지금까지 계속 저러고 계셔. 사랑싸움 하나봐. (킥)

영주 (물끄러미 본다)

S#10   최고만 집 이층 방

선영 (부아가 안 가라앉아서) 나쁜 영감탱이! 뭐라꼬? 내 머리통이 오함마같이 생겼다꼬? 하구야~ 내 어릴 즉에 곱단옴마랑 아부지가 "아이구야, 우리 슨영이 머리통은 우째 이리 달빛 받은 박맹키로 이쁘노~?" 이랬는데, 어데 오함마고, 오함마가?

영주   (픽 웃으며) 회장님이랑 왜 그렇게 싸운 건데?

선영   (반가운) 영주, 니 내 말 쫌 들어보래이. 내가 화장실 갔다 왔다가, 눈앞이 깜깜하이 어지러바가 자리에 앉았그등. 영주 니도 그럴 때 있잖아.

영주   그래서?

선영   그래 있다가, 정신이 드가 이래 버얼떡! 일났그등? 그때 개장수 아저씨가 여 머리통에 얼굴을 찧는가봐. 그래 쪼매 부딪친 그 갖고, 우째 남자가 체신머리 읎이 하루 죙일 씨부리노, 씨부리길. 거 사람이 영 몬 쓰겠어. 사나아가 맘씨도 넓고, 통도 쪼매 있고 그래야 사나아지. 에잉.

영주   (직감적으로 선영이 최고만을 좋아하는구나, 생각이 들어서 미소)

닻별   (킥킥 웃는다)

S# 11   최고만 침실

벌렁 몸을 던져서 일자로 눕는 최고만.

최고만   바보에, 돌대가리에, 어거지쟁이에! 젠장맞을 김선영. 내, 내가 눈, 눈이 삐었지. 어, 어쩌자고 저, 저런 물건을

좋아해가지구설랑. 짜증 나~ (획 돌아눕는다)

돌아누워 있던 최고만의 얼굴이 획 허공을 향하더니, 눈이 왼쪽 위로 올라가 허공에 고정되며.

최고만E　가만, 김선영이는 분명히 아까 의식소실이 된 건데?

화면 한쪽에 미친 듯이 알고리즘이 형성된다.

S#12　최고만 상상 / 몽타주

최고만의 얼굴이 클로즈업되면, 그 옆으로 선영의 모습이 겹쳐지며.
– 입을 가리고 화장실로 뛰어가는 선영.

최고만E　(신들린 듯) 김선영이 아침에 블랙 빈을 먹고 구토를 시작했지?

– 화장실로 마구 달려가는 선영.
– 화장실 변기를 붙들고 토하고 있는 선영.

최고만E　오늘 하루 동안 스물세 번을 토했고, 약은 먹지 않았고.

- 머리를 두들기며, 딱따구리가 들어 있는 것 같아예.

최고만E 편두통을 호소했다.

- 알고리즘으로 선영 편두통, 오심, 구토가 뜨면.

최고만E 아니, 오늘 일이 아닐지도 몰라.

- 수영장에서 수영을 하는 선영. 물에 잠수하는 모습이 보이면.
- 물속에서 코를 붙들고 있는 선영.
- 걸어오며, 머리를 옆으로 기울이며 통통 치는 선영.

최고만E 혹시, 그렇다면 어제 수영장에서부터 시작된 건가? 식중독이 아니라면, 이건 뇌에 관련된 문제인가?

- 순간, 뇌의 모습이 360도 회전하며, 뇌의 각 기능에 대해서 글씨들이 깨알같이 옆으로 입력돼 떠오른다.
- 그 아래로 의학원서 책장이 휙휙 넘어가는 모습이 보이다가.

최고만 (자리에서 벌떡 일어나며) 638페이지였어. 638페이지 왼쪽 다섯 번째 줄!

S# 13 **최고만 서재**

최고만, 벽에 즐비하게 꽂힌 책 중에서 의학원서를 꺼내서 미친 듯이 638, 638, 638을 읊조리며 페이지를 넘기면. 638페이지 왼쪽 줄을 보면, 뇌간종양에 대한 내용이 펼쳐져 있다. 최고만의 눈을 따라 빠르게 떠올랐다가 내려앉는, 뇌간종양 관련 증상들! 겁에 질린 표정으로 책장을 탁 덮으며.

최고만E 젠장맞을. 내, 내가 무슨 생각을 하, 하는 게야? 아, 아니겠지. 아닐 거야.

하면서도 최고만의 얼굴이 불안감과 조바심에 사로잡히면서 짧은 암전.

S# 14   파밀리에 연습실

각자 악기를 조율하고 있는 멤버들이 보이고, 이야기 중인 닻별과 수현.

닻별 오빠, 우리 미니콘서트 장소 다시 알아봐야 될지도 몰라.
수현 회장할아버지네 집에서 하는 거 아니었어?
닻별 아직 무서워서 얘기도 못 꺼냈어.
수현 무서워? 뭐가?
닻별 회장할아버지 뒤끝 장난 아냐.
수현 뒤끝?

닻별　　어, 어제 할머니가 실수로 회장할아버지 얼굴을 머리로 이렇게 받았나봐. 그거 갖구 우리 할머니가 거짓말한다구, 국립과학수사연구소에 거짓말 탐지하러 간대.

수현　　진짜야? 할아버지 완전 대박이다

닻별　　그러니까~ 괜히 콘서트한다고 그랬다가, 백 년 괴롭히면 어떡해.

수현　　정 안 되면 우리 연습실에서 하지 뭐. (하다가) 그건 좀 그렇지?

닻별　　응. (입술이 삐져나오는데. 휴대전화 문자가 와서 확인하면)

정도E　　(노래하듯) 닻별아~ 우리 딸. 아빠가 어린이날 선물 사 놨는데 아빠랑 데이트 안 할 거야?

닻별　　(물끄러미 보다가 휴대전화 집어넣어버린다)

S# 15　채린 집 거실

정도　　(휴대전화를 보고) 전화도 안 받고 문자도 씹고, 얘가 좀체로 곁을 안 주네. 아이 씨이, 김영주를 더 쫄 수도 없고 미치겠네~ (사놓은 선물을 휙 밀쳐버리고 안방으로 가며) 채린아, 우리 길동이랑 외식하러 갈까?

S# 16　채린 집 안방

정도, 문을 열면. 이어폰을 끼고, 배를 소중하게 안은 채 명상

을 하는 채린의 얼굴에 미소가 번지고 있다. 물끄러미 보는
정도, 돌아 나오며.

정도   나, 지금 뭐 하고 사는 거냐? (하아, 한숨이 나온다)

S# 17   **한국병원 전경**

S# 18   **한국병원 로비**

선영, 겁에 질린 얼굴로 뒷걸음질하면. 최고만이 돌아오더니
휙 손을 붙들며.

최고만   어, 어딜 가려구?
선영   개장수 아저씨예, 꼭 이래 해야 됩니꺼?
최고만   당신이 거짓부렁 아니라며? 그러니까 당신이 진짜 거짓
       말을 했는지 안 했는지 검사를 해얄 것 아냐, 검사를.
선영   (눈 흘기고 입술 꼬리 비틀며) 개장수 아저씨예, 명색이
       사나이가 진짜 이래 속 좁게 굴 깁니꺼?
최고만   사나이? 그래, 나 완전 속 좁아터, 터, 터진 남자야? 됐
       냐? 잔말 말고 얼, 얼른 따라와.
선영   (실망감에 화난) 그라입시더. 그라모, 검사받으입시더!
       (휙 밀치고 앞서 가며) 어데로 가면 됩니꺼? 예!

하는데, 병원장과 신경외과 과장이 우르르 나오다가 최고만
을 보더니 일제히 인사를 한다. 최고만, 고개를 끄덕여주면.

선영   (혼잣말) 하이고마. 여자 마음 하나, 혼자서 몬 다루가
아주 떼거지로 불렀드노? (혀 끌끌 차며) 개장수 아저씨
예, 아저씨는 완전히 파입니더. 파이~

S# 19   CT촬영실

병원복으로 갈아입은 선영이 천천히 CT촬영기에 빨려 들어
가면.

소리E   김선영씨, 움직이지 마시고 그대로 있어야 됩니다.
선영   (고개를 들며) 움직이지 말라꼬예?
소리E   예. 움직이지 마시고, 그대로 있으시라구요.
선영   (고개를 든 채로) 이대로예?

S# 20   촬영부스

유리를 통해 선영을 보고 기사가 어이없어서 킥킥 웃으면. 최
고만, 부아가 치밀어 책상을 지팡이로 팡! 짚는다. 기사가 놀
라서 보고, 원장과 과장도 긴장하는데.

최고만   건방진 놈 같으니라구. 환자가 못 알아들으면, 친절하게 애기해줄 생각은 안 하고 웃어? 내가 보기엔 너나 김선영이나 종이 한 장 차이도 안 난다구! 이 빌어먹을 기사야!

기사   죄, 죄송합니다.

원장   (난감한) 회장님. 브레인 CT촬영이 끝나면, 바로 컴퓨터로 전송이 되니까 과장실에 가서 기다리시죠.

최고만   (마이크에 대고) 김선영이. 머리를 뒤에 붙이고 편안하게 있으면 돼? 편안하게. 응?

S# 21   CT촬영실

선영   (적이 안심돼서) 이르케예? (머리를 기대고 여전히 긴장하면)

최고만E   그래, 그렇게 하면 돼. 그냥 편안하게 낮잠 한숨 잔다고 생각하면 될 게야.

선영   (구시렁) 긴장 안 하게 할라카모, 이른 그를 안 시키모 돼지. 시키놓고 편안하게 있으라 카는 그는 몬데? (하면서도 눈을 감고 주문처럼 외우며, 점차 편해지는) 낮잠 한숨, 낮잠 한숨, 낮잠 한숨.

S# 22   촬영부스

최고만, 그런 선영을 걱정스럽게 보다가 원장의 안내를 받아

나간다. 나가면서도 못내 걱정스러워 한 번 더 돌아본다. 선영의 머리로 올라가는 기기를 보고 나가는 최고만.

S# 23   신경외과 과장실

대형 모니터가 설치돼 있고, 그 앞으로 앉은 최고만과 병원장, 과장. 레지던트 둘은 바짝 긴장해 서 있다.

최고만   촬영한 건 넘어온 게야?

과장   (레지 보더니 확인하고) 지금 전송했다고 합니다. (사이) 보시죠.

최고만E   (극도로 긴장해서, 다리를 달달 떨고 지팡이를 만지작거리며) 아닐 게야. 원, 원숭이도 나무에서 떨어지는데, 고만아, 니가 의사도 아니잖아. 너, 너, 너무 걱, 걱정 안, 안 해도 돼.

대형 모니터에 뜨는 김선영의 뇌단층 촬영 사진. 병원장과 과장, 레지던트들까지 잔뜩 긴장한 얼굴로 본다.

최고만   (눈이 점차 벌게지며) 원장선생… 어, 어제 내가 전화로 말한 그 증상 아닌 거지? 내, 내 생, 생각이 틀린 거지? 그렇지?

과장   (맞다고 눈짓해주면)

병원장　… 죄송합니다, 회장님. 어제 말씀하신 대로, 뇌간종양이 맞는 것 같답니다.

최고만　(덜덜 떨리는) 빌, 빌어먹을…

S# 24　CT촬영실 앞

선영　(촬영실을 나오며) 어, 개장수 아저씨 어데 갔지? (의사 보며) 선생님예, 여 있던 지팡이 든 개장수 아저씨 어데로 간 줄 아십니꺼?

기사　(긴장해서) 신경외과 과장실로 가셨는데요?

선영　신경외과 과장실예? 거가 어딘데예?

기사　여기서 나가서 쭉 복도를 따라가시면 됩니다.

선영　여로 쭉 따라가라꼬예? 고맙십니데이. (인사하고 나온다)

S# 25　병원 복도

선영, 순진한 얼굴로 주위를 둘러보다가, 지나가는 의사를 보며.

선영　슨생님예. 여 신경, 신경외과 과장님실이 어데라예?

제하　(돌아보다가 선영을 보고 놀란) 영주 언니, 아니 영주 어머님 아니세요?

선영　(미간에 힘주고 보며) 맞다. 우리 영주 친구. 의이사선생님 맞지예?

제하	예. 여긴 어쩐 일이세요? (혹시) 영주랑 같이 오신 겁니까?
선영	아, 아입니더. 지는예. 거짓말 탐지? 그그르 하러 왔십니더.
제하	… 예?
선영	그란데 신갱외과 과장실이 어딘지 압니꺼?
제하	신경외과 과장실이요? 같이 가시죠? 바로 여기 옆이거든요.
선영	그래예? 고맙십니대이. 고맙십니대이. (환해져서 따라간다)
제하	(미소 띠지만 무슨 일이지 궁금하다)

S# 26   신경외과 과장실

과장의 설명을 듣는 최고만의 눈이 점점 벌게지고 있다.

최고만	원장선생. 그래도, 수술은 가능하지? 수술하면 나을 수 있지?
과장	죄송합니다. 조직검사를 해봐야 알겠지만, 저 정도로 넓고 조밀하게 분포되어 있다면, 수술은… 어려울 것 같습니다.
최고만	(믿기지도 않아서 눈물이 밴 채 쿡쿡 웃으며) 그럼… 지금 저 여자더러… 이대로 죽으라는 게야? 열여섯 이후로 처음… 엄마 소리 듣게 된 여자한테… 이제 그만 들

으라고 해…? (눈물 그렁그렁해지며) 바보라서… 엄마인 것도 내색 못하고 살다가… 이제 겨우… 엄마라고… 자기도 엄마라고… 그게 제일 자랑인 여자한테… 이제 엄마 그만하라고… 해?

원장　…

최고만　나는 그렇게 못하겠네… 나는 그렇게 못하겠어… 원장선생, 나 돈 많은 거 알지…? 돈 무지하게 많은 거 알지? 내가 그 돈 반 줄 테니까… 아니, 전부 다 줄 테니까… 제발… 방법 좀 찾아줘. 응?

　이때, 슬그머니 문이 열리며, 선영이 고개를 삐죽 내밀고 최고만을 본다. 환해지며 알은체를 하려는데.

원장　죄송합니다, 회장님. 저희도 최선을 다하겠지만, 달리 방법이…

최고만　(버럭) 왜 찾아보지도 않고 포기하라는 게야! 왜! 시작도 안 해보고 포기부터 하라는 거냐구! 이 빌어먹을 사람들아!

선영　(놀라서 보면)

최고만　(털썩 원장 앞에 무릎을 꿇고) 원장선생. 나 살린다 생각하고, 이 최고만이 살려주는 일이다 생각하고… 제발… 방법 좀 찾아줘요. 응? 아니면 내가… 내가… 죽어, 내가아~!!

최고만, 병원장의 바지를 붙들고 어깨를 들썩이며 우는데. 바라보던 선영의 눈에서도 눈물이 뚝 떨어진다.

선영   개장수 아저씨예…

순간, 사람들 모두 놀라서 바라보고. 선영을 보자, 울컥 치솟아서 목까지 메는 최고만. 선영에게 손을 뻗고 어깨를 떨며 울면. 선영, 다가와 최고만의 손을 잡아주면서 함께 운다. 최고만도 설움에 겨운 눈물을 끅끅 흘리며, 선영의 어깨를 잡고 운다.

선영   우리 개장수 아저씨 불쌍해서 우짜노… 인자 우리 개장수 아저씨 불쌍해서… 우째… (으윽 운다)

최고만   (설움이 몰려와 선영을 붙들고 억억 울며) 김선영이… (얼굴을 붙들고 울면)

선영   (최고만의 눈물을 닦아주며) 이래 여리여리한 사람을… 인자 우째 살라꼬…

최고만   (흐으으응 우는데)

선영   (눈물 삼키며) 개장수 아저씨예… 내가예, 우리 아부지 맹키로예… 개장수 아저씨 살릴 약 다 찾아볼께예. 그라이까… 울지만 말고, 살 방법을 찾아보입시더. 예?

최고만   (덜컥… 이 여자 뭔가 잘못 알고 있구나, 보는데)

선영   (금세 눈물이 주룩 흐르면서) 내가예… (가슴까지 탕탕

치며) 이 김슨영이가… 무슨 수를 써서라도… 방법을 찾아볼께예. (최고만의 얼굴을 쓰다듬으며) 말만 무섭게 했지… 마음은 비단같이 고분 우리 개장수 아저씨… 내가 꼭 살리줄게예… 예?

최고만   (선영의 진정어린 마음에, 울고 있는 이 바보 같은 여자의 진심이 전해져서 으으으으 울음이 다시 터지며) 어… 김선영이… 나 좀 살려줘… 나도 살고… 당신도 살게… 방법 좀 일러줘… (안으며 운다)

선영   (최고만의 등을 쓰다듬으며 눈물 삼키고 다짐하는) 개장수 아저씨예… 인자부터예, 개장수 아저씨가 묵고 싶어하는 그는 내가 다 만들어드릴께예. 무신 빙인지는 몰라도예, 개장수 아저씨 몸에 좋다는 그는 내가 다 만들어드릴게예.

최고만   (선영을 떼어놓고 보면)

선영   미안합니더… 지가 해드릴 그는 그그밖에 없어예. (하면서 또 눈물이 주룩 흐르면)

최고만   (선영을 바라본다. 참 이쁜 사람이다… 참 고운 사람이다… 그런 사람을 보내야 한다… 마음이 아리다) 이쁘다, 김선영… 당신 참 이뻐… (눈물이 주룩 흐른다)

물끄러미 바라보던 제하, 슬그머니 문을 닫는다.

S# 27   과장실 복도

제하, 뭔가 잘못됐구나… 싶어 표정이 굳은 채 다시 돌아본다.

S# 28　최고만 집 전경 / 밤

S# 29　최고만 집 이층 거실

영주와 닻별, 대경실색해서 선영을 보며.

영주　뭐? 회장님이 몹쓸 병에 걸렸다구?

선영　(얼마나 울었는지 눈이 벌게져서) 응. 아까 뱅원에서 내가 직접 들었다. 그긋 때문에 내한테 같이 가자고 그랬는갑드라. 혼자 가기 무서부니까, 거짓말탐지기 한다꼬… 나 같은 바보라또… 데리꼬 가가 기대고 싶었던 모양이드라… (금세 눈이 젖으면)

닻별　회장할아버지 어디가 아픈데요?

선영　잘은 몰라또, 여 머리 쪽 어디가 아픈 모양이드라? 그래가 개장수 아저씨가 승질도 막 부리고, 소리도 꽥꽥 지르고 그랬든 모양이드라.

닻별　(눈치 보며) 엄마, 회장할아버지 어떡해?

영주　(남의 일 같지가 않아 한숨이 나며) … 그러게. 어떡하니?

선영　으떡하긴 몰 으떡하겠노…? 개장수 아저씨 좋아하는 빠끔장이랑 말린우럭미역국이랑… 우리 개장수 아저씨 먹고 싶다는 그라또 원 없이 묵게 해드리야지. 내 그래 하

겠다꼬 약속또 했다. (하면서 눈물을 닦으면)

영주 그래… 엄마… 그렇게 해드리자. 회장님 드시고 싶은 음
식 다 해드리고, 마음 편하게 해드리자.

선영 (쓸쓸하게 미소 지으며) 응.

영주 닻별이도?

닻별 … 응, 엄마.

영주, 미소 지어주지만, 안타까워 후우 고개를 돌린다.

S# 30   신경외과 의국

제하, 신경외과 컴퓨터 목록에서 김선영 이름을 찾아 차트를
모니터에 띄운다. 점점 굳어지는 얼굴.

제하 뇌간종양… (얼굴을 비비며 후우~ 안타까운 한숨을 쉰다)

S# 31   호텔 바 / 밤

고풍스러운 호텔 바에 앉아 스트레이트잔을 털어넣는 최고
만. 고통스럽게 몸을 비틀며, 크아아~ 입을 벌리며 입김을 뿜
는다. 바텐더장, 미소를 짓고 물잔을 건네면. 됐다는 손신호
를 하며.

최고만 옛날엔 말이지, 이런 맛도 더럽고 정신만 어지럽히는 알코올이라는 이름의 것들을, 왜 그렇게 미친 듯이 퍼마시나 했는데… 이제는 좀 알겠네~ 이젠 알겠어~ (씁쓸하게 미소 짓다) … 바텐더장, 내가 여기 마지막으로 온 게 언제였나?

바텐더장 예. 21년 전이었습니다. 부모님 기일인데, 혼자 제사 지내기 싫다고 오셨었죠?

최고만 (픽 웃으며) 그런 걸 다 기억해?

바텐더장 그럼요. 세계에서 제일 비싼 술을 시켜놓고, 딱 한 잔밖에 안 드시고 가셨거든요. 지금 드시는 게, 바로 그 술입니다.

최고만 그래? 이거 쐬주 아니었어?

바텐더장 (미소 짓는다)

최고만 … 자네는 결혼했나?

바텐더장 예. 아들 하나, 딸 하나 있습니다.

최고만 (부럽게 보며) 바텐더장. 난 말이지, 세상에서 부러운 사람이 딱 두 사람이 있어. 하나는… 함께 늙어갈 아내가 있는 사람이고, 다른 하나는… 돌아갈 가족이 있는 사람이야. 가족은 못 가져도… 아내 손잡고 세계일주, 아니 전국일주라도 하는 게 내 꿈이었어. (바에 올려둔 반지 케이스를 만지작거리며) 근데, 그것도 하지 말라네. 젠장맞을 딱따구리가. 빌어먹을, 우라질 딱따구리란 놈이 말이야. (회한으로 눈가가 젖는다)

S# 32   최고만 집 정원 / 밤

눈물까지 그렁그렁해져서 문을 닫고 들어오는 최고만. 영주
가 기다리고 있다.

영주   회장님.

최고만   (뜨끔 놀라 눈물 닦으며) 김, 김영주. 자, 자네가 여긴
왜, 왜 나와 있어? 꼬, 꼬맹이가 아직 안 들어온 게야?

영주   … 아니요.

최고만   그, 그럼 나, 나… 기다리고 있었던 게야?

영주   … 예. 회장님.

최고만   (왠지 어색해서) 빌어먹을. 내, 내가 어린애야? 기, 기다
리긴 뭘 기다려? 내 걱정 말고 자. 자네 몸조리나 잘해.
(들어간다)

영주   (안쓰럽게 보는데)

최고만   (가다가 멈춰 서며) 그, 그래도 기분은 좋네…? 누, 누,
누가 나 기다려주는 거… 김군 그 자식 말고 처, 처음이
거든.

영주   …

최고만   먼, 먼저 들어갈게. (돌아서는데, 선영이 보인다)

선영   (손을 꼬면서) 이제 들어옵니꺼?

최고만   (히죽 웃으며) 어. 나, 나… 왔어. 김선영. (울컥해지는데)

이때, 선영 뒤에 있던 닻별도 나오더니.

닻별　　할아버지.

최고만　　꼬, 꼬맹이 너도 안 자고 있었던 게야? 젠장맞을.

닻별　　(다가와 최고만을 붙들고 안으면)

최고만　　(왈칵 울음이 터질 것처럼 행복하고 벅차다. 겨우 참으
　　　　　며) 빌, 빌어먹을. 왜, 왜, 왜들 안 자고 난리들이야? 피
　　　　　부 나빠지게. 그, 그리고 전기세 당, 당신들이 낼 거야?
　　　　　빌어먹을. (하면서도 벅차고 행복해서 목이 잠긴다)

영주와 선영, 닻별 모두 가엾게 최고만을 보고. 최고만은 그
들이 가여워서 또 바라보며 부러 미소를 짓는다. 서로 어색한
미소를 짓지만, 그래도 가족 같은 느낌의 사람들.

최고만E　　이런 게 가족이구나… 이런 게 가족이야…

그 모습에서 천천히 암전이 된다.

S# 33　　채린 주상복합 아파트 전경

S# 34　　채린 집 거실

오민석의 오른쪽 가슴에 카네이션을 달아주고 있는 채린. 정

도, 흐뭇한 얼굴로 바라보고 있고. 오민석은 약간 뻘쭘하고 긴장한.

채린   (함께 어색한) 아빠, 낳아주시고 길러주셔서 감사합니다.

오민석   (그래도 애비라고 뭉클한. 큼~) 고, 고맙대이.

정도   (정성스럽게 제본하고 리본을 단 논문집을 건네며) 장인 어르신, 약소하나마 선물입니다. 받아주십시오.

오민석   (받으며) 고맙대이. (돌려 보며) 근데 이기 뭐꼬?

정도   예. 아이돌스타들의 장기계약에 따른 인권침해 및 저작권 위반에 관한 실태 연구논문입니다.

오민석   이 논문을 내한테 읽으라꼬 주는 그가?

정도   아, 아닙니다. 이 논문 덕분에 저희 영생대학 로스쿨에 지원자들이 꽤나 많아질 거 같다는 말씀을 드리려는 겁니다. 그냥 장식용으로 쓰시면 됩니다, 장식용으로. 하하.

오민석   (밉게 보며) 지원자가 많아져봤자 뭐 하겠나? 대학 자체가 날아갈 판에.

정도   예? 그게 무슨 말씀이신지.

오민석   니는 몰라도 되니까 신경 *끄고*, 채린이 니는 얼른 준비해라. (일어나며)

채린   (짜증 나는) 아빠, 왜 꼭 어버이날 작은회장님 댁에 가려고 그래? 작은회장님이 아빠보다 한참 어리잖아.

오민석   가스나야~! 나이가 무신 상관인데? 대한민국은 돈 많은 기 어른이고, 돈 없는 기 아랫사람인 기라. 그라이까 토

	달지 말고 얼른 준비해~
채린	아, 싫어. 나 아침부터 배도 당기고 안 좋단 말이야.
오민석	(지랄을 한다, 쳐다보면)
정도	(반짝 머리 굴리며) 장인어르신, 채린이 대신 제가 가면 어떨까요?
오민석	뭐라꼬?
정도	채린이는 홀몸도 아니고, 전 새로 논문집도 나왔으니까 작은회장님께 인사드릴 명분도 되고 그게 낫지 않겠습니까?
채린	(기가 막혀서 보면)
오민석	(난감한) 박교수, 니 엑시 마누래가 니한테 무신 말 안 하드나?
정도	예? 엑스 마누라요? (채린이 눈치 보며) 이혼서류 접수하고 만난 적이 없어서…
채린	(비웃는데)
오민석	그라모 니, 내 말 단디 들으래이. 니 엑시 마누래가 우리 짝은회장님 수양딸이 됐거덩?
정도	(놀라서) 수양딸이요?
오민석	그래. 그라이까 니는 작은회장님 집 근처에 얼씬거릴 생각도 말고, 그냥 죽은 듯이 잠자코 있어라. 괜히 작은회장님 심기 잘못 건드렸다가는, 영생대학재단이고 뭐고 한 방에 날아갈 수도 있대이. 알겠나?
정도	… 예, 장인어르신.

오민석   니 진짜 안 갈 기가?

채린   (정도가 얄미워서) 아니, 갈래. 생각해보니까, 김영주 걔 만나서 나도 할 얘기가 있거든. (보란 듯이 일어나면)

정도   채린아, 너 몸 안 좋다며?

채린   (오민석 들리지 않게) 몸이 안 좋아도, 오빠가 작은회장님한테 붙는 꼴은 못 보겠거든? 그래서 미리 공사 좀 치고 오려구~

정도   뭐?

채린   솔직히 지금 오빠 머릿속 뒤죽박죽 아냐? 우리 아빠는 작은회장님한테 꼼짝 못하지, 김영주는 수양딸이라지, 머리 팍팍 돌아가잖아.

정도   에이. 그, 그건 아니다.

채린   그래? 그럼 우리 길동이 아빠 노릇 할 연습이나 제대로 하고 있든가~

오민석   (현관에서) 아 퍼뜩 안 나오모 뭐 하노, 이 가스나야!

채린   지금 가잖아! (짜증 부리며 가면)

정도   (나가는 오민석 보며) 안, 안녕히 가십시오. 장인어르신.

채린   (현관에서 비웃음 띠고 나가면)

정도   다녀와~ (웃어주고 문 닫히면) 오채린 저게 맹탕인 줄 알았더니, 레알 선수네~ 어떻게 내 마음을 그렇게 잘 알지? 같은 과라서 그런가? 하이 씨, 아무튼 줄 잘못 섰어. 완전 잘못 섰어~!

S# 35   최고만 집 주방

숙취로 멍한 최고만 앞에 단출하지만 정성이 담긴 밑반찬이
놓여 있고, 선영이 커다란 국그릇을 내려놓는다.

최고만   … 어? 이게 뭐야? 김치, 김치콩나물국이네?

선영   예. 어제 술도 마이 드싰는데, 속도 풀고 땀도 흘리시
라꼬 얼큰하이 끓이봤십니더. 뜨신 밥 말아가 훌훌 좀 드
이소.

최고만   어. 잘, 잘 먹을게. 김선영…? (히죽 웃고 수저 들어서 후
루룩 맛을 보다가) 앗, 뜨거~!

선영   (최고만 어깨를 밉지 않게 탁 치면서 타박하는) 하이고,
그래 급하게 묵으니까 그렇지예~! (찬물 따라주고 최고
만의 얼굴을 보며) 어디 보이소? 혀는 안 디었습니꺼?

최고만   어? (혀 내밀어 보여주며) 괜찮아.

선영   (안쓰럽게 미소 짓고 보며) 그라모 인자 후후 불어가면
서 츤츤히 드이소. 알았지예?

최고만   (히죽 웃고) 어~ (보란 듯 후후 불어가면서 연신 먹으며)
맛있다. 속이 그냥 화악~ 풀리네. 그냥~

선영   그래예? 저 한 솥 끓이놨으이까 실컷 드이소. (웃고 가면)

최고만E   (선영의 뒷모습 아프게 보면서) 김선영이. 이제 이런…
해장국… 못 먹겠지…?

눈물이 날 것 같아 고개를 숙이면, 국 위로 최고만의 눈물방
울이 뚝 떨어진다. 이때, 현관문 열리는 소리가 급하게 들리
더니 김집사 뛰어들어와, "회장님~~" 하면서 최고만을 와락
안고 운다.

최고만 왔, 왔냐?

김집사 (울면서) 어쩌다가 그렇게 되신 겁니까요~ 그렇게 제가
제발 운동 좀 하시라고 했잖아요오~

최고만 (김집사 머리 쓰다듬어주며) 괜찮아. 나, 괜찮으니까 그
만 울어라. 코 묻잖아. 응?

김집사 (울면서) 괜찮기는 뭐가 괜찮습니까~ 회장님 이 많은 재
산을 저한테 어떻게 관리하라구요오~ (울먹)

최고만 (호흡 고르다가, 결국 머리 때리며) 넌 내가 죽는다니까
그거밖에 안 떠오르지? 아주 좋아 죽겠지~ 이 빌어먹을
자식아~!

하는데, 이때 밖에서 음악소리가 들려온다.

최고만 얼씨구! 나 죽는다고 밴드까지 불렀냐? 에헤라 디여~
놀자판 벌였어? 이 우라질 놈아!

김집사 제가 안 불렀는데요? 와보니까 벌써 깔려 있던데요?

최고만 그럼 대체 어, 어떤 놈이 부른 게야? 젠장맞을~!

이때, 이층에서 내려오던 영주, 선영과 눈 마주치며 미소 짓는다.

S#36   최고만 집 정원 / 낮

최고만, 김집사와 함께 서둘러 나와보면. 꽃아치가 만들어져 있고, 알록달록한 원피스를 입은 닻별이 무대에 서 있다. 뒤이어 나오는 선영, 영주.

닻별   회장할아버지, 할머니, 엄마. 닻별이가 준비한 미니콘서트에 여러분을 초대하겠습니다. 부디 재밌고, 즐겁게 들어주세요~ (깜찍한 무대인사)

선영과 영주, 서로 보면서 손을 잡고 미소를 띠고. 최고만과 김집사도 영문을 모르지만 왠지 즐겁다.

S#37   미니콘서트장

하얀 테이블보가 씌워져 있고, 의자에 나란히 앉는 최고만, 선영, 영주. 김집사도 슬그머니 의자를 가져다가 뒤에 앉는다. 무대에 선 파밀리에 멤버들. 수현이 인사하면 네 사람이 인사 받아주고. 수현이 손가락으로 시작 신호를 주면, 음악이 흘러나온다. 차분한 발라드풍의 음악이 흘러나오면, 수현과 함께 눈을 마주치며 준비를 하는 닻별. 엄마와 할머니, 부모님을 생각하고 고마워하는 아이의 시선으로 지은 노랫말이다.

노래를 듣고 있는 영주, 선영, 최고만의 눈가가 점차 젖는다.

닻별의 노래를 이어받아서 부르는 수현. 그리고 두 사람의 듀엣으로 노래가 끝나면. 네 사람, 감동의 박수를 치고 눈가의 눈물을 닦는데. 수현과 닻별, 눈을 마주치며 미소 짓고. 닻별이 영주에게 걸어간다.

닻별　　(영주의 가슴에 카네이션을 달아준다)

영주　　(뭉클해서 보는데)

닻별　　엄마… 낳아주시고… 길러주셔서… 감사합니다. 엄마… 사랑해요.

영주　　(뜨거운 물결이 가슴을 쓸고 가는 느낌이다. 행복하고 고마워서) 고마워, 딸. 엄마두 사랑해~ (안아준다)

선영　　(그 모습 보고 눈물이 그렁그렁해지는데)

영주　　(선영을 돌아보며) 난 생각두 못했네? 엄마, 미안해서 어떡하지?

선영　　아, 아이다. 내는 개안타. 닻별이가 저래 하는 굿만 봐도 내는 기분이 억쑤로 좋다~

영주　　그럼, 내가 꽃 달아드리면 더 좋아하시겠네?

영주, 무릎으로 앉아서 선영의 가슴에 카네이션을 달아준다. 선영, 고맙고 황송스러워서 눈물이 핑 돈다.

선영   영주야…

영주   엄마한테… 처음으로 카네이션 달아주는 거네…? 엄마, 너무 많이 늦었지만… 낳아주시고… 길러주셔서… 감사합니다… 엄마… 사랑해요… (미소 지으면)

선영   (울컥 눈물이 난다) 고, 고맙대이… 우리 새끼… 참말로 고맙대이… (눈물을 주룩 흘리면)

영주   (눈물 닦아주며) 아니야, 내가 고마워. 내가 고마워, 엄마. (안아주며, 함께 눈물이 그렁그렁해진다)

최고만, 김집사. 그 모습 보면서 눈물을 쓱 닦는데. 닻별이 다가와 최고만의 가슴에 카네이션을 달아준다.

닻별   할아버지. 우리 할머니 사랑해주셔서 감사합니다.

최고만   (주책없이 눈물이 툭 터질 것 같아서 부러 심술궂게) 건방진 어린이 같으니라구. 스펙트럼 분석법을 이용한 게냐? 히트곡 방정식에 맞춰서 궁짝궁짝 잘도 섞었네?

닻별   (히죽 웃으며) 들켰네? 할아버지한텐 뭐든 다 들킨다니까~

최고만   당, 당연하지, 이놈아. 나, 나, 나는 우주 최고 천재니까~

닻별   전 우주 천재 수제자구요. 맞죠?

최고만   (닻별이 귀여워서 미소 지으며) 그래, 맞다. 이 건방진 제자야.

김집사   (슬그머니 끼어들며) 저기 닻별양, 내 꽃은…

최고만   (옆에 놓인 꽃다발로 퍽 김집사를 친다)

S# 38   최고만 집 정원 일각

파밀리에 멤버들, 장비들을 밖으로 나르고 있고. 수현은 닻별
과 애기 중이다.

닻별   오늘 수고 많았어. 고마워, 수현 오빠?

수현   아니. 내가 더 고마운데? 니 덕분에 잠깐이라도 우리 엄
마 만난 기분이었거든.

닻별   그렇게 생각해주면 고맙구. (히죽 웃는다)

수현   (머리 쓰다듬으며) 간다~

닻별   응~ 안녕~ (손 흔드는데)

그 모습을 바라보고 있는 영주. 닻별이가 벌써 저만큼 자랐구
나 싶어서 뿌듯하기도 하고, 애틋하기도 한데.

S# 39   최고만 집 앞

오민석의 차가 도착하고, 내리는 민석과 채린. 꽃다발을 들었
다. 장비 나르는 모습을 보면서.

오민석   작은회장님 오늘 파티하실라꼬 그르나?

채린   파티가 벌써 끝난 거 같은데?

오민석   (보더니) 그래? (걱정되는) 파티하는 데 부르지도 않고 진짜 눈 밖에 난 그 아인지 모리겠다. 퍼뜩 드가자. 퍼뜩! (서둘러 들어간다)

S#40   동 최고만 집 정원

수현이 영주를 보고 꾸벅 절하며 "가보겠습니다, 닻별 어머니" 한다. 영주, 고개로 인사를 받으면. 닻별도 영주를 보고 해죽 웃는다. 이때, 안으로 들어오는 오민석과 채린. 오민석은 오직 최고만을 찾아 두리번거리며 "회장님이 어디 가셨지?" 하는데. 채린, 수현과 지나치다가 확 굳는다.

채린   (돌아보며) 오수현?

수현   (뚝 굳는데)

채린   너 수현이 맞지?

수현   (침 꿀꺽 삼키는데)

그 모습을 보는 닻별과 영주, 뭔가 싶어서 긴장해서 보는데.

수현   잘못 보셨습니다. (나가려는데)

채린   (휙 붙든다)

수현   (돌아보면)

채린   맞네, 수현이. 아빠~!

오민석   (최고만을 보고 머리 다듬고 가려다가) 와? (돌아보면)

수현   (채린의 손을 휙 뿌리치며 나간다)

채린   수현아! 수현아!

오민석   수현이? (후다닥 다가오며) 채린아, 니 지금 뭐라 캤나? 수현이라꼬?

채린   어, 지금 나간 애, 아빠 아들 수현이 맞아.

오민석   뭐라꼬? (미친 듯이 달려나간다)

영주와 닻별, 그 모습에 놀라서 보다가 채린과 눈 마주친다.

S# 41   최고만 집 앞

달려나오는 오민석! 벌써 수현의 바이크는 멀리 달리고 있다.
"수현아~ 일마야!" 눈물 글썽거리며 소리 지르는 오민석의
모습이 사이드미러로 보이면. 가속기를 당기는 굳은 표정의
수현.

S# 42   커피숍 일각

채린   (마주 앉은) 김영주씨, 원래 이렇게 무책임한 사람이었
           어요?

영주   (픽 비웃고) 대책 없이 지를 줄만 아는 너 같은 애한테

들을 얘기는 아닌 것 같은데?

채린 너 같은 애한테? (픽 웃고) 딸랑 우편으로 휴직계 던졌다고, 말씀 너무 막 던지시네~ 휴직계라는 게, 사장이 처리 안 하면 어떻게 되는 줄 알아요?

영주 (노려보며) 그럼, 사직서 던져주면 되겠니?

채린 던지세요. 김영주씨 던지는 거는 상관없는데, 김영주씨가 그렇게 가족처럼 애지중지하던 아랫것들은 어떡할까요? 한꺼번에 다 짜를까요?

영주 (아차, 싶다)

채린 이번 달은 잡지발행은 어떻게든 맞춰졌으니까, 그럼 오늘부로 다 자르기로 하죠~ (일어나면서) 고맙네요~ 베누스 프로젝트로 주가가 한참 올라 배 아팠는데, 직원들 나 몰라라 잘리게 한 편집장으로 남아줘서. (싱긋 웃고 가면)

영주 (얼굴이 굳는다)

S# 43 최고만 집 정원 / 밤

최고만, 왔다 갔다 하면서 영주를 기다리고 있다. 위로 들리는.

과장E 뇌간종양이라는 게 예후가 워낙 좋지 않은 암이라서 항암치료와 방사선치료를 병행한다고 해도, 솔직히 장담하기 힘듭니다. 회장님.

S# 44   최고만 회상 / 병원 로비

저만치 서서 기다리고 있는 선영. 한바탕 울고 나온 뒤의 상
황이다.

최고만   항암치료는 언제 시작해야 되나?
과장   한시라도 빨리 시작하는 게 좋을 겁니다. 그래야 그만큼
생존기간도 길어질 수 있을 테니까요.
최고만   (안쓰럽게 선영을 돌아보면)
선영   (손을 만지작대며 최고만을 향해 부러 밝고 환하게 웃어
준다)

S# 45   동 최고만 집 정원

최고만, 마음이 무거운데. 이때, "띠이~!" 하는 소리와 함께
문이 열리고 영주가 들어온다. 최고만, 마음을 다지고 영주에
게 다가간다. 영주, 기운이 빠진 얼굴로 들어오는데.

최고만   왔나?
영주   회장님.
최고만   오, 오늘은 내, 내가 자네 기다리고 있었어. 어때? 내가
기다려주니까 기, 기, 기분 좋지?
영주   예? 예~

최고만   (어색하게 웃고, 뜸 들이며 말할 기회 찾다가… 꽃을 만지작거리며) 김영주… 이 꽃 얼마짜리냐?

영주   … 예?

최고만   이, 이거 싸구려지? 한, 한 천오백원쯤 하나?

영주   (난감한) 글쎄요…

최고만   아니지, 꽃시장 가면 그, 그 돈도 안 할 거야. 어, 어버이 날도 지났으니까 지, 지금 사면 한, 한 이백원 하려나?

영주   (어이없는데)

최고만   근데 말이지. 난 이, 이 싸, 싸구려 카네이션이 그렇게 좋다~ 이, 이걸 닻별이가 달아주는 순간에, (가슴 두드리며) 여, 여기가 먹먹~해지는 게 막 눈물도 날라 그러고. 어, 어떻게 표, 표현을 할, 할 수가 없더라고.

영주   (미소 짓는데)

최고만   그래서 생각했는데 말이지. 나… 이, 이번에 말고 내, 내년에도 또 받고 싶어. 아니, 내년, 내후년, 내내후년에도 계속 받고 싶다~? 그, 그래서 나 당, 당신 엄, 엄마한테 프, 프러포즈할래.

영주   … 회장님…!

최고만   알, 알아. 자, 자네가 오, 오케이 할 때까지 기다리려고 그랬는데. 내, 내가 마음이 너무 급, 급해서 못 기다리겠어. 당, 당신 엄마한테 해주고 싶은 게 너무 많아서…

영주   (문득 최고만이 아프다는 게 마음이 쓰이는) 회장님, 회장님께서 저희 엄마를 좋아해주시는 건, 정말 이루 말할 수 없이 고맙고 감사한데요…

최고만 잠, 잠깐만. 자, 자네 혹, 혹시 김, 김선영이가 나 아, 아 프다고 해서 그러는 게야?

영주 … (마음 다지고) 예. 솔직히…

최고만 (캘캘 웃다가) 내가 미쳤지? 내가 똘아이야, 똘아이.

영주 …?

최고만 (창피한 얼굴이 되며) 내, 내가 솔직히 말, 말해줄 테니 까, 내 눈 보지 마? 창피하니까? (시선 피하며) 사실은 말이지, 김선영이한테 김집사 그놈이 자꾸 들이대거든. 김선영이도 싫은 눈치도 아니고. 그, 그게 너무 열받는 거야~ 이 여자가 내가 좋아하는 걸 아는 거야? 모르는 거야? 젠장맞을. 그런 생각도 들고. 응? 그, 그래서 김선 영이 관, 관심 좀 받아보려고 내, 내가 꾸민 짓이야.

영주 예? (믿기지 않아) 예?

최고만 내, 내가 연, 연, 연애라는 걸 해, 해, 해본 적이 없어서 말이지. 아이 씨, 창피해라. 이런 얘기는 안 할라고 그랬 는데. (쓱 보더니) 그래도 못 믿겠어?

영주 예. 솔직히 말하면… 못 믿겠습니다.

최고만 (척 서류봉투 건넨다)

영주 이, 이게 뭡니까?

최고만 (정색을 하고) 내 건강진단서야. 자네 우리 집 오기 일주 일 전에 한국병원에서 발급받은 거니까 확인해봐. (척 주고 간다)

영주   (얼결에 받다가… 걸어가는 최고만 보며) 회장님, 저희 엄마 어디가 그렇게 좋으세요?

최고만   솔직히 말하면 말이지. 처음엔 당신 엄마가 아니고, 당신 엄마 음식이 필요해서 좋아했어. 그런데 지금은… 당신 엄마 김선영을 좋아해서, 김선영이 필요해. (미소 짓고 간다)

영주   …! (건강진단서를 꺼내서 본다)

S# 46   최고만 집 이층 거실 / 밤

이층으로 올라오는 영주. 신문지를 펼쳐놓고 손톱을 자르는 선영을 본다. 노안이 와서 잘 안 보이는지, 실눈을 뜨고 손톱깎이를 들이대면. 영주, 그 모습을 안쓰럽게 보다가, 옆으로 냉큼 다가와 앉으며.

영주   엄마, 손톱 깎아?

선영   어. 그란데 영주야, 왜 내 손이 이래 흐리흐리해 보이지?

영주   우리 엄마, 벌써 돋보기 맞춰야 되나부다. 이리 줘봐. 내가 잘라줄게.

선영   (금세 환해지며) 니가?

영주   왜? 내가 엄마 손톱 잘라주는 거 싫어?

선영   아이다~ 왜 싫겠노~ 너무 좋아서 그란 기지. (쭉 건네며) 그라모 내가 니 발톱 잘라주까?

영주   (미소 짓고 손톱을 잘라주기 시작한다)

선영   (기분이 좋아져서 영주를 히죽히죽 쳐다보고)

영주   (미소 짓다가) 엄마… 회장님 어떻게 생각해?

선영   어떻게? 어떻게 생각해?

영주   어떤 사람인 것 같냐구. 좋은 사람인지, 나쁜 사람인지. 아니면 엄마 마음에 쏙 드는 사람이지.

선영   (그제야 알아듣고) 어떻게는 어떻게노. 생긴 그나 하는 짓이나 딱 개장수 아저씨잖아.

영주   어?

선영   개 팔러 댕기다가 보이까, 성격도 점점 못돼치묵고, 먹는 것만 억쑤로 밝히고, 알아듣지도 몬하는 말만 혼자 씨부리쌌고. 아주 파이다, 파이.

영주   … 그래?

선영   응. 그란데 가끔씩 착해 보일 때도 있다.

영주   (모르는 척 손질해주며) 언제?

선영   어, 니 가심 아픈데 좋은 약 살라꼬 갔일 때, 주인아저씨가 나 돌리먹을라 캤는데, 그때 개장수 아저씨가 그 주인아저씨 혼꾸멍을 내줏다. 니 약도 개장수 아저씨가 다 들어줏고… 음, 그라고… 길 잃어뿐다꼬 내 손도 잡아주고 그랬다.

영주   그랬어…?

선영   (철없이 끄덕끄덕) 응. 개장수 아저씨 이래 가마히 보면, 속눈썹도 이래이래 길어가, 꼭 가스나처럼 생기묵었다.

그그는 영~ (쩝~ 하면)

영주   자세히도 봤네? (떠보는) 엄마 회장님한테 관심 있나봐?

선영   어? 아, 아이다. 그른 기 아이고… (당황한) 개, 개장수 아저씨 아프잖아. 아, 아프이까 내, 내가 신경이 쓰이가 그, 그, 그래 본 기다. 참말이다.

영주   (피식 웃고) 그럼, 회장님이 데이트하자고 하면 어떡할 거야?

선영   어? 데이트? 데이트가 몬데?

영주   응. 같이 밥 먹고, 영화도 보구, 산책도 하면서 얘기하는 거?

선영   그른 그라면 몬해줄 기 뭐 있겠노? 몸도 안 좋은 사람한테. 안 글나?

영주   맞아. 그럼 엄마, 내일 회장님이랑 데이트할래?

선영   그래. 그라지 뭐.

영주   (미소 짓는다) 그럼 우리 엄마 오늘 이쁘게 손톱 손질하고 팩도 붙이고 자야겠네~?

선영   … 팩? 팩이 뭔데?

S# 47   최고만 집 전경 / 아침

S# 48   최고만 집 이층 방

메이크업 키트를 펼쳐놓고, 선영의 얼굴에 볼터치를 해주고 있는 영주. 머리 모양은 벌써 단정하게 맞춰놓았고.

선영　(부담스러워서) 영주야, 이른 그 안 하모 안 되나? 개장수 아저씨랑 데이트하는데, 뭐 이쁘게 보일 기 있다꼬…

영주　엄마. 화장은 예뻐 보이려고만 하는 게 아니라, 상대방에 대한 예의를 갖추는 것이기도 한 거야. 내가 당신을 만나기 위해 이렇게 많은 시간과 공을 들였습니다, 라는 걸 말로 하지 않고 직접 보여주는 거지.

선영　아, 알겠다.

닻별　(옆에서 히죽히죽 웃으며 보고 있다)

영주　그리고, 화장을 하고 옷을 이쁘게 차려입으면, 음식을 먹을 때도 말을 할 때도, 행동 하나하나가 조심스러워지기도 하는 거야. (닻별을 보며) 닻별이도 알겠어?

닻별　응. 엄마.

영주　그리고 엄마. 앞으로 회장님한테 개장수 아저씨라고 부르면 안 돼.

선영　왜?

영주　사람은, 서로의 이름을 불러주면서 서로에게 소중하고 특별한 사람이 되는 거야.

선영　아, 알겠다. 니가 옴마라고 부르는 긋처럼. 맞제?

영주　그래, 맞아. (O.L)

(경과) 영주, 선영의 옷을 맞춰서 입혀주고 확인한다. 선영 뻣

뻣하게 서 있는데.

영주　　우리 엄마 진짜 이쁘네~ 닻별아, 그렇지?

닻별　　응. 할머니 진짜 이뻐요. 짱! 짱!

선영　　(부끄러움에 배시시 웃는다)

S# 49　　최고만 집 정원 / 낮

한껏 차려입은 최고만이 기다리고 있고, 선영이 수줍게 내려온다. 굽이 있는 구두를 신고 조신조신하게 걸어오는 선영을 보면서, 얼굴이 환해지는 최고만. 잔뜩 긴장한 얼굴로 차문을 열어주면.

선영　　(살포시 목례를 하고 타려다가 일그러지며) 또 이 찹니꺼?

최고만　　왜, 왜?

선영　　개장수 아저씨예, 내 다시 이 차 타면 개라고 했지예. 개~!

최고만　　이, 이거 그때 그 차 아, 아니야. 다, 다른 차야.

선영　　어데예? 내가 보기엔 똑같구마는.

최고만　　아, 이게 뚜껑이 없어서 김선영이한텐 비슷해 보이는구나. 근데 이, 이게 좀 더 좋은 차야. 그러니까 타줘. 응?

선영　　(구시렁거리는) 하여튼지 모 맘에 드는 기 엄써. (하다가 최고만 보고) 알았십니더. 타지예. (타면)

최고만 후다닥 운전석으로 타서, 시동을 걸고 출발시킨다. 최고만, 긴장해서 히죽 웃고. 선영도 긴장해서 휙 고개 돌린다. 쩝 하면서… 차를 출발시키는 최고만. 두 사람을 태운 차가 빠져나가면.

S# 50 달리는 최고만 차 안

최고만 김, 김선영이 오, 오늘 뭐 하고 싶어?

선영 그그를 나한테 왜 묻는데예? 그그야 고만씨가 고민해야 되는 거 아입니꺼?

최고만 고만씨? 지, 지금 나, 나를 고, 고, 고만씨라고 불렀어?

선영 예. 이름이 최고만이라 캤잖아예. 내한테 연기 이래이래 뒤집어씌울 때예.

최고만 그, 그런 기억은 좀 잊어버리면 안 되냐? 머, 머리도 안 좋은 여자가… 꼭 지, 지 유리한 건 다 기억해요.

선영 (휙 노려보면)

최고만 취, 취소 취소할게. 내, 내가 긴장해서 말, 말이 헛, 헛 나왔나봐.

선영 고만씨도 입조심하는 기 좋을 깁니더. 우리 영주가 그라는데예. 서로 이름을 깍듯하게 불러주야, 서로한테 소중하고 특별한 사람이 된다고 했거든예. 아셨십니꺼, 고만씨? (하고 낯 뜨거운)

최고만 (몸을 비비 틀면서) 아유 씨, 낯, 낯간지러워서 못 듣겠다. 당신도 고, 고만씨 그러니까 막 미, 미칠 것 같지? 그, 그러니까 당, 당신은 그, 그냥 개장수 아저씨라고 불러. 개장수 아저씨예~ 이렇게. 응?

선영   그를까예? 내도 아까부터 입이 간지러봐가 죽는 줄 알았십니더. 개장수 아저씨예~

최고만   이제야 마음이 좀 편하네. 젠장맞을. (히죽 웃어준다)

선영   개장수 아저씨예. 그라모 내 이 뾰족구두도 좀 벗으면 안 됩니꺼? 발또 아프고 영 불편해봐서 몬 쓰겠어예.

최고만   그래, 그럼 벗어~ 벗어던져버려~

선영   예에~ (두 사람 환하게 웃는다)

S# 51   데이트 몽타주 / 신발가게

신발가게에서 선영에게 신발을 골라주는 최고만. 선영의 발 아래 앉아서 신발코도 눌러봐주고, 발볼도 봐주고, 의자에 앉은 선영의 신발끈을 묶어준다. 그런 고만을 사랑스럽게 바라보는 선영. 고만이 고개를 들며 "너무 꽉 조이진 않아?" 하면 화들짝 시선을 돌리며 "개, 개안십니더~" 한다. 최고만 "개안키는 뭐가 개안아? 조이는지 안 조이는지 서봐" 하면, "개안타니까예~" 하며 후다닥 나간다. 최고만, "성질머리 급한 거 하고는~" 하면서도 이뻐서 히죽 웃다가, 선글라스 진열대를 쓱 본다.

S# 52 고궁 오후

선글라스를 낀 최고만과 머리에 얹은 선영. 아이스크림 먹으며 거닐고 있다. "그건 무슨 맛이야?" 먹어보고, "맛있다~" 하면서 해죽 웃는 최고만. 아이스크림 불쑥 내밀며 "내 것도 먹어볼래?" 하면 "됐그등예~" 가버리는 선영.

"무드가 없어, 무드가~ 젠장맞을" 하면서도 금세 옆으로 따라가 걷는 최고만. 선영, 고만의 옆모습을 흘끔흘끔 보다가 슬그머니 손을 뻗어 고만의 손을 잡아준다. 최고만, 흠칫 놀라서 선글라스를 올리며 보면, 선영, "큼~" 하면서 선글라스를 내려서 눈을 가린다. 그 모습이 귀여워서 어깨를 탁 치면서 웃는 최고만. 새침한 척하면서, 최고만의 어깨를 좀 더 세게! 탁 치는 선영.

서로 툭탁거리다가 결국 싸움 직전까지 갈 분위기에, 최고만이 선영의 어깨를 턱 붙든다. 선영, 움찔하면. 최고만, 주위를 쓱 보더니 덜덜 떨리는 입술을 내밀면… 선영도 긴장해서 눈을 감고 입술을 쪼그라뜨리다가. 안 되겠다. 픽! 아이스크림을 최고만의 얼굴에 비비고 간다. "에이 씨이~" 하는 최고만과 얼굴이 빨개지면서도 웃음이 나서 도망치듯 걷는 선영.

뒤쫓아가려던 최고만, 휴대전화 벨이 울리면 받는다.

최고만   여보세요?

여F   회장님, 예약하신 스카이라운지 전층 비워뒀습니다. 도착시간 알려주시면 디너 준비하겠습니다.

최고만 좀 있다 전화할게요~ (휴대전화 끊고, 히죽 웃으면서 품
에서 반지 케이스 확인하고) 김선영이~ 배 안 고파? 나
배고파 뒤지겠는데~ 밥, 밥 먹으러 갈까?

하는데, 앞서 가던 선영이 머리를 옆으로 탁탁 치면서 걷고
있다. 최고만, 흠칫 놀라서 보며 "김선영…" 하는데. 자꾸 옆
으로 기울던 선영의 몸이, 어느 순간 기우뚱하면서 털썩 쓰러
진다. 최고만, 놀라서 "김선영~!" 소리치며 달려간다.

S# 53   한국병원 전경

S# 54   제하 집무실 복도

커피와 조각 케이크를 사들고 걸어오는 영주. 한껏 밝은 얼굴
이다. (스니커즈류 신을 것!) 제하 집무실 앞에서 노크를 하려
다가 슬그머니 문을 여는 영주. 모니터를 바라보고 있는 제하
가 보인다.

S# 55   제하 집무실

슬그머니 들어오는 영주. 커피를 내려놓고 제하 뒤로 조용조
용 걸어간다. 모니터에 떠 있는 김선영의 뇌단층 사진. 영주,

제하의 어깨에 손을 올리고 안마하듯 살며시 주무르면. 제하, 흠칫 놀라서 돌아보면.

영주   왜 이렇게 놀라?

제하   어. 왔, 왔어? (일어나려고 하면)

영주   가만있어봐. 내가 어깨 주물러줄게.

제하   어? 어… (모니터를 흘낏 보며 불안한데)

영주   (미소 짓고) 어깨가 딱딱하게 굳었네? 나 때문에 신경 쓰여서 그렇구나?

제하   (슬그머니 손을 올려서 마우스를 잡으려고 하며) 아, 아니야. 요즘 수술이 많아서 그랬어.

영주   (제하 손을 차렷자세로 잡아서 내리며) 이제하 선생님, 선생님은 이런 서비스 받을 자격 충분하거든요? 그러니까 가만히 계세요~ (미소 짓고 어깨 주물러주면)

제하   (어쩌지도 못하고 있는데)

영주   오늘 우리 엄마 데이트 갔다?

제하   데이트? 누…구랑?

영주   응. 회장님이랑.

제하   그, 그래?

영주   응. 엄마 데이트 준비해주는데, 내 첫 데이트 때보다 더 설레고 마음이 불안하고 그렇더라. 우리 엄마라서 그런가?

제하   (불안해서 미칠 지경인) 그, 그렇겠지?

영주   해준 것도 없이, 딸 시집보내는 심정 같다고나 할까…?

겉으론 표현 안 했는데, 너무 미안하고 속상하고 그랬
어. 그래서… 너 만나서 기운 좀 받으려고 왔지? (하면
서 제하의 어깨에 턱을 기댄다)

제하　(흠칫 놀라면)

영주　왜 이렇게 놀라…?

제하　(긴장해서 대답도 못하는데)

영주의 시선이 모니터로 향한다. 모니터 화면에 떠 있는 김선
영이라는 이름이 보이면… 확 굳는 영주.

영주　(천천히 얼굴을 들며, 설마 하는) 제하야…

제하　어. 니, 니네 엄마랑 이, 이름이 같은 환자야. 이, 이름만
같아.

제하, 재빨리 마우스를 잡고 화면을 지우려는 순간, 제하의
손을 잡는 영주. 제하, 절망적인 표정으로 안타까움에 눈물이
금세 핑 돈다. 영주, 그 모습에 더 긴장해서 보며.

영주　이제하… 저게… 우리 엄마… 사진이니…?

하얗게 질리는 영주의 얼굴과, 쓰러진 선영을 붙들고 눈이 벌
게져서 "김선영! 내 말 들려! 김선영!" 소리치는 최고만, 의식
을 놓은 선영. 세 사람의 얼굴을 비추며 16부 엔딩.

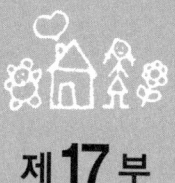

제 **17** 부

제17부

S#1   전회 몽타주

앞서 가던 선영이 머리를 옆으로 탁탁 치면서 걷고 있다. 최
고만, 흠칫 놀라서 보며 "김선영…" 하는데. 자꾸 옆으로 기울
던 선영의 몸이, 어느 순간 기우뚱하면서 털썩 쓰러진다. 최
고만, 놀라서 "김선영~!" 소리치며 달려간다. 의식소실로 쓰
러진 선영을 붙잡아 무릎에 기대고, 볼을 두드려보는 최고만.

S#2   최고만 회상

과장   회장님. 만일 환자가 또다시 의식소실이 오게 되면, 지
체 마시고 항암치료 시작해야 됩니다. 무슨 말씀인지 아
시겠죠?

S#3   동 고궁 / 낮

최고만   (겁에 질려) 김선영, 김선영~! 제발 정신 좀 차려봐아~

(둘러보며) 이, 이봐요. 여기 구급차 좀 불러줘요! (눈물이 핑 돌며) 누가, 누가 구급차 좀 불러달라구요오~!!

S# 4　　동 제하 집무실

영주　(덜덜 떨리는 횡설수설 느낌의) 그, 그게 무슨 소리야? 우리 엄마가… 종양이라니? 제하야, 너 무슨 꿈꾼 거니? 나 우리 엄마 모시고 여기 온 적도 없잖아~ 그런데 어떻게 우리 엄마 사진이 여기 있어? 응?

제하　며칠 전에… 회장님이 엄마 모시고 와서 CT를 찍은 것 같아.

영주　회장님이? … 왜?

제하　뇌종양 전조증상을 제일 먼저 알아차리신 모양이야. 그래서 엄마를 모시고 와서 브레인 CT를 찍은 거구.

영주　(믿기지 않아, 얼이 뜬) 이제하… 너 지금 뭐라고 그랬어…? 뇌종양…? 그럼 우리 엄마가… 암이야…?

제하　응. 내가 보기엔… 뇌간종양 같아.

영주　뇌간…종양?

제하　(모니터 돌아보며) 브레인 CT상 조영증강되는 양상과 뇌간에 침투한 것으로 봐서, 뇌간종양이 확실한 것 같아.

영주　그럼… 상태는… 어떤데…?

제하　아주 안 좋은 상태일 수도 있어.

영주　(덜컥 가슴이 내려앉는 듯 큰 충격이다. 믿기지 않는) 그

럼 우리 엄마가… 암에 걸린 거야…? 우리 엄마가… 진
짜… 뇌종양인 거야…?

S# 5　　동 고궁 안

최고만과 선영을 둘러싸고 안타깝게 구경하는 사람들. 선영
을 소중하게 안고 얼굴을 매만져주는 최고만. 선영의 손을 꼭
잡고 귀에 대고 속삭이듯, 아이 달래듯… 얘기하듯…

최고만　김선영이~ 아무리 봐도, 당신 참 놀라운 여자야~ 어떻
게 처음 만날 때부터 지금까지, 이렇게 줄기차게 날 놀
라게 할 수가 있냐? 응? 그래서 내가 당신 좋아하게 됐
나? (담담한) 김선영이… 내 목소리 들리지? 당신 있는
거기 깜깜해서 무섭지? 그래도 너무 무서워하지 마. 내
가 지금… 당신 손 꼭 붙잡고 있거든…? 당신 길 안 잃
어버리게… 내가 꼭 붙잡아줄 테니까… 얼른 돌아와…
나, 당신한테 꼭 해야 할 말이 있어. 당신이랑 하고 싶은
일도… 엄청 많아. 이 사람아, 세계일주는 못 가더라
도… 전국일주는 가야지. 당신 잘 부르던 노래 있잖아.
팔도유람 그거 부르면서, 우리 둘이 이렇게 손 꼭 잡고
여행 가야지. (품에서 반지 꺼내서 보여주며) 이 반지 끼
고 같이 가야지~

선영　…

최고만　　… 김선영… 나랑 결혼해줄 테야?

선영　　　…

최고만, 선영의 손가락에 반지를 천천히 끼어주고. 애써 미소
지으며.

최고만　　이제 반지 끼어줬으니까… 내 허락 없이… 아무 데도 못
가는 거 알지? 나… 당신 아무 데도 안 보낼 거야… 절
대 안 보낼 거니까…! 당신도… 가지 마. 알았어…?

선영의 손등에 키스를 해주며, 억지로 웃기 위해 애쓰지만,
눈물이 뚝뚝 떨어지고. 울음을 삼키는 최고만. 그 위로.

E　　　구급차 소리 멀리서 가까워지고.

S# 6　　영주 회상 / 16부 10신

영주　　　(픽 웃으며) 회장님이랑 왜 그렇게 싸운 건데?

선영　　　(반가운) 영주, 니 내 말 쫌 들어보래이. 내가 화장실 갔
다 왔다가, 눈앞이 깜깜하이 어지러바가 자리에 앉았그
등. 영주 니도 그럴 때 있잖아.

S# 7　　영주 회상 / 16부 45신

최고만 알, 알아. 자, 자네가 오, 오케이 할 때까지 기다리려고
그랬는데. 내, 내가 마음이 너무 급, 급해서 못 기다리겠
어. 당, 당신 엄마한테 해주고 싶은 게 너무 많아서…

S#8 **동 제하 집무실**

영주 (얼이 빠진) 어, 어떻게… 나만 몰랐지…? 회장님도…
너도 아는 걸… 어떻게… 딸인 나만… 모를 수가 있어?
(충격에 울지도 못하는)

제하 (영주의 손을 잡아주다가, 청진기 찾으며) 영주야. 상태
좀 체크해볼게.

영주 … 아니. 난, 난 됐어… (떨리는) 나 엄마랑 통화 좀 할
게. 엄마랑…

하면서 휴대전화 꺼내 들지만. 덜덜 떨려서 제대로 누르지도
못하고, 눈물까지 그렁그렁해져서 번호도 보이지 않는다. 결
국 끅끅 울음이 새어나오면.

제하 (영주의 휴대전화를 조용히 받아 들고) 내가 할게.

영주 (대답도 못하고 고개만 *끄덕끄덕*하면서 눈물이 주르륵
흐른다)

S#9 **거리를 달리는 구급차**

S# 10   달리는 구급차 안

선영의 어깨며 팔을 주무르고 있는 최고만. 이때, 슬그머니
눈을 뜨는 선영.

최고만   (반갑게) 김선영, 정신 돌아왔어? (하는데)

선영   (스윽 유령처럼 일어나더니 최고만을 쓱 노려본다)

최고만   (그전 구급차의 기억이 번쩍 떠오르며 엑스 커버 들어간
다) 김, 김선영. 나 박, 박정도 아니야. 나 최, 최, 최고만
이야. 최고만.

선영   개장수 아저씨예~ (둘러보며) 여가 어딥니꺼?

최고만   (커버 내리며 반색하는) 여, 여기? 여기는 차 안이지.
차 안.

선영   차 안이예?

최고만   당, 당신이 뚜껑 없는 차 싫다고 해서 내가 침대차 빌렸
어. 침대차.

선영   (영문을 모르는 표정으로 머리를 만지면)

최고만   왜? 빌, 빌어먹을 딱따구리가 또 쪼아? 어?

선영   (불안한) 아입니더. 내 머리가 이상한가 싶어가예.

최고만   (뜨끔하는) 뭐, 뭐가 이상한데?

선영   아까, 분명히 개장수 아저씨랑 아이스크림을 먹고 있었
는데… 갑자기 눈을 떠보이까, 차 안이잖아예. 요새 자
꾸 깜빡깜빡하는 기 불안해서예.

최고만 요, 요새 자, 자주 그랬어?

선영 예. 내가 아무리 바보라또, 이른 적 없었는데. (하다가 반지를 보더니) 이그는 또 뭐지?

최고만 아, 그 그거? 아, 아까 길, 길에서 뽑, 뽑, 뽑기 해서 뽑았잖아. 천, 천, 천원 내구.

선영 뽑기예? (불안하게 반지 낀 손을 만지작거리며 눈물이 그렁그렁해지는) 그런데 왜 나는 기억이 한나또 안 나지예? … 개장수 아저씨가 이래 이쁜 반지또 뽑아줏는데… 왜 기억이 안 날까예?

최고만 (침 꿀꺽 삼키며) 걱, 걱정할 거 없어. 나, 나이 들면 다 그, 그런 거야. 난 있지~ 칫, 칫솔로 이빨을 닦다가, 보면 칫솔이 갑자기 없어지는 게야.

선영 …?

최고만 어디 갔나 막 찾아보면, (등 긁는 시늉 하며) 칫솔로 등을 막 긁고 있는 게야. 등, 등, 등이 가, 가려워서. 젠장맞을.

선영 (히죽 웃고) 그그는예, 개장수 아저씨또 바보라서 그런 겁니더.

최고만 그, 그런가? 그래서 김선영이랑 내가 죽이 잘 맞나봐. 그치? (헤헤)

선영 예, 맞십니더. (해맑게 웃고)

E 최고만 휴대전화 벨소리.

최고만 잠깐만. (전화 받으며) 여보세요, 최고만이외다. (하다가

굳는다)

S# 11 달리는 차 안 + 최고만 집 앞 / 밤

굳은 표정으로 차를 몰아 최고만 집으로 달려오는 영주. 급하게 차를 세우고, 집을 향해 뛰어 들어간다.

S# 12 최고만 집 정원 / 밤

급하게 들어오다가, 가슴을 누르고 진정시키며 다시 걷는 영주 앞에 최고만이 미안한 표정으로 서서 기다리고 있다.

최고만 왔, 왔어…?

영주 (굳어서) 저희 엄마는요? 엄마는 어디 있죠?

최고만 어. 피, 피곤하다고 먼저 자, 자러 들어갔어.

영주 (원망스럽게 보며) … 언제부터 아신 거죠?

최고만 (미안해져서 시선 피하며) 며, 며칠 안, 안 됐어. 한 사, 사흘 됐나?

영주 그럼 그 사흘 동안 왜 저한테는 얘기를 안 하신 거죠?

최고만 … 그, 그게 말이지.

영주 (애먼 원망이 터져나오는) 왜요? 저희 바보엄마가 아프다니까, 오래 살지도 못한다니까 책임감이라도 발동하셨나요? 아니면, 우리 집 가장 노릇이라도 해보고 싶으셨습니까?

최고만 미, 미안해. 자, 자, 자네가 알면 몸, 몸에 무리가 갈까 봐서…

영주 (날이 선 O.L) 무리가 와도! 제 몸이고! 아파도 제가 아픕니다! 아무리 우리 엄마를 아끼신다고 해도! 회장님이 이래라 저래라 결정할 일이 아니잖아요!

최고만 (참담하게 고개 숙이는데)

영주 놀이공원 갔을 때, 회장님께서 뭐라고 그러셨죠? 우리 엄마를 회장님한테 시집보내는 게 아니라…! 회장님이 우리 가족이 되고 싶다고 안 하셨나요?

최고만 … (지팡이만 만지작거리면)

영주 근데, 가족이 어떻게 이래요? 아프면 아프다고, 안아주고 보살펴주고 간호해주는 게 가족이지! 미라 예단하고 멋대로 결정하는 게 가족인가요? 회장님한테 가족은 그런 겁니까? 저희한테 그런 가족을 원하신 거예요? 돈으로 부리듯 마음대로 부릴 수 있는 가족이요?

최고만 … (그게 아니라 바라보면)

영주 그런 가족이라면, 절대 사양하겠습니다! 어떻게든 제가 살아서, 우리 엄마 병… 고칠 겁니다…! (눈물 핑 돌며) 아니…! 우리 엄마 못 살린다고 해도… 가는 날까지, 제가… 꼭 붙들고 있을 겁니다…! 해드린 게 하나도 없는 딸이지만…! 저한텐 세상에 하나밖에 없는… (눈물 뚝) 제 엄마니까요…!

최고만	…!
영주	죄송합니다. 회장님 댁에 들어오는 게 아니었네요. (들어가면)
최고만	… 이, 이봐. 김, 김영주.
영주	(멈춰 서면)
최고만	미, 미안해. 자네 엄마… 항암치료 받으려면, 보호자가 필요할 것 같아서 말이야…
영주	…!
최고만	그, 그리고 자네도 곧 필, 필요할 거잖아… 그래서 늙은 게 주책없이 마음만 앞섰네. 정말 미안해.
영주	(최고만의 마음씀씀이에 덜컥 가슴이 내려앉는다) … 회장님…
최고만	나한텐 있지… 자네나, 자네 엄마나… 벌써 소중한 사람이 됐거든…
영주	(눈물이 핑 돌게 고맙고, 마음이 아리다)

S#13   최고만 집 이층 거실 / 밤

힘겹게 올라오는 영주. 거실 벽면 배꽃 그림 아래로, 소파에서 몸을 구부리고 잠들어 있는 선영을 멀거니 본다. 선영 앞에 툭 주저앉는 영주. 선영을 바라보며… 쿡 울음이 터진다.

영주	(혼잣말처럼) 이제 시작인데… 이제 겨우 시작인데… 엄

마… 왜 바보처럼 그런 병에 걸렸어…? 내가 일찍 안 와
서 그랬어…? (꽃그림 보며) 나 기다리느라구… 배꽃 필
때마다, 눈이 빠지도록… 저만 아는 못된 딸 기다리느라
구… 아파버렸어…? 엄마. 나 엄마랑 하고 싶은 거, 아
직 하나도 못했어… 나, 엄마 생일상 한 번도 못 차려줬
구… 닻별이랑 나랑 이쁜 한복 입고, 엄마한테… 세배
한번 못했잖아. 늘 엄마가 해주는 것만 받고… 난… 엄
마, 사랑해… 말 한번 못해줬잖아…

선영이 깨어날까봐 입을 가리고, 어깨를 들썩이며 우는데…
엄마라서 그런 걸까? 부스스 몸을 일으키는 선영. 눈도 채 떠
지지 않는 상태로 비비며…

선영   영주야… 우리 영주 우노?

영주   (눈물이 터질 것만 같은데)

선영   (귀를 쫑긋 세우며) 우리 영주 우는 소리 들렸는데…? 곱
단옴마야… 여 불 좀 키주면 안 되나…? (영주를 빤히
보면서) 우리 영주 우는 소리 들리는데, 깜깜해가 안 보
인다.

영주   (덜컥 가슴이 내려앉으며, 입을 가리며 울음 참는데)

선영   (여전히 영주를 보지만, 초점 잡히지 않은 눈으로) 분명
히 우리 영주 우는 소리가 들렸는데… (기면증이 오는
듯한 느낌으로 스르르 옆으로 누우며) 우리 영주… 우는

소리 들렸는데… (눈물 맺힌 채 잠이 든다)

그제야 영주, 입을 가린 손을 떼면서 제 얼굴을 붙들고 울음을 참는다. 소리를 죽이고 몸을 일으켜 급하게 걸어가면서 새어나오는 울음을 삼킨다.

S# 14 욕실

들어와 쾅 문을 닫는 영주. 세면대 물과 욕조 물을 한꺼번에 틀어놓고, 주저앉는 영주. 그제야 참았던 눈물이 터지면서… 흐엉흐엉~ 운다. 엄마… 엄마 부르며 목을 놓아 운다.

S# 15 술집 / 밤

바에 나란히 앉아 있는 수인과 제하.

수인   김영주씨 엄마가 뇌간종양이었어? 그럼 그 얘기 하려고 부른 거였구나.

제하   … 응. 그랬어. (괴로운 듯 술을 마시면)

수인   (일견하고, 쓸쓸한 웃음) 점점 더 어려워지네.

제하   … 뭐가?

수인   김영주씨한테는 미안한 얘기지만, 심장이식을 기다리는 여친에 그 엄마까지 뇌종양이면… 이제하 당신 다시 찾아오기 어려울 것 같아서 하는 말이야.

제하　(나무라는 시선으로) … 한수인.

수인　비꼬는 거 아냐. 질투하는 것도 아니구. 제발 덕분에 김 영주 몸에 맞는 심장이 얼른 나와서 엄마라도 잘 보내드 려야… 나한테 기회도 올 것 아니겠어?

제하　(씁쓸하게 술 마시며) 수인아. 나, 요즘 처음으로 의사가 된 게 후회스럽다… 좋아하는 사람이 아팠는데… 아파 서 잘못될지도 모르는데… 명색이 의사란 놈이 아무것 도 해줄 게 없어… (마시고) 꼬박 13년을 지켜만 보다가, 이제 옆에 있게 됐는데… 지금은 더 해줄 게 없다… 내 여자가 벼랑 끝에 서 있는데… 잡아줄 방법이… 없어… (눈물이 쿡 터지면)

수인　(가엾지만 한편으론 씁쓸하다. 술 마시고 다시 잔 채우 며) 하아~ (술김 내뿜고 돌아보며) 당신 기분은 알겠는 데… 그래도 나한테 이러는 거 아니다…?

제하　…

수인　오직 좋아하는 남자 만나겠다는 일념으로, 잘나가는 직 장 때려치우고 돌아와서, 그 남자가 이렇게… 온몸으로 울면서 좋아하는 여자의 심장을 맡은 나는… 기분이 어 떻겠니? (잔 들어서 벌컥 마신다)

제하　…!

수인　(후우~) 3년 만에 당신이랑 처음으로 만든 자린데… 재 미없다~! 마음 떠난 사람 붙들고 술 마시는 게 이렇게

재미없는 건 줄 몰랐어. (쿨하게) 갈게. (나가면)

제하 (붙잡지도 못하고 바라보다가, 술잔 들어서 마시면)

수인E (돌아보며) … 당신… 여전히 붙잡지도 않는구나. (쓸쓸
함에, 아쉬움에 눈물이 핑 돌면서 걸어나간다)

S# 16   최고만 데이트레이딩 룸 / 밤

영주 회장님, 드릴 말씀이 있습니다.

최고만 그, 그래. 얘기해봐.

영주 회장님 돈 많으시죠? 그 돈으로요, 저, 심장 좀 구해주
세요.

최고만 …?

영주 기운이 펄펄 넘치는 쌩쌩한 심장 좀 구해주세요. … 불
쌍한 우리 엄마보다, 하루라도 더 살 수 있게… 아니, 우
리 엄마보다 딱 하루만… 더 살 수 있게 심장 좀 구해주
세요… 그럼… 죽을 때까지 회장님한테 은혜 갚고 살게
요. 아니, 죽어서라도… 회장님 은혜 갚을게요. 회장님
아버지로 모시면서… 살게요… (울음 참으며) 그러니
까… 제발… 제 심장 좀 구해주세요… 회장님.

최고만 (치솟지만 함께 참으며) 그… 래… 내가 구해줄게. 온 세
상을 다 뒤져서라도… 자네 심장… 내가 구해줄게. 그래
서 자네도 살고… 자네 엄마도 살 수 있게… 내가 노력
할게.

영주   (눈물 참으려고 애쓰며) 예, 꼭 그래주세요. 회장님, 저
         안 죽을래요… 우리 엄마보다 먼저는… 절대 안 죽을래
         요. (입술 깨물며 다짐하지만, 터진 울음에 어깨가 들썩
         인다)

최고만   (영주의 어깨를 다독여주며) 그래… 다 살아야지. 같이
         한 가족이 돼서 다 같이 살아야지…

영주   (처음으로 최고만의 어깨에 기대고 쿡쿡 울음을 터뜨린다)

최고만   (아픈 마음 다독이면서 새삼 마음을 다지고)

S# 17   최고만 집 이층 방

잠들어 있는 닻별과 선영의 이불을 덮어주는 영주. 애틋하게
두 사람을 보다가 불을 끄고 나온다.

S# 18   최고만 집 이층 거실

스탠드 불빛 하나에 의지한 채, 벽에 등을 기대고 앉아 멀거
니 배꽃 그림을 바라보는 영주. 그 위로 선영의 웃음소리가
들린다.

S# 19   영주 회상 / 3부 36신 – 달리는 차 안

영주   (신경 거슬려) 왜 웃는데?

선영　내 어데 가는 중은 몰라또, 영주 니랑 이래 차 타고 가이까, 옛날에 곱단옴마 몰래 버스 타고 소풍 가든 그 생각 나서 그르는 기다.

영주　…!

선영　그때 곱단옴마한테 너랑 내 억쑤 맞았잖아. 그다음에는 다시는 니랑 같이 차 타고 못 갈 중 알았는데, 이래 가이까, 자꾸 웃음이 난다~ 헤헤.

S# 20　동 이층 거실 / 밤

벽에 그려진 꽃부리과수원을 멍하니 바라보다가 뭔가 결심하는 영주의 표정에서.

S# 21　채린 주상복합 아파트 전경 / 밤

S# 22　채린 집 거실

오민석, 채린과 정도는 앞혀두고 잡도리를 하고 있다.

오민석　(흥분한) 박정도! 니 내한테 뭐라꼬 약속했나? 니가 아는 검찰, 경찰, 모든 인맥을 총~동원해가 우리 수현이 찾아준다꼬 했어? 안 했어? 어!

정도　장인어르신, 경찰이나 검찰에서는 말입니다. 수현이가 사고를 쳐야지 기록이 남아서 찾을 수가 있는데요. 장인 어르신 아들인 수현이는 워낙~ 모범적인 청년이라서 전과기록이 없답니다.

채린 (픽 비웃음 띠면)

오민석 (약 올라 노려보며) ⋯ 채린이 니는!

채린 행사 뛰는 밴드들 다 수소문해봤는데, 수현이 아는 밴드는 하나도 없대~

오민석 (갑갑해서) 그라모, 우리 수현이가 땅으로 꺼짓겠나, 하늘로 솟았겠나? 내 눈앞에 멀쩡하이 있던 아가 대체 어디로 갔냐꼬오~!

채린 그걸 왜 우리한테 따져? 아빠 아들한테 따져야지~

오민석 (차마 때리지도 못하고) 오채린이. 박정도. 너거들 혹시 수현이 찾으모, 찬밥 될까봐 찾고도 모리는 척하는 거 아이제?

채린 벌써 찬밥 된 지 오랜데, 뭘 얼마나 더 찬밥 된다구 찾은 앨 안 내놔?

오민석 우좌지간에 너거들 둘! 무신 수를 써서라도 우리 수현이 찾아내야 된다. 알겠어!

채린 (귓등으로도 안 듣고 무시하는데)

정도 (쓱 눈치 보며) 장인어르신, 그래서 드리는 말씀인데요. 제가 작은회장님 댁에 가서, 우리 닻별이한테 직접 물어보는 게 빠르지 않겠습니까?

채린 (발끈해서 노려보면)

정도   (무시하고) 아, 편한 길 놔두고 뭐 하러 자꾸 에둘러 갑니까? 안 그렇습니까?

S# 23   채린 침실

채린   (문을 탕! 닫고 돌아서며) 오빠, 이제 대놓고 작은회장님한테 붙겠다는 거야, 뭐야? 오빠 고작 이 정도밖에 안 되는 사람이니?

정도   이정도? 나 박정도거든? 박정도~!

채린   (뭔 소리야 쳐다보면)

정도   오채린. 너야말로 나한테 그런 소리 할 자격이 있는 애냐?

채린   그게 무슨 소리야?

정도   시치미 떼기는~ 내가 너, 뻐꾸기놈이랑 전화 통화하는 것도 모를 줄 알았어? 너야말로 이제 대놓고 길동이 애비랑 놀아나겠다는 거 아냐?

채린   (뜨끔해서 시선 피하면)

정도   오채린이, 넌 아무리 개차반으로 나돌아도 사채업자 아버지, 비빌 언덕이라도 있지만, 난 아무도 없거든! 그런 내가 살려면 어쩌겠냐? 너보다 더 튼튼하고 질긴 동아줄 잡는 수밖에 더 있어?

채린   (발끈) 그래서, 지금 김영주한테 다시 돌아가겠다는 거야?

정도   그러면 안 되는 이유가 뭔데? 넌 뻐꾸기 아빠 찾으면서 왜 난 그러면 안 되는 건데! 왜!

| 채린 | (기막혀) 오빠~ |
| 정도 | 나 이렇게는 안 죽어~ 아니 절대 못 죽는다구~! |

S#24   최고만 집 전경 / 새벽

S#25   최고만 집 주방

조용하지만 부지런하게 쌀을 씻고, 밥물을 재고, 밥솥을 돌리고, 야채를 탁탁 썰고. 다시마, 멸치 육수를 내서 건지는 영주. 불고기를 재고, 잡채거리를 준비하는데. 부스스 눈을 비비며 다가오는 선영.

선영	영주야~ 니 지금 뭐 하는데?
영주	(밝은) 어, 엄마. 벌써 일어났어? (시계 보며) 여섯 시도 안 됐는데?
선영	(둘러보더니) 니 지금 아침 준비하노?
영주	어, 왜? 내가 하면 안 돼?
선영	당연히 안 되지. 니가 이른 일을 왜 하노? 얼른 나와라. 내 하께.
영주	아니야. 오늘 엄마 생일상 차리는 거니까 내가 할게.
선영	생일? 내 생일은 안즉 멀었는데~
영주	뭐, 진짜 생일만 생일인가? 오늘이 생일이다~ 하면, 그 날이 생일인 거지. 안 그래?

선영	…? 에이, 그그는 아이다.
영주	아니긴 뭐가 아니야~ 오늘부터 매일 서른 번은 엄마 생일 할 거니까. 옛날에 생일 안 차려줬다고 섭섭해하기 없기다?
선영	(해죽 웃으며) 어~ (하다가) 그라모, 영주야. 미역국은 내가 끓이면 안 되겠노?
영주	미역국? 미역국은 왜? 엄마 따로 먹고 싶은 미역국 있어?
선영	아아이, 그기 아이고. 영주 니도 닻별이 놓고, 몸도 제대로 못 풀었잖나. 그기 내 평생 포은이 지가… (눈치 보면)
영주	(부러 밝게) 아니야~ 엄마. 그땐 박서방이 내 미역국 다 차려줬어~
선영	거짓부렁 마라.
영주	…?
선영	내 대영이 앞세우고 니 몰래 신혼방에 여러 분 갔었그등? 그때마다, 니 부기도 안 가라앉은 뚱뚱 부은 얼굴로, 편의점에서 미역국 사묵는 그 봤었다.
영주	…!
선영	파는 미역국 사가 전자렌지에 뎁히 먹는 그 보면서, (마음이 아려 시큰해지는) 내 쏙이 찢어지는 중 알았다. 니가 미역국 묵으면서 눈물 뚝뚝 흘리는 그 보면서, 내도 억쑤로 마이 울었다. (눈물 뚝 떨어지면)
영주	(엄마가 봤구나… 엄마는 다 알고 있었구나… 흑 눈물이 나는데)

선영   (눈물 닦고) 그라이까… 오늘부터 석 달 동안은 내가 니 미역국 끓이줄 기다. 알긋제?

영주   (눈물 닦으며) 응, 엄마. 엄마가 나 미역국 끓여줘. 그때 못 먹었던 미역국 지금 다 끓여줘.

선영   응, 그라께. 내가 맛난 미역국 끓이주께~

서로를 애틋하게 보면서, 눈물을 감추고 미소 짓는 두 사람. 침실에서 나오던 최고만이 미소를 짓고 보다가, 서둘러 밖으로 나간다.

S# 26   최고만 집 주방 식탁 / 아침

갈비찜이며 잡채, 삼색전에 온갖 정성이 가득한 반찬들이 가득하고, 닻별, 김집사, 우와~ 놀란 얼굴로 쳐다보며.

닻별   우와~ 엄마. 오늘 누구 생일이야?

영주   (쟁반에서 국그릇 내려놓으며) 응. 오늘 할머니 생신이야.

닻별   할머니? 에이~ 엄마, 그럼 나한테 먼저 얘기를 해주지. 난 할머니 생신선물도 준비 못했잖아.

김집사   저두요~

선영   (쟁반 들고 와 밥그릇 내려놓으며) 선물은 무신 선물이고? 이래 얼굴 마주 보고 밥 묵는 게 선물이지~ (최고만 보며) 개장수 아저씨예, 맞지예? (영주 앉으라고 눈짓하

고, 앉으면)

최고만 아니, 난 절~대! 그렇게 생각 안 하거든?

일동 …?

최고만 생, 생일날 생, 생일선물 안 갖고 생, 생일상 받는 건 세, 세상에서 제일 큰 죄, 죄악이라고 생각하거든? 그런 의미로 생, 생일선물 안 사온 사람 손들어봐!

닻별, 김집사 손들고. 선영도 손을 들면.

최고만 바, 바, 바보야. (하다가) 김, 김선영. 당, 당신 생일인데, 당신이 선, 선물은 왜 사냐? 당신은 내려!

선영 … 예. (내리면)

최고만 니들 둘은 생일상 받을 자격이 없으니까, 저쪽에 가서 기다리다가 우리가 먹다 남은 거 주워 먹어라. 알겠냐?

김집사 (뿌~ 해서) 그럼, 회장님은 선물 준비하셨습니까?

최고만 나? 당연히 했지~ 완벽하게, 퍼펙트하게 준비했지~ (척! 빨간색 스카프를 꺼내더니) 김선영이, 그 구리구리한 파란색 머리끈은 집어던지고, 앞으로는 이, 이거 해. 알았지?

선영 (받아 들고) 예~ 고맙십니대이.

김집사 (뚱해서 보면)

선영 하루는 빨간색, 다음 날은 파란색, 이래 하면 되겠지예?

김집사 예, 맞습니다. 현명하신 김여사님. 하하.

최고만   맞기는 뭐가 맞어, 자식아. 선, 선물 준비도 안 한 주제에.

김집사   저두 아침 먹고 선물 사러 갔다 올 거거든요~

최고만   헹~ 난 그, 그전에 더 준비한 게 있걸랑~ (밖을 보며) 뭣
            들 하냐~! 얼른들 들어와라~!

순간, 주방불을 탁 끄면서 들어오는 남자. 커다란 꽃다발과
함께 초대형 5단 케이크를 밀고 들어오는 케이크 전문점 직원
들. 휘황찬란한 촛불이 일렁거린다. 선영과 영주, 놀라서 보
고. 닻별도 우와~ 김집사는 질렸다~ 표정이면.

최고만   김, 김선영이. 생일 축하해~

선영   … (놀라고 감동한) 고맙십니대이. 참말로 고맙십니대이.

최고만   (해죽 웃다가 닻별과 영주의 시선에 부끄러워져서) 뭐,
            뭐 하냐? 초, 초 녹잖아. 빨, 빨리 생일축하 노래 부르고
            촛불 꺼야지~ (박수 치면서 주도하는) 생일 축하합니다
            ~! 생일 축하합니다~

일동, 따라서 박수 치며 생일축하 노래 부르면. 최고만, 냉큼
선영의 손을 붙잡아 일으키더니.

최고만   뭐, 뭐 해? 후~ 불어야지~ 후~ 내, 내가 같, 같이 불, 불
            어줄까?

선영   아니예. 이 촛불은 영주랑 닻별이랑 끌 낀데예.

최고만 (급 섭섭하지만) 그, 그래? 그, 그럼 셋, 셋이서 꺼. (힘없이 앉으면)

영주 (일어나며) 회장님도 같이 부세요~

최고만 (환해지며) 그, 그럴까? 꼬맹아, 얼른 일루 와. 냉큼!

닻별 예에~ (옆으로 달려와 케이크 앞에 서면)

최고만 자, 얼굴 마주 대고 준비하고. 하나, 둘, 셋 하면 동시에 부는 거다~

촛불을 사이에 두고 서로 시선을 나누며 행복한 세 모녀.

최고만 하나, 두울~

김집사 그럼 저두…

최고만 (김집사는 뒤로 휙 밀쳐내며) 셋~

네 사람 동시에 촛불을 불어서 끈다. 서로를 보면서 미소 짓고 행복한 세 모녀와 최고만. 김집사, 뚱해서 일어나며 "회장님~!" 하면 "넌 왜 거기 누워 있냐~" 모른 척하고. 웃는 가족들. (경과) 식탁에 둘러앉아 식사를 하면서 행복한 사람들. 영주, 선영과 서로 음식을 덜어주면서 미소 짓는다. 최고만, 흐뭇하게 보는데. 닻별이 최고만의 귀에 대고 조용히.

닻별 할아버지, 할머니가 낀 저 반지, 할아버지가 프러포즈하면서 주신 거예요?

최고만　(낯 뜨거워지지만) 어. 근데… 니네 할머니는 전혀 못 알
　　　　아듣는 것 같애. 젠장맞을.

닻별　(웃음)

S# 27　최고만 집 정원

제하의 차에 짐을 싣고 있는 김집사와 선영. 닻별도 돕고 있고,
영주도 이것저것 챙기느라 부산하다. 일각의 최고만과 제하.

최고만　(짐 싣는 모습 보며) 이제하 선생이라고 했나?

제하　예, 회장님.

최고만　혹시 우리 김여사한테 이번 여행이 무리가 되진 않겠어?

제하　영주도 그렇고, 본인도 저렇게 좋아하시니까 차라리 다
　　　　녀오는 게 낫지 않을까 싶습니다. 그리고 항암치료 시작
　　　　하면, 아무것도 할 수 없잖습니까?

최고만　(끄덕거리며) 아무튼, 두 사람 잘 좀 부탁하네~

제하　아닙니다. 같이 가게 돼서 오히려 제가 감사한데요. (미소)

최고만　(든든하게 보고 미소 짓는데)

짐을 다 싸고, 모자를 눌러쓴 선영이 돌아보며.

선영　개장수 아저씨예~ 우리 지금 갑니대이.

최고만　김선영이. 오늘 점심, 저녁 안 해준 거 수첩에 다 적어놨

다가 다 찾아 먹을 거니까, 그리 알어~!

선영　예에~

제하　(영주와 눈 마주치면, 최고만에게 목례하고 내려간다)

제하가 운전하는 차가 빠져나가면, 손을 흔들어주는 김집사, 닻별. 최고만, 미소 짓고 손 흔들다가 금세 풀이 죽으며.

최고만　빌어먹을. 빈말로라도 "개장수 아저씨도 같이 가실래예?" 할 줄 알았더니, 그냥 내빼는구만. 그냥 내빼~! 젠장맞을.

김집사　(손 쓱 잡으며) 개장수 아저씨예~ 같이 가서 설거지 하실래예?

최고만　(지팡이를 있는 힘껏 휘두르지만)

김집사　(휙 피하면서 닻별과 함께 키득거리면)

최고만　이것들이~ 일루 안 와? 일루 안 와!

쫓아가면서 지팡이 휘두르고, 까르륵거리며 도망치는 닻별과 김집사. 이때, 자동차 멈춰 서고, 차 문 닫히는 소리 들리면 돌아보는 세 사람. 정도, 차에서 내리다가.

정도E　(엄청 반갑게 오버하는) 닻별아~! 아빠 왔다~

닻별　(돌아보며 싸늘하게 굳으면)

최고만　(닻별 표정을 살피고 정도를 쓱 돌아본다)

정도   (인사 꾸벅하며) 작은회장님, 그간 기체후일향만강하셨
          습니까? (홍삼선물세트를 들고, 미소를 짓는다)

S# 28   최고만 집 서재

김집사, 최고만 앞에 찻잔을 내려놓으며.

김집사   박정도라는 저 친구, 그래도 닻별이한테는 끔찍한 모양
          인데요?
최고만   (비웃는) 그놈이 닻별이 만나러 온 것 같으냐?
김집사   예? 그럼 아닌가요?
최고만   딸내미 만나러 오는 놈이 홍삼세트를 들고 와?
김집사   그거야, 김영주씨 몸이 안 좋으니까…
최고만   (찍 노려보고) 두고봐라, 저놈 이따가 분명히 나한테 면
          담신청 할 거다.
김집사   면담신청이요?
최고만   그래… 그럼 말이지~ 이걸 어떻게 조져놓는다~? (둘러
          보는데 『산은 산이요 물은 물이로다』 책이 보이고, 무릎
          탁 치며) 산은 산이요~ 물은 물이로다~!
김집사   예? 그게 무슨 말씀이십니까. 회장님?

S# 29   국도를 달리는 제하의 차

S# 30   달리는 차 안

뒷자리의 두 사람. 선영, 창밖을 보고 영주를 한 번 보고 계속
신 났다.

선영   (속삭이듯) 영주야, 니 친구 의이사선생님 있잖아.

영주   응. 왜?

선영   개장수 아저씨보다 훨씬 부자 맞제?

영주   왜 그렇게 생각해?

선영   어어~ 개장수 아저씨는 돈이 없어가, 맨날 뚜껑 없는 차
           만 타고 댕기그등~ 그란데, 니 친구 차는 여 뚜껑이 멀
           쩡하게 있잖아.

영주   뭐? (픽 웃음이 나는데)

선영   와 웃는데?

영주   아니야, 엄마 말이 맞아. 제하야. 선루프 좀 열어줄래?

제하   예, 주인님. 분부 받들어 모시겠습니다~ (선루프 열어
           주면)

선영   (신기해서) 옴마야~ 차 뚜껑이 혼차 저래 열리나? … 영
           주야, 내 저 위로 바깥 좀 보면 아이 되나?

영주   그래~ 봐~

선영   (신이 나서 신발을 벗고, 루프로 얼굴을 내밀고 바람을
           맞더니) 영주야~ 바람 엄청 시원하다. 니도 이래 해봐
           라. 으이?

제하   (보더니 그러라는)

루프로 다정하게 얼굴을 내미는 두 사람. 바람을 맞으며 야호~ 소리치는 선영과 미소 짓고 바라보는 영주. 제하, 두 사람을 보고 미소 지으며 CD 버튼을 누르면. 나미의 〈빙글빙글〉 전 주가 흘러나오고, 노랫소리가 들린다.
그저~ 바라만 보고 있지~ / 그저 눈치만 보고 있지~ /
늘 가깝지도 않고 멀지도 않은 우리 두 사람~
신이 나서 노래를 따라 부르는 선영과 영주. 제하도 고개를 까닥거리며 노래를 부르고. 그 모습이 멀리서 보이며…

S# 31   최고만 집 정원

닻별, 한참 부은 얼굴로 앉아 있고, 정도는 휴대전화로 통화 중이다.

정도   *(발음 안 좋은 영어로) 지금 내 딸 바꿔줄 테니까, 인사 좀 하세요. (수화기 가리며) 닻별아, 전화 받아봐. 미국 에서 니 멘토 해주실 교포분이신데, 한국말은 못해. 받 아봐. (닻별이 쳐다만 보자) 아, 얼른~

닻별   (받더니) *(유창한 영어로) 안녕하세요, 박닻별입니다. (사이) 저는 한국에서 정말 훌륭하신 멘토를 만났거든 요? 그러니까 미국까지 갈 필요가 없어졌습니다. 죄송

합니다만, 전 한국에서 제 멘토 모시고 엄마랑 살 겁니
다. (끊고 준다)

정도   박닻별, 너 그게 무슨 소리야? 니가 왜 한국에 살아?

닻별   아빠. 엄마가 얼마나 아픈지 몰라서 그래? 엄마 심장이
      어떤지 몰라서 그러냐구!

정도   … 박닻별. 아빠가 냉정하다고 생각해도 좋은데, 니가 여
      기 있다고 엄마 병이 고쳐져? 엄마 심장이 나아? 아니
      지? 그럼 니가 엄마를 위해서 할 수 있는 게 뭐야? 훌륭
      한 사람이 돼서 엄마를 빛나게 하는 게 니가 할 일 아냐?

닻별   훌륭한 사람이 뭔데? 자기 엄마가 아픈데, 나 몰라라 하
      고 공부만 하면 훌륭한 사람이 되는 거야?

정도   닻별이 니 마음은 충분히 이해하지만, 넌 아직 어리고!
      난 니 아빠로서 올바른 결정을 내릴 의무가 있어.

닻별   (원망스러운) 엄마 버리고 유학 가는 게 올바른 결정이
      야, 아빠?

정도   (미안하지만 어쩔 수 없는) 아빠 생각은 그래.

닻별   아니, 난 유학 같은 거 안 가! 가더라도 엄마랑 갈 거야.
      엄마 병 나으면, 그때 갈 거라구! (휙 돌아서 간다)

정도   닻별아! 박닻별.

닻별   (원망에 눈시울이 붉어지며 뒤도 안 보고 걸어간다)

정도E (안쓰럽게 보다가, 표정 변하며) 닻별아. 너한텐 정말 미
      안한데, 니가 그렇게 나와줘야 아빠도 할 말이 생긴단
      다. 고맙다, 딸.

정도, 쓱 돌아서는데… 김집사가 앞에 서 있다.

정도　(급 미소 띠며) 김집사님, 작은회장님 좀 뵐 수 있을까요?

김집사　왜요? 용건이 뭡니까?

정도　닻별이 문제 때문에 상의 좀 드릴 일이 있어서 말입니다.

김집사　아, 그래요? 그런데 어쩌나~ 저희 회장님 만나려면 절
차가 좀 필요한데~

정도　절차요? 절차라면…

김집사　산은 산이요, 물은 물이로다~ (손끝으로 정원 일각의 돌
부처를 가리키고, 손가락 세 개를 펼친다)

정도　삼배라구요? (김집사 반응 보며) 그럼 삼백 배?… 삼천
배요?

김집사　회장님께서 개나 걸이나 만나는 걸 싫어하셔서 말입니
다. 뭐, 힘드시면 그냥 가시든지요. (돌아서 가면)

정도　아, 아니요. 하겠습니다! 까짓 삼천 배. 원한다면 만 배
도 하겠다고 전해주십시오. 저기로 가서 하면 됩니까?
(간다. 겉옷을 벗어던지고, 신발도 벗고 절을 시작하면)

김집사　(비웃음 띠고 척! 죽비를 챙겨 든다)

S# 32　꽃부리과수원

곱단을 태운 휠체어를 밀고 오는 선영. 이제 녹음이 짙다.

선영　옴마야, 집에 오니까 좋나?

곱단　(얼굴이 환히 피어서 함박웃음으로 끄덕끄덕)

선영　(돌아보며) 영주야, 곱단옴마도 여 오니까, 기분이 억쑤로 좋은갑다. 얼굴을 (흉내 내며) 이래 하며 웃는다~

영주　응. 나두 좋아. 엄마.

선영　내도 억쑤로 좋다~ (환하게 웃더니) 영주야. 니는 의이사선생님이랑 과수원 한 바퀴 돌고 오그래이. 내는 옷가지 좀 챙기오께~

영주　내가 도와줘?

선영　어데? 아이다. 얼른 댕기오그라~ 뭐 하노~ 퍼뜩 가라이까~

영주　(제하 보고 미소 짓고) 알았어~

영주, 제하에게 "가자~" 하면서 과수원길을 걸어가고, 그 모습을 보면서.

선영　곱단옴마야, 영주랑 의이사선생님이랑 엄청시리 잘 어울리제?

곱단　(히죽히죽) 어울려? 잘 어울려~

선영　맞다. 잘 어울린다. 우리 영주, 박서방 같은 인간은 싹 다 잊어불고, 저래 좋은 사람이랑 잘 살았이모 좋겠다~

S# 33　최고만 집 / 정원 일각

돌부처 앞에서 절을 하고 있는 정도. 본 건 있어서 각은 제대로다. 땀범벅이 돼서 결국 넥타이를 풀어버리고 절을 한다.

김집사   칠백예순하나요. (하면서 죽비를 딱 치면)

정도E   (후들거리는 다리로 일어나서 합장하고 무너지듯 무릎 꿇지만. 이를 악물며) 박정도, 이깟 삼천 배가 힘들어? 찢어지게 가난했던 해방촌, 난곡으로 다시 돌아가고 싶어? 아니, 난 못 그래. 절대 못 그래. (이를 악물고 일어난다)

김집사   (대단한데요, 회장님? 하는 시선으로 돌아보면)

최고만   (현관 쪽에서 물끄러미 보고 있다)

S# 34   과수원 일각

녹음이 짙어진 길을 걷고 있는 두 사람. 말은 없지만 서로를 가끔씩 돌아보며 미소를 짓는다. 손을 뻗어 영주에게 내밀면, 영주도 제하의 손을 잡고 천천히 걸어간다. 햇살 사이로 부는 미풍에 저절로 미소가 지어진다. 언덕길, 앞서 가는 제하가 영주에게 손을 내밀고. 영주, 숨을 후우 몰아쉬며 내민 손을 잡는다.

제하   (과수원집을 보더니) 영주야, 저거 니네 집에서 나는 연기 아니니?

영주   (돌아보더니 뜨끔 굳는다. 서둘러 내려가면)

제하   (영주 붙들며) 내가 먼저 갈 테니까, 넌 뛰지 말고 천천히 와?

영주   아니야. 나 괜찮아! (영주도 급하게 달린다)

제하   (불안하게 보면서 영주의 팔을 부축해 달린다)

S# 35   과수원집 입구

부리나케 달려오는 제하와 영주. 땀이 송골송골 맺혀서 연기가 피어오르는 곳을 향해 뛰어오면, 연기 속에서 콜록대면서 가마솥 물을 양동이에 담고 있는 선영.

영주   (숨 몰아쉬며) 엄마…!

선영   어? 영주야. (눈 매워서 비비며) 니 와 벌써 왔는데?

영주   (긴장한) 엄마, 무슨 일 있어?

선영   일? 무슨 일? (하다가) 아~ 내가 밥 좀 안치고, 된장국 좀 끓일라꼬 불을 피웠는데, 장작들이 비를 맞아 젖어가 연기가 이래 나빳다. 니 놀랬드노?

영주   … 아니야. 괜찮아. (그제야 제하와 눈 마주치며 안도하는데)

선영   (히죽 웃고) 니 배고프제? 쪼매만 지둘리래이. 곱단옴마 머리만 감기주고, 금세 밥 차리주께~

영주   엄마, 밥은 나가서 먹자니까~?

선영   어데? 귀한 손님이 오싰는데, 어데 길밥을 드시게 하노?
         찬은 엄써도 집밥 드시게 해야지. 의이사슨생님예, 쪼매
         만 지둘려주이소~

제하   예~ 어머니~!

선영, 히죽히죽 웃고. 큰 양동이를 번쩍 들고 가는 길을 따라
서 보면. 수돗가에 앉은 곱단, 머리에 비누거품이 한가득이다.

S# 36   수돗가 일각

양동이 물을 세숫대야에 퍼서 물온도를 맞추더니.

선영   옴마야~ 여 손 좀 넣어봐라. 뜨겁나?

곱단   (손대더니 아이처럼 칭얼대는) 뜨겁다, 이 가스나야~

선영   그래? 그라모 찬물을 좀 더 타까~

곱단   어~

선영   (찬물을 섞더니, 바가지를 들어서 곱단의 머리를 헹궈주
         며) 이제는 개안나~?

곱단   (아이처럼) 응. 시원해.

선영   (미소 짓고, 머리를 헹궈주며) 우리 곱단옴마, 머릿결이
         우째 이래 곱노~ 아직도 새색시 같대이~

선영, 사설을 해가면서 머리를 감겨주고, 목도 씻기고, 얼굴

도 씻기고. "옴마야. 흥~! 해라. 흥~" 하고 코도 닦아준다. 행복한 곱단의 표정에서 열 살 영주의 모습으로 오버랩되면.

S# 37   영주 회상

같은 수돗가에 앉아 있는 열 살짜리 영주의 얼굴을 씻겨주고 있는 선영. "흥~ 해라" 하면, "킁!" 코를 푸는 영주. 선영, 더럽지도 않은지 환하게 웃으며 콧물을 물에 씻어내고, 영주의 얼굴을 수건으로 닦아주면.

곱단   (대청에서 나오며) 영주야, 니는 나이가 몇인데, 안즉도 슨영이 언니한테 씻기달라 카노? 으이?

선영   (돌아보며) 아이다~ 내가 씻기주고 싶어가 그른 기다. 영주야, 맞제?

영주   맞다~ 슨영이 언니야가 먼저 씻기준다꼬 했다~

곱단   거짓부렁 마라~ 아까 니가 씻기달라고 하는 그, 내 다 들었는데?

영주   … 들었나?

곱단   (믿지 않게) 그래, 이 가스나야. 귀신을 속이라~

곱단과 선영, 눈 마주치고 혀 날름 내밀며 히죽 웃는다.

S# 38   과수원 일각

곱단의 머리를 수건으로 닦아주는 선영을 망연히 바라보는 영주.

영주　(혼잣말처럼) 제하야, 우리 엄마란 사람은… 평생을 퍼 주기만 해도, 저렇게 좋은 걸까…? 평생을 저렇게 살았는데… 억울하지도 않을까…?

제하　내가 보기엔 행복해 보이시는데?

영주　(안쓰럽고 미안한 눈길로 선영을 본다)

S# 39　달리는 차 안

제하가 운전하고 있고, 뒷자리에 앉은 영주와 선영.

선영　(기대감에 목을 빼고 앞을 보며) 의사선생님예, 을매나 더 가면 바다가 나오는 깁니꺼? 예?

제하　(내비게이션 보더니) 5분만 더 가면 될 거 같은데요?

선영　그래예? 영주야, 5분만 있이모 바다란다~

영주　(미소) 응. 나도 들었어. 엄마. (보다가) 엄마… 그때 왜 갑자기 바다로 소풍을 가자고 그랬어?

선영　어?

영주　우리 곱단엄마한테 걸려서 소풍 못 갔을 때 말이야.

선영　어~ (무람한) 그때… 니 일기장 몰래 훔쳐봤는데… 거그에… 영주 니가 바다가 보고 싶다꼬 써놨었다.

영주	그래서, 나한테 바다 보여주려고 그런 거였어?
선영	어… 그때 영주 니는, 고개 돌리면 꽉 막힌 산이고, 이래~ 고개 들모 하늘밖에 안 보이는, 꽃부리과수원에만 있었 잖아. 그래가, 이래 뻥~ 뚫리고, 이래 파아란 바다를 비 주고 싶었다. 맨날 봐봤자 속만 터지는 니 바보언니 말 고… 이래 넓은 세상도 있다는 그를 비주고 싶었다.
영주	(뭉클한데)
선영	(쑥스러운) 딱 한분이라도 언니 말고, 옴마 노릇 해주고 싶었었다. (하면서 쑥스럽게 웃으면)
영주	(눈물이 핑 돌지만, 보이기 싫어서 쓱 닦고 부러 밝게) 이제부터 해주면 되잖아. 이제부터 실컷 해줘, 엄마. 오 래오래 살아서… 내가 꼬부랑할머니가 될 때까지 아주 오래오래 살면서… 우리 엄마 해줘… 엄마.
선영	당연하제~ 우리 영주가 그래 하자는데, 당연히 그래 해 야제~ 안 그릇나? (하면서 환하게 웃는다)
영주	(함께 웃어주지만, 마음이 아프다) …

S# 40 몽타주 / 바닷가 백사장

파란 바다가 눈앞에 펼쳐지면, 화면에 들어오는 선영과 영주.
환한 표정으로 바다를 보다가, 눈 마주치고 웃더니 손을 꼭
잡고 환호성을 올리며 바다를 향해 달려간다. 밀려왔다 밀려
가는 파도를 따라 꺅꺅 소리를 지르는 선영과 영주. 영주, 작

심한 듯 선영과 함께 열심히 놀아주는 느낌이다.

제하, 그 모습을 보며 미소를 짓고, 파라솔을 펼쳐 들고 준비한다. 낑낑거리며 파라솔 아래로 테이블을 설치하고 있는데, 부다다다 소리가 들려서 보면, 영주가 운전하는 사륜 바이크다. 뒤에 선영이 타고 있고, 두 사람 다 선글라스를 썼다.

영주   야~ 타!

선영   (따라서) 야~ 타!

제하   오케이! (하면서 달려와 타려고 하면)

영주, 부다다다 바이크를 몰고 달려가버린다. 넘어지면서 모래를 뒤집어쓰는 제하. "야! 김영주~!" 소리치면, 까르르 웃고 달리면서 신이 난 두 사람. 제하, 미소를 짓고 본다.

CUT TO

선영이 막대기를 들고 백사장에 커다란 글씨를 쓰고 있는 모습이 보이면. 숨이 가쁜 영주가 파라솔 아래로 걸어와 털썩 앉는다. 상기된 표정.

제하   (물병 건네며) 김영주. 너, 너무 오버하는 거 아냐?

영주   오버 좀 하면 어때? 아니, 오버 좀 하려구. 우리 바보엄마가 날 위해서 보여주려고 했던 바다잖아. 제하야, 우리 엄마 어때? 행복해 보여?

제하	그래. 너만큼, 아니 너보다 훨씬 행복해 보인다.
영주	(그제야 미소 짓고) 다행이다.
제하	(미소 짓고) 컨디션은 어때?
영주	(물 마시며) 좋아. 이렇게 좋아도 되나 싶을 만큼 정말 좋아.
제하	컨디션 좋은 건 반갑지만, 그래도 검사는 검사니까~ (청진기를 꺼내 들며) 간단하게 청진 좀 하자.
영주	(쓱 청진기 붙들며) 아니, 됐어. 지금 이 기분 안 깨고 싶어. 나, 엄마랑 더 신 나게 놀 거야.
제하	영주야.
영주	제하야. 여기… 우리 엄마랑 언제 또 올지도 모르잖아. (미소 짓고 서둘러 백사장으로 가면)
제하	(걱정스럽게 돌아본다)

S# 41   최고만 집 서재

땀이 말라붙어 허옇게 소금이 내려앉은 정도, 눈빛은 살아 있다.

최고만	(의자 빙 돌리며) 그래, 나한테 하고 싶은 얘기가 뭔가?
정도	회장님께서, 저희 장인어르신이 소유한 영생대학을 인수하신다는 얘기 들었습니다.
최고만	그래서?
정도	대학 인수하시면, 로스쿨 총괄교수 자리, 계속 맡게 해

주십시오.

최고만 그럼 넌 날 위해서 뭘 해줄 건데?

정도 영주랑 이혼소송 철회하겠습니다.

최고만 … (기막히고 화가 나지만) 계속 얘기해봐라.

정도 회장님께서 제 총괄교수 자리보전만 약속해주신다면, 이혼소송 철회는 물론이고 닻별이 유학 갈 때까지 영주랑 살 수 있도록 해주겠습니다.

최고만 (화가 치솟지만 누르며) 그게… 니 조건인 게냐?

정도 예. 제가 인간 같지도 않아 보이겠지만, 저도 로스쿨 총괄교수 자리 날아가면 끝장이라서 이러는 겁니다.

최고만 그 알량한 교수 자리에 니 마누라와 딸을 걸겠다 이거지?

정도 회장님한텐 알량할지 몰라도, 저한텐 목숨이 달린 일입니다. 그리고 회장님께서 싫다고 하시면, 저도 닻별이 친권소송 시작할 수밖에 없습니다.

최고만 (부들부들 떨며 노려보는데)

정도 그럼, 닻별이는 제가 데리고 가게 되겠죠. 제가 닻별이 친아버지니까요.

최고만 (입술 깨물고 보다가) … 그래, 알았다. 내 생각해보지.

정도 (굳은 채로) 결정되는 대로 연락 주십시오. (인사하고 나가면)

김집사 (오히려 열이 솟아) 회장님, 뭐 저런 인간이 다 있습니까? 그냥 날려버리십시오! 예?

최고만　그런다고 해결될 일이면 벌써 날렸겠지. 박정도 저놈, 내가 김영주를 수양딸로 거둔 걸 알고 온 게야. 화가 나지만… (이를 악물며) 이럴수록 잘 생각해야 돼.

김집사　생각이고 말고 제가 애들 좀 풀까요? 회장님?

최고만　아니야. 그렇게 처리하는 건 재미없지. 박정도 저놈, 지 손으로 지 목을 조르게 해줘야지. 지 손으로 지 목을. (눈에 힘이 들어가며 허공을 노려본다)

S# 42　동 바닷가 백사장

선영이 걸어가며 낸 발자국을 그대로 따라서 걷는 영주. 선영이 돌아보고 웃으며 깡충깡충 한 발로 뛰면, 선영의 발자국을 따라서 깡충거리며 뛰는 영주. 선영, 배시시 웃고 걸으면, 영주도 발자국 따라 걸으며 배시시 웃는다. 선영이 기다려주고 영주가 옆으로 서면, 함께 손을 잡고 걸어가는 두 사람. (O.L)

CUT TO 황혼
선영이 백사장에 쓴 "김영주 내 딸 ♡" 옆으로 영주가 "김선영 우리 엄마 사랑해" 적는다. 두 사람 마주 보고 미소 짓고. (O.L)
황혼을 바라보며 앉은 두 사람, 선영 손가락의 반지를 보며.

영주　엄마, 그 반지 누가 선물한 거야?

선영　　이거? 개장수 아저씨가, 천원 내고 뽑기로 뽑았다꼬 선 물로 준 기다. 니 주까? (반지를 뽑으려고 하면)

영주　　엄마, 그 반지는 남한테 함부로 주는 거 아니야.

선영　　왜? 선물받은 거니까?

영주　　응. 그건 회장님이 엄마한테 프러포즈하면서 준 거니까, 소중하게 간직해야 되는 거야.

선영　　프러포즈? 프러포즈가 뭔데?

영주　　음… 회장님이 엄마랑 결혼하고 싶다고, 그래도 되냐고 정중하게 물어보는 거지.

선영　　(화끈해지며) 그, 그른 반지라꼬? 그, 그라모 내 이, 이그 안 낄 끼다. 뽑기로 뽑은 그라 캐서 끼줏드이만, 이 개장 수 아저씨가… (빼려고 하면)

영주　　엄마, 회장님 싫어?

선영　　(당황하며) 어?

영주　　난 회장님이 우리 아빠였으면 좋겠다~ 여러 번 생각했 는데.

선영　　(뜨끔해서 보면)

영주　　내가 힘들 때 받아주고, 얘기 들어주고, 다독여주고… 엄마가 못했던 말도 다 해주는 그런 아빠.

선영　　…

영주　　엄마만 싫지 않으면, 난 회장님이 우리 아빠가 됐음 좋 겠어.

선영　　(당황한) 영, 영주야.

영주　(웃으며) 엄마, 회장님 영 파이야~?

선영　그, 그기 파이까지는 아이다.

영주　그럼?

선영　사, 사실 내도 마음에 좀 걸리는 기 있다. 예즌에 니한테 혼나고, 꽃부리과수원으로 내리갈라 칼 때, 개장수 아저씨가 내한테 그랬다. 자기 입맛을 내 멋대로 길들이났시면 책임을 지야제, 왜 무책임하게 구냐고 그랬그덩.

영주　…

선영　그 말이 자꾸 마음에 걸리는 기라. 거기다가 개장수 아저씨 어데가 아프기까지 한다이까… 개장수 아저씨 살아 있을 동안에라또 밥은 내 손으로 해믹있이면 좋겠다 싶기도 하고, 그랬다.

영주　그럼, 엄마가 회장님 밥 해줘.

선영　어? 그그야 어려분 일이 아닌데… (난감한)

영주　(알아듣고, 미소 짓고) 그럼, 엄마~ 서울 올라가서, 회장님이 "김여사~ 평생 내 밥 해줄 거야?" 물어보면 어떡할 거야?

선영　물어보면? 까짓것 뭐 그라입시다~ 그래야제.

영주　(빙긋) 그럼, 우리 엄마, 회장님 프러포즈 받아주는 거네?

선영　(당황해서) 어? 그그는 아이고 내는…

영주　(웃으며) 우리 엄마 웨딩드레스 입으면 참 이쁘겠다.

선영　(얼굴 벌게지며) 남, 남사스럽구로 웨, 웨딩드레스는 뭐꼬? 옴마야, 해 진다. 얼른 드가자. (일어나려다가 엉덩

방아를 찧고) 어이쿠야~ (하면)

영주   어머? 우리 엄마 부끄럼 타나봐? (피식 웃고 일어나서 손을 내밀며) 자~ 엄마, 내 손 잡아.

선영   (눈동자의 초점을 잃고, 영주 옆으로 손을 뻗는다)

영주   (거리감에 뜨끔 놀라며) … 엄마.

선영   (두통이 오는데, 억지로 웃음) 영주야. (머리 통통 치며) 여~ 딱따구리가 오이까, 니가 둘로 보인다. 헤헤.

선영의 시야로 두 개로 겹쳐 보이는 영주. 선영, 손을 흔들며 영주의 손을 잡으려고 애쓰면서.

선영   영주야, 니 가, 가마히 좀 있으모 안 되노? 니가 자꾸 왔다 갔다 하이까 몬 잡겠다…

영주   (덜컥 놀라며) 엄마…

하는데, 선영의 눈동자가 완전히 풀리면서 앞으로 스르르 고꾸라진다. 영주, 놀라서 선영 앞에 털썩 무릎을 꿇고 앉아, 덜덜 떨리는 손으로 선영을 무릎에 눕히며…

영주   엄마… (눈물이 그렁그렁해져서 떨리는) 엄마. 괜찮아…? 엄마…!

파라솔에 앉아 있던 제하, 고개 돌려보다가 미친 듯이 달려가기 시작한다. 영주, 선영의 볼을 두들기며 "엄마…! 엄마…!"
목이 잠겨서 소리도 못 지르는데… 선영의 상태를 확인하는
제하. 두 사람 옆으로 "김선영 우리 엄마 사랑해", "김영주, 내
딸 ♡"이 부감으로 보이며 짧은 암전.

S# 43 최고만 집 거실 / 밤

최고만 (휴대전화로 통화하면서 급하게 가는) 의, 의식은 돌아
         왔어? 돌아온 게야?

S# 44 달리는 제하 차 안 / 화면 분할되며

뒷자리에서 선영을 보듬듯 안고 있는 영주. 잠깐 눈을 떴다가
졸린 듯 잠이 드는 선영.

영주   예. 좀 전에 돌아왔는데, 계속 자다 깨다 하고 있어요.
최고만 그럼 내가 병원에 조치해놓을 테니까 얼, 얼른 올라오
         게. 얼른! (끊으려다가) … 김영주.
영주   (겁에 질려서 눈물도 마른) 예. 회장님…
최고만 너무 겁내하지 말고 와. 자네 엄마 잘 견딜 거야.
영주   (선영을 내려다보며, 죄의식에 눈물 쿡 터지며) 예… 그
         럴게요… 그럴게요… 회장님.

S# 45　　동 최고만 집 거실 / 밤

최고만　　(애써 미소 짓고, 전화 끊으면. 눈시울 벌게지며) 김군아!

김집사　　(달려나오며) 예, 회장님.

최고만　　닻별이 오면, 나 김선영이 보고 싶어서 쫓아갔다고 그러
　　　　　　고, 잠자리 잘 챙겨줘라. (나가면)

김집사　　예? (영문을 몰라 뚱해지며) 회장님! 그럼 저는요.

최고만　　(휙 돌아서는데 눈물이 그렁그렁하고, 정색한 얼굴이다)

김집사　　(뜨끔 놀라고. 뭔가 있구나 싶어서 고개 숙이며) … 다녀
　　　　　　오십시오.

최고만　　(휙 돌아서 나간다)

김집사　　…

S# 46　　파밀리에 연습실 / 밤

두 사람 다 우울 모드다. 기타를 만지작거리는 수현과 키보드
건반을 누르는 닻별, 기운이 빠져서.

닻별　　오빠… 지난번 콘서트 때 봤던 분이 오빠 아빠 맞지?

수현　　(씁쓸한) 아마, 그럴걸.

닻별　　오빠는 아빠 영영 안 만날 거야?

수현　　아직… 모르겠어.

닻별　　오빠… 가족이 뭐야?

수현	응?
닻별	날 세상에 태어나게 해준 우리 아빠나 오빠 아빠 같은 사람이 가족이겠지?
수현	… 그렇겠지…?
닻별	그런데… 왜 아빠는 남 같구… 우리 할머니랑 회장할아버지랑 김집사 아저씨가 더 가족 같지…? 우리 엄마 아플 때 돌봐주고, 걱정해주고, 안아주는 사람이 왜 아빠가 아니고… 다른 사람이지? 오빠, 진짜 우리 가족이 누군 거지? (눈물 뚝 떨어진다)
수현	(다가와 닻별의 어깨를 안아주며) 오빠도 아직 헷갈려서 대답이 될지 모르지만, 피가 안 섞여도… 진심으로 아껴주고 사랑해주는 게… 가족 아닐까…? 그렇게 해서, 새 가족이란 게 생기는 게 아닐까?
닻별	…

S# 47   한국병원 전경 / 밤

S# 48   수술실로 가는 복도

최고만이 급하게 걸어가면, 과장이 뒤따라 종종걸음으로.

최고만	벌, 벌써 수술에 들어갔어? 벌써?
과장	예. CT 다시 찍고, MRI 결과 확인 후에 곧바로 들어갔

습니다. 아무래도 조직검사를 해봐야지, 항암치료랑 방
사선치료 계획을 짤 수 있을 것 같아서 말입니다.

최고만   (조바심이 나서) 수술은 이제하 선생이 들어간 건가?

S# 49   수술실

산소호흡기를 달고 누워 있는 선영. 수술준비를 마친 제하가
화면으로 쓱 들어오며.

제하   김선영 환자, 뇌 내시경을 사용한 조직검사를 시행합니
다. 접근부위는 코커스 포인트(Kocher's point)를 통한
뒤, 뇌실 내 접근을 통해 종양을 확인합니다. 수술 시작
합니다. (두피 절개상태 확인하고) 드릴!

간호사   (넘기고)

제하   (드릴로 두개골을 절개하기 시작한다)

S# 50   수술실 앞 / 밤

겁에 질려 떨고 있는 영주 앞으로 최고만이 과장과 함께 걸어
온다.

최고만   (안쓰럽게 보며) 김영주…

영주   (일어나 보는데, 왈칵 눈물이 솟는다) 회장님… 저 아무

것도 못하고 왔어요… 우리 엄마 즐거우라고, 행복하라고 간 여행인데… 아무것도 못해주고… (입술 깨물면)

최고만   (이리 오라고 손짓하면)

영주   (쿡 울음이 터지며 다가와 어깨에 기대고 운다)

최고만   (등을 두들겨주고, 쓰다듬어주며) 괜찮아. 이제 괜찮아.

영주   우리 엄마… 행복했을까요…? 회장님, 우리 엄마… (목이 메는데)

최고만   (다독여주며) 김선영이는 자네 옆에 있기만 해도 행복한 사람이야. 그러니까 그만 울어. 그러다 자네 심장까지 아프면 어떡해?

영주   (그 말에 더 서러워져서 흥흥 운다)

최고만   (다독여주며) 쉬쉬~

그 모습에서 화이트 아웃.

S# 51   **한국병원 전경 / 아침**

S# 52   **신경외과 과장실**

최고만과 영주가 함께 앉아 이야기를 듣고 있다.

제하   뇌 내시경검사 결과, 김선영 환자의 뇌간 주변에 위치한 종양은 악성으로 밝혀졌습니다.

영주	(가슴이 덜컥 내려앉는데)
최고만	항암치료 시작하면 얼마나 더 살 수 있겠나?
제하	악성교종 환자 중 항암치료와 방사선치료를 병행했을 경우, 최대 2년까지 생존한 케이스가 있습니다.
영주	(쿡 울음이 나는데)
최고만	(부러 밝게) 그, 그래도 희, 희망은 있다는 거지? 그렇지?
제하	… (대답은 못하고 미소만)
최고만	(영주에게) 걱, 걱, 걱정 마. 당, 당신 엄마가 어떤 사람인데. 걱정 마. (일어나며, 영주를 부탁한다는)
제하	(고개 끄덕이면)

S# 53   병원 복도 / 특실 앞

한숨을 쉬면서 걸어오는 최고만. "얼어죽을! 얼어죽을!" 하면서 특실 앞으로 걸어온다. 후우~ 숨을 고르고 문을 열고 들어가며.

S# 54   특실

"김선영이~" 하면서 들어오는 최고만. 병실이 비어 있다. 놀라서 돌아보며 "김선영" 하다가 밖으로 급하게 나간다.

S# 55   병원 복도 일각

"김선영이! 김선영이!" 다급하게 부르면서 복도를 찾아 헤매는 최고만. 저만치 복도 끝에 우두커니 서 있는 선영이 보인다. 안도감과 안타까움에 눈이 벌게져서 다가가는 최고만.

최고만   (목이 멜 것 같아서 겨우) 김선영이~! (부르면)

선영   (천천히 돌아서는데 초점이 흐리다)

최고만   젠, 젠장맞을. 여, 여기는 왜 나와 있는 게야? (손잡고) 어여 들어가.

선영   (손을 빼며)

최고만   (돌아보면) ….?

선영   (물러나며) 아부지예, 내 쪼매만 더 있다 가모 안 됩니꺼?

최고만   (뜨끔) 김선영이 지, 지금 뭐라고 그랬어?

선영   (최고만을 멀거니 보며) 내 영주랑 쪼매만 더 있다가 아부지 따라가모 안 되겠어예? (초점 없는 얼굴이 환해지며) 우리 영주… 인자 내한테 옴마라고 부르그등예~ 그라이까, 천 분만, 아이 백 분만 옴마야 부르는 소리 듣고 아부지 따라가모 안 되겠어예? 예?

선영의 간절한 얼굴과 놀란 최고만의 모습에서 17부 엔딩.

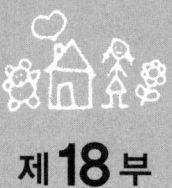

제 **18** 부

제18부

S#1   복도 / 전회 엔딩신 연결

선영 (물러나며) 아부지예, 내 쪼매만 더 있다 가모 안 됩니꺼?

최고만 (뜨끔) 김선영이 지, 지금 뭐라고 그랬어?

선영 (최고만을 멀거니 보며) 내 영주랑 쪼매만 더 있다가 아부지 따라가모 안 되겠어예? (초점 없는 얼굴이 환해지며) 우리 영주… 인자 내한테 옴마라고 부르그등예~ 그라이까, 천 분만, 아이 백 분만 옴마야 부르는 소리 듣고 아부지 따라가모 안 되겠어예? 예?

최고만 (이 바보도… 죽음을 예감하는구나… 가여워서 눈물이 핑 돌며, 선영을 와락 안아준다)

선영 (아늑해지며) 아부지, 아부지가 이래 안아주니까… 따뜻하고 좋다~ (눈 감고, 냄새 맡으며) 흠~ 울 아부지 머리지름 냄새~

최고만 좋아…?

선영 (미소가 떠오르며) 예에~ 좋심더.

최고만, 이 여자를 어떡하나 안쓰럽게 보는데. 머리 위 코커스 포인트에 작게 붙어 있는 붕대자국에 눈물이 핑 돈다. 떨리는 입술로 상처에 입을 맞춰주면. 순간, 천천히 눈을 뜨며 정신이 돌아오는 선영. '여기가 어디지? 이 사람이 누구지?' 더럭 겁이 나는 표정이다가 올려다보고.

선영   (놀라서 확 밀치며) 개장수 아저씨예! 지, 지금 뭐, 뭐 하는 겁니꺼?

최고만   (눈물자국 쓱쓱 닦고) 김선영, 정신 돌아왔어?

선영   (둘러보며) 영주는예? 좀 전까지 우리 영주랑 바다에 있었는데? (겁이 나는) 개장수 아저씨예, 우리 영주는 어데 있십니꺼?

S# 2 병원 일각 공원

푸른색이 도는 녹음을 배경으로 앉아 있는 영주와 제하.

영주   제하야. 우리 엄마 항암치료 스케줄은 어떻게 해야 돼?

제하   6주 동안 매일 항암제를 맞고, 방사선치료를 병행하게 될 거야.

영주   우리 엄마… 많이 고통스럽겠지…? 먹지도, 마시지도 못하고… 머리카락도 다 빠지겠지?

제하   …

영주   바보로 산 것도 부족해서… 나 때문에… 평생을 눈물로 사신 분인데… 제하야, 우리 엄마 항암치료 안 하면 어떻게 돼? 어제처럼 가끔씩 의식만 잃었다 깨어났다 하면서는… 얼마나 더 살 수 있어?

제하   엄마 종양은 예측이 불가능해. 잘 버틸 수도 있고, 아니면 순식간에 끝이 나버릴 수도 있어.

영주   … 그래도 3개월은 사시겠지? 3개월은 버티시겠지?

제하   (무슨 생각을 하는지 알 것 같아서, 달래는) 영주야.

영주   (어딘가 시선이 멍하게 꽂힌 채로 신열에 들뜬 듯) 아니, 차라리 그게 나을 수도 있겠다~! 우리 엄마, 항암치료 때문에 고통만 받다가 가는 것보다~! 살아 있는 동안 나랑 맨날맨날 같이 손잡고 시장도 가고, 같이 잠자고. 어제처럼 여행도 같이 다니다가, 잠든 것처럼 그렇게 떠나는 게, 더 나을 수도 있잖아. (열기가 가라앉으며 혼잣말처럼) 그럼, 엄마가 나보다 먼저 갈 수 있잖아. 항암치료까지 받고, 몸도 마음도 다 망가져서… (눈물 핑 돌며) 나까지 앞세워 가게 하면… 우리 엄마 너무 불쌍하잖아.

제하   (속이 터질 것 같아서) 김영주! 너 자꾸 약해빠진 소리 할래?! 너까지 이렇게 약해지면 닻별이는 어떡할 건데? 박정도에게 맡길 거야? 그러면… 나는…?! (치솟는) 스무 살부터 꼬박 십삼 년 동안 너만 보고 산 나는…? 너 이렇게 가면, 또 십삼 년은 너랑 추억만 떠올리면서 살까? 그리고 십삼 년은 너 잊으려고 발버둥치면서 살아?

… 그러구두… 너 못 잊으면… 다시 너 만날 날만 기다리면서… 살아? (눈물 뚝 떨어진다)

영주 (울컥 눈물이 솟으며 목이 메는) 미안해… 제하야… 미안해… (제하의 눈물을 닦아주며 눈물 흘리면)

제하 (아프게 보다가, 영주 손 잡아주며) 영주야, 우리 포기하지 말자…! 포기하지 말고, 엄마 항암치료도 시작하고. 엄마 더 아프기 전에 어제처럼 좋은 날, 행복한 날… 더 많이 만들어드리자. 응?

영주 (끄덕끄덕) 그래, 그러자. (제하가 고마워서 하염없이 보면)

제하 (영주가 애틋해서 머리를 쓰다듬어주며 안아준다)

두 사람의 모습이 멀리 보이며.

S# 3   병원 특실

병원 침대에 우두커니 앉아서 머리에 붙은 붕대를 만져보고, 자기가 입은 환자복을 내려다보고 만져보는 선영.

선영 개장수 아저씨예… 모 하나 물어봐도 됩니꺼?

최고만 (불안하지만) 뭐, 뭐, 뭐가 궁금한데?

선영 개장수 아저씨가 아픈 기 아이고… 내가 아픈 그 맞지예?

최고만 (뜨끔)

선영 지난분에 내가 거짓부렁한다꼬 데리와가 사진 찍은 긋도, 내 여 머릿속 딱따구리 때문에 그른 기지예?

최고만 맞, 맞, 맞어. 당, 당신 머릿속에 들, 들어간 딱, 딱따구리가 어, 어딨나 보고, 잡, 잡을라고 그랬어. (눙치려고) 우, 우리 김, 김선영이 은근 똑똑하네? 응?

선영 (물끄러미 보다가) 개장수 아저씨예. 솔직하이 말해줄랍니꺼?

최고만 (뜨끔) 뭐, 뭘?

선영 (절망이 아니라, 불안과 호기심에 가까운) 내… 죽십니꺼?

최고만 (당황하지만 오히려 화내듯) 당, 당신이 죽, 죽, 죽기는 왜, 왜 죽어~ 젠장맞을. 바, 바보들은 일, 일반사람에 비해서 수, 수명이 두, 두 배가 넘는 거 몰라? 그러니까 김선영이 당신은… 나보다 네 배는, 아니 사, 사십 배는 더 살 수 있어~! 알, 알겠어? 빌, 빌어먹을!

선영 … 그래도 딱따구리가 하도 머리를 이래 쪼아대고, 정신도 자꾸 놓고 하는 기 무서버가 그랍니더.

최고만 김선영이. (새로운 사실을 알려주듯 다가오라며) 내, 내가 말이지, 당신 머릿속에 있는 딱따구리 그놈이 어디 숨어 있는지 찾아냈어요~

선영 진짜예?

최고만 그럼~ 그 건방진 딱따구리놈이 수놈이래, 수놈.

선영 수놈이예?

최고만 아무튼, 이제 그 건방진 놈만 쫓아내면 되니까, 김선영이는 이제 아무 걱정 안 해도 돼.

선영   (환해지며) 그라모 인자 내 여 머리 아픈 곳도 싹 다 없어지는 깁니꺼?

최고만   그럼~ 이제 치, 치료하면 하, 하나도 안 아플 거야. 하나도.

선영   하구야. 그라모 참말로 고맙지예~ (하다가 손을 보더니) 그란데예, 개장수 아저씨예. 지송해서 우짜지예?

최고만   뭐, 뭐가 죄송한데?

선영   개장수 아저씨가 준 반지 잃아부렀십니더. 영주랑 바닷가에 있다가 정신 차리보이까 여 방이었는데예, 누가 빼가뿐 모양입니더.

최고만   이, 이런 젠장맞을. 그, 그게 얼, 얼마짜린 줄 알기나 해? 그, 그게 자그마치… 이, 이, 이(억)

선영   이천원짜리예? 내 보고는 천원짜리 뽑기로 뽑았다고 했잖아예.

최고만   (쩝) … 한, 한 번 실, 실패해서 두, 두 번째 뽑, 뽑았거든.

선영   그라모 이천원짜리 맞네예. 하구야, 아깝다.

최고만   걱, 걱정 마. 내, 내가 다, 다시 가서 뽑, 뽑아올게. 이, 이쁜 걸루.

선영   아입니더, 이분엔 나랑 같이 가서 뽑아예~

최고만   그, 그럴까?

선영   예. 내 얼른 옷 갈아입을 테이까, 뒤, 뒤로 좀 돌아 계이소. 예?

최고만   어~ (하면서도 시선은 여전히 선영을 보면)

선영   (획 밀치며) 돌아서라니깐예~!

S# 4   병실 복도

슬그머니 열린 문틈으로 두 사람이 토닥대는 걸 보다가, 문을
닫는 영주. 선영의 모습이 아리고, 최고만이 고맙다.

영주   (제하를 보며) 제하야. 우리 엄마 항암치료 며칠만 미뤄
줄래?

제하   (안 된다는) 영주야.

영주   아니, 치료 안 하겠다는 게 아니야. 우리 엄마 항암치료
때문에 망가지기 전에… 이쁜 드레스 입혀드리고 싶어
서 그래. 평생 나 때문에 팔려가듯 치렀던 결혼식 말
고… 정말 이쁜 결혼식 시켜드리고 싶어서 그래.

제하   그래… 알았어. 그렇게 조절할게.

영주   (끄덕이며 미소) 고마워.

제하   (미소 짓고) 그럼, 난 방사선과에 스케줄 조정하러 간다?

영주   응.

제하, 손 잡아주고 미소 짓고 가면. 영주도 미소 지어주고, 기
운 내야지 마음 다지는데. 기침이 나면서 가슴에 찌릿한 통증
이 온다. 멎지 않는 기침으로 호흡이 곤란해져서 벽을 짚고,
호흡을 가다듬는데… 이때, 지나가던 수인이 그 모습을 본다.

수인   김영주씨?

영주　(호흡 고르고, 가슴 누르며) 한선생님.

수인　혹시 감기 걸렸어요?

영주　예. 어제 바닷바람을 쐰 게 좀… 이제 괜찮습니다.

수인　괜찮긴 뭐가 괜찮아요? 김영주씨 같은 환자한테 감기는 곧바로 폐렴이나 폐부종이 될 수 있다는 거 몰라요? 어디 봐요! (청진기를 꺼내든다)

영주　(어쩔 수 없이 서면)

수인　(듣고 나더니) 김영주씨, 제가 CRT 수술 받았다고 상태가 호전된 게 아니라고 분명히 말씀드렸었죠?

영주　… 예.

수인　그럼 지금 당장 엑스레이 찍어보고, 상태가 안 좋으면 바로 입원하세요.

영주　… 예?

수인　입원하면 등급이 올라가니까, 심장이식 받는 순서도 훨씬 빨라질 겁니다. 무슨 말인지 알겠어요? 지금 그 정도로 김영주씨 상태가 안 좋다는 겁니다.

영주　(더럭 겁이 나지만, 아닌 척) 아직 견딜 만하니까, 시간을 좀 주세요. 죄송합니다.

수인　전 분명히 경고했습니다. (돌아서 가면)

영주　(옷섶을 여미고 굳은 표정으로 돌아선다)

S# 5　　**최고만 집 전경 / 밤**

S# 6   최고만 집 데이트레이딩 룸

영주   (쓱 앉으면)

최고만   엄마는?

영주   처방약 드시고 편하게 주무세요.

최고만   (끄덕끄덕) 그래…? (어설프게 미소 지어주면)

영주   회장님, 하나만 여쭐게요. 아직도 회장님 마음 변함없으세요?

최고만   아프다고 버리고, 싫증난다고 안 보면, 그게 무슨 가족이야. 아프니까 더 같이 있고 싶고, 보고 싶은 게 가족이지. … 그리고 난 여전히 김선영이가 세상에서 제일 좋아. 결혼하고 싶어.

영주   (눈시울 뜨거워지며) 고맙습니다, 회장님. 정말 고맙습니다.

최고만   고, 고맙기는 얼어죽을. 심장도 안 좋은 사람이 자꾸 울지 말고 냉큼 올라가 자.

영주   예. 내일부터 할 일이 정말 많아서 저두 일찍 잘 거예요. 안녕히 주무세요. (나가다가) 아 참, 날짜는 어떻게 할까요?

최고만   자네 엄마랑 상의해서 편한 대로 해. 내가 맞출 테니까.

영주   예.

최고만   김군 붙여줄까? 자네 몸도 피곤할 텐데.

영주   아니요. 엄마랑 둘이 다닐래요. 둘이서만요. (미소 짓고 나가면)

최고만　(행복한 미소 짓다가 갑자기 마음이 급해져서) 그, 그럼 나, 나도 서둘러야지. 뭐, 뭐부터 해야 되지? 김군아! 김군아!

S#7　**최고만 집 이층 방 / 밤**

잠들어 있는 선영과 닻별을 지그시 내려다보는 영주. 닻별이 잠투정을 하면서 이불을 걷어차면, 다시 덮어주는데. 선영도 옆에서 똑같은 자세로 이불을 걷어찬다. 미소가 떠오른다.

영주E　엄마. 우리 행복하자…? 살아 있는 동안… 정말 행복하자…?

S#8　**웨딩숍 앞 / 낮**

영주가 운전하는 차가 도착하고, 차에서 내리는 영주와 선영. 대기하고 있던 조선희가 달려와 인사한다.

조선희　오셨어요? 편집장님.
영주　어, 준비 다 됐니?
조선희　예. 드레스는 디자이너별로 다 준비해놨으니까, 고르시기만 하면 됩니다.
영주　그래? 엄마, 들어가자.

선영	여, 여가 어덴데?
영주	(미소) 어디긴 어디야? 엄마 입을 드레스 고르러 온 거지?
선영	드레스? 드레스는 와 입는데?
닻별	엄마, 회장님한테 반지 받았잖아. 그러니까 결혼식 때 입을 드레스 골라야지!
선영	(놀라서) 결혼식? (난감해서 슬그머니 붙들며) 영주야…
영주	선희야. 먼저 들어가서 준비 좀 해줘?
조선희	예, 편집장님. (웃고 선영에게 목례하고 들어가면)
선영	(얼결에 인사하는데)
영주	(알지만 짐짓) 왜? 엄마? (쇼윈도에 시선 주며) 여기 드레스 마음에 안 들어? 별루야?
선영	그, 그기 아이고. 내, 내가 이래 해도 되는지 모리겠다?
영주	왜, 엄마?
선영	니, 니도 있는데 내가 드레스 입는 긋도 그릏고, 개장수 아저씨랑 결혼하는 긋도 내는 그릏다. 그냥, 개장수 아저씨 밥이나 해주면서, 니랑 닻별이랑 사는 기 더 좋그덩~
영주	난 엄마가 이쁜 드레스 입고 결혼식 올리는 거 꼭 보고 싶은데, 어떡하지?
선영	… 왜? 왜 내 결혼식이 보고 싶은데?
영주	엄마, 나 때문에… 내 앞길 안 막으려고, 원하지도 않는 곳으로 팔려가듯, 쫓겨가듯 그렇게 갔었잖아. 곱단엄마가 시키면 시키는 대로, 늘 그렇게 살았었잖아.
선영	(왠지 침울해지는데) 그, 그는 내, 내도 좋아서 그른 기다.

영주	(부러 밝게) 그런 사람이 몇 날 며칠을, 나 보고 싶다고 울어서 쫓겨났어? 신랑 손 한 번 안 잡고?
선영	(부끄러워서 고개 숙이면)
영주	그러니까, 엄마, 이번엔 그렇게 쫓겨가듯 말고, 진짜 마음으로 축하해주는 결혼식 올리자. 나 정말정말 우리 엄마 드레스 입은 거 보고 싶어서 그래~
선영	…
영주	그래도 되지…?
선영	… 알았다.
영주	(미소 짓고) 그럼, 얼른 들어가자, 엄마. (팔짱을 끼고 서둘러 가면)
선영	(왠지 이 또한 끌려가는 느낌으로 어색하게 웃으며 들어가는)

S# 9   웨딩숍 안

어딘가에 전화를 하면서 일정을 체크하는 영주와 조선희.

영주	예. 친정 갈 때 입을 한복이요? 오늘 맞추면 얼마나 걸리죠? 일주일이요? (음…) 시간 좀 당길 수 없나요?

이때, 조선희가 "편집장님~" 하면서 부른다. 돌아보면 탈의실 커튼이 젖혀지며, 순백의 드레스를 입은 선영이 나온다.

쑥스럽게 고개를 숙이는 선영을 보며.

조선희　우와~ 편집장님 어머님이 아니라, 진짜 언니 같으신대요?

영주　그러게. (이쁘게 눈 흘기며) 계속 언니라고 부를 걸 그 랬나?

선영　(뜨끔하면서 난감해하면)

영주　(환하게 미소 짓고) 우리 엄마 정말 이쁘다아~

선영　(쑥스러워서) 자꾸 그래 보지 마라. 내 챙피하다.

영주　어때? 마음에 들어, 엄마?

선영　어? 내, 내는 잘 모리겠다.

영주　그래? 그럼 다른 거 입어볼래? 아가씨~

여점원　예~ (선영을 보며) 다른 드레스 입어보시겠어요?

선영　예? (주춤주춤) 예… (따라 들어가면서 왠지 섭섭해서 돌 아보면)

영주　(눈 마주쳐 미소 지어주고, 일이 우선인 듯한 느낌으로 통화 모드) 예, 죄송합니다. 아까 며칠이나 걸린다고 했 죠? 그럼 남자 두루마기는 어떻게 해야 되는 겁니까?

S#10　탈의실 안

여점원 다른 드레스를 준비하고 있고. 커튼 사이로 영주의 모 습을 물끄러미 보는 선영. 영주는 계속 통화 중이다. 선영, 왠 지 모를 소외감에 멍하니 보는데.

여점원　신부님, 이 드레스로 갈아입으시겠어요?

선영　예? 예… (하면서도 영주에게서 시선을 떼지 못한다)

선영E　곱단옴마야, 우리 영주가 와 저라지? 와 저래 쫓기는 사람처럼, 허둥지둥하는지 모르겠다. (걱정스럽게 본다)

S# 11　파밀리에 연습실

수현　뭐? 회장님이랑 니네 할머니랑 결혼식을 올린다구?

닻별　어. 왜?

수현　아니, 너무 의외라서. 회장님 같은 분은 도대체 어떤 분이랑 결혼하나 했는데, 그게 니네 할머니였어?

닻별　(발끈) 왜? 우리 할머니가 어때서? 지금 우리 할머니 지능 부족하다고 무시하는 거야?

수현　아, 아니. 그런 뜻은 아니구.

닻별　웃기시네~ 내가 보기엔 오빠나 할머니나 별 차이 없거든?

수현　알았다~ 알았으니까 열 좀 그만 내셔~

닻별　(뿌우해서) 축가는 누가 부를 건데?

수현　축가?

닻별　그럼 축가 안 부르려고 그랬어?

수현　야, 박닻별. 우리가 니네 집 개인밴드냐?

닻별　그래서? 싫어?

수현　아니, 좋아~ (히죽 미소)

닻별　(미소)

수현	하객들은 얼마나 초대할 건데? 혹시… 우리 아빠란 사람도 오는 건 아니지?
닻별	글쎄, 회장할아버지가 별로 좋아하는 것 같지는 않던데?
수현	… 그렇겠지.
닻별	아무튼, 진심으로 축하해줄 사람들만 부를 것 같아.
수현	… 그래서 나 초대하는 거였어? 노래 부르라는 명목으로?
닻별	(얼굴 발개지며 해죽) 응.
수현	(미소 짓고, 볼 꼬집어주며) 어유~ 이 앙큼한 꼬맹이 같으니라구. 너, 그러다가 나랑 결혼한다고 하겠다?
닻별	못할 건 뭐 있어? 십 년만 지나면 나도 스무 살인데?
수현	어우~ 야아~ 그건 제발 참아주라. 어?
닻별	(이씨~ 발로 정강이 뻥 걷어찬다)
수현	(소리 지르며 깡충대면)
닻별	영광인 줄 알아야지~ 씨~
수현	항복, 항복~ (웃고)

S# 12   채린 주상복합 아파트 전경 / 낮

S# 13   채린 집 욕실 + 거실

양치질을 하면서, 열린 문틈으로 슬그머니 거실을 살피는 정도.

채린	뭐? 작은회장님 신부가 김영주 그 바보언니라는 거야?
정도	(허걱 놀라서 컥! 치약거품을 삼키고 캑캑대다가 돌아
	보면)

S# 14   채린 집 욕실 + 거실

채린	아빠, 작은회장님 완전 미친 거 아냐?
오민석	그 양반이야 원래 반쯤 미친 사람 아이가~ 이분에 나머
	지 반도 미쳐버린 모양이제. 우쨌거나, 그 양반이 누구
	랑 결혼을 하든 알 바는 아이지만, 우리한테 엄청시리
	큰 떡고물이 틱! 하고 떨어진 그는 사실이다.
채린	무슨 떡고물인데?
오민석	작은회장님이 내보고 우리 영생대학재단을 계속 운영해
	도 된다꼬 하싯단다.

그 말을 들은 정도, 욕실을 와당탕 뛰어나오며.

정도	장인어르신, 지금 작은회장님이 영생대학을 인수 안 하
	신다고 그랬습니까?
오민석	어. (보더니) 니는 와 그래 놀라는데?
정도	아, 아닙니다.
채린	(비웃음) 아니긴 뭐가 아니야~ 아빠한테 짤릴 것 같으니
	까 회장님 만나서 줄댔는데, 그게 날아갔으니 그러는 거

겠지. 어떡한대? 튼튼한 동아줄은 맞는데, 오빠한테는
안 내려왔네~

정도   (뜨끔하는데)

오민석   뭐라꼬? 그라모, 저 자슥 수현이 어딨는지 알아낸다는
핑계 대고 작은회장님한테 줄을 선 기가?

채린   (당연한 거 아냐? 비웃으면)

정도   아, 아닙니다. 장인어르신. 제가 왜 그런 짓을 하겠습
니까?

오민석   그래? 만약에 그랬으모, 니는 진짜 물먹은 그 맞다~

정도   물을 먹다니요?

오민석   회장님께서 법전문대학원, 로스쿨 교수진을 싹 다 갈아
치우는 조건으로 운영을 맡기신 그그덩~

정도   예? (청천벽력이다)

채린   어머, 이제 어떡한대? 박정도 교수님?

정도   (당황해서 어쩔 줄 몰라 하다가 휙 나간다)

채린   (비웃고 보는데)

오민석   박정도! 박정도! 니 지금 어데 가나! 으이! 채린아, 절마
진짜 작은회장님한테 줄 댈라 그런 거가?

채린   왜 아니겠어~ (비웃음)

S# 15   **달리는 정도 차 안**

정도   (거칠게 운전하며) 망할 영감탱이! 도대체 무슨 생각을

하고 있는 거야? 나한테 삼천 배나 시켜놓고, 진짜 물먹이려고 작정한 건 아니겠지? (급하게 차를 몰고 간다)

S# 16   최고만 집 서재

재단사가 최고만의 치수를 재고 있고, 그 앞에서 혼자 얼음잔의 언더락스를 마시고 있는 김집사. 삐딱하게 쳐다본다. 불콰하다.

최고만   (큼큼~ 냄새 맡더니) 김군아, 너 지금 근무 중에 낮술 퍼마시는 게냐?

김집사   그럼, 제가 술 안 마시게 됐습니까? 구렁이 담 넘어가듯이, 그렇게 쓰윽 김선영씨한테 프러포즈하고 결혼식 올린다는데, 지금 내가 술 안 마시게 생겼냐구요~

최고만   (왠지 미안해져) 미, 미안하게 됐다. (눈치 보다가) 너, 너도 옷 한 벌 맞출래?

김집사   (비웃음 띠고 보면)

최고만   그, 그럼 두 벌 맞춰줘?

김집사   춘! 하! 추! 동! 네 벌이요! 네 벌에 바바리까지 다섯 벌~!

최고만   (컥) 이, 이 자식이 아주 한몫 단단히 잡으려고 나서네? 그, 그래? 기, 기분이다. 너, 너도 얼, 얼른 치수 재.

김집사   예에~ (벌떡 일어나는데)

이때 벨소리 울린다. 김집사 다가가서 보더니.

김집사　　박정돈데요? 회장님.

최고만　　(쓱 굳으며) 소식 들었나보구만. 들여보내~

S# 17　커피숍 / 낮

커피숍에 앉아 빨대로 음료수를 마시며 눈치를 보고 있는 선영. 조선희와 옆에 앉아서 상의하며 일정 체크하는 영주.

영주　　헤어 메이크업은 지난번 쇼 할 때 그 친구 괜찮던데?

조선희　　예. 어레인지할게요.

영주　　그리고… 또 뭐가 있지? 마음만 급해서 정신이 없네?

조선희　　편집실 애들 좀 부를까요?

영주　　아니야. 나 없이 일하는 것도 힘들 텐데, 그건 참자.

조선희　　예. 결혼식은 가든파티 형태로 하실 거죠?

영주　　그래야겠지?

조선희　　그럼, 티파티 형태로 하실 건지, 디너나 뷔페 형태로 하실 건지도 정해야 될 것 같은데요?

영주　　그래? 그럼 뭐가 좋을까? 디너는 너무 거하구, 뷔페는 너무 성의 없어 보이구.

선영　　(버블 티를 빨대로 다 빨아 마셔서 쪽! 소리가 나면)

영주　　(올려다본다)

선영   (약간은 뚱해서 보는데)

영주   엄마, 그거 하나 더 마실래? 선희야, 버블 티 한 잔 더 시켜줄래?

조선희   예. (손을 들지만, 점원과 눈 못 마주치면 일어나서 가려다) 참, 편집장님 서랍에 있던 편지, 차에 실어났습니다.

영주   편지?

조선희   (미소 띠며) 언니일 때 보낸 편지요.

영주   (그제야) 아~ 고마워?

(경과) 선영, 새로 온 버블 티도 벌써 다 마셔간다. 이번엔 끄윽! 트림을 하지만, 두 사람은 듣지도 못하는 눈치다. 왠지 모를 소외감에 코끝이 시큰해지면서 눈물이 그렁그렁해진다.

조선희   (자료를 챙기다가 선영을 보며) 편집장님…

영주   (보더니 놀라서) 엄마, 왜 그래?

선영   (입술까지 나오고, 눈물이 그렁그렁해져서 빨대 만지작거리면)

영주   (뭔가 눈치채고) 선희야.

조선희   예. (가면)

영주   (손 잡아주며) 엄마, 왜 그래?

선영   영주야. 내 갑자기… 곱단옴마가 보고 싶다. (눈물 뚝 흘린다)

영주   … 엄마.

선영 곱단옴마는… 내 시집보낼 때마다… 내 손 잡고 장에 가 가 한복감도 직접 끊어주고, 앞치마또 사주고… 삔도 골 라주고… 슌영아, 아침에 어른들 문안인사 여쭐 때는 이 래 해야 된대이, 즈녁에는 어른들 자리끼 물도 빠뜨리모 안 된대이… 그른 얘기도 해주고. 영주 니 재운 다음에 는 밤새도록 이래이래 머리도 쓰다듬어주면서… 내 잘 때까지 아부지 얘기도 실컷 해주고 그랬다…

영주 …!

선영 그래가 영주 니랑 결혼식 준비하모, 그른 게 좋을 그 같 아서 남사시러봐도… 결혼식 올린다 캤는데… (왠지 서 러워서 눈물 뚝)

영주 (마음이 짠한) 엄마, 내가 마음만 급해서… 엄마가 뭘 하 고 싶은지 하나도 못 헤아렸네? 미안해. 내가 잘못했어.

선영 아이다, 니가 잘못한 기 아이고…

영주 아니야. 내가 잘못한 거야. 엄마. 지금부턴 전부 엄마랑 상의해서 할게. 손님들 상에 놓을 숟가락, 젓가락 하나 까지 엄마랑 나랑 다 상의해서 하자. 응?

선영 (그제야 얼굴이 풀리며 배시시 웃는다) 그래도 되나?

영주 그럼. 이게 누구 결혼식인데? (미소 짓고, 선희를 보며 손짓한다)

선영 그란데, 영주야. 내 결혼해도 니랑 같이 사는 거 맞제?

영주 왜? 회장님이랑 둘이만 살고 싶어?

선영 어데? 아이다~ 너랑 닻별이랑 몬 살까봐 그긋 때문에 물어봤다.

영주　같이 살아야지. 가족인데. (미소)

선영　맞다. (미소)

(경과) 동 커피숍. 나란히 앉아서 헤어스타일 사진을 보고 있
는 선영과 영주.

영주　엄마, 이 머리는 어때?

선영　이 머리? 이, 이쁜데… 내는 쫌 그릏다.

영주　그래? 이건 어때? 엄마 얼굴이 갸름해서 잘 어울릴 것
같은데?

선영　내는 있잖아. (이마 뒤집어 보이며) 여 앞이마가 이래 짱
구거덩? 그래가 이 머리 하모… 개장수 아저씨가 또 오
함마라고 놀릴 끼다.

영주　(큭큭 웃고) 맞어. 그럴 수도 있겠다. 그러구보니까, 난
엄마 취향을 하나도 몰랐구나? 엄만 나에 대해서 모르
는 게 없는데.

선영　아, 아이다.

영주　괜찮아. 이제부터 알아가면 되지 뭐?

선영　어~ 알아가면 되지, 뭐. (마주 보며 행복하게 웃는다)

영주　(웃어주다가 갑자기 기침이 솟구치고 숨이 가빠진다)

선영　영주야… 개안나? 으이?

영주　어. 괜, 괜찮아. 엄마. 갑자기 사래가 들렸나봐. 나 화장실

선영   좀. (목을 누르고 핸드백 들고 화장실로 다급하게 가면) 물또 안 마셨는데, 사래는 무신 사래가 다 걸리노…? (하면서 불안하게 보며) 자아가 가심이 더 아파짔나…?

S# 18   화장실 안

후우후우 숨을 몰아쉬며 약을 꺼내는 영주. 급한 마음에 수돗물을 받아서 마신다. 좌변기에 걸터앉는데 기침이 멈추지 않는다. 겨우 진정이 돼서 호흡을 고르며 심장에 손을 대며.

영주   괜찮아. 며칠만 견디면 돼. 엄마 결혼식까지 며칠만 견디면… 다 괜찮아… (스스로 다독이는데, 그 위로 들리는)

수인E   괜찮긴 뭐가 괜찮아요? 김영주씨 같은 환자한테 감기는 곧바로 폐렴이나 폐부종이 될 수 있다는 거 몰라요?

영주   (더럭 겁이 나는 얼굴 위로)

S# 19   영주 회상 / 병원 복도

수인   그럼 지금 당장 엑스레이 찍어보고, 상태가 안 좋으면 바로 입원하세요.

영주   … 예?

수인   입원하면 등급이 올라가니까, 심장이식 받는 순서도 훨씬 빨라질 겁니다. 무슨 말인지 알겠어요? 지금 그 정도로 김영주씨 상태 안 좋다는 겁니다.

S# 20   동 화장실

왼쪽 가슴을 어루만지던 영주, 갑자기 찌릿한 기분에 불안이
몰려온다. 식은땀이 나고, 호흡이 가빠지며, 급하게 휴대전화
를 찾아 든다. 영주, 성마른 손으로 전화를 걸고, 들리는.

제하F   어, 영주야. 어머니 결혼준비는 잘돼가고 있어?
영주   제하야… 여, 여기로 좀 와…줄래?

S# 21   제하 집무실

제하   (벌떡 일어나며) 지금 어디니? 영주야. 지금 거기 어디
          냐구! (밖으로 달려나가며 통화 중인)

S# 22   수인 외래진료실

수인   뭐? 김영주씨 응급 콜이 왔다구?
제하   응. 호흡곤란이 온 거 같아.
수인   그럼 빨리 가서 폐부종인지 확인하고, 혈압과 맥박 체크
          해봐! 만약을 위해서 이뇨제와 도부타민 준비해서 가!
          뭐 해! 어서!

제하   알았어! (급하게 달려나간다)

S# 23   **동 커피숍**

선영   (이제나저제나 고개를 내밀며) 야아가 왜 이리 안 오제?
             (걱정스럽게 본다)

S# 24   **달리는 차 안**

  제하, 미친 듯이 차를 운전하며, 헤드셋으로 통화를 하고 있는.

제하   영주야, 지금 다 도착해가거든? 조금만 기다려? 응?

S# 25   **동 화장실 / 화면 분할되며**

영주   (호흡이 가쁜) 아, 아니야. 제하야. 내, 내가 나갈게.
제하   (애타는) 바보야, 호흡도 곤란한 놈이 뭘 나와! 기다려!
             내가 갈 테니까!
영주   아, 아니야. 우리 엄마 보면 놀라니까⋯ 내가⋯ 나갈게.
             (힘겹게 일어서 문을 밀치고 나간다)

S# 26   **동 커피숍 안**

밖으로 급하게 멈춰 서는 제하의 차가 유리창 너머로 보이고, 이제나저제나 고개를 빼고 보는 선영. 이때, 영주가 벽에 기댔다가 선영의 시선을 피해 밖으로 걸어나간다. 고개를 돌리던 선영, 영주를 보고 "어? 영주야~" 부르지만… 영주는 못 듣고 밖으로.

선영　　자, 자아가 어델 가지? (후다닥 따라나가면)

S# 27　커피숍 밖

나오는 영주를 안 듯이 받아서 조수석에 누이는 제하. 식은땀 범벅이 된 영주의 호흡을 확인하더니.

제하　　걱정 마. 금방 처치할 테니까 걱정하지 마. 응? (서둘러 산소통에 연결된 산소호흡기 대주고, 응급키트에서 이뇨제주사를 꺼내서 주사기에 약을 주입한다)

영주　　(눈이 가물가물해지는데)

슬로모션으로 보이는. 주사기에 잰 주사액을 허공에 일부 뿜어내고, 영주의 목을 옆으로 제치고 경정맥에 주사를 꽂는 제하. 순간, 마스크를 쓴 상태로 미간을 고통스럽게 찡그리는 영주. 주사를 꽂는 제하의 얼굴도 고통에 일그러진다. 나오던 선영이 그 모습을 보고, 몸이 덜덜 떨리며 굳는다.

선영	영, 영주야…
제하	(선영의 목소리에 놀라서 돌아보고)
영주	(흐릿한 시선으로 돌아보며) … 엄마…
선영	(놀라서 눈물도 안 나고, 벌벌 떨리는)

S# 28   최고만 집 데이트레이딩 룸

정도	회장님. 영생대학 인수 안 하신다는 게 사실입니까?
최고만	응. 그런 쪼맨한 대학 인수해서 뭐 어따 쓰겠어? 그래서 그냥 오집사한테 운영하라고 했어.
정도	그, 그런데 왜 로스쿨 교수진을 전원 교체하라고 하신 겁니까?
최고만	자네가 나한테 딜을 했으니, 나도 자네한테 딜을 하는 게지.
정도	… 그게 무슨 뜻입니까?
최고만	(서류를 툭 민다)
정도	(보면서) 친권포기각서…? 지금 저한테 이걸 쓰라는 겁니까?
최고만	응. 자네가 그걸 쓰면… 내가 오집사한테 전화해서 교수진 교체는 없던 걸로 하라고 지시해줄 수도 있네.
정도	(물끄러미 응시하면)
최고만	왜? 못 믿겠어? 못 믿겠으면 내가 각서라도 써줄까?
정도	… 예, 써주십시오.

최고만 그래? (서랍에서 쓱 꺼내더니 건넨다) 자네가 그럴 줄 알고 미리 작성해놨어. 봐.

정도 (살펴보면)

최고만 법적으로 아무 하자 없지?

정도 예, 없습니다.

최고만 그럼 이젠 자네 차례네?

정도 만약에… 제가 각서를 쓰고 난 후에, 영주가 잘못되면 닻별이는 어떻게 되는 겁니까, 회장님.

최고만 그건 걱정 안 해도 돼. 내가 김선영이랑 같이 손녀딸로 극진하게 키우면 되니까.

정도 (물끄러미 생각을 하다가) … 좋습니다. 쓰겠습니다.

최고만 (노려보다가) 정말 쓸 건가? 닻별이가 자네한텐 그 정도밖에 안 되는 존재야?

정도 저한테도 닻별이는 소중합니다. 그래서 쓰는 겁니다, 회장님.

최고만 (노려보면)

정도 영주가 잘못됐을 때, 처갓집 눈칫밥 먹고 사는 저보다, 회장님께서 키워주시는 게 더 나을 것 같아서 말입니다. (각서에 서명을 척척 하더니, 공손하게 내밀며) 부디 닻별이 잘 키워주십시오, 회장님. (일어나더니) 회장님, 각서는 제가 가져가겠습니다. (나가면)

최고만 (커허~ 기가 막혀서 본다)

김집사 (들어오며) 회장님, 박정도 저 인간 정말 교수 계속 시켜주실 겁니까?

최고만   난 그러고 싶은데~ 검찰에선 뭐라고 그럴 줄 모르겠네?

김집사   예?

최고만   오집사 그놈이 비리가 많은 인간이잖아~ 그 비리 터지면, 박교수 저놈 팔로워들이 좋아할까, 안 할까?

김집사   …?

최고만   죄는 지은 대로, 덕은 베푼 대로 가는 게야.

S#29   **최고만 집 앞 / 낮**

정도   (나오며) 친권포기각서? 닻별이가 지금 열 살이니까, 십 년이면 휴지조각 되는 친권각서? 얼마든지 써줄 수 있지. 그깟 종잇조각 하나로 부녀관계가 사라지는 줄 알아?

왠지 씁쓸해져 닻별의 휴대전화 번호를 찾아 누르려는데, 바이크가 달려와 집 앞에 선다. 내려서 헬멧을 벗는 닻별.

정도   (반가운) 닻별아~!

닻별   (난감하게 돌아본다)

S#30   **한국병원 응급실 / 오후**

응급실에 누워 있는 영주의 상태를 확인하는 수인.

수인   다행이네. 빠른 응급조치 덕분에… 위기는 넘겼네요. 폐
          울혈 증세는 2~3일이면 회복될 것 같은데요.

영주   … 감사합니다.

수인   감사는 이제하 선생한테 하시고, 회복된다고 해도 퇴원
          은 꿈도 꾸지 마세요. 아시겠어요?

영주   … 예?

수인   (레지던트에게) 김영주 환자, 흉부외과 병실 빈 데 있나
          확인되는 대로 올려보내고! 코노스에 연락해서 김영주
          씨 강심제 투여사실 확인해주고, 심장이식 등급변경 요
          청해.

영주   (뜨끔 놀라서 제하를 보면)

제하   (괜찮다는)

영주   우리 엄마는… 우리 엄마는 어딨어…?

제하   (난감한데)

보면… 선영이 저만치서… 냉랭하다 못해 분한 표정으로 서
있다.

영주   엄마…

선영   (다가오더니 서슬 퍼런) 김영주, 니한테 내 누꼬…? 내
          니한테 누구냔 말이다!

영주　(죄스러움에) … 엄마…

선영　… 그래…! 내 니 옴마다… 삼십삼 년을 옴마면서도 옴마 노릇도 몬하고 산 니 옴마다…! 내가 바보멍충이라꼬 니 이래 했나…? 바보멍충이 옴마 쏙이가 결혼시키고 나면, 바보멍충이니까… 그저 좋아서 헤헤거리며 살 중 알았드나?

영주　… 엄마…

선영　(원망스러운) 니는 옴마면서도, 그래 옴마 속을 모리겠노…?

영주　(울컥하며) 엄마…

선영　(슬픈 미소) 영주야… 내가 아무리 바보라또… 니 옴마다… 내 배 아파가, 내 생살 찢기가면서 니를 낳은 옴마란 말이다…

영주　(울음이 밴) … 엄마… 미안해… 그치만… 나 엄마… 속이려고 그런 거 아니었어… 엄마… 이쁜 드레스 입고 환하게 웃는 거 보고 싶어서… 우리 엄마… 진짜 행복하게 해주고 싶어서 그랬어… 엄마.

선영　(가슴이 찢어지는 것처럼 아픈) … 니가 와 미안하노…? 내가 죄인인데… 이 옴마가… 죄인인데… (눈물이 고이며) 우리 새끼… 을매나 무서웠이까… 무섭다꼬… 옴마, 내 손 좀 잡아도… 내 손 좀 잡아도… 그래 목이 피가 터지게 얘기하는 긋도… 못 알아듣고… 우리 새끼… 혼자서… 그 깜깜한 데서… 혼차 있으면서… 얼매나 무서웠

이까… 이래 아픈데… 아프다는 말또 몬 하고… 우리
딸… 을매나 무서웠을꼬… (왈칵 눈물이 나면)

영주 (참고 있던 눈물이 터지며) 응, 응… 엄마. 나 무서웠
어… 나 무서워 죽는 줄 알았어… 엄마… 나 좀 안아
줘… 나 좀 안아줘… 엄마.

선영, 영주를 으스러져라 안아주며 운다. 참았던 울음을 길게
운다. 그 모습을 보는 제하도 눈물 흘리고, 수인도 눈물이 살
짝 고여 닦는다. 지치도록 울면서 서로의 눈물을 닦아주고.

선영 (눈물 닦아주며) 우지 마라, 영주야. 이래 울면 니 가심
아프잖아. 그라이까 그만 울어. 응?

영주 (그 말에) 응, 엄마. 나 그만 울게. 그만 울게…

선영 (눈물 닦아주며) 어디 봐라, 우리 새끼… (영주의 가슴을
손바닥으로 문지르며) 옴마 손은 약손이다… 옴마 손
은… 약손…이다… 옴마 손은… 약…손이다…

영주 (아프고 슬프게 보는데)

선영 (얼마나 의미 없는 짓인지 알기에, 다시 왈칵 눈물이 터
지며) … 미안하다… 우리 딸… 옴마는 이래밖에 몬한
다. 옴마는 바보라서… 이래밖에 해줄 기 엄따… (울음
이 다시 터지면)

영주 (함께 눈물 나지만, 선영의 손을 잡아 자기 가슴에 대며)
아니야, 엄마. 엄마가 해줘. 엄마가… 나 낫게 해줘…

응?

선영   어, 어. 그래 하께. 그래 하께…

선영, 영주의 가슴을 쓰다듬어주며… 한스럽게 쓰다듬어주며
울고… 영주, 그런 선영의 눈물을 닦아주며… 웃다 울다 한
다. 제하, 그 모습에 후아~ 한숨을 내쉬고, 이제 슬그머니 미
소가 지어진다. 수인, 그런 제하를 보고 쓸쓸한 표정으로 응
급실을 빠져나간다.

S# 31   공원 / 오후

걸어가고 있는 정도와 닻별. 정도, 닻별의 손을 잡아주면…
닻별, 마지못한 듯 올려다보고 따라서 걷는데.

정도   … 닻별아. 아빠가 일방적으로 유학 가라고 해서 섭섭
            했지?

닻별   … 응.

정도   그럼 이제 닻별이 하고 싶은 대로 해.

닻별   정말? 그럼 나 엄마랑 같이 있어도 돼?

정도   (끄덕끄덕) 응… 근데 닻별아… 아빠 말이지… 닻별이만
            했을 때, 집에 돈이 너무 없어서 유학은커녕 공부방 하
            나도 없었다? 아니, 공부방은커녕 책상도 없어서, 밥 먹
            던 밥상 펴놓고 공부하고 그랬어. 그때, 아버지란 사람

원망 많이 했었거든. 그래서 이다음에 내가 결혼하면, 내 딸만큼은 원하는 공부, 원하는 세상 다 보여줘야지, 다짐도 했었어.

닻별 (물끄러미 보면)

정도 닻별아, 어쩌면 아빤… 능력이 없어 미안해하는 아빠보다, 바빠서 못 놀아줘도 능력 있는 아버지가 부러웠을지도 몰라. 그래서 너한테 그랬을 수도 있어. 아빠 마음 이해해?

닻별 … 뭔지는 알 것 같아.

정도 (닻별을 보며) 아빠는 닻별이가 언제 제일 행복했는지 알아?

닻별 언젠데? 내가 상 받았을 때?

정도 아니, 닻별이가 처음으로 아빠, 아빠 불렀을 때. 그때가 제일 행복했었어. 세상에 나를 아빠라고 불러주는 내 아이가 있구나, 내가 책임져야 할 아이가 있구나. 힘도 불끈불끈 나고, 어깨도 무거워지고, 그랬어.

닻별 …

정도 닻별아, 이담에 아빠 오래 못 봐도… 닻별이 아빠 딸 맞지?

닻별 … 응, 아빠.

정도 그럼, 아빠랑 오늘 함께 걸었던 이 길, 이 햇살, 이 바람 모두 잊지 마? 알았지?

닻별 … 응.

정도 (닻별을 애처롭게 보며) 우리 떨어져 있어도 가족인 거 알지? 닻별이 아빠 딸인 거, 변함없는 거 알지?

닻별   … 알어.

정도   (닻별을 꼭 껴안아준다) 사랑한다, 우리 딸.

닻별   (왠지 오래 못 볼 것 같은 느낌에) 아빠, 어디 가?

정도   아니야. 아빠 아무 데도 안 가. 그냥 우리 딸 안아보고
             싶어서 그래. (왠지 시큰해지는)

S# 32   **최고만 집 전경 / 밤**

S# 33   **최고만 집 서재 / 밤**

최고만   (통화 중인) 그, 그래서? 자, 자넨 지금 괜찮은 게야?

S# 34   **영주 병원 1인실 / 화면 분할되며**

영주   (통화 중인) 예. (제하 보며) 응급조치 덕분에 괜찮아졌
             습니다.

제하   …

최고만   다, 다행이구만. 그럼 자, 자네 엄마는? 충, 충격 많이 안
             받았어?

영주   …

최고만   (짐작하고) 그렇겠지. 안 받았을 리가 없겠지. 알았네.
             내가 지금 자네 엄마 모시러 갈게.

영주	회장님, 닻별이한테는…
최고만	내가 알아서 얘기할 테니까, 걱정하지 마.
영주	예. 고맙습니다, 회장님. (전화 끊으면)
제하	(옆에 앉으며) 닻별이한텐 사실대로 말하는 게 좋지 않을까?
영주	엄마 결혼식 무사히 마친 다음에 얘기했으면 해서 그랬어.
제하	영주야… 엄마가 결혼식을 하려고 하실까?
영주	어떻게든 결혼식은 해드렸으면 좋겠는데…
제하	식은 못 올려도, 니 마음은 충분히 아셨을 거야.
영주	(씁쓸한 미소 짓다가) 엄마는? 어디 가셨어?
제하	어, 기운이 빠지신 것 같아서, 링거 좀 맞게 해드렸어.
영주	(미소 짓고 보다가) 제하야, 언제쯤이면… 너한테 고맙다는 말 말고, 다른 얘기도 할 수 있을까?
제하	… 곧.
영주	… 곧?
제하	응. 곧 그런 날이 오겠지. (미소)
영주	(따뜻한 미소)

S# 35   수인 외래진료실

노크 소리가 들리고 선영이 들어오면, 수인이 뜨끔 놀라서 본다.

선영	슨생님요, 지는 김영주 옴마라꼬 하는데예.

수인	아, 예. 알고 있습니다. 이리 앉으시죠, 어머님.
선영	예. 감, 감사합니대이. (앉아서 어리숙한 미소 짓고 보면)
수인	김영주씨 상태가 어떤지 물어보러 오셨죠?
선영	예…
수인	(어떻게 얘기해야 하나 보면)
선영	슨생님, 사실은 지가 쫌 모지란 사람입니더. 그래또예, 영주는 지 딸이고예.
수인	알고 있습니다. 솔직히 말씀드릴게요.
선영	감사합니대이. 감사합니대이. (하면서 보면)
수인	(모니터 돌려서 보여주며) 이게 김영주씨 심장입니다.
선영	(뭔지 모르지만 유심히 본다) …

S#36 병원 로비 / 밤

최고만, 지팡이를 짚고 서둘러 들어오고 있다.

S#37 동 수인 외래진료실 / 밤

선영	그라모, 우리 영주한테 심장을 준다고 한 사람이 있십니 꺼…?
수인	… 그건 아닙니다. 대기자 순서에 따라서 이식을 받게 되는 거니까요.
선영	우리 영주 순서는 은제 되는 긴데예?

수인   … 그건 아직 모릅니다.

선영   만약에… 순서가 안 되모 우리 영주는 수술 몬 받고 죽는 깁니꺼? 예?

수인   … 냉정하게 말씀드리자면, 그럴 확률도 있습니다.

선영   (반짝하며 열에 들뜬) 그라모 말입니더~! 슨생님예. 내, 내 심장을 주모 안 됩니꺼?

수인   (당황해서) 예?

선영   지가예, 우리 영주 배았을 때예, 지 아부지 원망해가 나쁜 마음도 마이 묵고예. 또 우리 영주 띠아낼라꼬 나쁜 약도 마이 묵웃십니더. 그래가 우리 영주가 가심이 약해진 깁니더. 그라이까 내 여, 여 심장 띠주모 안 됩니꺼? 우리 영주한테 주모 안 됩니꺼? 예?

수인   (안타깝지만 씁쓸하게 보며) 어머니, 그건 안 됩니다.

선영   와 예? 와 안 되는데예?

수인   김영주씨가 심장을 이식받으려면 기증자가 뇌사판정을 받아야 되는 거라서요. 어머니는 자격이 안 됩니다. 죄송합니다.

S# 38   병원 복도 / 밤

터덜터덜 힘없이 걸어오고 있는 선영. 영주 병실 앞에 서지만 차마 못 들어가고 주저앉는다. 눈시울이 뜨거워지는데 그 위로 들리는.

선영E   영주야, 너 안 자고 여서 뭐 하노…?

S# 39   선영 회상 / 제14부 2신 – 최고만 집 정원

영주, 눈물 콧물 범벅이 된 채 어깨를 들썩이며 울고 있다.

선영   영주야… 너 와 이 카노…? 으이?

영주   (공포에 휩싸여서 의식도 못한 채) 언니… 나 무서워… 무서워 죽겠어… 내 손 좀 잡아줄래…? 내 손 좀 잡아줘… 응?

선영   (놀라서 안지도 못하고, 손만 꼭 붙잡고) 영, 영주야. 니 와 이라노…? 무신 무서분 꿈이라도 꾼 그가? 으이?

영주   (창피함도 잊은 채 끄덕끄덕) 응. 언니, 나 꿈꾸었나봐. … 나, 지금도 꿈꾸고 있나봐… (북받쳐 가슴 두들기며) 언니… 내가 닻별이만 남겨두고… 죽어야 된대… 닻별이 혼자 남겨두고… 내가 사라져야 된대…

S# 40   동 병실 복도

선영   (눈물이 핑 돌며) 그때부터 아팠는데… 그때부터 우리 영주… 아프다꼬 내한테 살리달라꼬 그랬는데… (우는데)

최고만, 발견하고 다가온다.

최고만 김선영이. 여, 여기서 왜, 왜 이러구 있어?

선영 (울음에 목이 메어) 개장수 아저씨예, 내는예… 옴마될 자격도 없는 여잡니다.

최고만 그, 그게 무슨 소린데?

선영 옴마라는 사람이예… 지 딸이 아픈데, 만날 가심을 이래 이래 문지르고, 숨도 제대로 몬 쉬고 내 좀 봐달라꼬, 옴마 내 좀 봐달라꼬 하는데도 몬 알아보고예… (두들기며) 여, 여 있는 심장또 맘대로 몬 준답니더… 내 심장또 예, 우리 영주한테 몬 준답니더… (윽윽 울면)

최고만 (와락 안아주며) 이, 이 사람아. 자, 자네 심장을 왜 김, 김영주한테 줘? 그, 그럼 당신은 어, 어떻게 살라구?

선영 (흐응흐응 울며) 우리 영주 앞세와 보내모, 내 같은 기… 살아서 뭐 합니꺼? 저래 부실한 몸 쥐놓고… 내가 무신 염치로 살아예… 내도 죽을 깁니더. 영주 따라서 죽을 깁니더… (윽윽 운다)

최고만 이, 이 사람아. 이, 이럴수록 엄마가 정신을 바짝 차려야지. 당신까지 이러면 어떡해?

선영 (울기만 하면)

최고만 김선영, 당신 좋은 엄마야… 김영주한테 정말 좋은 엄마야… 정말이라니까. 여, 여기 어, 어디를 둘러봐도 세, 세상 엄마 중에 당신만큼 하, 하는 사람 없어…

선영 (더 미안하고 서러워져서) 내만큼 바보인 옴마가 없겠지예. … 내만큼… 자기 딸 아프게 하는 멍충이 옴마가 없

겠지예… (죄의식에 입술 깨물고 울면)

최고만   (위로하고 싶지만 위로할 게 없어서 안타깝고 괴로운) …

S# 41   **채린 주상복합 아파트 전경 / 밤**

S# 42   **채린 집 거실**

술에 취한 정도가 비틀거리며 들어온다.

정도   오채린이~ 한국대학 로스쿨 총괄교수님 오셨다아~!
(신발 벗어던지며) 야~ 오채린이~ 딸내미 팔아서~ 교
수 된 박정도 왔다니까아~

하면서, 중간문을 열고 들어오다가 바닥에 구른다. 고개를 드
는데, 웬 남자가 서 있다. 그 뒤로 소파에 앉아 있는 채린이 보
인다.

정도   (뜨끔해서 일어나며) 하~ 이것들 봐라. 오채린. 내가 이
렇게 두 눈 멀쩡히 뜨고 있는데, 감히 내가 사는 집에!
길동이 애비를 끌어들여? 이 쓰레기 같은 것들아~! 돈
많으면 다야? 니들은 하늘이 무섭지도 않아~! 이 쌍것
들아~!

남자 1   박정도씨?

정도 그래, 내가 박정도다. 오채린이랑 동거하는 박정도라구, 자식아~! (하면서 주먹을 휘두르는데)

남자 1 (쓱 피하면서) 이 사람이 왜 이래?

정도 왜 이래? 내가 아무리 로스쿨 총괄교수 자리에 목숨을 걸었대도, 내가 수컷으로서 자존심도 없는 줄 알아, 이 새끼야!

정도, 주먹을 휘두르려는데, 남자 1이 잽싸게 피하면서 정도를 붙잡아 소파에 패대기를 친다. 정도, 술기운에 나자빠졌다가 일어나는데.

정도 이 새끼 봐라~ 적반하장도 유분수지, 니가 감히 나를 쳐? 오늘 니들 나한테 한번 죽어봐. (비틀거리고 일어나면)

채린 오빠, 길동이 아빠 아냐. 검찰에서 나왔대.

정도 검, 검찰? 검찰에서 왜, 왜 나와?

남자 1 (수색영장 보여주며) 박정도씨 맞죠? 서울지검 특수부 김성원 수사관입니다.

정도 서울지검 특수부? (채린을 보면)

채린 (짜증 나는) 아빠가 학생들 몰래 등록금 빼돌리고 비자금 조성했다가 걸렸나봐.

남자 1 박정도씨, 오민석씨랑 어떤 관계시죠?

정도 … 아무 관계 아닌데요?

채린 (기가 막힌) 오빠~

남자 2   그럼, 오민석씨 따님인 오채린씨랑 동거하는 건 뭐죠?

정도   동거요? 동거는 무슨 동겁니까? 저 뱃속에 있는 애도 제 애가 아닌데요? 그냥 잠깐 들른 겁니다.

채린   오빠!

정도   시끄러, 이 기집애야! 왜 내가 하지도 않은 일 때문에 니들이랑 같이 당해야 되는데?

채린   (노려보는데)

남자 1   그럼 수사협조를 위해 임의동행을 해주실 수 있겠습니까?

정도   임의동행이요? 수사관님, 그건 좀 다른 문젠 거 같은데요? 제 잘못이 밝혀져서 긴급체포가 된다면야 모를까~ 그건…

하는데, 이때 남자 2, 정도 방에서 사과박스를 들고 나오며.

남자 2   김수사관님, 박정도씨 방에서 돈세탁 증거물 찾았습니다.

정도   (뜨끔 놀라서 보면)

채린   (고소하다는 표정이고)

정도   (당황) 수, 수사관님. 그, 그 돈은 말입니다. 제, 제가 딸 유학자금으로 마, 마련해놓은 거거든요?

채린   (비웃으며) 그 돈 아빠한테 받은 돈 아니었어?

정도   장난해! 니 아버지가 선이자 10% 떼고 빌려준 거잖아!

채린   (팔짱 끼고 비웃으며 먹이는) 오빠, 이제 그만 포기해라~

아빠가, 오빠를 비자금 세탁 담당자로 다 분 거 모르
겠어?

정도   불, 불긴 뭘 불어! 염병할~ 불기는 뭘 부냐구우~!

남자 1   정수사관, 박정도씨 긴급체포서 작성해서…

정도   (획 다가가 손잡으며) 임의동행하겠습니다. 임의동행하
시죠!

채린   (어이없고 정 떨어지는)

S# 43   **최고만 집 전경 / 밤**

S# 44   **최고만 집 서재**

얼음통이 놓여 있고, 언더락스를 마시고 있는 최고만. 김집
사, 어딘가와 통화를 마치고 오면서.

김집사   회장님, 오민석 집사는 물론이고 박정도까지 체포영장
이 발부돼서 잡혀갔답니다.

최고만   그래…? (씁쓸한데) 그 자식들, 내가 꼰질렀다고 생각하
겠지?

김집사   검찰수사 받아보면, 오래전부터 내사 중이었다는 거 알
게 될 텐데요, 뭐.

최고만   아무튼… 닻별이가 알아서 좋을 거 없으니까 우선 덮어
두자구.

김집사　예, 회장님.

최고만　(씁쓸하게 술 마시면)

김집사　(술 따라주며) 그럼 결혼식은 물 건너간 겁니까? … 그럼 김대영씨 정신병원 퇴원수속도 취소할까요?

최고만　(끄덕끄덕하며) 김영주가 저러고 있는데, 김선영이같이 착하디착한 딸바보가 결혼식 올리겠어?

김집사　(고개 끄덕이며) 그렇겠죠. (왠지 웃음이 나오는 걸 참으며) 드십시오, 드시고 깨끗이 잊어버리십시오, 회장님.

최고만　잊어버리긴 뭘 잊어버려, 자식아. 그리고, 너 지금 웃는 게냐?

김집사　아닌데요? 제가 원래 눈이 처져서 웃는 상이라 그런 건데요? (하면서 헤벌쭉 웃으면)

최고만　(차마 때리지도 못하고) 그래, 웃어라. 웃어야 복이 오지. (주둥이 휙 올리며) 웃어, 자식아~!

S#45　최고만 집 이층 방 / 밤

잠 못 들고 서로를 물끄러미 보고 있는 닻별과 선영.

선영　(쓰다듬어주며) 우리 닻별이는 우짜면 이래 의젓하노? 옴마가 아픈 그를 다 알고도… 우짜면 이래 의젓하제?

닻별　엄마는 나랑 약속 어긴 적, 한 번도 없으니까… 엄마가

낫는다고 했으니까, 회장 할아버지가 엄마 심장 구해준
다고 했으니까, 믿는 거예요.

선영   어이구. 우리 작은 강아지~ 우리 강아지가 할미보다 낫
대이. 할미보다 나아~

닻별   (금세 슬퍼지며) 사실은 할머니… 나두 무서워요. 근데
내가 무서워하고 슬퍼하면… 엄마가 더 힘들까봐… 참
는 거예요. 맨날맨날 기도하면서 참는 거예요. (눈물 참
으면)

선영   (안아주며) 닻별아, 할머니 앞에서는 그래 안 해도 돼.
옴마 앞에서만 그래 하고, 할머니 앞에서는 그래 안 해
도 돼.

닻별   (그제야 울음 쿡 터뜨리며) 할머니이… (운다)

선영   (다독여주며) 그래. 울어도 돼. 할머니 앞에서는 실컷 울
어또 돼.

닻별   (그제야 엉엉 운다) 할머니, 우리 엄마 살려주세요.

선영   그래, 내 그래 하께. 니 옴마 심장 내 꼭 구해주께.

S# 46   영주 병실 / 밤

잠들어 있는 영주의 머리카락을 쓰다듬어 올려주는 제하. 이
마에 살포시 입술을 맞춰준다. 이때 들어오던 수인, 뜨끔 멈
추고 본다. 인기척에 놀라서 돌아보는 제하.

S# 47   휴게소 자판기 앞

커피를 꺼내서 수인에게 건네주는 제하. 수인, 받아 들며.

제하   오늘 당직인 줄 몰랐어.

수인   내가 당직인 줄 알았으면, 김영주씨 병간호 안 하려고
했어?

제하   (피식)

수인   (고개 돌려 보더니) 이제하, 어디 얼굴 좀 보자?

제하   …?

수인   음… 눈도 그대로고, 코도 그대로고, 입도 그대로고…
마음도 그대로네…?

제하   무슨 소리야?

수인   예전이나 지금이나 김영주씨 하나밖에 모른다구.

제하   (씁쓸하게 고개 돌리면)

수인   고개 돌리지 말고, 나 좀 봐…!

제하   …? (보면)

수인   그래, 그렇게 나 일 분만, 아니 30초만 봐줘.

제하   …

수인   (제하를 사랑스럽게, 안타깝게 보다가, 미소 짓는데 눈
물이 툭 떨어진다)

제하   수인아…

수인   (눈물 쓱 닦고) 됐다, 이제. 당신 정말 옛날남자로 인식

시켰어.

제하   …?

수인   나, 오늘 사직서 제출했어.

제하   … 뭐?

수인   사직서 받아들여지는 대로, 미국으로 돌아갈 거야.

제하   한수인, 너 왜 갑자기… 왜 그러는 건데?

수인   (픽) 이유를 모르는 게 아니니까, 대답할 필요는 없을 거구. … 그래도 붙잡고 싶지?

제하   … 솔직히 말하면… 그래. 너 붙잡고 싶다.

수인   그래서 가려는 거야. 내가 김영주씨 심장이식까지 맡게 되면… 정말 당신이랑 친구로밖에 못 남을 것 같아서. (아프지만 꾹 참으며) 내 맘 알겠니?

제하   …

수인   얼른 이식자나 나타났으면 좋겠다. 건투를 빌게. (제하를 와락 붙들고 키스를 한다)

제하   (놀라서 보는데)

수인   (눈물이 뚝 떨어지고. 제하와 키스를 마치고 떨어지며) 작별키스 정도는 김영주씨도 용서해주겠지?

수인, 미소 짓고 돌아서 또각또각 걸어가지만, 금세 눈물이 뚝 떨어진다. 제하, 멍하니 수인을 바라보다가… 미안함에 아프게 바라본다.

S# 48   최고만 집 이층 방

닻별을 품에 안고 등을 쓰다듬어주는 선영.

선영   닻별아, 자노?

닻별   아니~

선영   그라모, 모 하나만 물어봐도 되나?

닻별   뭔데요?

선영   아까 영주네 의이사선생님이 뇌사자가 생기야… 옴마가
        심장을 받는다고 그랬는데… 뇌사자가 뭐꼬?

닻별   응. 뇌기능은 마비가 되고, 몸만 살아 있는 사람을 말하
        는 거예요.

선영   (못 알아듣는) 그기 무신 말인데…?

닻별   쉽게 얘기하면, 머리 위는 죽고 머리 밑에만 살아 있는
        거야. 의식은 없어도, 심장은 살아서 뛰니까 이식이 가
        능하다는 거예요.

선영   그라모… 머리가 죽고, 여 가심이 살아 있으모 엄마한테
        심장을 줄 수 있다는 말이가…?

닻별   … 응… 그런 걸 거야.

선영   머리가 죽고 가심이 살아 있으모… 심장을 줄 수 있
        다…? 머리가 죽고… 가심이 살아 있으모…

S# 49   최고만 집 주방 / 밤

투명냄비 한가득 당귀와 생강 넣은 차를 끓이고, 심장에 좋은 약재들을 넣고 탕을 끓이고 있는 선영. 물을 계속 마시고 있다. 잠옷차림의 최고만이 주방으로 들어와 자리에 앉으며.

최고만 김선영이. 여지껏 안 잔 게야? 새벽 세 신데? 김선영이? 김선영이?

선영 (그제야 돌아보면)

최고만 나, 나도 물 좀 줘봐. 술을 좀 마셨더니 목이 타네. (선영이 마시던 물잔을 슬그머니 빼앗아 벌컥 마시다가 캑) 이, 이거 물맛이 왜 이래? (하다가) 이거… 당귀물이잖아.

선영 (다시 빼앗아서 마시면)

최고만 이, 이거 김영주 주려고 만든 거 아니야? 심장에 좋다고.

선영 와예? 내, 내가 마시모 안 됩니꺼? 내도 심장 좋아질 깁니더. 이거 묵고 튼튼해질 깁니더.

최고만 그, 그래. 뭐든 먹고 튼튼해지면 좋지, 뭐.

선영 (끄윽 트림하고) 개장수 아저씨예, 내랑 결혼해줄랍니꺼?

최고만 (놀라서) 뭐…?

선영 내랑 결혼해줄 수 있냐꼬 물었십니더.

최고만 … 됐어~ 당, 당신 딸내미 병, 병원에 저러구 있는데… 무슨 결혼식이야? (섭섭하지만) 됐어…

선영 그라이까 얼른 해야지예. 우리 영주 몸 더 나빠지기 전에 결혼식 올리야지예.

최고만 그, 그거야 그렇지만… 그럼 김영주랑 그렇게 얘기한 거야?

선영 아, 자꾸 꼬치꼬치 캐묻지 말고 대답 좀 해보이소? 내랑 결혼해줄 낍니꺼, 말 낍니꺼?

최고만 당, 당연히 해, 해야지. 당연히.

선영 그라문예. 내 신혼여행도 데리고 가주이소.

최고만 신, 신혼여행? 어디가 가고 싶은데?

선영 우리나라에서 제일 먼 나라가 어뎁니꺼?

최고만 제, 제일 먼 나라? 칠레던가? 아무튼 남미 어디쯤 될 게야.

선영 거기보다 더 먼 데는 없심니꺼…?

최고만 더 먼 데? 뭐 교통편이 아예 없는 아마존이나 그런 데가 멀긴 더 멀겠지?

선영 그라문예, 신혼여행은 아마존? 거로 데리고 가주이소.

최고만 왜, 왜 그렇게 멀리 가, 가려고 그러는 건데?

선영 우리 영주가 찾아오모 안 되잖아예. 우리 영주… 찾아오 고 싶어또… 못 오는 데로 가야지예…

최고만 그게 무슨 소리야? 지금?

선영 우리 영주… 수술받고또 찾아올라모, 열 번 스무 번 마음먹어도 찾아오기 심들어야… 몬 올 것 아입니꺼…

최고만 …? (하다가 뜨끔) 김선영이, 지금 당신 무, 무슨 생각 하는 게야? 김선영… 당신… 김영주한테 심장을 주겠다는 게야? 지금?

선영　　주야지예… 줄 그라고는 그긋밖에 없는데… 옴마인 내
　　　　　가 주야지예… 내 심장… 우리 영주 주야지예…

얼이 빠진듯 웅얼거리는 선영과 놀라서 보는 최고만의 표정,
병원에서 잠든 영주의 모습이 화면 분할되며 18부 엔딩.

제 **19** 부

S#1   전회 연결 신 / 최고만 주방

최고만   김선영이, 지금 당신 무, 무슨 생각 하는 게야? 김선
         영… 당신… 김영주한테 심장을 주겠다는 게야? 지금?

선영   주야지예… 줄 그라고는 그긋밖에 없는데… 옴마인 내
         가 주야지예… 내 심장… 우리 영주 주야지예……

최고만   당, 당신 미쳤어? 멀, 멀쩡하게 살아 있는 사람 심장을
         어, 어떻게 꺼내줘? 그리고, 당신 심장 받으면 김영주가
         옳다구나~ 이제 살았구나~ 좋아서 춤이라도 출 것 같
         애? 이 미련한 여자야!

선영   그라모 우짭니꺼…? 영주한테 해줄 그라고는 그긋밖에
         없는데예…

최고만   왜, 왜 그것밖에 없어! 당신 딸이 지금 당장 죽어? 심장
         이식 받으면 살 수 있는데! 왜 당신이 먼저 김영주가 죽
         는다고 단정하고 이래?! 지, 지금 당신이 엄마로서 할
         일이 뭔 줄 알아? (물병 들어서 바닥에 던지며) 이런 빌
         어먹을 심장에 좋은 물 마시는 게 아니라! 당신 머릿속

딱따구리 잡는 일이라구! 알아듣겠어! 젠장맞을!

선영 (물병을 줍고, 물을 손으로 모으며) 이 아까분 물을 왜 이래 버립니꺼? 이기 아까봐서 우짜노~ (연신 물을 쓸어모으면)

최고만 (돌아버릴 것 같아서) 이 바보천치 같은 여자야~! 당신 목숨 아까운 줄 알아야지! 나랑 보낼 시간 아까운 줄 알아야지! 이 빌어먹을 여자야~!

선영 (울부짖듯 소리치는 최고만을 보면서, 그제야 정신이 좀 돌아오며 미안해지는) … 개장수 아저씨예… (눈물 핑 돌며) 미안합니더… 참말로 미안합니더…

최고만 맹세하는데, 나, 최고만이…! 김선영 당신이랑… 절대 결혼 안 해…! 알겠어? (부들부들 원망스럽게 노려보며 휙 가버리면)

선영 (그제야 눈물이 뚝 떨어지는) … 죄송합니더… 이긋말고는 아무 생각도 안 나서 그래예. 우리 영주 아픈 얼굴 말고는, 아무긋도 눈에 안 보이가 그래예… 개장수 아저씨예, 참말로… 죄송합니데이…

S# 2   주방 모퉁이 돌아서 일각

최고만, 선영의 독백에 그제야 눈물이 주르륵 떨어진다. 서럽고 안쓰러워서 입술을 덜덜 떨면서 운다.

S# 3   한국병원 전경 / 밤

S# 4   영주 입원실

각도를 세운 침대에 기대어 편지를 읽고 있는 영주, 쿨럭쿨럭 기침을 하면. 이때 문을 열고 들어오는 제하.

제하   아직 안 자고 뭐 하고 있어?

영주   응. 기침이 안 멎어서… 차라리 뭐라두 읽으려구.

제하   (걱정스럽게 보다가, 수북이 쌓인 편지를 보며) 뭐야? 잡지사 휴직했다더니 독자편지 읽고 있는 거야?

영주   아니, 우리 엄마가 보낸 편지야. 아니, 엄마가 아니라 언니일 때 보냈던 편지.

제하   그래…? 무슨 내용인데?

영주   (쓸쓸하고 미안한) 다 똑같아. 우리 영주 잘 지내지? 보고 싶다… 우리 영주 잘 지내지? … 보고 싶다. (쓸쓸한 미소) 보고 싶다.

제하   (미소 짓고 보면)

영주   제하야. 내가 닻별이한테 줄 책 만들고 싶다고 했었지?

제하   응. 근데 왜?

영주   내가 닻별이한테 하고 싶은 얘기들… 우리 엄마 편지 속에 다 들어 있는 것 같아. 남들처럼 똑똑하지도, 영악하지도 못하지만… 늘 같은 자리에서 자식만 기다리는 엄

마의 마음은… 여기 다 적혀 있는 것 같아… (씁쓸하게 편지를 본다)

S# 5　동 최고만 집 주방

주방에 멀거니 앉아서, 기계적으로 칡을 씹고 있는 선영. 정신이 나간 듯 풀린 눈으로 삼키고, 입에 넣고, 씹고, 당귀물을 마시고 있다.

S# 6　최고만 데이트레이딩 룸 / 밤

유리창을 통해 선영의 모습이 보이면, 화도 나고 속도 상한.

최고만　미련 바가지, 빌어먹을 칡뿌리는 대체 몇 시간째 씹고 있는 게야? 그런다고 당장 심장이 좋아져? 이 곰 같은 여자야~! (속이 상해서 고개를 돌린다)

S# 7　동 주방

선영, 칡을 씹고 당귀물을 마시다가 갑자기 우웩 구토가 난다. 바닥에 토할까봐 입을 틀어막고, 눈시울이 벌게져서 의자에 부딪치며 욕실을 향해 달려간다.

S# 8   **최고만 데이트레이딩 룸**

최고만   (속이 상한) 내 저, 저럴 줄 알았어. 에잉~! (약봉투를 찾아 들고 뒤쫓아 나간다)

S# 9   **최고만 집 욕실**

변기를 붙들고 구역질을 하는 선영. 위장이 뒤집히도록 눈이 시뻘게져서 구토를 하고 있다. 뒤늦게 달려와 선영을 보는 최고만.

최고만   (부축하며) 김선영이? 괜찮아? 어? 괜찮냐고?
선영   (대답도 없이 구토만)
최고만   (약봉투에서 약을 꺼내서, 서둘러 찢으며) 김선영이. 얼른 이 약, 약부터 먹어. 응?

선영, 최고만을 돌아보는데, 최고만이 벽과 함께 선영을 중심으로 360도 회전하기 시작한다. 그 모습에 다시 구토를 하는 선영. 최고만, 선영의 얼굴을 받쳐 들고, "김선영이~! 정신 좀 차려봐" 소리치지만, 선영의 귀에는 들리지 않는다. 선영, 눈이 점점 풀리는데, 열린 욕실문 너머로 새소리 들린다. 고개를 들어 보는 선영. 최고만 서재 너머로 앉아 있는 딱따구리들. 선영, 얼굴이 환해지더니 손짓을 한다.

선영　(훨훨 손짓을 하며) 딱따구리야~ 얼른 날아와도~ 내 머릿속으로 얼른 날아와도~ (고통에 눈물이 나지만, 미소)

최고만　(그 모습에 미칠 것만 같아서) 빌어먹을 딱따구리를 왜 불러? 왜? 김선영이, 그러지 말고 얼른 약 먹자. 응?

선영　(입술을 꾹 다물고 도리질)

최고만　이 바보멍청아~! 이런다고 당신 심장 영주 주는 것 아니라니까아~!!제발 입 좀 열어봐~! (억지로 열려고 하면)

선영　(최고만을 있는 힘껏 밀친다)

최고만　(뒤로 밀리면서) … 김선영…

선영　(눈빛에 광채가 나는) 와 못 줍니꺼? 내 줄 수 있십니더! 이래 딱따구리가 내 머릿속을 다 쪼아 묵고 나면예! 내 머리는 죽어또… 여 심장은 살아 있을 깁니더! 그라면 내 심장, 우리 영주 줄 수 있십니더…! (단호한) 우리 영주 살릴 수 있단 말입니더!

선영, 자리에서 벌떡 일어나는데, 세상이 점차 암흑으로 변한다. 눈이 깜박하면서… 핑그르르 의식소실이 와 풀썩 쓰러진다. 쓰러지는 선영을 받아 안는 최고만.

최고만　(기막히고, 슬퍼서) 어허허… 이 미련한 사람아… 나더러 어쩌라구 이래? 나더러… 어쩌라구…

눈물을 뚝 떨구며, 선영을 부둥켜안고 우는 최고만. 이때, 김집사가 잠에 취한 얼굴로 오더니.

김집사 회장님, 김선영씨한테 무슨 일 있습니까? 예?

최고만 …

김집사 회장님! 주치의 부를까요? 예? (답답해서) 회장니임~!

최고만 (그제야 울음 삼키며) … 삼용아…

김집사 예, 회장님.

최고만 … 나, 결혼해야겠지…? 이 미련한 여자랑 결혼이라도 해야… 갈 때… 손이라도 잡아줄 수 있겠지…? 지 딸 다 덜어주고… 빈껍데기만 남을 여자… 조금이라도 덜 외롭겠지…? (눈물 또르르)

김집사 (놀란) 지금 그게 무슨 말씀이십니까? 그럼… 김선영씨도 아픈 겁니까? 예?

최고만 그래… 이 염치없는 여자가… 바보인 것도 부족해서… 아프댄다… 죽을지도 모른대… 아니, 죽어야겠대…

김집사 회장님, 대체 그게 무슨 말씀이십니까? (애가 닳아) 저도 좀 알아듣게 설명 좀 해주십시오. 예?

최고만 아니다. 아무리 생각해도 이대로는 못 보내겠다. 이대로는 못 보내겠어…!

S# 10   최고만 침실

의식소실인 채로 누워 잠들어 있는 선영 앞으로 왔다 갔다 하면서 통화 중인 최고만의 모습이 오버랩되어 보인다.

최고만 오닥터, 자네 지금 신경외과협회장 맡고 있지? 뇌쪽으로 유능한 외과의 알고 있나? 한국병원? 거긴 내가 알아봤으니까, 다른 병원 좀 알아봐줘. (O.L) *(영) 자네 존스 홉킨스 신경외과에 아는 사람 있지? 척추가 아니라 뇌의학 쪽 말이야, 뇌의학.

이때, 침대에 누워 있던 선영이 부스스 눈을 뜬다. 여기가 어디지… 주위를 둘러보면서 몸을 일으킨다. 흐릿한 시야로, 어딘가와 전화를 하면서 소리를 지르고, 부탁을 하고, 애원을 하는 최고만의 모습이 보인다. 알아듣지는 못하지만 자신을 위해 애쓰는 모습에 미안해진다.

최고만 수술이나 방사선치료 말고, 유전자치료로 가능한 건 없겠나? 없겠어? (통사정하는) 오선생, 그러지 말고… 다시 한번 알아봐줘. 나, 이 사람 못 살리면… 나도 죽어… 응? 제발 부탁하네.

최고만, 지쳐서 휴대전화를 내려놓고 책상에 머리를 기댔다가… 후우~ 한숨을 내쉬고 다시 번호를 찾아 누르는데. 이때 뒤쪽에서 다가온 선영, 최고만의 어깨를 안아준다.

최고만 (뜨끔 놀라서) 김, 김선영이 일, 일어났어? 언, 언제 일어났어? 응?

선영 아까 일어났습니다… 아까 일어나가 개장수 아저씨 전화하는 그 다 들었습니다.

최고만 (당황해서) 그, 그래? 요즘 안부, 안부전화를 못한 인간들이 많아서 말이야.

선영 인자 그만하이소… 그만했으면 됐습니다.

최고만 (뜨끔) 뭘 그, 그만하라는 건데?

선영 개장수 아저씨예. 그래 해봤자, 내 오래 몬 사는 거, 내도 잘 압니더.

최고만 (기운이 빠진) … 그, 그게 무슨 소리야, 이 사람아…

선영 개장수 아저씨예. 내도예… 개장수 아저씨랑 같이 살고 싶습니더.

최고만 …

선영 바보라꼬 쫓기듯, 내몰리듯… 얼굴도 모리는 데 시집가서… 눈물바람만 하다가 도망오는 그 말고예. 내도 개장수 아저씨 사랑받으면서… 꼭 한분 살아보고 싶습니더.

최고만 (울컥하는) 그, 그럼 살면 되잖아. 김선영이~ 당신 병 고치고… 나랑 살면 되잖아… 응?

선영 (쓸쓸한 미소 짓고 최고만의 어깨에 얼굴을 묻으며) 개장수 아저씨예, 이분 세상에는… 우리 영주 위해서 살게 해주시면예… 다음 세상에는 내… 개장수 아저씨 위해서 태어날게예.

최고만　…!

선영　앞도 뒤도 말고… 개장수 아저씨만 보고 살 테이까… 이분에는… 보내주이소… 내… 웃는 얼굴로 보내주이소… 예?

최고만　(울컥하는) 보내긴 뭘, 뭘 보내…? 이 사람아… 뭘 보내?

선영　개장수 아저씨예… 이분에 하는 결혼식을예, 다음 세상에서 만날 약속식이라꼬 생각하면 되잖아예. 그라모… 웃으면서 결혼식 올리고… 내, 보내줄 수 있잖아예. 예?

최고만　(벌써 어쩔 수 없다는 걸 알지만) 싫어. 당신이 아무리 원해도 내가 싫어. 내가 싫다구~

선영　(미소 짓고) 말은 이래 해도… 우리 개장수 아저씨, 벌써 마음 고치묵은 거 다 압니더… 고맙습니대이.

최고만　(벌컥 화내며) 고맙긴 뭐가 고마워, 이 여자야! (벌떡 일어나며) 고맙긴 뭐가 고맙냐구! 젠장맞을! (휙 나가버린다)

선영　(미안하고, 슬프게 바라본다)

S# 11　최고만 서재

혼자 소파에 몸을 묻는 최고만. 벽에 붙은 수학문제를 보면서.

최고만E　젠장맞을. 이렇게 어려운 건 줄 알았으면… 가족 같은 거 욕심도 내지 말걸 그랬어. 이렇게 힘든 건지 알았으

면… (씁쓸하게 본다)

그 모습을 안쓰럽게 보는 선영의 모습에서 짧은 암전.

S# 12   최고만 집 전경 / 아침

S# 13   최고만 집 주방

경상도 음식으로 성대하게 차려진 밥상을 물끄러미 보고 있는 최고만. 빨간색 두건을 쓰고 뜨끈한 국과 밥을 내놓으며.

선영 식기 전에 드이소.

최고만 (비뚤어진) 이 더위에 무슨 뜨거운 국이야. 젠장맞을. 안 먹어~!

선영 어데예? 날 덥다꼬 찬 그만 찾으모, 탈 납니다. 날이 이래 더불수록 속을 뜨끈하게 해가 땀을 쫙 흘리야 몸도 무탈하이까, (수저 쥐어주며) 츤츤히라또 드이소. 예?

최고만, 선영을 물끄러미 올려다보면. 선영, 손가락을 배배 꼬며 시선 피한다. 닻별과 김집사, 긴장해서 두 사람을 살피는데.

최고만 (국물 떠먹더니) 젠장맞을. 속이 다 확 풀리네~ 시래기

에 된장밖에 안 넣었는데, 왜 이렇게 맛있는 게야~

닻별 (그제야 피식 웃고, 국 떠먹고) 할머니, 진짜 맛있어요.

선영 그릏나. 마이 묵으라. (그나마 미소가 잠깐 떠오르는데)

최고만 (밥 먹으며 별일 아니듯) … 닻별아.

닻별 예, 할아버지?

최고만 니 엄마한테 전화해서, 결혼식 예정대로 할 테니까 얼른 퇴원해서 할머니 얼굴 좀 어떻게 하라고 그래~ 결혼할 여자 얼굴이 저, 저게 뭐냐?

닻별 (놀라서 보며) 정말요?

선영 (놀라서 보면)

닻별 (수저 놓고) 할아버지, 지금 바로 전화할게요~! (후다닥 가면)

최고만 김군아. 너도 가서 김선영이 동생, 그 하자 퇴원수속해서 데리고 와.

김집사 (마음 알겠기에) … 알겠습니다, 회장님. (일어나 나가면)

선영 … 개장수 아저씨예~

최고만 김선영이. 당신도 이제 나, 개장수 아저씨라고 부르지 마.

선영 예?

최고만 당신이 그랬잖아. 이름을 불러줘야 서로한테 소중한 사람이 된다고. 그러니까 앞으로 나 부를 땐, 고만씨라고 불러. 알겠어?

선영 예. 고, 고만씨…

최고만 그리고 당신 소원대로 김영주한테 신혼여행은 멀리 간다고 할 거야. 대신에 아마존은 아니고, 미국에 갈 거야.
미국.

선영 미국예?

최고만 응. 미국. 거기도 한국이랑 엄청 머니까, 김영주 못 찾아
와. 그랜드캐니언이나 요세미티 공원에 숨으면, 아무도
못 찾아. 그러니까 신혼여행은 미국으로 가는 걸로 해.
당신 딸한테도 그렇게 얘기할 테니까. 알았지?

선영 … 예. 그래 할게예. 그래 하겠십니더.

S# 14 **한국병원 전경**

S# 15 **영주 병실**

영주 (통화 중인) 뭐? 진짜야?

S# 16 **최고만 집 이층 방 / 화면 분할되며**

닻별 응. 할아버지가 김집사 아저씨한테 대영이 삼촌도 데리
고 오라고 그랬어.

영주 그럼 진짜구나~

닻별 응. (걱정스러운) 근데, 엄마… 퇴원해도 되는 거야?

영주 (미소 짓고) 걱정 마. (제하 보며) 제하 아저씨가 알아서
해줄 거야. 이따가 전화할게?

닻별   응~

S# 17　동 영주 병실

영주   (전화 끊고 부러 환하게) 들었지?

제하   (끄덕) 회장님이나 엄마나 큰 결심 하셨네?

영주   그러게~ 우리 엄마 칠색팔색 했을 텐데, 어떻게 설득하셨을까?

제하   그래서 남녀관계는 아무도 모른대잖아~

영주   (픽 미소 짓고) 제하야. 그럼 나…

제하   (걱정스럽지만) 알았어. 일단 담당선생이랑 얘기해보고 나서 결정하자. 어떻게든 방법을 찾아봐야지, 뭐.

영주   … 고마워, 제하씨.

제하   (미소 짓지만, 걱정인)

S# 18　최고만 집 이층 거실

선영의 손을 잡고 이층 계단을 올라오는 최고만. 봉인된 방 앞에 서더니, 열쇠를 꺼내 든다.

최고만   당신, 이 방에 처음 와보지?

선영   … 예.

최고만   언젠가 때가 되면 보여주려고 그랬는데… 더 미룰 수도 없게 됐네. (열쇠로 문을 열고, 손을 잡아끌며) 들어와.

선영 …?

S# 19　최고만 집 봉인된 방

최고만의 손에 이끌려 방으로 들어오는 선영, 놀라서 입이 벌어진다. 자연채광으로 환하게 펼쳐진 널찍한 방 안. 일층의 고풍스런 느낌과는 전혀 다른 밝고 따뜻한 느낌의 방이다. 오래된 안락의자, 낡은 전동타자기와 앤틱 가구들. 그리고 여러 나라로 여행을 다니며 모은 소품들로 진열된 장식장. 바닥에 깔린 깔끔한 카펫. 최고만이 어릴 적 타던 목마 등 최고만의 어릴 적 풍경이 그대로 담겨 있다.

선영 (놀라서 보는데)

최고만 내가 어릴 적에 부모님이랑 같이 있던 거실을 옮겨놓은 거야.

선영 그라모, 여가 개장수 아저씨… 아니 고만씨 고향이네예?

최고만 그래, 내 고향이지… (미소 짓다가) 일루 와봐, 내가 소개시켜주고 싶은 사람이 있으니까.

선영 …? (따라가면)

하얀 천을 걷어내면, 커다란 액자 속에 흑백사진(혹은 초상화)이 보인다. 꼬마 최고만과 지금의 최고만보다 훨씬 젊은

아버지와 엄마가 함께 찍은 사진이다.

최고만 인사드려. 우리 엄마, 아빠야.

선영 (덜컥하는 심정으로 보는데)

최고만 (말을 걸듯) 엄마, 인사시켜줄게. 이쪽은 김선영이야. 엄마 아들이 결혼하고 싶은 여자.

선영 …

최고만 어때? 엄마만큼 이쁘지…? 얼굴만 이쁜 게 아니야. 마음씨는 더 곱고, 음식솜씨는… 미안한데 엄마보다 더 맛있어. (아이처럼 웃는) 헤헤.

선영 (마음이 우들우들 떨린다)

최고만 엄마, 아버지. 나 이 사람이랑 결혼할 거야. 허락해줄 거지…? (대화하듯 사진 속 엄마를 물끄러미 보다가 미소 짓고) 두 분 다 당신이 마음에 든다는데? (하면서 선영을 보는데)

선영 (덜덜 떨린다)

최고만 (붙들며) 왜, 왜 그래? 또, 또 증, 증상이 나타나는 게야?

선영 (고개 가로저으며) 아입니더. 아입니더. (눈물이 그렁그렁해지며) 고만씨예… 지가 잘못했십니더. 지가 잘못했십니더.

최고만 당, 당신이 뭘 잘못했다는 게야? 응?

선영 내, 내는… 꿈에도 생각 못했십니더. 고만씨는예… 원래 여, 여 있는 사람인 중만 생각했십니더. 고만씨도 옴마,

아부지한테예… 이래 사랑받고 곱게 자란 사람인데…
(눈물 뚝 떨구며) 이래 귀한 사람한테… 지가 못할 짓 하
자꼬… 했십니다. 고만씨예, 이제 더는 죄스러봐서… 몬
하겠십니다. 우리 결혼식… 올리지 마입시더.

최고만 (미소 짓고) 이 사람아, 당신이 그랬잖아. 내일은 결혼식
이 아니라 다음 생에 다시 만나자는 약속식이라고. 난
그거면 돼… 김선영. 난 다시 당신만 만나면 돼.

선영 (눈물이 주룩 쏟아진다) 고만씨예…

최고만 (안아준다)

선영 (미안함과 죄스러움에 얼굴을 파묻으면)

최고만 김선영이… 나, 아직 당신한테 프로포즈도 못했잖아…?
당신 만나고, 당신 좋아하면서부터… 당신한테 들려주
려고 외워둔 시가 있는데… 이제 기억이 안 나네…? (호
주머니 뒤적이며) 내가 읽어줄 테니까, 들어봐?

선영 … (보면)

최고만 영어로 된 시야. 내가 번역해서 들려줄게…? *I carry
your heart with me. (I carry it in my heart.)*

최고만E 저는 당신의 마음을 지니고 다닙니다. 제 마음속에 담고
다닙니다.

고만이 읊는 영시 위로 음악이 깔리면서… 최고만의 번역시
가 위에 덮이며 들리는…

S# 20 프러포즈 몽타주

선영과 함께 손을 잡고 걷고, 자동차를 타고 가고… 고궁에서
데이트를 하고… 그동안의 따뜻했던 풍경들이 화면에 보이며.

최고만 *I am never without it.*

최고만E 단 한 번도 그렇지 않을 때가 없습니다.

님이여, 제가 어디를 가든 당신도 함께 갑니다.

내가 무엇을 했든 그것은 당신이 나를 통하여 한 일입니다,
내 사랑.

나는 그 어떤 운명도 두렵지 않습니다.

다정한 이여, 그것은 당신께서 저의 운명이기 때문입니다.

저는 그 어떤 세상도 원하지 않습니다.

나의 진실한 사람이여, 아름다운 당신이 바로 제 세상이
기 때문입니다

*(anywhere I go you go, my dear; and whatever is
done by only me is your doing, my darling.)*

I fear no fate. (for you are my fate, my sweet)

*I want no world. (for beautiful you are my world,
my true)*

선영 (눈에서 눈물이 뚝 떨어지며, 최고만을 꼭 껴안는다)

최고만 (선영을 바라보며) 김선영… 이제 나랑 결혼해줄 테야?

선영 (울음이 터질까봐 대답도 못하고, 고개만 끄덕이며 울면)

최고만   (선영의 이마에 살포시 입을 맞춰주며)

햇살 속에 두 사람의 모습이 번지면…

S# 21   한국병원 흉부외과 과장실

수인   지금 뭐라고 하셨습니까? 김영주씨를 임시 퇴원시키라
구요?

과장   응. 병원장님 특별지시니까, 자네가 신경 좀 써봐.

수인   특별지시요? 지금 장난하십니까? 과장님, 김영주씨 지
금 강심제를 비롯해서 주사제로 겨우 버티고 있는 상황
입니다. 지금 약물주입을 끊으면, 다시 처음 상태로 돌
아가버리는 거 몰라서 그러세요? (제하를 휙 노려보며)
이제하 선생, 당신 김영주씨 상태가 어떤지 몰라서 이러
는 거야! 당신, 김영주 죽이고 싶니?

제하   (욱하는) … 한선생! 말이 너무 심한 거 아냐!

과장   (진정시키며) 자, 자, 이제하 선생도 진정하고. (나무라
는) 한선생! 그러니까 한선생한테 방법을 찾아보라는 거
아닌가? 응?

수인   무슨 방법이요? 심장이식 말고는 아무 방법도 없는 환자
를 퇴원시키겠다면서, 무슨 방법을 찾으라는 겁니까?!

과장   (버럭) 그렇게 환자를 걱정하는 사람이! 사직서는 왜 낸
건가! 심장이식 앞둔 담당환자 두고 미국으로 돌아가겠

다는 한선생이야말로 문제가 있는 거 아냐!

수인　… (입술 깨문다)

과장　길게 퇴원하는 것도 아니고, 딱 이틀이니까. 주사제를 먹는 약으로 처방하든, 아니면 주기적으로 주사를 놓게 하든 자네가 조치해!

수인　(답답하지만 어쩔 수 없다) 알겠습니다. 그렇게 처리할 테니까 제 사직서도 처리해주시죠. (휙 일어나 나간다)

과장　(제하에게 따라가보라는)

제하　(일어나 나간다)

S# 22　과장실 앞 복도

굳은 얼굴로 걸어가는 수인. 제하, 방에서 나와 서둘러 부르는.

제하　수인아.

수인　(무시하고 가는데)

제하　(붙들며) 너한테 부담줘서 미안해. 정말 미안한데, 김영주랑 엄마, 우리가 생각하는 그런 사람들이 아니야. 상처받은 게 너무 많아서…

수인　그쪽 상처만 상처니? 만일 김영주씨가 외출했다가 잘못되면! 내가 감당해야 될 상처는 아무렇지도 않아?

제하　(뜨끔해서 보면)

수인　환자나 보호자가 그렇게 원하면 내보내줄게. 하지만…!

이번 외출 잘 끝내건 못 끝내건, 김영주씨 심장, 결국 타격을 받게 돼 있어. 알고 있지?

제하   …

수인   그리고… 김영주씨가 무사하건 아니건, 당신은… 나한테 못 돌아와! 이젠 내가… 마음 닫을 거니까… (휙 돌아서 가는데 눈물 핑 돈다)

제하   (미안하고 안쓰럽게 바라본다)

S# 23   영주 병실

옷을 갈아입은 영주 앞에 처방전을 쓱 내미는 수인. 제하, 눈치 보고.

수인   처방전 약에 강심제 첨가해서 넣었으니까, 용법과 시간 잘 맞춰서 챙겨드세요.

영주   감사합니다, 선생님.

수인   김영주씨, 외출은 허락하지만요. 만약에 조금이라도 이상이 느껴지면, 곧바로 입원하세요. 어머님 결혼식이 김영주씨 목숨보다 중요한 게 아니라면요. 아시겠습니까?

영주   (뜨끔해서 제하를 보면)

제하   (맞는 말이라고 고개 끄덕이는)

영주   알겠습니다. 한선생님 말씀 명심하도록 하겠습니다.

수인   그럼 부디, 무사히 결혼식 마치길 바라죠. (쓱 돌아서 나

간다)

제하   (문 닫히면) 영주야. 아무래도 이번 결혼식은 미루는 게
좋지 않을까?

영주   아니. 엄마도 나도… 어쩌면 이게 마지막 기회일지도 모
르잖아.

제하   (답답한데)

영주   (부러 밝게) 얼른 가자, 엄마 기다리시겠다.

제하   (어쩔 수 없어 슬픈 미소)

S# 24　　달리는 김집사 차 안

깔끔한 옷으로 갈아입고, 면도에 머리까지 단정하게 바꾼 대영.

대영   (조수석에 앉아서) 김집사님이요. 우리 누부가, 진짜로
투견협회 회장님이랑 결혼한다는 깁니꺼? 예?

김집사   (흥이 안 나는) 예~

대영   (옷 만지며) 이래 비싼 옷도 떡 사입히주는 그 보면, 그
투견협회라는 기, 돈이 좀 되는 모양이지예?

김집사   (발끈해서) 왜요? 돈 좀 되면, 또 김선영씨한테 붙어서
빨대 꽂으려구 그럽니까?

대영   (찔끔) 어, 어데예~ 우리 누부, 여지껏 내 때문에또
그릏고, 영주 가 때문에도 고생만 했으니까… 이제는 좋
은 사람 만나가 행복하게 살았이모 해서 하는 말입니더.

김집사 (왠지 미덥잖아 보다가, 어깨가 결려서 팔을 들면)

대영 (흠칫 물러나며) 김, 김집사님예. 와, 와 이라십니꺼? 지도 진짜로 도박에서 완전히 손뗐으이까, 때리지 마이소~

김집사 (어이없어 실소하는데)

대영 김집사님예, 박서방 글마는 우째 됐십니꺼? 아직도 우리 영주 옆에 찐드기 붙어가 괴롭히고 있십니꺼?

S# 25   검찰청

로비를 빠져나오는 추레한 얼굴의 정도.

정도 증거불충분? 미리 만들어놓은 틀에 안 맞으면 다 증거불충분이지? (옷을 탁 털고 있는데)

반대편에서 채린과 변호사가 또각또각 걸어오고 있다. 두 사람, 으르렁거리듯 서로를 보면서 다가오면.

정도 (비웃음) 왜? 너도 돈세탁하는 데 일조했냐?

채린 나? 난 능력도 안 되는 동거남을 로스쿨 총괄교수로 청탁한 혐의라는데?

정도 뭐? (은근히 협박하는) 오채린, 너 진술 똑바로 해라. 공연히 심술부려봤자, 너나 나 서로 좋을 거 하나도 없다~

채린 걱정 마셔. 나도 길동이랑 구치소 갈 마음 전혀 없거든?

	그리고 오빠 짐은 본가에 택배로 보내놨으니까, 헛걸음 할 거 없어.
정도	… 뭐? 야, 오채린.
채린	오빠 우린 모른 척 쌩 까는 게 서로를 위해서 좋은 거 아냐?
정도	(맞는 말이라 대꾸 못하는데)
채린	뭐 해? 얼른 가봐. 팔십만 대군이 오빠 기다리고 있잖아~
정도	팔십만 대군? (하다가 뜨끔) 오채린. 너 내 SNS에 이상한 소리 늘어놓은 거 아니지?
채린	글쎄? 그거야 확인해보면 알 것 아니겠어? (미소 지어주고 가면)
정도	(그제야 후다닥 호주머니를 뒤져 휴대전화 꺼내 들고 전원 넣는다)

불안하게 계정을 확인해서 보는 순간, 팔로워들의 리트윗이 미친 듯이 정도의 양옆으로 뜬다.

'박정도 교수. 시대의 양심인 줄 알았더니, 시대의 앙심이었네?'

'박정도 교수, 은둔자객 맞습니다. 음지에 숨어서 비자금 조성하는 자객! 결국 믿었던 국민들 등에 칼을 꽂는군요.'

'그렇게 교수 하니까 좋냐?'

'동거녀한테 얼마나 못됐게 굴었으면 동거녀가 폭로를 했지?'

'박정도 결혼해서 애까지 있는 유부남 아니었어? 통도 크다.'

'애가 불쌍하다. 난지도는 왜 매립했냐? 박정도 같은 인간 묻

어야 되는데.'

난망한 글들 사이에서 돌아버릴 것 같은 정도.

정도   오채린이, 이 나쁜 기집애~!! (휙 돌아서 보는데, 휴대전화 벨 울린다. 불안해져서 받으며) 여, 여보세요?

총장F   박정도 교수?

정도   누, 누구십니까?

총장F   나, 영생대학 총장일세.

정도   총, 총장님! (90도로 절을 하면) 안녕하십니까? 총장님!

총장F   지금 내 방으로 좀 올 수 있겠나?

정도   (긴장하는) 지, 지금요? 알, 알겠습니다. 지금 당, 당장 찾아뵙겠습니다. (전화 끊고 사색이 돼서 나가는)

S# 26   최고만 집 정원

커다란 들통에서 간장(고추씨, 구기자, 산수유, 파뿌리, 마늘, 양파, 상황, 둥굴레)과 소금물이 끓고 있고. 빨간 고무통에서 씻어 건져놓은 무를 항아리에 켜켜이 소금 뿌려놓고. 오이도 항아리에 차곡차곡 담고 있는 선영. 펼쳐놓은 발 위로는 민들레, 두릅, 죽순 등이 잔뜩 쌓여 있다.

닻별   (두릅 손질하며) 할머니, 그건 뭐 하려고 하는 거예요?

선영   이거? 이그는 무짠지하꼬, 오이지 맹글라꼬 그르는 기다. 니 옴마, 여름에 입맛 없다꼬 할 때, 이그를 양념에 조물조물 무치가 찬물에 밥 말아주모, 금세 한 그릇 뚝 딱했다~

닻별 (나물을 가리키며) 이건 간장에 담그는 거구요?

선영 맞다. 우리 닻별이 똑똑도 하제~ (웃는데)

대영, 낑낑거리며 양동이에 물을 가져와 고무통에 붓는다.

대영 (헥헥대며) 인자 되았나?

선영 어데? 여 무랑 오이가 둥둥 뜰 때까지 부어야 된다. 앞으로 한 다섯 분만 더 가가온나?

대영 다섯 분? (짜증 나지만 지은 죄가 있어서) 알았다. (가려는데)

이때, 제하의 부축을 받으며 들어오는 영주를 본 닻별.

닻별 (환해지며) 어, 엄마다. 엄마~ (달려가면)

영주 (안아주며) 어유. 우리 닻별이, 잘 있었어?

닻별 (고개 끄덕이며) 응.

선영 (눈물이 핑 돌지만, 부러 밝은) 영주야~

영주 엄마~

선영 (영주 손잡고, 가슴 쓸어내려주며) 몸은 으떻노? 더 아프지는 않았드노?

영주 (부러 밝은) 응. 걱정 마, 엄마. (그래서) 제하씨도 같이
          왔잖아.

제하 (인사하면) 안녕하세요. 어머니.

선영 오셨십니꺼? 슨생님예. 고맙습니대이, 고맙습니대이.

대영 (슬그머니 눈치 보며) 영주야… 내, 내도 왔다.

영주 어… 왔어…?

대영 (긁적이며) 미안하다. 내 때문에 니 마이 아팠제?

영주 (미소 짓고) 아니야. 엄마, 뭐 하고 있었어?

닻별 할머니, 엄마 좋아하는 무짠지랑 오이지 만들고 계셨어.

영주 (미안하고 답답한) 엄마, 나 그런 거 안 먹어도 되니까
          얼른 들어가자. 응?

선영 아이다. 인자 끓여논 소금물 오이에 부아놓고, 간장만
          식히모 다 끝나이까, 먼저 드가라.

영주 (답답하게 보면)

선영 (마음이 급해서) 뭐 하노? 얼른 드가서 쉬고 있으라이까~

영주 … 알았어. (닻별 손잡고) 금방 들어와야 돼?

선영 어~ (환한 미소)

영주, 제하와 닻별의 부축을 받고 들어가면. 선영, 아프게 보
는데.

대영 하이고오~ 좋다~ 영주가 옴마라고또 부르고, 누부 아
          끼주는 사람이랑 결혼또 하고… 인자 우리 누부 잘 살

일만 남았네~ 우리 누부 좋겠다. 그자~?

선영 그래. 좋다~ 억쑤로 좋다~ (서글픈 미소)

S# 27 최고만 서재

영주가 들어와 앉으면.

최고만 (걱정스러운) 몸은 움직일 만해?

영주 (미소 짓고) 예. 병원 처방약 먹어서 그런지 견딜 만해요.

최고만 아픈 사람들 두고 내가 괜한 짓 벌이는 거 아닌가 걱정이야.

영주 아니에요. 저도 엄마 결혼식 올려드리고 싶어서 그런 건데요? 걱정 마세요.

최고만 그럼 다행이구. (미소 짓다가) 아, 참. 자네한테 줄 게 있어서 불렀어. (서류 건네준다)

영주 이게 뭐예요? (보면, 친권포기각서다. 뜨끔 놀라면)

최고만 기, 기분 나쁘게 생각하지 마. 자네 아픈 걸 핑계 삼아서 박정도가 닻별이 힘들게 할까봐 보험으로 받아놓은 거니까, 자네가 알아서 처분해.

영주 (슬프고 속상한) … 고맙습니다.

최고만 그, 그리고… (눈치 살피며) 자, 자네 엄마는 내, 내가 미국에 데리고 가려구.

영주 (놀란) 미국이요?

최고만	응. 존스홉킨스 병원에서 연락받았는데, 수술이 가능할 것 같대.
영주	… 정말이요?
최고만	… 응.
영주	그럼 받아야죠. 당연히 받아야죠.
최고만	(쓸쓸하고 아픈) 그, 그래. 자네 엄마는 내, 내가 어, 어떻게든 고쳐서 데리고 올 테니까… 자네도 꼭 이식수술 받아서 나아야 돼?
영주	(어렵다는 걸 알지만) … 예. 꼭 그렇게 할게요. (하다가 문득) 회장님. 그럼 내일 결혼식 마치고 엄마랑 며칠만 더 있으면 안 될까요? 미국 가려면 수속도 밟아야 되고…
최고만	수속은 벌써 속성으로 다 받아놨으니까 걱정할 거 없어.
영주	… 예?
최고만	그리고 수술도 수술이지만, 자네 몸 안 좋아지는 거 보면, 자네 엄마가 가려고 하겠어?
영주	… (그도 그렇다)
최고만	자네 마음은 알겠지만, 엄마를 위해서 그냥 보내줘. 부탁할게.
영주	… 알겠습니다. (쓸쓸하게 웃고 일어나 나가면)
최고만	(한숨 쉬며 아리게 본다)

S# 28   최고만 집 거실

번진 눈물을 닦으며 나오는 영주. 친권포기각서를 꺼내서 본다. 답답한 마음에 호흡이 가빠져서 찢어버리려다가… 겨우 참는데, 대영이 30~40센티미터쯤 되는 항아리들을 들고 나가고 있다.

영주 삼촌, 뭐 하는 거야?

대영 어? 이그? 누부가 니 줄 짱아찌 담근다고 해가, 항아리 소독해가 가는 질이다. (지치고 답답해서) 영주야, 원래 결혼식 전날 신부가 이른 일 하는 기 맞노?

영주 (답답한 마음에 바라보다가) 엄마 아직도 밖에 있어?

S# 29 영생대학 복도 / 낮

어깨가 축 처져서 걸어오는 정도 위로 들리는.

총장E 자네 SNS에 올라온 글들 때문에 우리 영생대학 로스쿨 전체가 매도되는 건 피해야 되지 않겠나? 이번 학기를 마지막으로 물러나주게.

정도, 돌 것 같은 표정으로 강의실 앞에 서지만, 문을 열 엄두가 나지 않는다. 슬그머니 문을 열어보면, 강의실에 빼곡 들어찬 학생들.

정도　(닫고, 환해지며) 그래. 아직 기회는 있어, 박정도. (자신감 회복하고 문을 활짝 열고 들어간다)

S# 30　강의실 안

정도　(활짝 웃는 얼굴로 들어오며) 좋은 오후입니다. 오늘 강의할 내용이 뭐였죠? (하면서 보는데)

학생들, 하나둘씩 일제히 마스크를 꺼내서 얼굴에 쓴다. 빨간색, 검정색 X표가 그어져 있는 마스크의 물결이다. 정도, 쇠몽둥이로 얻어맞은 것 같지만, 어떻게든 정신을 차리려고 애쓰며.

정도　(떨리는) 오, 오늘 강, 강의는 아, 아이돌 스타들의 불공정계약에 관한 거였죠…? (덜덜 떨리는 손으로 분필을 드는데)

칠판에 적힌 "인간에 대한 예의와 염치를 회복하기 전까지 박정도 교수님의 수업을 거부합니다"라는 글이 보인다. 정도, 우들우들 떨리는 손으로 칠판의 글씨를 지우는데… 학생들, 하나둘 일어나더니 모두 빠져나가버린다. 돌아보지도 못하고, 눈매가 떨리며 치욕의 눈물이 솟는 정도.

S# 31   최고만 집 정원 / 밤

항아리에 차곡차곡 쌓인 두릅 위에 바가지로 간장을 붓는 대
영. 선영, 여러 개의 항아리에 돌을 꾹꾹 눌러놓는데.

대영   (허리 두드리며) 누부야, 간장을 을매나 더 부어야 되는데?

선영   어데 보자. 인자 두릅은 다 됐고, 당귀잎은 어데 있노?

대영   당귀잎? 어데 보자, 당귀잎이 어데 있제?

영주   (답답하게 쳐다보며) 엄마, 이제 그만 좀 하면 안 돼?

선영   어, 이 당귀잎하고, 죽순만 담으모 다 끝난다.

영주   (못 참겠다) 엄마. 나 이런 거 안 먹어도 되니까 그만
        들어가자~! (선영의 손 붙들고 보더니 화나는) 내일 결
        혼식인 사람이, 손톱이 이게 뭐야? 간장물 잔뜩 들었
        잖아~!

선영   (손 빼며) 개안타. 이따가 물로 씻으모 된다. (히죽 웃고,
        안에 대고) 대영아~ 항아리 한나만 더 갖고 온나~

영주   (결국 터지는) 엄마~! 이제 그만 좀 하라구우~! 제발~!
        (죽순 내던지며) 누가 이딴 거 먹고 싶댔어? 누가 엄마
        한테 이딴 거 만들어달랬냐구우~!

대영   (놀라서 보고)

선영   … 영주야…

영주   (서러워서) 엄마, 내일 결혼식이야… 결혼식 끝나면, 엄마
        미국 가야 되잖아… 미국 가면… 언제 볼지 모르는데…

나 좀 봐주면 안 돼? 나, 엄마 얼굴 보면서 얘기 좀 하면 안 되냐구우~! (답답하고 서러워서 얼굴 가리고 울면)

선영   (손에 간장이 묻어서 만지지도 못하고) 미, 미안하다. 내, 내가 마음이 좀 급해가 그랬다. (부탁한다는) 대영아.

대영   드가봐라. 나머지는 내가 하께.

선영   (옷에 손 썩썩 닦고) 미안하다, 우리 딸. 얼른 드가자. 드 가서 밀린 얘기 실컷 하자. 으이?

S# 32   최고만 집 이층 거실 / 밤

배꽃 그림 아래 앉아서 선영의 손톱을 손질해주고 있는 영주.

영주   (속상해서) 어유~ 이거 봐. 손톱 사이에 간장물 든 거 어 떡하니? 닻별아. 엄마 핸드백 좀 가지구 와볼래?

닻별   응~ (달려가고)

영주   (거즈에 아세톤을 묻혀서 정성스럽게 선영의 손을 닦아 낸다)

선영   (영주를 물끄러미 보면서 행복한데)

영주   (선영의 손톱에 연한 핑크색 매니큐어를 칠해주며) 엄 마… 어릴 적에 엄마랑 나, 손톱에 봉숭아물 들이던 거 생각나?

선영   하모, 나제~

영주   아침에 일어나면, 엄마는 손가락 끝이 다 물들어서 엉망이었는데, 내 손톱은 어쩜 그렇게 이쁘게 물들었을까…? (하다가 미소 짓는 선영을 보더니 문득 깨달은) 엄마, 그때 내 봉숭아물 이쁘게 들여주려구, 밤샜던 거야?

선영 (미소 짓고) 밤이 짧아가, 니 얼굴만 보고 있어도 후딱 아침이 돼뿟었다.

영주 (아득해지는) 그래서… 봉숭아물이 그렇게 이쁘게 들었던 거구나. 난 그것도 몰랐네…… (미안함에 고개 숙이면)

닻별 (거들어주는) 지금은 엄마가 할머니 매니큐어 이쁘게 칠해주잖아. 그럼 쌤쌤인데 뭐~ 맞죠, 할머니?

선영 맞고말고~ 우리 똑똑이. (엉덩이 톡톡) 어유~ 우리 똑똑이~

닻별 (헤헤 웃으면)

영주 (그제야 미소 짓는데)

닻별 엄마, 나두 할머니 매니큐어 칠해드려도 돼?

영주 그럼~

닻별 그럼 난 다른 거 그려드려야지?

선영 우리 강아지는 뭘 그리줄 긴데?

닻별 음~ (거실에 그려진 배꽃을 보더니) 생각났어요~

닻별, 선영의 손톱에 배열매 그림을 그린다.

닻별 어때요?

선영 이기 뭐꼬? 배 아이가?

닻별 맞아요. 할머니, 미국으로 신혼여행 갔다 올 때쯤이면, 꽃부리과수원에 배가 잔뜩 열렸을 거잖아요. 그때 우리 셋이서 배 따러 갈 거니까, 그거 잊지 말라고 그려놓은 거예요.

선영 배 따러?

닻별 예. 잊어버리시면 안 돼요?

선영 하모~ 내 여 손톱 볼 때마다 우리 닻별이 이쁜 얼굴 떠올리가, 절대 안 잊어불 끼다.

닻별 (슬그머니 다짐받고 싶은) 우리 셋이 꼭 같이 가야 되니까, 엄마도 잊어버리면 안 돼?

영주 (닻별의 마음이 뭔지 알기에) 응. 엄마도 안 잊어버릴게.

닻별 그럼, 약속~!

닻별, 손가락 내밀면. 선영, 영주, 약속을 지킬 수 없다는 걸 알기에 서로 손가락을 걸며 애틋한 미소 짓는다.
(경과)

영주 (나머지 손톱을 칠하며) 엄마, 가방은 다 쌌어?

선영 어. 개장수 아저씨, 아이, 고만씨가 짐가방 쥐가 (가리키며) 저에 다 싸났다.

영주 빠뜨린 건 없구?

선영 어~ 니가 사준 속옷도 여었고, 갈아입을 옷도 다 여어났다. 비주까?

영주　　응. 보여줘봐.

선영　　어~

하면서 신이 나서 벌떡 일어나는 순간, 사물이 흐릿해지고 두
개로 겹쳐 보인다. 선영, 식은땀이 주룩 나며, 고통으로 인상
이 구겨지며.

선영　　(아픈 걸 보이고 싶지 않은) 영주야… 내 짐, 짐 싼 그,
　　　　　좀 있다… 보이주모 안 되겠노?

영주　　… 왜?

선영　　어… 그, 그냥…

영주　　(왠지 느낌이 안 좋은) 엄마… 어디 안 좋아?

선영　　아이다… 내는 개안타…

영주　　(급하게) 닻별아, 아래층 가서 제하 아저씨 좀 모셔올래!
　　　　　얼른!

닻별　　(놀라서) 알, 알았어, 엄마! (허둥지둥 달려가면)

선영, 그제야 의식을 놓으며 풀썩 쓰러진다. 영주, "엄마!" 하
면서 선영을 받아 안는데. 선영, 발작을 일으키며 몸이 뻣뻣
해진다. 눈물이 핑 도는 영주. 선영을 안은 채로 몸을 꾹꾹 눌
러주며.

영주　　엄마…! 내 목소리 들려! 내 목소리 들리지? 응? 엄마!

나 여기 있어! 엄마 딸 영주, 여기 있어! 엄마… 좀만 기다려봐? 좀만 기다리면 제하씨 올 거야? 응? 엄마…! 엄마…! (애타게 몸을 주무르며 눈물이 핑 도는데) 어유, 우리 엄마 어떡해~ (울면서 주무르는데)

선영　(얼굴이 점차 풀리면서 경련도 가라앉는데)

이때, 우당탕 뛰어올라오는 제하와 닻별. 제하, 재빨리 선영을 눕히더니 호흡 확인하고, 동공반응 확인. 청진기를 대보면.

영주　제하야, 우리 엄마 어때? 우리 엄마 괜찮아…?

제하　(청진기 귀에서 떼며) 응. 잠깐 기절하신 거 말고는, 다른 문제는 없는 것 같아.

영주　(그제야 바닥에 주저앉는데, 호흡이 가빠진다)

제하　영주야…

닻별　(놀라서) 엄마~!

영주　(닻별 눈치 보며, 제하를 거부하며 괜찮다는) 난… 괜찮거든… 괜찮으니까… 잠깐만 이대로 놔둘래…? (울음이 터질 것 같은 닻별에게 미소를 지어주며) 닻별아, 엄마 괜찮아. 엄마 괜찮으니까, 걱정 마. 응?

닻별　(울음 참으며 고개 끄덕끄덕)

제하　(영주의 안간힘이 안쓰러워 본다)

S# 33　최고만 집 정원 / 밤

걸어나와서 쪼그려 앉는 닻별. 눈물범벅이 된 얼굴을 닦는다. 휴대전화를 꺼내서 전화를 걸고 신호가 가면.

S# 34 정도 강의실 / 밤 / 화면 분할되며

불 꺼진 강의실에 혼자 우두커니 앉아 소주병을 비우고 있는 정도. 전화벨이 울리면 화면 본다. 닻별이다. 망설이다가 받는다.

정도 (목이 잠겼지만, 부러 밝은) 어, 닻별아~ 아빠야.

S# 35 동 최고만 집 정원 / 밤

닻별 (울음 섞인) 아빠…

정도 우리 딸. 이 시간에 웬일이야? 아직 안 잤어?

닻별 아빠… 엄마 많이 아파…

정도 (뜨끔하는) 많이 아파? 어, 어느 정돈데…?

닻별 … 엄마는 아닌 척하지만… 숨도 제대로 못 쉬어, 아빠…

정도 … 뭐? (그 정도였어? 놀라는데)

닻별 (울며) 아빠… 우리, 엄마 다시 못 볼지도 몰라.

정도 … 뭐?

닻별 그러니까, 더 늦기 전에… 아빠도 엄마 보러 와서… 엄마 한테… 힘내라고 얘기 좀 해줘. 응? (눈물 뚝 떨어진다)

정도 (목이 멘다) 알, 알았어… 아빠가 갈게… 아빠가… 엄마 만나러 갈게… 닻별아.

닻별 … 응.

정도 (전화를 끊는데, 눈물이 핑 돈다) 빙신 같은 게… 독이라도 품고 살라고 그랬더니… 빙신 같은 게… 나도 이 모양인데… 저라도 괜찮았어야지… 김영주, 이 등신… (눈물 뚝 떨어진다)

S# 36 **최고만 집 이층 거실**

잠든 것처럼 누워 있는 선영의 목에 베개를 받쳐주는 영주. 안쓰럽게 얼굴을 만져주다가 짐가방을 본다. 선영의 짐가방을 여는 영주. 영주가 사준 속옷들이 포장된 채로 곱게 쌓여 있다. 잠옷이며 낡은 옷가지들을 보고 눈물이 핑 도는데, 보자기에 쌓인 보석함이 보인다. 열어보는 영주. 보석함에 차곡 쌓인 물건들을 하나하나 꺼내면, 고장 나서 멈춰버린 만화시계, 낡은 리본이 달린 머리띠와 고무밴드, 학교 앞 문방구에서 뽑기로 뽑았던 반지와 목걸이를 만지작거리는 영주.

선영E 영주야, 이기 뭔데? 나 주는 그가?

S# 37 **영주 회상 / 꽃부리과수원 집 대청마루**

열 살짜리 어린 영주, 싸구려 반지와 목걸이를 보고 있는 선영에게.

영주 어~ 이그~ 내가 학교 앞 문방구에서 슨영이 언니, 니 생일선물로 뽑아온 기다~!

선영 참말로? 참말로 내 선물이고?

영주 (자랑스럽게 웃으며) 어~

선영 (눈물 핑 돌며) 하구야. 우째 이래 이쁜 반지가 다 있노~ 목걸이도 엄청시리 이쁘다~

영주 줘봐라. 내가 해주께. (반지 손에 끼어주고, 목걸이를 걸어주며) 슨영이 언니야. 내가 이다음에 돈 억쑤 마이 벌면, 그때는 진짜 진주목걸이 사줄 거이까, 이번엔 이글로 참아라.

선영 아이다. 내는 이그가 더 좋다~ 이그가 진짜 진주목걸이보다 훨씬 더 좋다~

영주 치, 거짓부렁~ 가짜가 뭐가 좋노?

선영 어데? 영주 니 마음이 진짠데~ 안 글나?

영주 (헤헤 쑥스럽게 웃으며) 언니야, 다음 생일에는 내가 이쁜 머리띠랑 삔 사주께~

선영 고맙대이, 내 동생~

S#38 **동 이층 방 / 밤**

영주, 목걸이를 만지면서 눈물이 시큰해진다. 영주, 사진을 넘기면, 도화지에 그려진 선영의 얼굴. '1학년 4반 25번 김영주'라고 돼 있고, 그 옆으로 '우리 엄마 얼굴'이라고 적혀 있다. 보면서 눈물이 왈칵 터지는 영주. 낡은 머리띠를 만지며.

영주   엄마한텐 이게… 보물이었어…? 엄마한텐… 이게… (말을 못 잇고, 선영을 아프게 보면서) 엄마… 난 왜 항상… 늦지…? 오늘은 엄마랑… 밤새도록 얘기하고 싶었는데… 이렇게 손 꼭 잡고… 옛날 얘기 하고 싶었는데… 내가 또 늦어버렸지…? (눈물 핑 돌고, 얼굴 일그러지며) … 엄마… 나 죽을지도 모른대… 그러니까 엄마가 꼭 건강해져서 돌아와야 돼…? 돌아와서… (심장에 무리가 온다. 숨이 가빠지며) 우리 닻별이 자라는 거, 꼭 지켜봐줘야 돼…? 내 대신… 엄마가 우리 닻별이… (차마 말을 못 잇고 울음 터지며) 엄마, 미안해… 미안해, 엄마… 이렇게밖에 못 살아서…

영주, 말을 못 잇고 잠든 선영의 가슴에 얼굴을 묻고 꾹꾹 운다. 그 모습에서 짧은 암전.

S# 39   최고만 집 정원 / 낮

순백의 꽃장식이 펼쳐진 최고만 집 정원 결혼식장. 잘 차려입은 대영이 이리저리 뛰어다니며 도우미들을 채근하고. 말끔하게 차려입은 에스띨로 직원들 들어오고. 턱시도 차림의 최고만, 김집사의 안내로 입장하는 조촐한 하객들과 악수하고 인사한다. 병원장, 신경외과 과장 등등도 참석하고. 제하도 정장차림으로 인사하는데, 채린이 온다.

채린 작은회장님, 결혼 축하드립니다.

최고만 … 왔냐?

채린 예. 아버지가 참석 못해서 죄송하다고, 꼭 전해달랍니다.

최고만 (끄덕하면) 그래. 기운들 내.

채린, 인사를 꾸벅하고 돌아서가다가 정장차림의 수현과 마주친다.

채린 (씁쓸하지만, 미소 짓고 보며) 수현아, 내일 아빠 면회 갈 건데, 같이 안 갈래…?

수현 … 생각해보구요.

채린 그래, 그럼. (미소 짓는다)

S# 40 최고만 집 거실 /

닻별이 건넨 약을 먹는 영주. 이때, 선영이 화장을 끝내고 서재에서 나온다. 닻별과 영주, 얼굴이 환해져서 본다. 쑥스럽게 웃는 선영.

닻별   할머니~ 진짜 이쁘다아~ 그치 엄마.

영주   (이뻐서 더 가슴이 저린) 응. 우리 엄마… 정말 이쁘다…

선영   (쑥스럽게 고개 숙이며) 영주야.

영주   (부러 밝게 미소 짓고 팔짱 내밀며) 가자, 엄마~ 사람들
         한테 우리 엄마 자랑하러 가야지~

선영   (해죽 미소 짓고, 팔짱을 낀다)

S# 41   동 최고만 집 정원

하객과 인사하던 최고만, 김집사가 "회장님~" 귓속말을 하면
돌아본다. 닻별을 앞세우고 영주의 팔짱을 끼고 계단을 내려
오는 선영이 보인다. 순백의 드레스를 입은 모습이 아름답다.
환해져서 보는 최고만. 눈물이 핑 돈다. 저렇게 이쁜데… 저
렇게 이쁜 사람인데…
(경과) 웨딩마치가 울리면… 영주의 손을 잡고 입장하는 선
영. 닻별이 앞에서 화동으로 꽃을 뿌리면서 나간다. 박수를
치면서 바라보는 하객들. 제하, 영주의 모습을 조마조마하게
지켜본다. 수현, 세 모녀의 행진이 담긴 모습을 휴대전화 사
진으로 찍는다. 대영, 눈시울이 시큰해져서 연신 닦으며 박수
를 치고. 기다리던 최고만, 다가오면.

영주   (선영의 팔을 건네주며) 엄마… 잘 부탁드릴게요, 아
          버지…

최고만 (울컥하지만, 미소 짓고) 그, 그래… 딸…

영주   (선영의 팔을 최고만에게 건네주며, 목이 메지만 밝게)
          엄마… 나 엄마 딸로 살아서, 참 좋았었다…?

순간, 쿡 울음이 터지는 선영. "영주야…" 하고 보면. 영주, 아
프지만 환하게 웃으며 선영의 눈물을 닦아준다.

영주   울지 마. 화장 다 지워지잖아~

선영   (울음 참느라) 응. 응.

영주, 선영을 애틋하게 보면서, 최고만에게 시선을 주면. 최
고만, 선영의 팔을 끼고 함께 단상으로 간다. (O.L)

CUT TO

제하의 옆자리에 앉는 영주와 닻별. 수현도 나란히 앉았다.
제하, 영주의 손을 잡아주고, 서로 미소. 수현, 닻별에게 찍
은 사진을 보여주고 휴대전화 태그 기능으로 전송해준다. 닻
별 미소 짓고, 고개를 내밀어 밖을 보지만 정도는 보이지 않
는다.

CUT TO 단상

김집사가 마주 보는 최고만과 선영 앞 단상의 마이크를 정리
해주면.

최고만   늦은 나이에 올리는 결혼이라, 주례 없이 우리끼리 간단
하게 약속만 하기로 했으니까 양해해주십시오. (선영을
보면서) 저… 최고만은… 신부 김선영이… 기쁠 때나…
즐거울 때나… 아플 때나 병들었을 때나… (목이 메지
만, 부러 밝게) 변함없이 사랑할 것을 맹세…합니다.

선영   (눈물이 핑 돈다)

바라보는 영주의 눈에도 눈물이 비치고… 닻별도 영주 옆에
앉아서 손을 잡아준다. 닻별을 보고 미소를 지어주는 영주.
김집사, 선영 앞에 마이크를 준비해주면.

선영   저 김선영은… 신랑 최고만씨가… 기쁠 때나 즐거울 때
나… 아플 때나 병들었을 때나… (울음이 솟구치면)

최고만   (앞에서 미소 지어주며 괜찮다고 끄덕이는)

선영   변함없이 사랑할 것을… 맹세…합니다… (눈물 뚝 떨어
진다)

대영이 눈물을 글썽거리며 먼저 일어나서 박수를 치고, 하객
들 모두 일어나서 박수를 친다. 닻별, 수현도 일어나고, 영주
는 제하의 부축을 받으며 일어난다.

최고만 (반지 끼어주며) 이건 뽑기로 뽑은 거 아니니까 절대 잃어버리지 마? 다음 세상에 다시 만나기로 한 약속이 니까…?

선영 (눈물 글썽거리며) 예… 죽어서도 안 잊어버릴게예. 절대 안 잊어버릴게예… (눈물 주룩 흘린다)

최고만 이 사람아, 이 좋은 날 왜 울어? 웃어야지. 자, 웃어봐. 응?

선영 예, 웃을게예. (부러 환하게 웃지만, 눈물이 난다)

S#42 몽타주

최고만과 선영, 웨딩사진 촬영을 하고. 대영을 선두로 가족사진을 찍는 일행들. 김집사, 멀거니 보면서 눈물 훔치면. 최고만, "김군아! 넌 왜 안 와 자식아!" 하고, "예?" 반문하는 김집사에게 "너, 너도 가족이잖아, 자식아! 얼른 와!" 한다. 김집사 감동해서 "회장님~" 하면서 달려가 안기고, 함께 사진을 찍는다. (O.L)

최고만과 선영, 영주, 닻별만 또 한 장의 사진을 찍는다. 서로 애틋해서 시선을 교환하고, 손을 꼭 잡고, 드레스를 매만져주며, 기도하는 심정으로 사진을 찍는 네 사람. 제하, 바라보면서 미소 짓고… 영주도 제하와 눈 마주치고 미소.

S#43 최고만 집 앞

웨딩카가 서 있고. 신혼여행을 떠나려고 옷을 갈아입은 선영
과 최고만.

선영　　(영주를 보며) 영주야. 내 댕기오께~

영주　　응… 엄마… 잘 다녀와?

선영　　어~ (눈물 날 것 같지만 부러 환하게 웃는다)

영주　　(함께 눈물 날 것 같지만, 꾹 참으며 웃는)

닻별　　할머니, 얼른 와서 나랑 꽃부리과수원에 배 따러 가야
　　　　　돼요? 잊어버리면 안 돼요?

선영　　어~ (마음 아프지만, 손가락 그림 보여주며) 절대 안 잊
　　　　　어뿌께~

닻별　　(눈물 그렁그렁해져서 고개 끄덕이고)

대영　　(즐거우면서도 마음 아픈) 누부야~ 잘 댕기오그래이~
　　　　　내가 꽃부리과수원은 내 손으로 꼭 찾아노으께. 으이?

선영　　(끄덕여준다)

최고만, 영주와 눈 마주치고 고개 끄덕여주고, 영주도 눈인사.
제하에게도 눈인사하는 최고만. 제하, 알아들었다는 인사.

최고만　　김군아, 나 다녀올게.

김집사　　(눈시울 뜨거워져서) 예, 회장님. 잘… 다녀오십시오.

선영이 차에 올라 차문을 열고 보면. 최고만 시동을 걸고,

손 흔들고 출발한다. 선영, 고개 내밀고 손을 흔들고… 영주
도 뒤따라가며 손 흔들어준다. 그제야 참았던 눈물이 주룩
흐른다.

S# 44   달리는 차 안

멀어지는 영주를 보면서 눈물 흘리는 선영.

최고만   돌아갈까? 당신 마음 바뀌면 언제든지 얘기해.
선영   아입니더. 우리 영주 다시 보모, 내 몬 갑니더. 우리 딸
옆에 있고 싶어가… 절대 못 떠나이까… 지금 가야 됩니
더. (하면서 미소 짓는데 눈물이 주룩)
최고만   (미소 짓지만, 마음은 편치 않은)

S# 45   최고만 집 앞

망연히 바라보다가 닻별의 손을 잡고 돌아서는 영주. 그 앞으
로 술에 취한 정도가 쓱 나타나, 팔을 활짝 벌리며.

정도   닻별아~ 박닻별~ 아빠 왔다~
닻별   (반가우면서도 걱정스러운) … 아빠… (영주의 눈치를
보면)
영주   (긴장하지만, 한편으론 담담해지는) …

정도   (손 내리고 히죽 웃으며) 김영주, 잠깐 얘기 좀 할까?

S# 46   최고만 집 서재

정도   (자리에 털썩 앉으며, 퉁명스럽게) 안 앉을 거냐? 왜? 내 근처엔 오기도 싫어서 그러구 서 있는 거야, 지금?

영주   (실망스러운) 당신 술 마셨니?

정도   정신 놓을 정도로 마신 거 아니니까 걱정할 거 없어~

영주   (가슴에 손을 얹고 가쁘게 호흡하며 앉으면)

정도   (그 모습에 마음이 아파 눈시울이 뜨거워지지만, 부러 이죽대는) 김영주, 이제 한풀이는 다 끝났냐?

영주   … 뭐?

정도   닻별한테 니 한풀이는 다 끝났냐고오~!

영주   (한심하고 실망스러워) 닻별 아빠.

정도   니 바보엄마 결혼식 시켜줘, 미국 보내줘… 이제 다 끝난 거 아냐? 그럼 닻별이는 내가 데리고 가도 되지?

영주   (기막히고 화나지만, 소리조차 못 지르게 고통스러운) 당신이… 무슨 염치로 이래…? 친권포기각서까지 쓴 사람이 무슨 염치로 이러냐구?

정도   너야말로 무슨 염치로 이러는 건데? 지 몸뚱아리 하나 제대로 못 가누면서! 무슨 염치로 닻별이를 안 내놓겠다는 거냐구!

영주   … 그래, 맞아… 닻별 아빠, 나 죽어.

정도　(울컥 치솟지만 참는데)

영주　나 죽고 나면… 당신 어쩌려구 이러니…? 나 죽으면… 닻별이, 당신이 맡아야 되잖아… 그러려면… 당신이 먼저 건강한 사람이 돼야지~ 당신 딸한테… 부끄러운 사람은 되지 말아야지이~ (설움에 겨워 주저앉아 운다. 호흡이 가빠져 고통스러운데)

정도　(그런 영주를 보는데 눈물이 난다. 치솟으며) 야, 김영주~! 나 아직 안 죽었거든! 나, 얼마든지 재기해서! 닻별이한테 자랑스런 아빠 될 수 있다니까~!! 그러니까… 넌 니 걱정이나 해…! 제발, 심장이식 받아서 살아날 걱정이나 하라구~ 닻별인 내가 데려갈 테니까~ 넌 너 살 길이나 생각하라구~ (울면서 소리치는) 이 등신아~!

영주　(그 모습이 가엾고, 억장이 무너져서) 닻별 아빠… 당신도 참 가엾다. 당신 가여워서… 어떡하니…? 우리 닻별이 가여워서 어떡하…

　눈물이 솟는데, 아파서 가슴이 턱 막히며 호흡이 멈춘다. 영주, 가슴을 부여잡고 옆으로 고꾸라지면. 정도, 놀라서 부둥켜안고 소리를 지른다. "영주야! 영주야! 김영주! 너 왜 그래? 왜 이러냐구~! 제발 숨 좀 쉬어보라니까아~!!"

S# 47　　요양원 전경

S# 48   요양원 안

멍하니 앉아 있는 곱단의 얼굴을 만져주는 선영과 그 모습을
바라보는 최고만.

선영   고만씨예, 내는예 우리 옴마가 나보다 더 바보가 돼서
        을매나 좋은지 모립니더.

최고만 그게… 무슨 소리야?

선영   우리 곱단옴마, 내가 누군 중도 몰라보이까, 내 보고 싶
        다는 생각도 안 할 거고. 내가 없어져도, 내 찾을 생각도
        안 할 거잖아예. 그라이까 좋지예. 우리 옴마, 내 때문에
        울 일 없으이까… 좋지예~ (하면서 슬프게 히죽 웃는다)

최고만 (마음 아픈데)

선영   (곱단을 보며 담담하게 얘기하는) 옴마야, 내 엄써도…
        밥 잘 묵고, 잠 잘 자고 있으래이. 그라다가 혹시 내 생
        각이 나더라또, 울지 말고~ 내가 옴마보다 쪼매 먼저 가
        서 아부지 만나고 있을 거이까… 옴마도 너무 오래 있지
        말고, 금방 와… 알았제? 옴마… 내 옴마한테 절 한분
        하고 가께.

선영, 일어나서 곱단에게 큰절을 한다. 최고만, 외면하고 속
울음 삼키는데. 선영, 곱단 앞에 앉으며…

선영　　옴마… 잘 있으세…요…?

억지로 웃으려는 선영, 멍하니 바라보던 곱단의 눈에서 눈물이 뚝 흐른다. 의식을 잃고 쓰러진 영주. 세 사람의 모습이 분할되며 19부 엔딩.

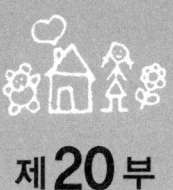

제 **20**부

제20부

S#1   인천공항 고속도로

인천공항 이정표가 보이고, 고속도로를 미친 듯이 질주하는
최고만의 차가 보인다.

S#2   달리는 최고만 차 안

최고만, 잔뜩 긴장한 얼굴로 거듭 가속기를 밟으며 도로를 질
주하고. 조수석의 선영, 놀라서 바라보며.

선영   고만씨예, 차를 와 이래 급하게 모는 깁니꺼? … 혹시
          우리 영주한테 뭔 일이라또 있십니꺼?
최고만 (부러 태연한 척) 일, 일은 무, 무슨 일이 있어? 아, 아,
          아무 일 없어.
선영   그란데 모가 이래 급한 긴데예?
최고만 당, 당신이랑 하, 하고 싶은 게 너무 많아서, 내 마, 마음
          이 급한 거지. 내 마음이. (히죽 웃어주지만, 금세 운전

에 몰입하며 무섭게 굳는 얼굴 위로)

김집사F   회장님, 김영주씨가 쓰러져서 병원으로 이송됐습니다.

S#3   최고만 회상 / 요양원 일각

최고만   (굳어서 전화 받는) 상, 상태는 어떤데…?

김집사F   지금 막 이송돼서 정확히는 모르겠지만, 안 좋은 것 같습니다.

최고만   그, 그래…? (다급한) 김, 김군아. 내, 내가 지, 지시한 건 준, 준비했지?

김집사F   예, 회장님.

최고만   (떨리는) 그, 그럼 계획대로… 실, 실행해라.

S#4   인천공항 일각

공항 앞으로 미친 듯이 달려와 멈춰 서는 최고만의 차. 최고만, 후다닥 내려서 조수석 문을 열어준다.

선영   (내리며) 여가 어딘데예?

최고만   여, 여기? 공, 공항이야. 공항.

선영   공항이예? 공항은 와 온 긴데예? (하다가, 차가워지며) 고만씨예, 지금 내를 데리꼬 미국에 갈라는 깁니꺼?!

최고만   아, 아냐. 미, 미국은 무슨 얼어죽을 미, 미국이야? 그,

그래도 명, 명색이 신, 신혼여행인데 제, 제주도라도 다녀와야 될, 될 거 같아서 그래.

선영   (의심스럽게 보면)

최고만   (괜히 벌컥) 이런 얼어죽을! 난 당신 해달라는 거 다 해주는데! 당, 당신은 고, 고작 제, 제주도도 같이 못 가줘?! 엉!

선영   (미안하고 안쓰럽게 보며) 알았심더. (손 잡아주며) 가입시더. 우리 제주도 댕기오입시더.

최고만   그, 그래야지. 가, 가자구. 얼른. (긴장해서 얼뜨게 미소 짓고 들어가면)

S# 5   공항 일각

선영과 최고만이 들어오면, 저만치서 항공사 직원이 달려온다.

직원   (정중하게 인사하며) 회장님!

선영   …?

최고만   (선영에게서 슬그머니 떨어지며) 준, 준비는 다, 다 됐나?

직원   예, 볼티모어행 티켓입니다. (티켓과 여권 주며) 두 시간 있다가 탑승하시면 됩니다.

최고만   두 시간? 빌, 빌어먹을. 지, 지금 바로 출발하는 비행기는 없어?

직원   죄송합니다만, 존스홉킨스 병원에 가시려면, 이게 제일 빠른 비행편입니다.

최고만　알, 알았네~ (불안하게 선영을 본다)

S# 6　응급수술실

산소호흡기를 단 채 누워 있는 영주의 초음파검사를 하고 굳은 얼굴의 수인. 심전도 모니터에서 삐 소리가 나서 급하게 모니터를 보면! 서맥이 나오다가 Asystole 상황인 심전도가 수평을 그리며 흐른다! 제하, 다급하게 영주의 심장마사지를 하려고 하면.

수인　비켜! (밀치더니, 심장마사지를 급하게 시작한다)

금세 땀이 배도록 집중해서 심장마사지를 하는 수인. 이철근과 레지던트들 급하게 들어오며.

이철근　김영주 환자 상태는 어때? (마사지를 하는 수인을 보더니, 심전도기 노이즈파형 확인하며) 심정지된 건가?!

수인　(심장마사지에 집중하며) 과장님, 에크모 준비시켜주십시오.

이철근　(미안하지만) 한선생… 심정지된 환자한테 무슨 에크몬가?

수인　심정지된 지 고작 30초밖에 안 지났습니다! 제가 다시 살릴 겁니다! 제가… (꾹꾹 누르며) 김영주씨… 심장…
다시 살린다구요!

제하, 그 모습에 눈시울이 뜨거워지고… 이철근도 묵묵히 관
망하는.

S# 7   동 공항

선영과 나란히 앉아 있는 최고만, 지팡이를 만지작거리고, 다
리를 달달달 떨면서, 불안하게 시계를 쳐다보면. 선영이 최고
만의 떨리는 다리를 잡아준다. 뜨끔 굳어서 돌아보는 최고만
에게 미소를 지어주는 선영. 최고만, 억지웃음을 지어주는데,
휴대전화 벨이 울린다. 불안하게 보면 닻별의 전화다! '손녀
딸' 이라고 뜨는 번호를 덜덜 떨면서 보다가 일어나, 선영에게
서 돌아서서 받는다.

최고만   어, 나, 나다.

S# 8   응급실 앞 / 화면 분할되며

닻별   (울음이 가득한) 할아버지, 우리 엄마 쓰러졌어요.
최고만   (대답을 못하는데)
닻별   우리 엄마… 심장이 멈춰서… 죽을지도 모른대요. 할아

버지, 우리 엄마 좀 살려주세요. 예? (윽윽 울면)

최고만 (울컥하면서 눈이 벌게지며) … 알, 알았어. 할, 할아버
지 지, 지금 갈게.

닻별 빨리 오세요, 할아버지. 할머니랑 빨리 오세요?

최고만 그, 그래. 알, 알았다.

닻별, 전화를 끊고 어깨를 들썩이며 운다. 그 모습에 마음이
짠해져서 눈물이 핑 도는 정도와 대영, 김집사.

정도 (닻별의 손을 잡아주며) 닻별아. 엄마… 괜찮을 거야?

닻별 (울화통이 터져서 울며) 괜찮긴 뭐가 괜찮아! 이게 다
아빠 때문이잖아! 아빠가 살려내! 아빠가 엄마 살려내
라구~! (운다)

정도 (닻별의 원망에, 죄의식으로 마음이 찢어질 것 같다) 그
래, 아빠가 엄마 살려낼게. 아빠가 엄마… 살려낼게…

대영 (한스럽게 정도를 보고)

S#9 동 공항

전화를 끊고 멍하니 허공을 보다가, 선영을 돌아보며.

최고만 김선영이… 당신, 김영주 없으면 못 살 것 같지…? 그
치? 나, 나 하나로는 안 되겠지? 그치…?

선영 (뭔가 느끼는) 고만씨예…?

최고만 (눈시울 붉어지며) 그래도… 나… 당신이랑 살고 싶어… 당신 살려서… 같, 같이 여, 여행도 가고 같, 같이 늙고 싶은데… 안 되겠지…?

선영 (최고만의 손을 잡으며) 고만씨, 우리 약속했잖아예. 다음 세상에 다시 만나자꼬, 이렇게 반지까지 나눠 꼈잖아예… (아프지만, 안쓰럽게 보고 미소 지으면)

최고만 (쿡 울음이 터지며) 그래도… 이렇게 끝내긴 싫어서 그래… 당신… 이렇게 보내기 싫어서… (울면)

선영 (안아주며) 욕심껏 산다꼬… 다 행복한 건 아니잖아예. 지 욕심 다 채워가 남 아프게 하모… 그기 무신 행복이겠습니꺼… 안 그래예?

최고만 (눈물 참고 고개 끄덕끄덕하면서, 울음 닦고) 김선영이… 병원 가자. 김영주 있는 병원으로 가자…!

S#10 응급실

심전도는 여전히 노이즈 파형. 수인, 땀범벅이 돼서 심장마사지를 하면. 레지던트들 민망해서 고개 돌리고, 이철근도 난감하다. 제하, 눈시울이 빨개져서 마사지를 하는 수인의 깍지 낀 손 위에 손을 올려놓는다. 수인, 제하를 보며 눈물이 핑 돌지만, 쉬지 않고 계속 누른다. 이때, 삐이~ 삐이~ 소리 들린다. 사람들의 시선이 심전도로 동시에 향하고… 심전도에 그래프가 그려진다.

제하 한선생…!

수인 김영주 환자 집중치료실로 이송하고! 에크모 준비시켜!

레지들 예! (일제히 부산하게 움직인다)

이철근 (미소 짓고) 수고했어. 에크모는 내가 달도록 하지! (돌아서 가면)

수인 (땀 닦고 바로 나가려고 하면)

제하 (고마움에) 한선생…

수인 안심하긴 아직 일러. 인공심폐기라는 거, 달아봤자 고작 일주일에서 열흘이야. 그 안에 심장이식 못 받으면 뇌에 치명적인 타격을 받거나, 아니면 합병증으로 갈 수밖에 없어. 알고 있지?!

제하 (암담하지만 고개 끄덕이며) 응… 알아…

S# 11　집중치료실

에크모를 단 채로 의식 없이 잠들어 있는 영주. 눈물이 그렁 그렁한 채 영주를 보는 닻별과 대영. 정도도 참담한 표정으로 바라보다가, 닻별의 손을 잡아주는데. 닻별이 주먹을 꾹 쥐어 손을 잡지 않겠다는 의지를 보인다. 정도, 섭섭함과 미안함에 눈물이 핑 돌고. 대영, 그 모습을 밉게 노려본다.

S# 12   병원 일각 / 밤

정도를 잡아끌고 나오는 대영, 휙 내팽개치며.

대영   박정도! 니도 눈이 있으모, 우리 영주가 우짜고 있는지
          봤제?

정도   (대답을 못하면)

대영   (치밀어올라 멱살 잡으며) 이 자슥아! 내도 인생 헛살아
          가 마누래까지 도망간 놈이지만, 니처럼은 안 해~ 니처
          럼 마누라 골 빼묵고, 저래 죽게는 안 놔둔다꼬~!

정도   (시비조로) 그래서 뭘 어쩌자는 건데요?

대영   질게 얘기하지 말고, 우리 둘이서 양단간에 결정을 내리
          뿔자.

정도   무슨 결정이요? 가위바위보라도 해서! 영주 심장 줄 사
          람 결정하자는 겁니까?

대영   그래! 그래 하자!

정도   (비웃음) 지금 그게 말이 된다고 하십니까?

대영   와 말이 안 되는데?! 우리 영주 심장 갚아치묵은 니하
          고 내 중에 한나가 심장 주자는 기 와 말이 안 되냐꼬,
          자슥아!

정도   (애먼 데 터지는) 심장이 무슨 휴대폰 밧데리라도 되는
          줄 압니까! 아무나 기분 내키면 떼주는 게 심장인 줄 아
          냔 말입니다! 그렇게 기분 내키는 대로! 내가 떼주께! 큰

소리 친다고! 영주가 살아납니까! 꼭 그런 식으로 생색을 내야지, 속이 시원하냔 말입니다!

대영　(뜨끔하는) 이, 이 자슥이 지금 뭐, 뭐라 카노…?

정도　좋습니다! 그럼 형님 말대로! 지금 심장 떼주십시오! (대영 가슴 젖히며 버럭!) 심장 내놔보란 말입니다! 내놔보라구요!

대영　박, 박서방…

정도　(울분이 차서) 사태해결도 못하는 것들이! 가족이라는 굴레로! 제발 사람 좀 옥죄지 말란 말야! 제발!! (대영을 획 밀치고 우들우들 떨리는 얼굴로 가버린다)

대영　(놀라서 바라보고)

S# 13　집중치료실

화가 난 표정으로 들어오는 정도. 영주의 손을 붙들고 있는 닻별을 보면서 짠하지만, 마음을 다지고.

정도　(냉랭한) 닻별아. 아빠, 엄마랑 할 얘기 있으니까, 나가 있을래?

닻별　(싸늘한) 무슨 얘기 하려구?

정도　박닻별! 나 니 아빠야! 아빠가 엄마한테 무슨 얘기 할 건지까지 너한테 보고해야 돼?!

닻별　(서슬에 놀라서) … 아빠…

정도 얼른 나가 있으라구… 알겠어?

닻별 … 응. (풀이 죽어서 떨어지지 않는 발걸음으로 나가면)

정도 (그 모습 보면서 마음이 짠해지지만, 꾹 참고. 닻별이 나가면) 김영주. 너 참 독하다~ 꼭 이런 식으로 사람 몰아붙여야 되겠니? 꼭 이런 식으로! 사람 극단적으로 만들어서 항복하게 만드는 게 니 수법이야? … 아니, 넌 늘 그랬어. 나랑 결혼할 때도, 닻별이 먼저 임신해서! 날 꼼짝 못하게 가둬두고! 그렇게 이혼하자고 해도! 닻별이 유학 핑계로 내 발목 잡았지?

영주 (여전히 의식이 없는)

정도 정말 너란 애, 지긋지긋하다. 이제 정말… 여기서 끝내자~! 다신… 이렇게 얼굴 보지 말자구~! 응! (밉게 보다가 휙 돌아서 나가는데, 왠지 눈물이 핑 도는)

S# 14 집중치료실 앞

정도 (나오는데, 닻별이 불안하게 서성거리면 마음 아리지만) 박닻별…! 엄마 안 죽으니까 걱정 마.

닻별 …

정도 엄마 살아날 거니까… 엄마 말 잘 듣고 엄마랑 살아. 알겠어?

닻별 … 응.

정도 엄마 속 썩이지 말구! 알겠어?

닻별	… 응.
정도	아빠 같은 사람… 생각도 말고! 알겠어?
닻별	(눈시울 뜨거워져) 아빠…
정도	세상은 좋아할 가치가 있는 사람만 좋아하면 돼. 가족이라고! 무조건 좋아할 필요 없다구… 알겠지…?
닻별	…
정도	(아프게 보다가, 목이 메며) 아빠… 간다…? (돌아서 걷는데 눈물이 뚝 떨어진다)

S#15 병원 앞 도로 일각 / 밤

씽씽 거친 속도로 달리는 자동차 불빛이 무섭다. 그 옆으로 서 있는 정도. 손에 쥔 장기기증신청서에는 심장기증에 표시가 돼 있고, '내 아내였던 김영주에게 심장이식을 신청합니다' 라고 적혀 있다. 정도, 신청서를 접어서 호주머니에 넣더니, 안경을 쓱 벗어서 툭 옆으로 던져놓는다. 금세 뿌얘지는 시야로 보이는 세상.

정도E	닻별아, 아빠도 한 번쯤은… 너한테 부끄럽지 않은 아빠가 될게… 사랑한다, 우리 딸… (눈물 주룩 흐르고)

도로를 향해 저벅저벅 걸어가 달려오는 차량을 향해 선다. 뿌연 시야로 더더욱 커 보이는 자동차 불빛이 경적을 울리며 맹

렬하게 달려오고. 팔을 뻗치며 눈을 감는 정도의 눈에서 눈물
이 뚝 떨어진다. 그 위로 긴 경적소리와 함께 자동차 시야로 불
빛이 정도를 삼켜버린다. 급제동 소리가 길게 들리면⋯ 정도,
그제야 슬그머니 눈을 뜬다. 보면, 정도 무릎 앞에 바로 멈춰
선 자동차의 보닛. 실패다! 답답한 표정으로 차를 두드리며!

정도　　　그냥 들이받으라니깐! 그냥 죽여달라니까아~!

하는데, 차문이 열리더니 내리는 최고만.

최고만　　한심한 놈⋯!
정도　　　(그제야 보면 최고만이다!) ⋯ 회장님⋯
최고만　　(밉게 보며) 왜? 이제 와서 김영주한테 심장이라도 주려
　　　　　　고 그런 게야? 못난 놈 같으니라구.
정도　　　(참담함에 고개를 푹 숙이며) 예, 그거라도 해주고 싶었
　　　　　　습니다. 그거라도⋯ 해주고⋯ 싶었습니다⋯ (어깨 들썩
　　　　　　이며 운다)
선영　　　(차에서 내려서 보며 안쓰러운)

S# 16　　집중치료실 안

집중치료실 안으로 들어오는 최고만과 선영, 김집사. 영주의
손을 붙들고 하염없이 바라보고 있는 닻별.

선영   닻별아…

닻별   (돌아보고, 울컥해져서 달려와 안기며) 할머니… (눈물 흘리면)

선영   (눈높이 맞춰 안아주고, 영주를 아프게 보다가 닻별에게 미소) 어유. 우리 새끼가 여지껏 옴마 지키주고 있었드 노? 우리 강아지가 옴마 지키고 있었어?

닻별   할머니… (최고만 보며) 할아버지, 우리 엄마 좀 살려주 세요. 예?

최고만   (마음 아파서 눈 벌게지지만) 그러려구 할머니랑 할아버 지가 신, 신혼여행도 미루고 온 거잖아~ 걱, 걱정 마.

김집사   (마음 아파 외면하는데)

닻별   (반가운) 할머니, 그럼 우리 엄마 심장 구할 수 있는 거 예요?

선영   하모~ 구하다마다. 우리 강아지가 옴마 위해서 이래 애 쓰는데 그깟 심장 한나 몬 구하겠노? 으이?

닻별   (고마움에 눈물 뚝 떨어지며) 예, 할머니. 꼭 구해주세 요. 꼭이요.

선영   오야, 오야. 우리 강아지. (안고, 엉덩이 다독여준다)

최고만   (그 모습에 아파서 외면하고)

(경과)

S# 17   **동 집중치료실 영주 병상**

인공심폐기에 흐르는 빨간색 피를 보면서 가슴이 아린 선영. 마음을 굳게 먹으려고 애쓰지만, 눈물이 뚝 떨어진다.

선영 을매나 아팠일까… 우리 새끼… 을매나 아팠일까… 차라리 내가 아팠이모… 나을 낀데… 차라리 내가… (으윽 울면서 얼굴 만지다가, 눈물 닦고 목이 메어) 영주야… 인자 쪼매만 기다리라… 쪼매만 기다리모… 옴마가 니 낫게 해주께… 옴마가… 니 꼭 낫게 해주께…? (애써 웃음)

저만치 서서 그 모습을 바라보고 있던 제하, 마음이 아려서 획 나간다. 당직을 서고 있던 수인, 제하를 보다가 씁쓸하게 외면한다.

S# 18   제하 집무실

제하 (들어오며 통화 중인) 어, 성준아. 나 제한데… 니네 병원 응급실에 들어온 환자 중에 뇌사상태인 사람 없니? 심장 튼튼한 사람 없어?

성준F 이제하, 지금 뜬금없이 무슨 소리야?

제하 혹시 말야, T.A 환자 중에 장기기증 신청한 사람 들어오면, 나한테 먼저 좀 연락해줄래?

성준F 이제하, 너 누구 의사자격증 박탈당하는 거 보려고 그래? 그게 우리 마음대로 되는 일이냐?

제하 알아. 알지만, 지금 심정 같아선, 뇌사환자 들어오면 그 사람 심장이라도 훔쳐오고 싶다.

성준F … 제하야, 너 무슨 일 있어?

제하 … 영주가… 죽을지도 몰라. 심장이식 못 받으면… 내 여자… 죽어. (눈물이 뚝 떨어진다)

S# 19   동 집중치료실

잠들어 있는 영주의 손을 붙잡고 만지작거리고 있는 선영 위 로 오버랩돼 보이는 회상장면들.

S# 20   몽타주 1 / 미니콘서트장

영주 엄마한테… 처음으로 카네이션 달아주는 거네…? 엄마, 너무 많이 늦었지만… 낳아주시고… 길러주셔서… 감사 합니다… 엄마… 사랑해요… (미소 지으면)

선영 (울컥 눈물이 난다) 고, 고맙대이… 우리 새끼… 참말로 고맙대이… (눈물을 주룩 흘리면)

영주 (눈물 닦아주며) 아니야, 내가 고마워. 내가 고마워, 엄마.

S# 21   몽타주 2

바닷가에서 파도를 따라서 달리며 꺅꺅대는 두 사람. 백사장에 이름을 쓰고 서로를 보면서 환하게 웃는 두 사람.

S# 22   몽타주 3

웨딩마치가 울리면… 영주의 손을 잡고 입장하는 선영. 닻별이 앞에서 화동으로 꽃을 뿌리면서 나간다. 박수를 치면서 바라보는 하객들. 제하, 영주의 모습을 조마조마하게 지켜본다. 수현, 세 모녀의 행진이 담긴 모습을 휴대전화 사진으로 찍는다. 대영, 눈시울이 시큰해져서 연신 닦으며 박수를 치고.

영주　　(선영의 팔을 최고만에게 건네주며, 목이 메지만 밝게)
　　　　　엄마… 나 엄마 딸로 살아서, 참 좋았었다…?

순간, 쿡 울음이 터지는 선영. "영주야…" 하고 보면. 영주, 아프지만 환하게 웃으며 선영의 눈물을 닦아준다.

S# 23   동 집중치료실

선영, 미소가 가득한 얼굴로 회상이 끝나며.

선영E　　(안쓰럽게 만지며) 우리 영주… 옴마 심장 받을라 카모,
　　　　　여 가심을 열어야 할 낀데… 우리 새끼 아파서 우짜노…

우리 새끼 을매나 아플꼬… (눈물 번진다)

영주의 가슴을 찬찬히 쓰다듬고 있는 선영. 선영의 눈이 풀리면서 증상이 시작된다. 머리를 있는 힘껏 누르면서, 고통 속에서도 환해지는 선영.

선영E   영주야~ 딱따구리가 왔다. 딱따구리가 왔으이까 인자 됐다. 인자 된 기다~!

하면서, 입술을 깨물며 식은땀이 가득한 채 미소를 짓는 선영. 비틀거리면서 일어나 밖으로 걸어간다. 이때, 들어오던 제하와 마주치는데. 제하, 선영의 표정을 보면.

제하   어머니… 괜찮으세요?
선영   (제하가 흐릿하게 보이지만, 있는 힘을 다해 정신을 차리며 본다)

S# 24   **집중치료실 앞 / 대기의자**

선영을 의자에 앉히고, 그 앞에 무릎을 세우고 앉으며.

제하   어머니, 두통이 다시 시작되신 거죠? 언제부터 시작된 겁니까? 예?

선영 (단호한) 아입니더, 그란 거 아입니더~!

제하 …?

선영 (물끄러미 보다가) … 슨생님예… 우리 영주예, 머리도 진짜 좋고예, 마음씨도 비단 같은 아안 거 아시지예?

제하 (무슨 얘긴지 알아듣는) … 예.

선영 슨생님은 의이사슨생님이니까, 이 바보는 유전? 유전 안 되는 긋도 아시지예?

제하 … 예. 압니다, 어머니.

선영 (미소, 애절한) 슨생님, 우리 영주… 사랑하지예? 그르 치예?

제하 예. 사랑합니다, 어머니.

선영 (안도하며 미소 짓는) 그라문예. 우리 영주, 심장이식 받 고 깨나면예… 지금처럼만 사랑해주이소… 우리 영주, 지금만큼만 사랑해주이소.

제하 아니요. 지금보다 더 사랑할게요… 영주… (눈물 참으 며) 지금보다… 더 많이 사랑하면서… 살게요…

선영 (눈물 그렁그렁한 채로 미소 지으며) 슨생님 그 말씀 들 으이까, 인자 내는 마음이 탁 놓입니더. 고맙십니대이… 고맙십니대이.

선영, 일어나 인사를 하면. 제하, 당황해서 함께 일어나는데, 바닥에 뚝뚝 떨어지는 선영의 코피!

제하   (놀라서) 어머니…!

선영   (고개를 들지만 코피를 흘리는 것도 눈치 못 채고 정신을 놓으며) 고맙십니대이, 고맙십니대이. (연신 절을 한다)

제하   (붙들며, 다급한) 어머니!

S# 25   **최고만 집 데이트레이딩 룸 / 밤**

최고만   (벌떡 일어나며) 뭐? 김, 김선영이 코, 코피를 흘, 흘린다구?

S# 26   **신경외과 다른 복도 / 화면 분할되며**

제하   예. 아무래도 뇌실 쪽에 문제가 생긴 것 같습니다, 회장님.

최고만   우, 우리 김, 김선영이 지, 지금 어, 어쩌구 있나? 응?

제하   지금 레지들하고 MRI 촬영하러 가셨습니다.

최고만   (덜덜 떨리고, 울컥 치솟는) 미련한 사람 같으니라구. 알, 알았네. 지, 지금 갈 테니까, 우, 우리 집사람 잘, 잘 좀 보고 있어줘~!

제하   예, 회장님.

최고만   (전화 끊고 털썩 주저앉으며, 덜덜 떨리는) 김선영이. 벌, 벌써 가려는 게야? 벌써…? (눈물 핑 돈다) 김군아! 김군아!

S# 27   동 신경외과 복도

제하, 급하게 전화를 끊고 가려는데, 레지던트 1이 복도 모퉁이 돌아 달려오며.

레지1   선생님! 김선영 환자가 사라졌습니다.
제하   뭐?
레지1   MRI 촬영 준비하는 사이에 밖으로 나가신 것 같습니다.
제하   이런 미친 자식들! 환자상태가 어떤지 몰라서 그래! 당장 찾아! 당장! (달려나간다)

S# 28   한국병원 전경 / 새벽

S# 29   한국병원 현관 + 로비 / 새벽

김집사와 닻별, 최고만. 차에서 내려 정신없이 걸어오는데. 닻별, 로비 일각에서 멍한 얼굴로 방향도 없이 걸어가고 있는 선영을 본다.

닻별   할아버지, 할머니 저기 계세요!
최고만   (보고, 놀라서) 김선영이! 김선영이!
선영   (못 듣고 걸어가면)
최고만   김군아! 닻별이 데리고 먼저 올라가 있어라, 응?

김집사	예, 회장님.
최고만	(로비를 벗어나 사라지는 선영을 찾아서 달려가고)
닻별	집사 아저씨, 우리 할머니 왜 저러시죠?
김집사	(걱정스럽지만) 글, 글쎄. 왜, 왜 그런지 위에 가서 이제 하 선생님한테 물어볼까?
닻별	(끄덕거리고 불안하게 돌아보며 간다)

S# 30 병원 일각 복도

최고만, 선영을 부르면서 뒤쫓아오는데. 이미 눈이 풀린 채 기계적으로 걸어가고 있는 선영. 최고만, 선영을 붙들지만! 여전히 걸어가려고 손을 허우적거리면.

최고만	김선영이! 어, 어딜 자꾸 가려는 게야? (속이 터지는) 날, 날 두고 자꾸 어딜 가려구 이래~!
선영	(들리지도 않는 듯 흔들흔들 겨우 균형만 유지하면)
최고만	김, 김선영이. 내, 내가 지, 지금 뭐, 뭐 가지고 왔는지 보, 보여줄까? (떨리는 손으로 서류를 꺼내서 보여주며) 자, 봐봐. 아, 아침에 당신이랑 나 혼, 혼인신고 해서… 이제 우리 한, 한 가족이 됐어. 한 가족. 여, 여기 봐봐. 내, 내가 김집사 시켜서 미, 미리 신고한 거야. 부 최고 만, 처 김선영. 이제 당신은 내 아내고, 난 당신 남, 남편 이야. 이제 영주도 내 딸이고… 닻별이는 내 손주야. 그

러니까 김선영이. 제발 정신 좀 차리고… 치료 시작하자. 우리 딸도 곧 심장이식 받을 거니까… 당신도 치료 시작하자구. 응?

선영　(여전히 초점이 풀린 채로 서 있지만, 눈물이 핑 돈다)

최고만　(반가운) 내 말 알아들었어? 내 말 알아들은 거지?

선영　(뭐라고 입술만 까닥거리면)

최고만　뭐라고? 뭐…? (귀를 가져다 대면)

선영　고…만씨예… 미안합…니대이… (눈물 뚝 떨어진다)

최고만　(쿡 울음이 터지는데)

선영, 눈이 완전히 풀리면서 썩은 나무처럼 서서히 넘어지는 모습이 슬로모션으로 보인다. 최고만과 김집사, 선영을 부축하고 안는다.

최고만　이 사람아~! 정신 좀 차려봐~ 응? 나 오늘부터… 당신… 부르고 싶은 호칭이 있었단 말이야… 여보… 여보… 정신 좀 차려봐아… (목 메어 운다)

이때, 저만치서 레지던트들과 달려오던 제하, 우뚝 멈춰 선다.

S# 31　집중치료실

잠들어 있는 영주 옆으로 슬그머니 들어오는 환한 얼굴의 선영. 선영, "영주야~" 속삭이면, 영주의 눈꺼풀이 파르르 떨리더니 천천히 열린다. 가물가물한 시선으로 선영을 돌아보며, 마스크를 쓴 채 "엄마…" 부르면.

선영 (귓속말을 속삭이듯 낮고 다감하게) 영주야. 인자 다 됐다~ 다 됐으이까~ 걱정 마라~ 우리 강아지~ (영주 가슴을 쓸어주며) 옴마 손은 약속이니까, 인자 다 나을 기다~ (환한 미소)

영주 엄마… (눈물 핑 돌며, 손을 뻗어 선영을 잡으려는데)

약물을 체크하던 간호사, 영주를 보면, 허공에 손을 뻗고 있다.

간호사 선생님! 김영주 환자 의식회복했습니다!

수인 (인공심폐기를 체크하다가) 김영주씨? 저 보입니까?

영주 (고개를 힘겹게 끄덕이면)

수인 (산소마스크 벗겨주고) 호흡은 어때요? 괜찮아요?

영주 (끄덕이며… 선영이 있던 자리를 보며) 저희 엄마는요…? 저희 엄마… 어딨어요?

수인 … 예?

S# 32   MRI 촬영실

선영의 몸이 MRI 기계를 따라 들어간다. 그 모습을 불안하게 바라보는 최고만과 김집사, 신경외과 과장. 스캔되는 화면이 뜨면… 뇌간과 뇌실 부분이 엉망이 되어 있다. 보고 있던 제하와 과장의 얼굴이 굳어진다. 이때, 제하의 휴대전화 벨이 울리면, 조용히 옆으로 가서 받는다.

과장 죄송합니다, 회장님. 뇌실 쪽 혈관 전체가 다 파열된 것 같습니다.

최고만 (덜덜 떨리는) 그, 그럼… 이제 아, 아무 방법이 없는 게야…? 김선영이 살, 살릴 방법이 없어…?

과장 예. 최종확인을 해야겠지만, 뇌사상태로 접어든 것 같습니다.

최고만 … 언, 언제부터 그, 그런 건가…? 언제부터…?

과장 저 정도 상태가 되려면 아마 어제 저녁부터 증상이 시작됐을 텐데… 여지껏 의식이 있었다는 게 오히려 기적 같습니다.

최고만 당신, 우리 영주… 깨어나는 거 보려고 그랬어…? 아니면… 우리 이제… 가족이 된 거 보고 가려고 그랬어…? (눈물 주룩 흐르면, 닦으며) 이선생, 우리 딸은 어, 어떻게 됐나…?

제하 (전화 끊고) 지금 의식을 회복했답니다, 회장님.

최고만 (아쉽고 미칠 것 같지만 선영의 소원이었기에) … 이선생… 그, 그럼… 저 사람… 보내야겠지…? 우리 영주한테… 보내야겠지?

제하	(차마 대답을 못하고, 눈시울이 뜨거워지며) 죄송합니다. 면목이 없습니다, 회장님.
최고만	(겨우 참으며) … 아니야… 저 사람 소원이었는데… 보내줘야지… 이제하 선생. 그, 그렇게 해주게. 우리 집사람 소원대로 해줘.
제하	알겠습니다… (무겁게 고개 숙이고 나가면)
최고만	(멍하니 창문 너머 선영을 보면서, 눈시울이 뜨거워지는데)
과장	(눈치 보다가, 편지를 건네며) 회장님. 사모님 호주머니에서 나온 소지품인데요, 편지 같습니다.
최고만	편지…? (펼쳐보다가 쿡 울음이 터진다)

S# 33   집중치료실 / 밤

잠들어 있는 영주 옆에 앉아 의료용 메모지를 뒤집어서 편지를 쓰는 선영의 얼굴 위로 들리는.

선영E	고만씨예… 이래 인사도 몬 드리고 가게 돼서 참말로 미안합니더. 그렇지만예, 내는 한나또 안 슬픕니더. (미소 짓고 영주를 보며) 내는 죽는 기 아이고, 우리 영주 몸에 들어가 사는 거잖아예. 그라이까, 우리 딸… 내 보듯 보고… 많이 사랑해주이소…

S# 34   동 MRI 촬영실

MRI 기계 위에 누워 있는 선영의 얼굴과 편지를 읽는 최고만의 모습이 보이며.

선영E 그라고예. 내 심장은 영주한테 주지만예, 나머지는 다른 사람들한테 다 나눠주이소. 우리 영주맹키로… 애타게 기다리는 사람들이 을매나 많겠십니꺼?

최고만 (눈물이 일렁거리는데)

선영E 고만씨, 고만씨 만나가 참말로 좋은 세상 살다가 갑니대이. 고만씨 소풍 끝내고 오모… 그때부터 고만씨 아내로 살게예. 사랑합니대이…

최고만 (폭풍 눈물을 흘리며 MRI 창문 너머로 이동침대에 옮겨지는 선영을 보고 오열한다) 이 나쁜 여자야… 이러면… 나… 당신 못 따라가잖아… 당신 못 따라가잖아…

김집사 회장님… 그러지 마세요. 그러지 마세요, 회장님. (붙들고 울고)

울부짖는 최고만의 모습에서 화이트 아웃.

S# 35   흉부외과 의국

브리핑 중인 이철근과 수인, 레지던트들.

이철근 김선영씨의 심장적출은 뇌사판정 최종승인이 되는 대로

내가 맡도록 할 테니까, 심장이식은 한수인 선생이 맡도
록 하지. 한선생, 괜찮겠나…?

수인 (씁쓸하지만, 단단하게) 예. 물론입니다.

이철근 그럼, 난 지금 펠로우랑 장기이식전담팀에 합류해서 심
장적출 시작할 테니까, 한선생도 서둘러주게.

수인 예, 과장님. (레지던트들 보며) 준비들 해!

레지들 예!

S# 36   집중치료실

영주 (믿어지지 않는) 정말이야…? 내가 정말… 심장이식을
받을 수 있는 거야…?

제하 (아프지만, 부러 밝게) 응… 그럴 수 있게 됐어. 영주야.

영주 (눈물이 핑 돌며) 그래서 내가 우리 엄마 꿈을 꾼 거구나.

제하 … 꿈?

영주 응. 우리 엄마가 와서, 내 가슴을 이렇게 쓰다듬어주면
서 "영주야, 인자 다 됐다~ 다 됐으이까~ 걱정 마라~
우리 강아지~" 그러셨거든.

제하 (울컥하지만, 겨우 참으며) 그랬구나. 어머니께서 너 걱
정돼서 다녀가신 모양이네?

영주 응~ (미소 짓고) 닻별이한테는 알려줬어?

제하 (부러 밝게) 그럼~ 벌써 알려줬지~

영주 (감격에 겨운) 그럼 이제 우리 엄마랑 닻별이랑 셋이서

배 따러 갈 수 있겠네? 우리 엄마 치료받고 돌아오면, 꽃부리과수원 같이 갈 수 있겠다. 그치?

제하 … 응.

영주 (혼잣말처럼) 그럼 이번엔 내가 엄마 기다려야겠다. 닻별이랑 먼저 내려가서… 우리 엄마 내가 기다려야지…? 제하야, 이제부턴 내가 엄마 기다려줄 거야. (미소 짓는다)

제하 (참으며 고개 *끄덕끄덕*) 그래. (미소 짓는다)

S# 37 신경외과 과장실

추레한 정도와 한참을 울어 지친 최고만이 앉아 있다. 김집사, 서 있고.

최고만 아직까지는 법적으로 자네가 김영주 보호자니까, 자네가 서명을 해야 된다는구만.

정도 (눈이 벌게져서) 처형이… 아니… 장모님께서… 심장을 주신 겁니까…? 영주한테… 장모님이… 주신 거예요…?

최고만 그래… 그러니까, 얼른 서명하게. 우리 김선영이 건강할 때… 영주한테 보내줘야지.

정도 (울음 섞인) 해야죠… 그게 어떤 몸인데요… 그게 어떤… (눈물을 떨구며 서명한다)

보호자 서명란에 박정도… 서명하는 순간, 빠르고 급박한 음악과 함께.

S# 38   수술실 복도

이철근 과장을 중심으로 장기적출팀이 수술실 복도를 급하게
걸어간다.

S# 39   특실

최고만과 대영, 김집사가 서 있고, 여섯 명의 뇌사판정단 서
있다. 간호사와 의사들이 기도삽관을 한 선영을 둘러싼 채 마
지막 뇌사검사를 하고 있다.

의사   (눈에 라이트 비추며) Light reflex 반응 없음!

간호사   (기록하고)

의사   corneal reflex…! vestibular-ocular reflex…! 반응 없
　　　　음. oculo-cephalic reflex! cilio-spinal reflex, gag
　　　　reflex 모두 반응 없고, 자발운동, 제뇌강직, 재피질강직
　　　　및 경련 역시 나타나지 않습니다.

대영, 으흐흐 울음을 참지 못하고. 최고만도, 김집사도 입술
을 깨문다. 판정단 한 사람이 앞으로 나오더니.

판정단원 (뇌파검사지를 보며) 뇌파검사 결과와 더불어, 김선영 환자가 최종 뇌사판정을 받았음을 확인합니다.

대기하던 레지던트들, 선영의 이동침대를 밀고 나가면.

대영 (따라가며) 누부야~ 니 그래 가는 기 어데 있노~ 내한 테는 인사또 안 하고, 그래 가는 기 어딨냔 말이다아~ 누부야~ (주저앉아서 운다)

최고만 (입술 깨물며 참지만, 눈물이 흐른다)

S# 40   장기적출 수술실

수술실 문이 열리고 선영을 실은 이동침대가 들어오면, 일제히 고개를 숙여서 절을 하는 이철근과 수술팀! 선영의 이동침대가 고정되면.

이철근 장기적출은 심장부터 시작하도록 하겠습니다. 가능한 한 빠르고 신속하게 적출을 진행해서 기증자의 숭고한 뜻을 기리도록 합시다.

의사들 예!

이철근 (고개 끄덕하며, 시작을 알린다)

S# 41   영주 집중치료실

수인	(들어오며) 김영주씨, 마음의 준비는 다 됐습니까?
영주	예. (긴장해서 제하를 보면)
제하	(풀어주느라) 걱정하지 마. 한선생 심장 쪽에선 최고 칼잽이거든.
수인	이선생, 자꾸 부담 줄래?
제하	(미소 짓고) 부탁할게.
영주	잘 부탁… 드리겠습니다, 선생님.
수인	(미소 짓고) 두렵겠지만, 멋진 시간 같이 보내도록 하죠. 그 시간이 지나면 새로운 세상이 열릴 테니까요.
영주	… 예. (미소)
수인	(나가다가) 이제하 선생, 원한다면 수술 참관해도 좋아.
제하	(놀라서 보면)
수인	내 기분보다는 환자의 안정이 더 중요하잖아? (쓸쓸하게 가면)
제하	(고마워서 보고, 영주를 보며 미소) 영주야, 나 지금 바로 가서 준비하고 있을게?
영주	(안심이 되는) 응.

S# 42　수술실 복도

수술복으로 갈아입은 제하, 소독을 마치고 급하게 걸어오다가 문득 고개를 돌려서 본다. 선영의 적출이 막바지다. 얼굴이 굳는데, 수술실 입구 쪽으로 들어오는 영주가 보인다. 급하게 다가가는 제하. 영주를 보고 손을 잡아준다. 겁에 질렸다가 겨우 안도하면서 미소를 짓는 영주. 제하, 영주의 이동침대와 함께 이동하는데… 슬로모션으로 보이는.

선영의 적출실 문이 열리면서 시트를 덮은 선영의 이동침대가 나온다. 제하, 긴장하면서 영주를 보는데… 끌림처럼, 천천히 고개를 돌리는 영주. 스쳐가는 두 사람의 이동침대. 영주, 두려움에 고개를 돌리다가 눈이 휙 커지며 다시 돌아본다. 시트 밖으로 나온 손톱에 그려진 배와 결혼반지가 보인다. 그 위로 들리는.

닻별E   엄마, 나두 할머니 매니큐어 칠해드려도 돼?

선영E   우리 강아지는 뭘 그리줄 긴데?

S# 43   영주 회상 / 19부 32신

닻별   (손톱에 배열매 그림을 그려서 보여주며) 어때요?

선영   이기 뭐꼬? 배 아이가?

닻별   맞아요. 할머니, 미국으로 신혼여행 갔다 올 때쯤이면, 꽃부리과수원에 배가 잔뜩 열렸을 거잖아요. 그때 우리 셋이서 배 따러 갈 거니까, 그거 잊지 말라고 그려놓은 거예요.

선영   하모~ 내 여 손톱 볼 때마다 우리 닻별이 이쁜 얼굴 떠올리가, 절대 안 잊어불 끼다.

S# 44   동 수술실 복도

영주   (보다가, 자기도 모르게 스르르 몸을 일으키며) 엄마…?

레지들   (긴장해서 이동침대를 세운다)

제하   …!

영주   (믿기지 않는) 제하야… 저기 저분… 우리 엄마지…?

제하   (긴장한) 아, 아니야. 영주야.

영주   … 아니야. 우리 엄마 맞아… 제하야… 나한테 심장을
주는 사람이 우리 엄마였어? 내 심장기증자가… 우리
엄마였어…?

제하   (대답을 못하는데)

영주   맞구나, 우리 엄마였어… (눈물이 주룩 흐르며 다가가려
고 하며) 엄마…! 엄마…!

인공심폐기에 부착된 라인들이 엉키려고 하자, 급하게 붙들며.

제하   뭐 해? 얼른 환자 잡지 않구서!

레지들   (영주를 고정시키려고 붙들면)

영주   이거 놔요~! 저기 우리 엄마 있잖아~~! 우리 엄마 데려
가지 말아요~! 우리 엄마 데려가지 마~

선영을 이동시키던 의사 두 명이 움찔하면서 침대를 세우면.

제하   (버럭) 뭐 해! 얼른 나가잖구! (가슴이 에이지만, 영주의
          얼굴을 붙들고 눈 맞추며 다급한) 영주야, 내 말 잘 들
          어. 저기 저분, 니 엄마 맞아. 니네 엄마가 너 심장 주시
          는 거 맞아…!!

영주   (울음이 터지면서) … 제하야, 우리 엄마가 어떻게 여기
          에 있어…? 우리 엄마 미국 갔는데… 아버지랑 신혼여
          행 갔는데… 어떻게 여기에 있냐구~

제하   너 쓰러졌다는 연락 받고, 바로 병원으로 오신 거야. 병
          원으로 오셨다가, 밤새 너 간호하고 나서 뇌사판정 받으
          셨어.

영주   … 나 때문에 그랬구나… 우리 엄마 나 때문에… 그랬
          어. 제하야… 나 때문에… 우리 엄마… 죽었는데… 내가
          어떻게 우리 엄마 심장을 받아…? 내가 어떻게 그래? 내
          가… 어떻게… (말을 못 잇고 오열하면)

제하   (인공심폐기를 휙 불안하게 살피며) 김영주, 내 말 잘 들
          어! 니 엄마 뇌간종양은 언제 어떻게 될지 모르는 병이
          었고! 그 시기가 앞당겨졌을 뿐이야! 그리고 니가 이런
          다고 엄마, 살아서 돌아오지 않아. 그러니까, 얼른 수술
          부터 받자. 응?

영주   아니, 나 못 받아… 내가 어떻게 우리 엄마 심장을 받
          아…? 난 죽어도 못 받아… (우는데)

제하   (애가 타는) 이 바보야! 그럼 니 엄마 심장은 어떡할 건
          데! 심장 받을 사람이 정해지면! 그걸로 끝인 거 몰라?

	니 엄마 심장…! 여기서 그냥 멈추게 할 거야? 엄마랑 여기서 같이 끝낼 거냐구~!
영주	(울면서) 응. 차라리 그럴래. 나도 엄마 따라서 죽을래… 엄마… 나두 데리구 가… 엄마~ (울면서 부르다가 호흡이 턱 막히며 털썩 쓰러지면)
제하	영주야, 영주야!
수인	(수술실에서 나오면서 버럭) 지금 뭐 하는 거야! 수술대기 중인 거 안 보여!
제하	수인아…
수인	(급하게 다가와 상태 확인하더니) 뭣들 해! 빨리 수술실로 옮겨!
영주	(힘없이 수인의 옷깃을 잡으면)
수인	(영주의 눈을 보며) 김영주씨…! 후회를 하려거든 내가 당신 심장 뛰게 한 다음에 하세요…! 당신 어머니 심장이…! 당신한테 뭐라고 하는지 들어본 다음에 하라구요…! 아시겠어요?
영주	(쿡 눈물이 떨어진다)
수인	뭣들 해! 환자상태 안 좋은 거 안 보여!
레지들	예! (급하게 밀고 수술방으로)

영주, 뿌옇게 흐려진 시야로 수술실 복도 불빛들이 스쳐가는 모습이 보이면서, 화이트 아웃.

S# 45   수술실 밖

기도하듯 앉고 서 있는 최고만, 닻별, 그 옆에 수현, 정도, 대영, 김집사.

닻별   (눈물이 그렁그렁해서) … 할아버지, 할머니가 우리 엄마한테 심장을 주시는 거예요? 우리 할머니가… 우리 엄마 살려주시는 거예요…?

최고만   (손잡아주며) 걱정 마. 할머니 어디 가는 거 아냐~ 니 엄마 가슴에 들어가서, 니 엄마랑 같이 사는 거야. 같이.

닻별   (결국 헝헝 울며) 할아버지. (안긴다)

최고만   (안아주며) 엄마도 살고, 할머니도 같이 살아서 올 건데 울긴 왜 울어. 웃으면서 기다려야지. 응?

닻별   (울음 섞인) 예에~

수현   (닻별을 안쓰럽게 본다)

대영과 정도도 닻별을 보면서 미안함에 참담하고 김집사도 슬프지만, 서로 기도하는 마음으로 미소를 짓는다.

S# 46   수술실 안

급하게 수술이 진행되고 있고, 마취상태에 빠져 있는 영주. 집도의인 수인의 지시에 따라 일사불란하게 진행되는 수술.

이때, 영주 옆으로 슬그머니 들어오는 환한 얼굴의 선영.

선영 영주야? 영주야?

영주E (슬그머니 눈을 뜬다. 고개 돌려 보고 눈물 핑 도는)
엄마…

선영 (환한 미소 짓고 손잡아주며) 우리 새끼, 무서웠제? 옴
마 왔으이까, 무서버할 거 없다. 인자 아~무 걱정 마라.
응?

영주E (눈물이 핑 도는데) 엄마…

선영 … 영주야. 내는 죽는 기 아이고, 니 안에 들어가는 기잖
아. 니 안에서 펄펄 뛰면서 니랑 같이 사는 기잖아. 우리
같이 여행 갔던 굿처럼 항상 같이 있는 기잖아.

영주E 엄마… (눈물이 뚝 흐르며)

환하게 웃는 선영의 얼굴에서 화이트 아웃.

S# 47 영주 회상 / 몽타주

CUT TO 바닷가
바닷가에서 함께 꺅꺅거리면서 뛰는 선영과 영주. 손을 흔들
고, 신이 난 두 사람.

CUT TO 제하 차

루프 위에서 손을 흔들며 함께 노래를 부르는 두 사람.

CUT TO
닻별이와 셋이 수영을 하고, 바람을 맞으면서 행복한 세 사람.

CUT TO
어린 영주에게 꽃비를 내려주면서 행복해하는 선영과 어린
영주. 긴 화이트 아웃.

S# 48   한국병원 전경 / 낮

S# 49   영주 병실(특실) / 낮

영주의 가슴에 청진기를 대고 진찰을 하는 수인. 그 앞으로
이철근, 레지던트들이 서 있다. 회진 중이다.

수인   가슴이 답답하거나, 그렇지는 않습니까?

영주   … 예.

수인   호흡도 괜찮죠?

영주   예.

수인   (차트 보며) 심초음파 검사결과도 괜찮고, 다 괜찮은데요?

이철근   축하드립니다. 김영주씨 심장이식수술은 우리 한선생
          집도로 완벽하게 성공한 것 같습니다.

영주　… 감사합니다.

이철근　앞으로 3개월 동안은 절대 안정하셔야 되는 건 아시죠? 그럼, 몸조리 잘하십시오. (레지던트들과 함께 나가면)

수인　(나가다가) 김영주씨 심초음파 동영상 보니까, 심장이 펄펄 뛰는 게 이십대 못지않던데요? 어머니께서 김영주씨 많이 사랑하시나봐요. (미소 짓고 나가면)

영주, 왈칵 눈물이 터진다. 제 가슴을 어루만지며, "엄마… 엄마…" 부르는데. 이때, 문이 열리며 "엄마~!" 하면서 들어오는 닻별. 영주, 울면서 닻별을 부르지도 못하고 팔을 벌려서 안는다. 그 뒤로 최고만, 대영, 김집사, 제하가 들어온다.

닻별　(눈물이 그렁그렁해서) 엄마… 이제 괜찮아?

영주　응. 괜찮아. 엄마 괜찮아. 닻별아. (안아주면)

대영　영주야~

영주　삼촌…

대영　애썼다, 애썼어. (서로 알기에 고개만 끄덕거리는)

최고만　(시큰하지만, 부러 밝은) 김, 김군아. 우, 우리 딸 얼굴 보니까 걱, 걱정은 더 안, 안 해도 되겠지…?

김집사　그럼요~ 아주 건강해 보이시는데요?

영주　… 아버지… 엄마는요? 엄마는 어디 계세요?

최고만　어디긴 어디야? 꽃부리과수원에서 기다리고 있지.

영주	꽃부리과수원요…?
최고만	(끄덕끄덕) 우리 집에 같이 있을까 했는데, 우리 여보가 꽃부리과수원 가고 싶어 할 것 같아서… 거기로 모셨어.
영주	(회한에 눈물이 핑 돌며) 아버지, 저 과수원에 좀 데려다 주실래요? 엄마 만나게… 저 좀 데려다주실래요? (눈물 뚝 떨어지면)
최고만	서두를 거 뭐 있어. 자네 엄마는 평생 거기 있을 텐데. 건강이나 회복하면 그때 가자구~ 응?
영주	(그 말이 더 사무쳐서 끅끅 울음이 나온다)
닻별	(시큰해져서) 엄마…
영주	닻별아. 엄마… 할머니 보구 싶다…? 우리 엄마… 보구 싶어…

닻별을 안고 우는 영주의 모습을 보면서 눈시울이 뜨거워지는 사람들. "엄마…" 하면서 눈물을 떨구는 영주의 얼굴에서 화이트 아웃.

S# 50   구치소 앞

구치소 문이 열리면 초췌한 얼굴의 오민석이 나오고, 그 앞에 배가 드러나도록 나온 채린이 서 있다.

채린	아빠~

오민석　어, 왔나~ (쭈뼛대며 다가와 민망하고 미안한) 길동이
는, 잘 크고 있나?

채린　(만지며, 미소) 응. 아빠 괜찮아?

오민석　어, 작은회장님이 신경 써주시가, 잘 있다 나왔다.

채린　다행이네… 나 말구 아빠 기다리는 사람 더 있는데?

오민석　누구…? (하면서 보면)

수현　(꾸벅 인사를 한다)

오민석　(눈시울 붉어지며) 수현아.

수현　… 아버지.

오민석　(다가가 와락 안으며) 이 자슥아! 어데 있었노? 어데 숨
어가 애비 쏙을 그래 썩였드나? 자슥아.

수현　… 죄송합니다. 건강은 어떠세요?

오민석　내? (부러 밝은) 내는 좋지~ 술도 안 묵고, 담배도 안 피
가, 이래 쌩쌩해져 나왔다 아이가.

수현　(미소 지으면)

오민석　… 수현아, 니… 옴마는 찾았드나?

수현　… 아니요. 아직이요.

오민석　그럼… 내랑 같이 보러 가자.

수현　(환해지며) 엄마 어디 계신지 아세요?

오민석　… 그래. 알고 있다. 가서 니 옴마 보자. (손잡은 채 미소
짓고 가면서) 채린아, 니도 같이 갈래…?

채린　됐어~ 갔다 와, 아빠. (미소 지어주고, 쓸쓸하게 차로 가
는데)

채린, 차에 타고 문을 닫는데 사이드미러로 정도가 보인다.
채린, 뜨끔 굳었다가 내리면.

정도   (다가오며) 길동이는 잘 커?

채린   … 응. 여긴 웬일이야? 오늘 김영주씨 퇴원하는 날 아니야?

정도   건강 완전 회복했는데 뭐. (씁쓸한 미소 짓고) 이제 부부
        도 아니고.

채린   (아쉽지만) 그래도 인사는 해야지, 닻별이 아빤데.

정도   … 그래… 알았어. 갈게. (가면)

채린   (아쉽고 아리게 보다가 차에 타려고 하면)

정도   … 채린아.

채린   응? (돌아보면)

정도   혹시… 길동이 아빠 연락 안 되면, 내가 길동이 아빠 할
        수도 있어.

채린   … 오빠, 우리 집 완전 빈털터리 됐거든? 에스띨로도 그
        전 배사장한테 넘기고. 나두 그지야.

정도   나두 빈털터리야. 둘 다 빈털터리니까 혼자보단 둘이 낫
        지 않을까? 길동이한테도 그게 더 좋을 거구.

채린   (울컥하면서) 오빠…

정도   (미소 짓지만 시큰한) 우리도 가족 하자. 제대로 된 가
        족. 응?

채린   응, 오빠. (눈물 번진다)

S# 51　　**최고만 집 전경 / 낮**

S# 52　　**최고만 집 거실**

닻별　　할아버지~ 엄마 왔어요~

닻별, 눈에 띄게 건강해진 영주의 손을 잡고 들어오고. 김집
사와 제하가 짐을 들고 들어온다. 인사하면.

최고만　　왔어~ (팔을 벌리면)
영주　　(다가와서 안긴다) 예, 다녀왔습니다… 아버지.
최고만　　잘 왔어, 잘 왔어. (등 두들겨주고) 배, 배고프지? 내, 내
　　　　　가 점, 점심 준비했는데. 같이 먹을래?
영주　　(난감한데) 점심은 엄마한테 가는 길에 먹으려고 그랬
　　　　　는데…
최고만　　그, 그래? 그럼 얼, 얼른 옷 갈아입고 가. 젠, 젠장맞을
　　　　　밥이야, 아, 아무때나 먹으면 되지 뭐.
영주　　죄송해요. 금방 옷 갈아입고 내려올게요? (미소 짓고 닻
　　　　　별과 함께 올라가면)
최고만　　영주야…
영주　　(돌아보면)
최고만　　내, 내가 부, 부, 부탁이 하나 있는데…
영주　　…?

최고만	엄, 엄마 보고 나서, 이, 이 집으로 다, 다시 오면 안 될까? 엄, 엄마는 여기 없지만… 내, 내, 내가 있, 있잖아.
영주	… 그럼요~ 아버지가 여기 계신데… 제가 여길 두고 어딜 가겠어요? 안 그래요? 아빠? (미소 짓고 가면)
최고만	(가슴이 그득해져서) 김군아, 들었지?
김집사	예, 회장님.
최고만	이, 이선생도 들었지? 영주가 나더러 아빠라고 부르는 거? 응?
제하	예, 저도 들었습니다. 장인어르신.
최고만	(히죽 웃다가) 누, 누가 너, 너한테 우리 딸 준대, 자식아!
제하	예?
최고만	너, 너 우, 우리 딸이랑 결, 결혼하려면 내 테, 테스트 통과해야 돼, 테스트.
제하	테스트요?
김집사	산은 산이요~ 물은 물이로다~ 맞죠?
최고만	여우같은 놈! (툭 치면서 웃는다)
제하	…?

S# 53 달리는 차 안 / 오후

제하가 운전하고 뒷자리의 영주와 닻별. 일상의 풍경 같다.

영주	(통화하며) 뭐? 여름 특별기획 트래킹의 진화 협찬제품

이 취소됐다구? 조선희, 너 대체 나 없는 동안 일을 어떻게 처리하고 있었던 거니! … 알았어. 그건 내가 처리할 테니까, 다른 준비들이나 똑바로 하고. 나 출근하면, 제대로 구를 생각 하고 있어! 알겠어! (전화 끊고 구시렁) 도대체 자리를 비울 수가 없어, 자리를. (어딘가에 전화를 걸면)

닻별   (한숨) 에휴~ 우리 엄마 또 시작했다~

제하   그러게 말이다, 닻별아. 아저씨 데이트 물 건너가는 소리 들리지?

닻별   예~ (서로 보고 웃으면)

영주   아니야. 이번 특집호만 마무리하면 돼, 닻별아.

닻별   예예~ 전화하세요~

영주   (머리 쥐어박으며 픽 웃고) 요게에~

닻별   (헤헤 웃고 안긴다)

S# 54   에코로바 전경

S# 55   에코로바 실내

직원의 '리사이클 제품'에 대한 설명을 들으며 메모를 하고 있는 영주.

직원   저희 제품은 방수와 코팅 단계에서 환경오염의 주범인

화약공약품 대신 자연에서 추출한 친환경소재로 코팅해서 환경까지 생각했습니다.

실내 클라이밍 앞에서 닻별을 목말 태워 올라가게 해주는 제하. 키득거리면서 노는 두 사람을 돌아보면서 미소를 짓는 영주.

S# 56   꽃부리과수원 / 오후

잔디 위에 비스듬히 세워진 선영의 나무판 묘비명이 보인다. 그 아래로 최고만의 영시가 적혀 있고. 묘비 앞에 서 있는 영주, 닻별, 제하.

영주   (꽃다발 내려놓고 묘비 만지며) … 엄마… 나 왔어… 그동안 나 안 보고 싶었어? 난 엄마 많이 보고 싶었는데… 엄마, 나 바본가봐… (가슴 만지며) 이렇게 늘 엄마랑 같이 있으면서도… 또 엄마가 보고 싶다…? 엄마랑 같이 있으면서도, 늘 엄마가 보고 싶어… (눈물 뚝 흘린다)

닻별과 제하, 아릿해진 얼굴로 보고 있다.

S# 57   최고만 집 이층

지팡이를 짚고 올라오는 최고만. 이층 벽에 그려진 배꽃 그림을 보면서.

최고만 (회한에 젖어 보며) 매력덩어리, 당신 딸은 잘 만나고 있어? 나도 당신 보러 가고 싶은데… 주책맞게 눈물이 날 것 같아서 안 갔어. (회한에 젖어서 보며) 보고 싶다… 당신…

김집사 (안쓰럽게 보다가) 회장님, 이거. (그림도구를 준다)

최고만 이, 이게 뭐냐?

김집사 꽃부리과수원에 가고 싶으시다면서요? 저기 그림에 회장님이랑 김선영씨 그려넣으면, 늘 같이 있을 것 아닙니까?

최고만 … 그런가? 그렇겠지…?

김집사 (신이 나서 고개 끄덕이고)

최고만, 미술도구로 선영의 그림 위에 자기와 선영을 그려넣는다. 손을 잡고 산책을 하는, 약간은 엉성하지만… 기분 좋은 느낌의 그림. 최고만, 그림을 흐뭇하게 보면서.

최고만 김선영이… 이제 우리 늘 같이 있는 거네? 당신이 영주랑 늘 같이 있는 것처럼…? (반지 만지며 미소 짓는다)

S# 58 꽃부리과수원 / 밤

꽃부리과수원에 외등이 켜져 있고, 산책을 하고 있는 세 사람. 이때, 하늘로 몇 마리의 반딧불이가 떠오른다.

닻별 와~ 엄마, 저거 반딧불이 맞지?

영주 응.

닻별 엄마, 나 반딧불이 잡으러 갔다 올게? (후다닥 가면)

영주 닻별아, 너무 멀리 가면 안 돼?

닻별 (건성으로) 응~

제하 (영주 보며) 닻별이는 유학 안 보내기로 했어?

영주 아직은 나랑 있고 싶은가봐. 그래도 시간이 좀 지나면 간다구 그럴 것 같아. 공부 욕심이 워낙 많은 애니까. … 그럼, 이젠 내가 닻별이 기다려야겠지? 우리 엄마가 평생을 날 기다린 것처럼…?

제하 김영주. 닻별이 유학 마치고 올 때, 나도 닻별이 같이 기다려도 돼?

영주 … 지금 프러포즈하는 거야?

제하 … 응.

영주 (삐죽) 빈손으로?

제하 (기다렸다는 듯이 반지 케이스 척 꺼내면)

영주 (피식 웃고) 기다려봐. 우리 엄마한테 물어보구.

제하 …?

영주 (가슴에 손을 댄 채 눈을 감고) 엄마… 나 제하씨랑 결혼해도 돼?

제하	…?
영주	(눈 뜨고 미소 지으며) 우리 엄마가 좋으시다는데?
제하	영주 넌?
영주	음… 나두 좋구. (미소 짓고 제하를 본다)

제하, 영주의 손을 잡아끌고 긴 키스를 나눈다.

S# 59   꽃부리과수원 / 밤

배꽃이 흐드러지게 피어 있는 과수원. 선영, 카디건을 입고 몸을 감싸며, 입구에서 혼자 흥얼거리며 고개를 내밀고 본다. 찬바람에 곱은 손을 돌돌 말면서 밖을 쳐다본다. 이때, 과수원 안에서 곱단의 그림자가 어른거리며.

곱단	슨영아~ 니 지금 몇 신데 아직도 그라고 있노? 퍼뜩 못 들어오나? 으이?
선영	(뒤도 안 돌아보고) 어, 지금 간다~
곱단	… 슨영아~ 이 가스나야~ 벌써 열한 시가 넘었다아~ 서울서 영주 온다 캐도 벌써 차시간 끊겼다꼬오~
선영	알았다. 내 금방 드가께~
곱단	밤바람 차대이~ 감기 걸리지 말고 얼른 들어오라꼬오~
선영	알았다아~

선영, 여전히 과수원 먼 길을 바라보고 헤헤 웃으며 영주를 기다린다. 고개를 비죽 내밀기도 하고, 까치발을 세우기도 하면서, 오지도 않는 영주를 기다리는 선영의 그리움에 젖은 얼굴 위로.

선영E   영주야, 배꽃 피모 올 기제~ 배꽃 피모… 내 보러 와줄 기제~

고개를 돌려서 보는 선영의 그리움 젖은 얼굴에서…

S# 60   동 꽃부리과수원

제하의 손을 잡고 과수원을 걸어가고 있는 영주.

영주   엄마… 이젠 내가 닻별이를 기다려야 할 차례겠지…? 엄마처럼… 바보엄마가 돼서… 우리 닻별이 기다려야겠지…? 보고 싶다… 우리 엄마… 우리 바보엄마…

고개를 돌려 꽃부리과수원 입구를 돌아보는 영주의 아린 얼굴에 눈물이 핑 돌며… 20부 엔딩.

〈전2권 끝〉

TV극본

나쁜엄마 2

지은이 | 박계옥
펴낸이 | 황인원
펴낸곳 | 다차원북스

신고번호 | 제313-2011-248호

초판 1쇄 인쇄 | 2012년 5월 22일
초판 1쇄 발행 | 2012년 5월 25일

우편번호 | 121-897
주소 | 서울특별시 마포구 독막로 10(합정동 373-4) 성지빌딩 510호
전화 | (02)333-0471(代)
팩시밀리 | (02)334-0471
E-mail | dachawon@daum.net

ISBN 978-89-97659-10-4 14680
ISBN 978-89-97659-07-4 (전2권)

값·15,000원

이 도서의 국립중앙도서관 출판시도서목록(CIP)은
e-CIP 홈페이지(http://www.nl.go.kr/ecip)와
국가자료공동목록시스템(http://www.nl.go.kr/kolisnet)에서
이용하실 수 있습니다.
(CIP제어번호: CIP2012002444)